JN135690

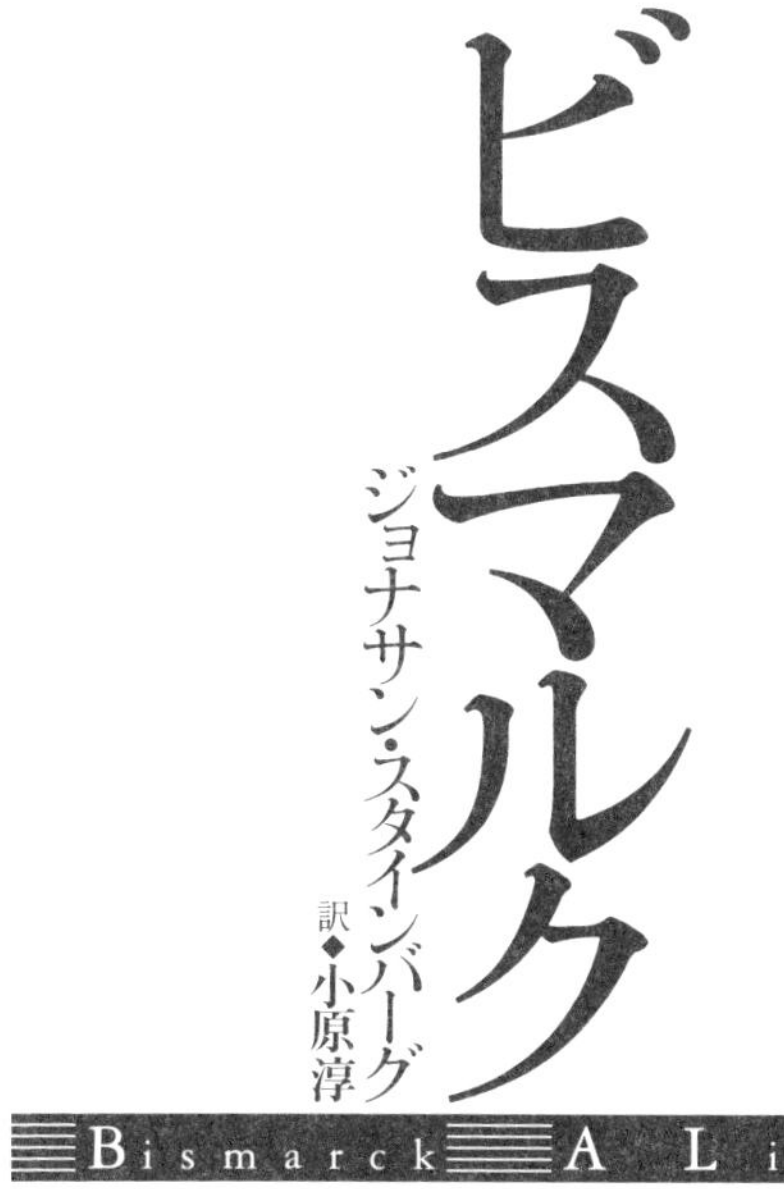
ビスマルク
ジョナサン・スタインバーグ
訳◆小原淳
Bismarck A Life
Jonathan Steinberg

上

白水社

オットー・フォン・ビスマルク侯、1896年、
フランツ・フォン・レンバッハ画

11歳のオットー・フォン・ビスマルク、1826年、
フランツ・クリューガー画

ヨハンナ・フォン・ビスマルク、
1857年、ヤーコプ・ベッカー画

アルブレヒト・フォン・ローン、1871年頃

ヘルムート・フォン・モルトケ、
1870 ～71年頃、フランツ・フォン・レンバッハ画

エルンスト・ルートヴィヒ・
フォン・ゲルラッハ、
1872年

レーオポルト・
フォン・ゲルラッハ、
1850年

国王フリードリヒ・ヴィルヘルム4世、1847年

フリードリヒ・フォン・ヴランゲル陸軍元帥

ドイツ皇帝・プロイセン国王ヴィルヘルム1世、
1888年

アウグスタ皇后、1888年、
ベルンハルト・プロックホルスト画

皇帝フリードリヒ3世

ヴィクトリア王太子妃、
ハインリヒ・フォン・アンゲリ画

ドイツ連邦公使のオットー・フォン・ビスマルク、
1855年、ヤーコプ・ベッカー画

フェルディナント・ラサール、1862年頃

ヒルデガルト・フォン・シュピッツェンベルク、
1869年、ヴィルヘルム・フォン・カウルバッハ画

ビスマルク——上

BISMARCK: A LIFE
by Jonathan Steinberg

Japanese translation published by arrangement with Jonathan Steinberg
c/o Aitken Alexander Associates, Inc.
through The English Agency(Japan)Ltd.

我が伴侶、マリオン・カントに

ビスマルク――上◆目次

凡例◆6
序文◆9

第1章
序論
ビスマルクの至高なる自我◆12

第2章
ビスマルク
プロイセンに生まれるということ、そしてその意味するところ◆33

第3章
ビスマルク
「気違いユンカー」◆59

第4章
ビスマルク、自らを表現する 一八四七－五一年◆137

第5章 外交官としてのビスマルク 一八五一-六二年◆207
第6章 権力◆271
第7章 「私は全員を打ちのめした！ 全員を！」◆340

凡例

一、原著者による原注は本文に（1）、（2）と番号を振り、各章末にまとめた。

二、原著者による引用文内の補足は［　］内に入れた。

三、翻訳者による訳注は〔　〕内に入れた。

四、人名索引、参考文献は下巻末にまとめた。

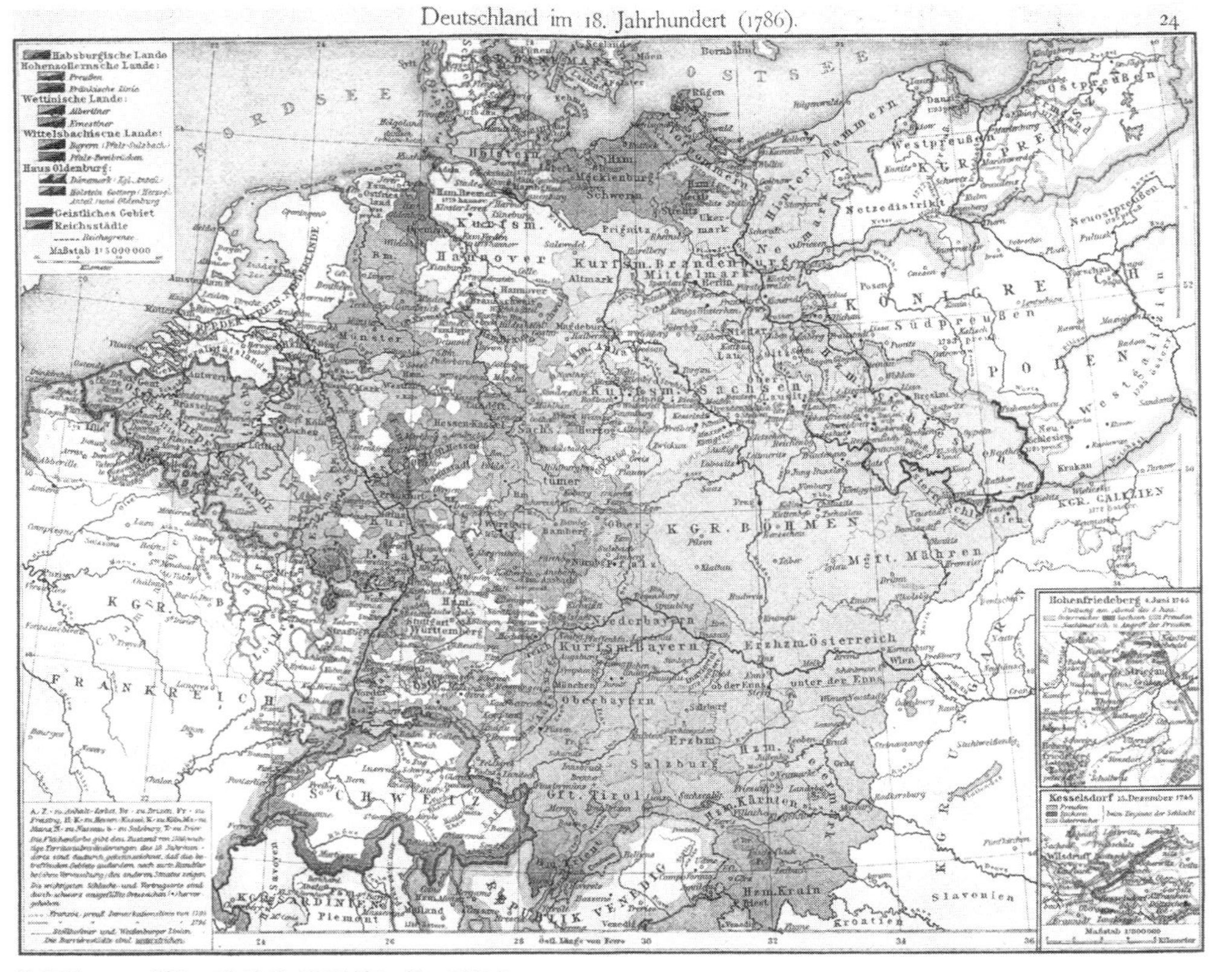

地図1: 1786年の政治的境界線に基づくドイツ

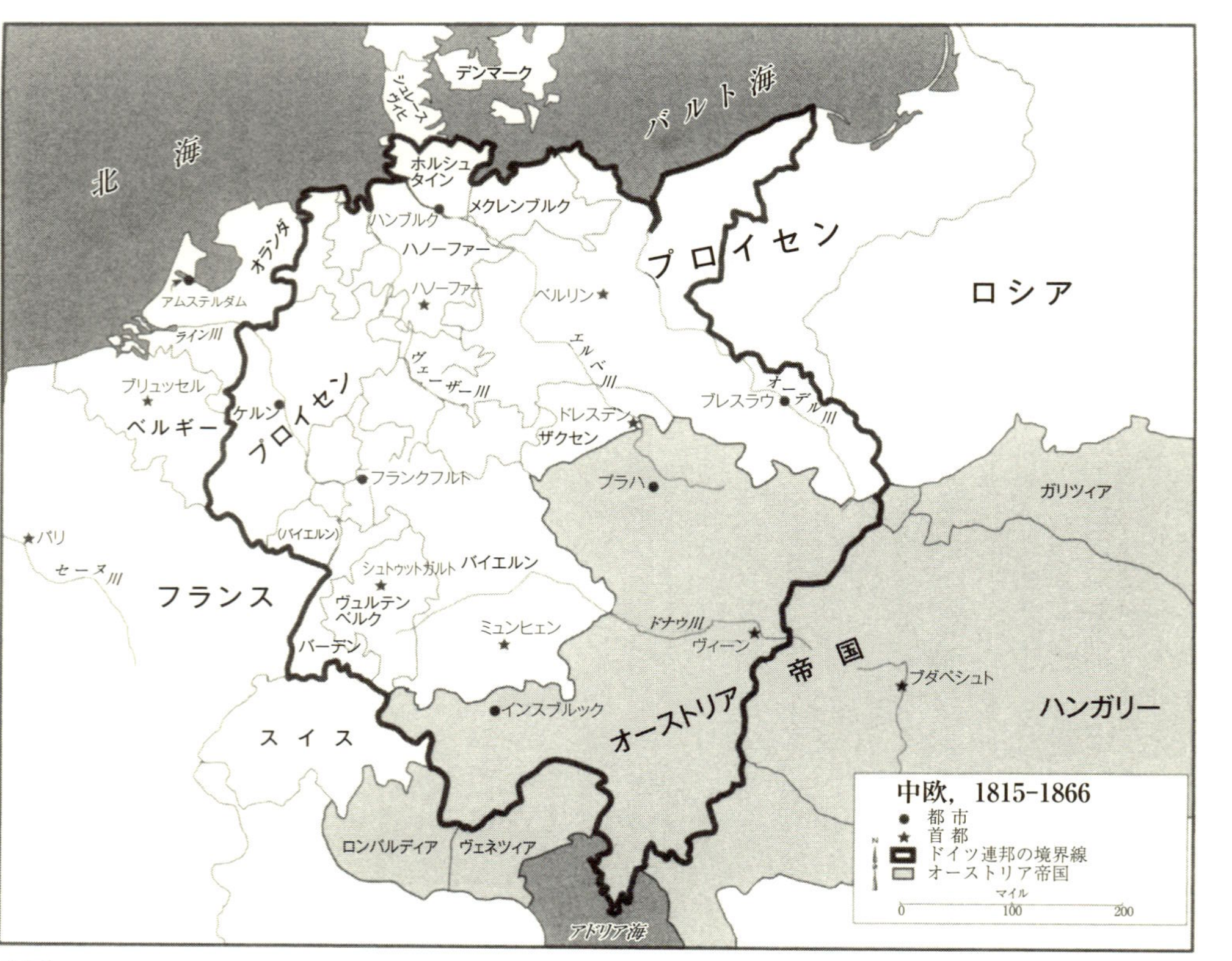
中欧，1815-1866
都市
首都
ドイツ連邦の境界線
オーストリア帝国
マイル
0
100
200
北海
バルト海
デンマーク
シュレースヴィヒ
ホルシュタイン
メクレンブルク
ハンブルク
ハノーファー
ハノーファー
オランダ
アムステルダム
ライン川
ブリュッセル
ベルギー
ケルン
プロイセン
プロイセン
ベルリン
エルベ川
ヴェーザー川
ドレスデン
ザクセン
ブレスラウ
オーデル川
ロシア
ガリツィア
プラハ
フランクフルト
(バイエルン)
パリ
セーヌ川
フランス
シュトゥットガルト
ヴュルテンベルク
バイエルン
ミュンヒェン
バーデン
ドナウ川
ヴィーン
ブダペシュト
オーストリア帝国
ハンガリー
インスブルック
スイス
ロンバルディア
ヴェネツィア
アドリア海
地図2

序文

序文では著者は自分を助けてくれた人びとに感謝を表するものである。インターネット時代にあっては、著者である彼もしくは彼女には、自分を助けてくれた人の内で最も重要な人物の幾人かの素性が定かではないということになろう。すなわち、貴重な資料をオンライン上に公開し、カタログをデジタル化し、オンラインの百科事典や、『オックスフォード・ナショナル人名事典』や『新ドイツ人名事典』といった大部の参考文献を作成した匿名の図書館司書やアーキビスト、学者、研究者、技術者といった人びとのことを。どうすれば、『ニューヨーク・タイムズ』のオンライン版でヘルベルト・ビスマルクとマーガレット・ホヨス伯爵令嬢の一八九二年六月二十一日のヴィーンでの結婚に関するオリジナルのタイプ文についてレポートを提供してくれた文書館員に向けて、直接的に謝意を示すことができるだろうか。私よりも前のビスマルクの伝記作家は誰も、このような、予期せざる、並々ならぬ、そして魅力的な新材料のもたらしてくれる利得の恩恵に浴することはなかった。この作品がどれほど欠点だらけであったところで、著者は先行者たちよりもさらに遠隔の、そしてより根本的な材料を得られたし、どれほど勤勉であったかには関係なく、多くのことを新たに明らかにできた。

これ以外では、この伝記を書くために欠くことのできなかった人びとの名は判明している。編集者で友人のトニー・モリスは、ビスマルクの生涯について執筆するよう私に依頼してくれた。編集者にして歴史家の友人アンドルー・ウィートクロフトは、最初の出版社がこの計画を放棄した時、救いの手を差し伸べてくれた。アンドルー・ウィートクロフトを通じて、私は完璧な著作権代理人である、エイトケン・アレンサンダー社のアンドルー・キッドの助けを得た。彼はオックスフォード大学出版に本書を橋渡ししてくれ、そこではティモシー・ベントが初期のラフな段階から本書に携わり、あまりに大部過ぎないところまで本書を縮小し、私を支援してくれた。彼の技術と編集のノウハウが、推敲に推敲を重ねて原稿をスリムにする助けを与えてくれた。

友人であり同僚の、『鋼鉄の王国——プロイセンの興隆と没落 一六〇〇—一九四七』の著者であるクリストファー・クラークは全八〇〇ページにわたる最初の草稿を読み、間違いや誤解に対して彼にしか与えることのできない配慮と指摘を示してくれた。『ビスマルクのお気に入りのイギリス人——オード・ラッセル卿のベルリン駐在』の著者のカリーナ・ウアバッハは、ドイツの歴史と社会について多くの有益な情報を与えてくれた。フィラデルフィアのハーブ・ローゼンブラム師は、一八六六年にビスマルクがベルリンのオラーニエンブルク通りのシナゴーグの奉献式に参列したという驚くべき事実を教えてくれた。

オックスフォード大学出版で本書を出版する幸運に恵まれた著者は、一人分の費用で二人の出版者を得た。ティモシー・ベントとマディソン街一九八番地の彼の同僚たちは私を喜んで受け入れ、あらゆる援助と支援を向けてくれた。トレード・ブックス社の編集者のルシアナ・オフラハーティと、グレート・クラレンドン通りにあるオックスフォード大学出版の彼女の同僚たちであるフィル・ヘンダーソン、コリーン・ハトリック、マシュー・コットンは、著者の「ドリーム・チーム」であった。デボラ・プロズローは、著者には見つけられないような絵画を探し出し、私の図像に対するセンスの欠落に我慢してくれた。エドウィン・プリチャードはその技術と、著者の気まぐれに対する寛容をもって、印刷用の編集作業にあたってくれた。校正責任者のクレア・トンプソンは校正の最終段階とチェックと索引の作成に関して私を引っ張ってくれた。ジョイ・メラーは校正を引き受けてくれた。

私の長いキャリアにおいて、この本の執筆ほどに楽しいものはなかった。その間に、私は最も注目すべき、そして最も解釈の難しい十九世紀の政治的指導者を「見知る」ようになり、自分が彼を理解しているという幻想を抱き続けてきた（これは今でもであるが）。私はプロイセン社会において最も偉大な人びとの書簡や日記に出会い、それらを読んだ。その「想像の社会」が私を遥か彼方へと誘ったことで家族には面倒をかけたが、彼らは皆、私の計画をあらゆる方法で援助し、また私に愛情と励ましを与えてくれ、私の精神状態を支えてくれた。伴侶のマリオン・カントの存在なしには、私は決して拙著を書きあげることができなかった。本書を彼女に捧げる。

二〇一〇年十月　ペンシルヴァニア州、フィラデルフィア

第1章 序論
ビスマルクの至高なる自我

オットー・フォン・ビスマルクはドイツを築き上げたが、支配はしなかった。彼は三代の君主に仕えたが、いつ何時その内の誰かが彼を解任したところで不思議はなかった。一八九〇年三月にこの解任は実行された。ビスマルクの公的な演説には、通常カリスマ的と表現されるであろう特徴が全くもって欠けていた。彼の権力と名声が頂点にあった一八七八年九月に、『シュヴェービッシャー・メルクーア』紙は帝国議会におけるビスマルクの演説を以下のように描写した。

彼の演説を初めて聞いた者は驚くだろう。力強い、朗々とした声でもなく、予想されていたような情熱でもなく、古典的な弁才を駆使した烈火のごとき雄弁でもなく、その口から発せられるスピーチはまるで単なるお喋りのように単調で弱々しく、正しい単語やフレーズを見つけるまで、適当な表現を完全に思いつくまで、しばらく言い淀み、逡巡を繰り返す。大抵の聴衆は最初から、演説者が当惑しており、苦しげであることに気づく。彼は上半身を左右に震わせ、尻のポケットからハンカチを取り出し、眉毛を拭き、またハンカチをポケットにしまい、またもやそれを取り出す。[1]

ビスマルクが大衆に直接訴えかけたことはなかったし、ようやく一般の人びとが彼に魅了されるようになったのは、彼が権力を失い伝説化してからのことであった。

一八六二年九月から九〇年三月までビスマルクはドイツを統治したが、それはただ、議会制の下の大臣という立場においてであった。一八四七年から九〇年の失脚に至るまで何度も、彼は先に確認したような類の演説を議会で行った。彼は聴衆に対して個人的なオーラを発揮したが、イギリス的な意味において政党を統率したことは一度もなかった。そのキャリアを通じて、ドイツ保守党や国民自由党、中央党といったドイツで最大規模の諸政党は、彼に不信の念を抱き続け、彼から距離をとった。ビスマルクの政党であったいわゆる「自由保守党」には政治的影響力を有するメンバーが何人かいたが、この党は議会外にさほどの支持者を持たなかった。ビスマルクは政府を運営する実務に多くの時間と労力を費やすことになった。彼は国際的な条約の締結から、——奇妙なことであるが——忍従を強いられた数多くの問題の一つとなった、印紙税を郵便による送金にも課するのかといった事案に至るまでのあらゆる問題を取り仕切った。

彼は軍務上の資格を何ら有していなかった。青年期にわずかな期間兵役に服したものの、予備役に就くことも少しも望んでいなかったし（彼の公式の全集が隠蔽しているスキャンダルであるが、実のところ彼は徴兵を回避しようと試みた）、毎日着ていた軍服——これは「真の」軍人の当惑や怒りを買った——を着用するに十分な権利を有していなかった。モルトケ将軍配下の一員で、いわゆる「半神」の一人に数えられたブロンザルト・フォン・シェレンドルフ中佐は一八七〇年にこう記している。「胸甲騎兵の軍服を着たあの文官は日々ますます厚かましくなってきている」[2]。

彼は「フォン」の称号を保有し、「由緒ある」古いプロイセンの家系に属していたが、一八六二年に歴史家トライチュケが書いたように、一見して「浅薄な田舎ユンカー」以外の何者でもなかった。[3]彼は自分の社会的地位に誇りを抱いていたが、しかし多くの人びとが自分よりも高位にあることを認めていた。彼の部下の一人は、そのことを示す一つの事例を以下のように追想している。

食事中は大体の場合宰相が会話の主導権を握った。……ハッツフェルト〔パウル・フォン・ハッツフェルト＝ヴィルデンブルク伯〕も会話に参加しようとした。なぜなら、宰相の目から見れば、彼が同席者の中で社会的に一番高い地位にあるように見えたからである。他のメンバーたちは大抵黙ったままであった。[4]

彼と兄が継承した財産は贅沢なものではなかった。ビスマルクは生涯の大半にわたって倹約を強いられた。宮廷と宮廷人が政治的生活と陰謀の中心を占める社会において、ビスマルクは家庭に留まり、地味に早い時間に夕食をとり、なるべくベルリンから離れた田舎で任務の後半期の大半を過ごした。ビスマルクの帝国が崩壊し始めた一九一八年〔一九一九年一月の誤り〕に書かれた有名な一文において、現代社会学の祖の一人マックス・ヴェーバーは、我々が国家の権威に従う理由を問うた。彼は権威を、換言すれば彼が「正統性」と呼ぶものを三つに類型化した。その第一は、

「永遠の過去」がもっている権威で、これは、ある習俗がはるか遠い昔から通用しており、しかもこれを守り続けようとする態度が習慣的にとられることによって、神聖化された場合である。古い型の家父長や家産領主のおこなった「伝統的支配」がそれである。
（脇圭平訳『職業としての政治』岩波書店、一九八〇年、一一頁）

第三は、

「合法性」による支配。これは制定法規の妥当性に対する信念と、合理的につくられた規則に依拠した客観的な(ザッハリッヒ)「権限」とに基づいた支配……。

（同書、一一頁）

しかし政治についての我々の理解に対するヴェーバーの最大の貢献といえるのは、第二の類型、すなわち彼が「カリスマ」と規定したものによる支配の類型を提示したことである。

第二は、ある個人にそなわった非日常的な天与の資質（カリスマ）がもっている権威で、その個人の啓示や英雄的行為その他の指導者的資質に対する、まったく人格的な帰依と信頼に基づく支配、つまり「カリスマ的支配」である。預言者や――政治の領域における――選挙武侯、人民投票的支配者、偉大なデマゴーグや政党指導者のおこなう支配がこれに当たる。(5)

（同書、一一頁）

これらの定義のどれも、ビスマルクの権威を完璧に説明するものではない。王の家臣としての彼は、ヴェーバーの第一の類型に該当する。つまり、彼の権力は、伝統を基盤とした「『永遠の過去』がもっている権威」に基づいていた。首相、政府の長としては、彼はほとんどの場合ヴェーバーの第三の定義そのままにふるまった。つまり、「合理的につくられた規則に依拠した……『合法性』による支配」

である。既に確認したように、彼は元来「カリスマ的」ではなかったのである。[6]

それにもかかわらず、ビスマルクは同時代人たちを完全に操ったのであり、彼の下で生きた人びとが書いた手紙や回想には「僭主」、「独裁者」といった表現が何度も何度も登場する。ビスマルクよりも四歳年少で、彼の後継者の一人となったクロートヴィヒ・ツゥ・ホーエンローエ＝シリングスフュルスト侯は、ビスマルクが引退してから数ヶ月後にベルリンを訪れた際のことを以下のように書き記している。

ここに来てからの三日間に私は二つのことに気づいた。第一に、誰も時間に余裕がなく、今まで以上に大忙しだということ。第二に彼ら個々が大きくなったかのように見えること。各人がそれぞれに自分の独自の価値を意識している。かつてこれらの個々人はビスマルク侯の支配的な影響力に圧倒され委縮していたが、今では彼らは水を含んだスポンジのように膨張している。[7]

私は、ビスマルクの物語を語るためには新たな語が必要であると認識している。ビスマルクは純然たる自己の個性の力によって周囲の人びとを指揮した。彼が国家の大権を掌握したことはなかった。しかし彼は「至高なる自我」とでも呼ぶべき何かを保有していた。皇帝ヴィルヘルム一世が漏らしたように、「ビスマルクの下で皇帝であることは困難である」。[8] 彼の中に、我々は人間存在の偉大さと惨めさの両方の極限を見出すことができる。先にふれた一八七八年九月十七日の演説を例にとろう。ビスマルクは帝国議会での討論を書き留めた一介の速記官に怒り狂い、一ヶ月後の十月四日に、側近の一人モーリッツ・ブッシュに陰険な疑念をぶちまけた。ブッシュがこれを記録している。

私のこの前の演説を記録した速記官は私に敵意を持っている。私に人気があった間は、こんなことはなかった。彼らは私の発言を無意味なかたちにごたまぜにした。ざわめき声が左派か中央党から聞こえてきた時は、彼らは「左派」という言葉を省き、拍手があった時はそれを書き忘れた。議会事務局の全体が同じ有様だ。ともかく私は議長に文句を言った。病気になりそうだった。煙草を吸い過ぎた時のように、のぼせ、めまい、吐き気を伴うような病気に。[9]

この証言について考えてみよう。一速記官の陰謀が、帝国議会の薄暗い廊下で十九世紀最大の政治家を転覆させる事態にまで成長するなどと、正気の人間ならば真剣に信じることができようか。その結果として病気になったという主張についてはどうであろうか。彼が心気症であったということだけでは、その不平を十分に説明することはできない。この件について、ブロンザルト・フォン・シェレンドルフ中佐は疑いを抱いていなかった。それというのも、一八七〇年十二月七日に彼は日記において「ビスマルクは本当に精神病院に行く支度を始めた」と告白しているのである。[10]しかし、ビスマルクはそのような場所には決して行かなかった。彼は不安を感じながらも四十代から七十代まで自分なりのやり方で正気と健康を保ち続け、――当の本人が満足するほどではなかったとはいえ――力強くあり続けた。彼は二十八年間にわたって公務を執り、皇帝であり将軍であったナポレオンを除けば、十九世紀ヨーロッパにおいて誰よりも完全に自分の世界を作り変えた。ビスマルクは皇帝でも将軍でもなかったが、それに匹敵するだけのことを成し遂げた。

彼がふるった力は、諸制度や大衆社会、あるいは「諸々の力学や諸要素」にではなく、その個性に由来するのであり、それゆえ本書はオットー・フォン・ビスマルクの個人的な生涯を描き出すことに主眼を置く。その力は特別な、そして巨大な自我の至高性に立脚している。人類の歴史のどこに目を向けても、その意味するところを厳密に定義づけることは叶わない。ここで私が念頭に置いているのは、我々が「個人」を識別するうえでの材料となる身体表現の組み合わせ、演説のパターンや表情、言動のスタイル、美徳と悪徳、意思と野心といったものであり、さらにはおそらくその人に特有の恐怖心や逃避癖、行動の心理的パターンといったことである。これらは我々が露呈したり隠蔽したりする自己の本質であり、端的に言えば、人びとに我々が何者であるかを「認知」させるものである。ともかくも、ビスマルクは周囲の誰よりも多面的な自我を持っており、彼を知る者全員が――例外なく――、彼を憎んでいた者ですら拒むことのできない彼の磁力、魅力について証言している。彼の書いたものは、存命中のビスマルクを知る人びとに彼の強力な個性が催眠的な効果を及ぼしたことを看取するに十分なほど魅力的で、柔軟で、読む者を引きつける。

伝記的な手段のみが、何とかこの力の本質の把握に挑むのを許してくれる。この伝記は、三度の戦争を通じてドイツ統一を成し遂げ、またプロイセン文化の凶悪さや無慈悲さをあますところなく体現することとなった政治家の人生を叙述し説明しようと試みるものである。実際のビスマルクは複雑な性格の持ち主であった。彼は雄牛のごとき肉体を有しながら心気症を患い、泣き上戸でありながら暴力的な支配者であり、極端なかたちの福音主義プロテスタンティズムに帰依しながら学校の世俗化と民事婚を推進した人物であった。彼は確たる地位に就いてから常に公的な場で軍服を着用したが、王の正規軍に服務した経験のない数少ない重要なプロイセン人であった。彼の仲間のユンカー貴族たちは彼を信用しなくなった。なぜならば、彼があまりにも抜け目がなく、あまりにも落ち着きがなく、あまりにも予測不可能で、いわゆる「礼儀正しい奴」ではなかったからである。しかし、誰もが彼の溢れる才能を認めないわけにはいかなかった。ホイッグの大貴族の出身で一八七一年から八四年まで駐独イギリス大使であったオード・ラッセルはビスマルクをよく知っていたが、七一年に自分の母親に書いている。「私が知る誰よりも、彼は悪魔的です」[11]。ビスマルク時代のジェイン・オースティンとも呼ぶべきテオドーア・フォンターネは一八八四年に妻に宛てて書いている。「ビスマルクがくしゃみをしたり『乾杯』と言う時の方が、六人の進歩党議員たちのご託宣よりも興味を引かれる」[12]。しかし、ビスマルクが権力の座から滑り落ちた後の一八九一年に、フォンターネはフリードリヒ・ヴィッテにこう書いた。「それ〔ビスマルクの失脚の原因〕は、彼が犯した政治的な過ち――何がそうだったのか、物事が流動的な状況においては見定めるのが難しいのですが――の中にではなく、性格上の短所の中にあります。この巨人はその本性において何か卑小なところがあり、それに気づかれたために失脚したのです」[13]。

ビスマルクはまた、希有の存在、つまりは「政治的天才」であり、彼の時代の政治的現実の操縦者であった。しばしばそれは即興によるものであったが、彼の口頭での政治分析は敵対者の幾人かさえをも楽しませた。最終的に彼が罷免することになったアルブレヒト・フォン・シュトシュ将軍は、ビスマルクの有する二面性に気づいていた。一八七三年に、彼は皇太子にこう書き送っている。

帝国宰相が精神的な行為に没頭している姿は何度見ても幻惑的です。帝国をプロイセンの分邦主義から守るという任務に取り組んでいる時、彼の思考は目を見張るような飛躍をしてのけるのです[14]。

数年前にシュトシュは全く別の経験を書き記していた。

数日後にビスマルクは私を呼び寄せた。彼は元々、私のことを自分の高度な知性と疲れを知らない情熱の理解者と見なしており、王太子妃と合意に達するための彼の骨折りに際して私がある程度の役割を果たす可能性がある限り、私は最上級の礼節と敬意を受け取ることができた。今では私は彼の沢山の補佐官の一人に過ぎず、またそのことを痛感せずにはいられなかった。彼は私を座らせ、愚かで特別に反抗的な生徒に対する教師のごとき態度で私の報告を吟味した。……ビスマルクはいつも部下たちに自らの力を見せつけたがった。部下の手柄は常にビスマルクの手柄となった。もし、何かまずいことが起きれば、命令のままに振舞ったとしても部下がその責めを負う。ザクセンとの条約が後から世間の非難を浴びると、彼はこの条約をその制定の時まで見ていなかったと主張した。[15]

ビスマルクが政治的天才であるという確信は一八七〇年〔通常は一八七一年であるが、南ドイツ諸国との交渉が年内にまとまったことを考えれば一八七〇年と言えないこともない〕のドイツの統一後に愛国的なドイツ人の間で一般的となり、そして私もこの確信の正しさを信じるのであるが、彼がプロイセン首相となった一八六二年にはほとんど誰もこのような認識を有していなかった。しかし、一人の影響力のある人物が遙か以前から彼の天賦の才を認めており、そしてこの人物は国王の政府にポストを保有していた。一八五九年から七三年まで陸相の地位にあったアルブレヒト・フォン・ローン将軍は十代の時に初めてビスマルクと出会い、最初からこの注目すべき人物が偉大な資質を有していることを見抜いていた。一八五八年十二月四日にローンは後にプロイセン王となる摂政ヴィルヘルムに初めて謁見し、陸軍大臣の座を約束されたが、その際に彼は摂政に政府の長としてビスマルクの名を推挙した。[16]ビスマルクに運命の時が到来したことを知らせた一八六二年九月十八日の有名な電報を送ったのもローンである。「火急の時迫る。急がれたし **Periculum in mora. Dépêchez-vous!**」と。

親友であった、ボン大学の法学教授にしてプロテスタントの「内地伝道」の創始者クレメンス・テオドーア・ペルテスに一八六四年四月に、「極めて冷酷な計算をして、極めて狡猾に物事を用意し、躊躇なくルールを破る」人物の首相就任を実現したことを批判された時[17]、ローンは以下のように応じた。

B〔ビスマルク〕は特別な人物であり、私は彼をしっかりと援助することができますし、しっかりと支援し、あれやこれやの場合に非を正すこともできますが、彼の代りを務めることはできません。確かに、彼は私なしではこんにちの地位にいないでしょうし、それは歴史的な事実ではあるのですが、それにもかかわらず彼は彼自身なのです。……諸力の織りなす平行四辺形を対角から、つまり既に起こった物事から適切に構成すること、そして誰も正確に把握できないが確かに作用している諸力の正体と程度を見極めること、あらゆるものを組み合わせてこれらのことを確認するのは歴史的な天才のなせる技なのです[18]。

そしてビスマルクはまさに「あらゆるものを組み合わせ」た。もっとも、天賦の才だけで権力を獲得することはできない。賢明さを持ち合わせた君主なら誰しも──六十五歳のプロイセン国王ヴィルヘルム一世は優れた感覚と長年の経験を持ち合わせていたわけであるが──、絶望的な気持ちにでもならない限りは、信頼に値せず、上面(うわっつら)の利口さと極端に反動的な了見の持ち主と評されたビスマルクを大臣に任命しようとはしなかったであろう。王の兄フリードリヒ・ヴィルヘルム四世は一八四八年に、「ビスマルク──銃剣が無制限に使用される場合にのみ登用されるべき[19]」と書いたが、一八六二年の夏には軍制改革をめぐるプロイセン議会と王権との対立の行き詰まりが国王勢力を不安に陥れることになった。一八四八年の革命に際してベルリンの路上で起きた騒擾の記憶が蘇り、王と宮廷を神経過敏にさせた。自由主義者のマックス・ドゥンカーが書き記したところでは、『涸れた谷に鹿が水を求めるように』軍隊は暴動を待ち望んでいる」のであった〔新共同訳『旧約聖書』詩篇四二―二〕[20]。

ビスマルクは強烈で才気に満ちた個性によって権力を獲得し、また維持したが、彼は常に王の恩顧に依存していた。もしヴィルヘルム一世が、王家とドイツの教養ある人士の大半の非難を受けた「鉄血演説」の失敗の後、一八六二年九月にビスマルクを解任しようと思ったならば、ビスマルクは歴史の舞台から消え、ドイツはほぼ間違いなく、主権を保持する諸邦君主の自発的な連合によって統一されたであろう。もしヴィルヘルム一世が聖書に言われるように「七十年」〔『旧約聖書』の詩篇七〇―一〇に登場する表現〕で一八六七年に生涯を終えていたなら、ビスマルクの被造物である北ドイツ連邦は破壊的な戦争によらずに、徐々に南ドイツの諸邦を吸収していったかもしれない。あるいは、皇帝／国王フリードリヒ三世と、大英帝国のヴィクトリア女王の娘で精力的で自由主義的な考えの持ち主であったその妻の下で「リベラルな時代」が始まっていたかもしれない。その死によって実現しなかったものの、一八八八年にフリードリヒが構想していた閣僚のリストがどのようなものであるかはこんにち知られている。そこに名前が挙がっていたのはいずれもリベラルな人物で、ビスマルクにとってそれはイギリス的な議会政治と同様のものであり、王権の制限、そして自らの独裁の終わりを意味するものであった。新しい皇帝は健康上の問題を抱えていたし、気質の点でもビスマルクに抗するだけの強さがあったかどうか怪しいが、イギリス女王ヴィクトリアの長女である王妃ヴィクトリアは心身共にその条件を兼ね備えていた。〔フリードリヒ夫妻の統治が続いていれば〕彼らとビスマルクとの間で衝突が起こり、ビスマルクは解任されていたであろう。そしてドイツは、リベラルな議会による統制というイギリスのモデルを踏襲していたかもしれない。このように言えるのは、当時のこれらの人びとからそうしたことが期待できたからである。しかしヴィルヘルム一世は七十歳では死ななかったし、八十歳でも、それどころか九十歳でも健在で、ようやく一八八八年に九十一歳〔実際には、九十歳十一ヶ月〕で亡くなったのであり、これによってビスマルクは二十六年間〔ヴィルヘルム一世の在位期間のみを指すものと思われる。しかし、ビスマルクの首相就任は一八六二年九月二十三日で、ヴィルヘルム一世が死去したのは八八年三月九日なので、正確には二十五年五ヶ月十六日間である〕その職に留まることができたのである。

この二十六年の間にビスマルクは何度も何度も王に癇癪を起こさせ、彼をヒステリー状態にし、滂沱たる涙を流させ、プロイセン王家特有の細身の体軀にめぐる神経の一切が拒否するようなことを無理強いした。二十六年間にわたり、ビスマルクはこの老人に対して魔術を発揮することで統治の任にあたった。ビスマルクのキャリアは――特に王や陸軍大臣との、そしてその他の外交官や統治者、宮廷人との――個人的な人間関係の上に立脚していた。プロイセン国王であり後にはドイツ皇帝となったヴィルヘルム一世は、部分的には成文憲法の定める原則に則って統治したが、実際にはむしろプロイセン的伝統に従って、プロテスタントの神、プロイセンの神の恩寵による統治を実行した。ビスマルクは議会の中に自らを支持する多数派を必要としなかった。彼はいかなる政党も必要としなかった。彼はたった一人の人物という「公」の支持を得ていた。この「公」が変わって、フリードリヒ三世が九十九日の間帝位にあり、そして活動的で不安定なヴィルヘルム二世が父の後を継いだ時、ビスマルクの政治的生命は窮地に陥った。一八九〇年三月二十日、ヴィルヘルム二世は彼を解任した。『パンチ』紙の諷刺画が描いたように、それは「水先案内人の下船」であった。

もとより、この人物とその権力は現実の世界の中に地歩を占めていた。ビスマルクが言ったように、政治家は時間の流れを創造はしないが、その流れに乗り舵を操ろうとする。ビスマルクは政治的現実の限界の中で舵取りを行い、しばしば政治を「可能性の術」と規定した。読者には、ビスマルクの生涯の間にヨーロッパを最初の「モダンな」社会へと導いていった諸国家及びそれらの国家間の関係、各政府と指導者、経済的・社会的変化等の文脈を知る必要がある。ビスマルクはその才能によって、オーストリアを除外するかたちでのドイツの統一——より正確には分割と言うべきであるが——を可能にした一八六〇年代の国内・国際上の諸勢力の配置の内に、様々な可能性を見出す力を得た。彼は同時代人の度肝を抜くような大胆な行動をとったものの、その長命によって、予期せざる結果についてのエドマンド・バークの公式を身をもって示すことになった。

最初の瞬間には有害であるものが、さらにとおい作用においてはすぐれたものであるかもしれないし、そのすぐれた点は、それがはじめにおこしたわるい効果から生じたものでさえあるかもしれない。その逆のこともまたおこるのであって、ひじょうによろこばしいはじまりをもった、ひじょうに賞賛すべき計画が、しばしば、恥ずべき、かなしむべき、結末をもつ。[21]
（水田洋訳『フランス革命についての省察』、『世界の名著』所収、中央公論社、一九六九年、一二三頁）

一八六三年にビスマルクは、オーストリア皇帝の呼びかけによるドイツ諸侯会議へのヴィルヘルム一世の参加を妨害するために、ドイツの公衆を仰天させる、普通選挙権というアイデアを思いついた。これは功を奏した。オーストリアの目論見は潰えた。プロイセンがドイツを統一し、男子普通選挙権が新しいドイツ帝国の下院に相当する帝国議会の選挙権となった。一八七〇年から失脚までの間、ビスマルクはバークの公式に含まれる真理を実践し続けた。一八九〇年までに「ひじょうによろこばしいはじまり」はビスマルクの眼前で「かなしむべき、結末」と化したのである。ドイツは工業化され、不機嫌で敵意に満ちた労働者階級が登場した。カトリック住民は迫害を生き延び、彼らの投票行動は選挙のたびに強大な議会政党をもたらした。成人男子全員による選挙は、バークの皮肉に満ちた公式どおりに、社会主義者とカトリック教徒に議席を与えることとなった。ビスマルクが一八六三年に思いついた瞠目（どうもく）すべき策略は、一八九〇年までに彼が「帝国の敵」と呼んだ一大勢力を生み出し始めていた。ビスマルクの「敵」のカトリックと社会主義者は、一九一二年には合算すれば帝国議会において絶対多数を占めるに至った。一八六三年にオーストリアのイニシアティヴを破り弱小諸邦の正統性を覆すためにビスマルクが考案した普通選挙権は、立法府への支配の行き詰まりという「かなしむべき、結末」を生み出したのである。故イーノック・パウエル〔イギリスの保守派の政治家〕の観察によれば、「あらゆる政治的キャリアは失敗によって終了する」のである。

ここまで述べてきたことよりもさらに一般的な問題に関わるものであるがゆえに、ビスマルクの生涯はこんにちなお重要な意味を持つ。ビスマルクは、権力を行使する人間存在の強さと弱さを我々に示している。そこには、巨大な自我がどれだけ強大化しうるのかが明らかとなるが、また至高の政治的権力を行使することでその権力を所有する当人も変化しないわけにはいかないことをも露見しているのである。ビスマルクがこんにちに至るまで最も偉大な政治的人物の一人であったがために、多数の様々なタイプの伝記作家たちが彼の伝記をものしてきた。この伝記は一連の膨大な優れた先行研究の流れを継承している。具体的には、エーリヒ・アイク、A・J・P・テイラー、ヴェルナー・リヒター、エトガー・フォイヒトヴァンガー、エドワード・クランクショー、オットー・プフランツィ、ロータール・ガル、エルンスト・エンゲルベルク、そしてキャサリン・ラーマンといった人びとの研究が挙げられる。また、J・C・G・レールの皇帝ヴィルヘルム二世とビスマルク後のドイツに関する大著や、マーガレット・ラヴィニア・アンダーソンによる、ビスマルクのカトリックの敵対者であったヴィントホルストについての素晴らしい研究、そして数ダースに及ぶその他のより個別的な問題に関する研究がある。ペンシルヴェニア大学ヴァン・ペルト図書館のリストには、「ビスマルク」という単語をタイトルに含む書物が二〇一冊ある。どうすれば、本書がこれらの先行研究と一線を画することができようか。それには二つの方法がある。すなわち、目的の設定と手法の設定という二つの方法である。本書の目的を説明することは容易であるが、それを完全に実現するのはおそらく不可能であろう。その目的とは、ビスマルクがいかにして自ら個人的な力を鍛え上げたのかを明らかにするというものである。対して、本書が選択する手法とは、ビスマルクの友人であろうと敵であろうと、ドイツ人であろうと外国人であろうと、また若者であろうと老人であろうと、この力を行使された人びと、ビスマルクという個性の力が接近するのを体験し、そのインパクトを記録した人びとに物語を語らせるというものである。本書は説明と引用の配分を従来の研究とは変えて、引用に大きな紙幅を割いた。私は、ビスマルクと邂逅(かいこう)し自らの見たものを書き残した非常に多くの注目すべき人びとの、長らく沈黙していた声に耳を傾けたいと思う。ビスマルクの大学時代の友人であったアメリカ人ジョン・ロスロップ・モトリーはウィリアム・ラッセル夫人に歴史調査について以下のように説明している。

私は文書館に毎日通い、十七世紀に没頭しました。……納骨堂から干からびた骨を収集し、彼らに架空の命を吹き込むもうとすることは……幾分滑稽なことでした。『悪魔のロベール』〔ジャーコモ・マイアベーアの歌劇〕の第三幕に登場するベルトラムのように、私は屍衣(しい)をまとった死者たちを跳ねまわらせ、バレエのようにつま先で旋回させ、もう一度笑いものにしたいのです。[22]

私の「屍衣をまとった死者たち」は笑いものにはならない。彼らはビスマルクが何者であったのか、そしてまた彼ら自身が何者であったのかを教えてくれた。しばしば彼らは、私が独自に到達した見解と同じ意見を示し、他の同時代人についての私の理解を確かなものにしてくれた。これについては、数ある事例の一つを挙げればその要諦を示すことができる。アルブレヒト・フォン・ローン将軍はビスマルクを公職に就かせた人物であり、そのことを自ら任じていた。ローンの反動的で頑固なものの見方は私とはおよそかけ離れたものであるが、しかし彼の奇妙なほどの純粋さや清廉さには感動を覚えた。私は予期せぬところで自分と同じ評価を発見し、驚かされた。ヒルデガルト・フォン・シュピッツェンベルクは一八九二年八月七日の日記に、当時刊行されたばかりのローンの回顧録を読んだことについて記している。

何と敬虔で、礼儀正しく、有能な人物であることか、何と忠誠心に富み、しかしまた何と率直であることか。彼が殿上人、特に最高位の人びとに忍従することにどれだけ不快な思いをしていたかが窺える。また彼の旅行についての叙述の何と魅力的なことか、彼と妻や友人のペルテスやブランケンブルクとの関係の何と胸に迫ることか。[23]

二十一世紀の名もなき学者と十九世紀の華麗な社交界に生きた女性という、別の世界、別の時代の二人がローンに同様の性格的特徴を見出しているという事実は、ビスマルクの個性と他の当時の人びとの個性とに対する私の「直観」に幾分かの根拠があるという希望を与えてくれる。

日記史料を読むことで、これ以外にも変わった満足を満たすことができた。クリストフ・ティーデマンが一八七五年にビスマルク家での晩餐に初めて招かれた時の記述を読めば、一八七〇年代のトィレ事情がどのようなものであったのかを一瞥することができる。

一月二十五日。興味深い一日！　午後五時から十一時までビスマルク侯の邸宅で過ごす。……侯は食欲がないと嘆いた。脱帽だ！　食欲があるという時にもう一度お会いしたいものだ。彼は全ての料理をお代わりし、煮こごりに包まれた豚の頭を堪能しているのを夫人が一生懸命止めさせようとすると、不当な扱いを受けたことに不平を鳴らした。彼はワインには一口つけただけだったが、大ジョッキにつがれたビールは大量に飲んだ。

七時半ごろ、侯はジーベル氏と私を書斎に招き入れた。我々は寝室に入り、侯はあらかじめ、書斎の隣にある寝室を用を足すために私たちに提供してくれた。我々は壁際に陣取ったが、その際ジーベル氏は真顔で心底からこう言った。「あの人物はあらゆる点において巨大だ、糞までもが！」[24]

もっとも、一番重要な証言者はオットー・フォン・ビスマルク本人である。ビスマルクは六十年間にわたって間断なく、書くことを続けた。公式の全集〔旧版〕は四つ折り判で一九巻からなり、平均して一冊五〇〇ページ以上の分量がある。[25] 一八七一年から九〇年の時期の皇帝宛ての報告、口述書、その他の公的な文書のみを収めた第六巻Cだけでも四三八頁に及ぶ。ビスマルクは家族や友人等に宛てて、何千もの手紙を書いた。彼は二十八年の間、内政と外交のいずれもを統御したのであり、その書簡や公的な書き物は、ロシアとの戦争の恐怖から煙草産業の国家独占に至るまでをカバーしている。彼はあらゆる事柄についてその一切に知悉することを自らの宿題にしていたのかもしれない。その結果、すさまじいほどの情報把握が可能となったが、また反面では、自ら書くこと、自らの口述するところを書き取らせることへの激しい渇望が表出した。一八七五年から八〇年〔一八八一年の誤り〕までビスマルクの第一秘書役を務めたクリストフ・ティーデマンは日記において、ビスマルクの屋敷の一つであったファルツィーンでのビスマルクとの共同作業の典型例を記録している。

昨日は二時間半彼の書斎で過ごし、今日は午後一杯を使って皇帝への手紙――フォリオ版で三二枚分――の口述筆記を中断なしに、しかし正確にやりとおした。彼はベニヒセンの入閣に関する交渉の詳細だけでなく、憲法の導入以来の我々の政党システムの発展についての高度に政治的な説明にも言及した。ビスマルク侯は五時間にわたり休むことなく口述を続けた。何と五時間もである。彼はいつも以上に早口で話し、その思考の流れについていくのが大変だった。部屋の温度は上がり、恐ろしい量の汗がふき出し、体が痙攣し始めたように感じた。直ちに心を決め、何も言わずにジャケットを脱ぎそれを椅子に投げ掛けた。私はシャツ姿で仕事を続けた。語りのペースを上げたり落としたりしていたビスマルク侯は私を見て初め驚いたが、状況を理解したという風に頷き、間断なくまた口述を始めた。[26]

年をとり、このような仕事の負担を以前よりも重く感じるようになると、ビスマルクは最も近しい協力者たちですら用心せざるをえないほど怒りっぽくなった。ローベルト・ルーチウス・フォン・バルハウゼンは一八七〇年にビスマルクの内輪のサークルの一員となり、一八七九年以降はプロイセン政府の閣僚となった。彼はしばしばビスマルクと面会し、その衰えぶりを記録した。早くも一八七五年に、ルーチウスはいや増す不安を日記に記している。ここでは二つの記述を紹介する。

二月二十二日。現実のものにせよ空想上のものにせよ自分が受けた侮蔑への復讐心、報復の思いを過剰に胸中で強くするのは、ビスマルクの性格の注目すべき特徴だ。病的な癇癪を起こして、彼は他人が思ってもいないのに悪意を抱いていると決めつけてしまうのだ。……非常に気持ちの良い夕べだったが、彼はナイフでハーフ・サイズの七面鳥をカットしながら口に運び、ボトル一、三本のミネラルウォーターと混ぜたボトル四分の一分か半分のコニャックで食物を胃袋に流し込んだ。彼が言うには、その日は食事が楽しめず、ビールやシャンペンでは駄目で、コニャックと水こそが最善なのだ。彼が自分と一緒に酒を飲むよう強いたので、私には彼がどれだけ飲んだのか分からなかった[27]。

三月四日。国内状況が万華鏡のようにめまぐるしく変化している。……ビスマルクは彼自身の個人的な見解に基づいてあらゆる問題に対応しているが、明らかに自分の個人的な影響力の大半を放棄しようとはせず、そして一日ごとに気持ちを変える。自分が何かをやりたくない時は、彼は皇帝の御心の背後に引き籠ってしまう。彼が本当に望む時には自分の思い通りにすることは誰もが知っている[28]。

意見の異なる者に対する寛容を持たず、自分への不同意を不忠と見なし、受けた痛みを決して忘れない、このような人物の下で政事に加わることを想像してみよう。若き外交官時代にビスマルクを崇拝していたフリードリヒ・フォン・ホルシュタインは後に自らの幻滅を吐露している。

ビスマルクは人びとに悩みと苦しみを与え、冷遇をもって自らの力を実感させることを心理的に必要としていたのだ。あらゆる人間的な幸福が久しく枯れ果てたその悲観的な人生観が、彼に喜びの源を一つしか残さなかったのであり、後世の歴史家は、ビスマルクの支配体制とは、そこに関わった集団にとっても個人にとっても、軽蔑すべき乱痴気騒ぎと人間に対する侮辱とであったことを認めざるを得ないだろう。この傾向はまた、ビスマルク侯の最大の失敗の原因でもある。

この場合、彼の直観は、癇癖とまともな理由もないのに正当化された感情の爆発の奴隷となっていたのだ。[29]

ここに書かれている「後世の歴史家」は、ホルシュタインの見解に部分的にしか同意できない。孤独な男やもめの高級官僚であったホルシュタインは一九〇六年以降、外交上の権限を失ったことで惨めな気分を味わってこのように記しているのである。彼の叙述は、ドイツ、そしてその現状に対する深い失望を反映している。彼は一八六一年以来ビスマルクの知己を得て、かつては彼を崇拝していた。一方では、「後世の歴史家」はまた、ビスマルクが粗暴に振舞ったということ、そしてホルシュタインの眼に映った姿を他の人びとも認識していたということを認めなければならない。しかし他方では、──私見では──外交においては彼が内政の場合のように怒りっぽく短気に振舞うことはなかった。外交において、彼は自分が制御できない力の虜となったが、最後まで最大限の細心をもって完璧に理に適った政策をとった。彼の手腕は決して鈍らなかった。内政においても、ビスマルクは災害保険、疾病保険、廃疾・養老保険の導入にはその叡智と眼力を示した。もっとも、社会主義への恐怖と憎悪は、その他の社会問題に関して彼を盲目にしたのであるが。ホルシュタインの告発の妥当性を判断するのは未だ早尚に過ぎるであろうが、これから彼の人生の物語を辿ることで、歴史上最も興味深く、才能に溢れ、矛盾に満ちた人物の一人と関係を結ぶことになるというのは認めなければならない。

原注

（1）Schoeps, 15-16.　（2）Bronsart, 249.　（3）Gall, *Bismarck: The White Revolutionary*, i. 206.　（4）Holstein,

Memoirs, 52.（5）'Politik als Beruf', *Gesammelte Politische Schriften*（Munich, 1921）, 396-450. 初出はミュンヒェン大学での一九一八年の講演で、一九一九年にミュンヒェンのドゥンカー・ウント・フンブロート出版社から刊行された。〈http://tiunet.tiu.edu/acadinfo/cas/socsci/psych/SOC410/Readings/Weber/Works/politics.htm〉.（6）Ibid.（7）Chlodwig Hohenlohe-Schillingsfürst, *Memoirs*, 429, Berlin, 18 June 1890.（8）Börner, *William I*, 221.（9）Busch, 4 Oct. 1878, ii. 197.（10）Bronsart, 212.（11）Urbach, 69.（12）Craig, *Fontane*, 115.（13）Ibid. 116.（14）シュトシュから皇太子宛ての一八七三年一月二十四日の書簡、Hollyday, 126.（15）Stosch, 120.（16）Roon, i. 355-6.（17）Ibid. ii. 239.（18）Ibid. ii. 260-1.（19）Engelberg, i, 315-16.（20）Craig, *The Politics*, 137.（21）Edmund Burke, *Reflections on the Revolution in France*（1790）, para. 97, p. 61.（22）Motley, *Family*, 297.（23）Spitzemberg, 304.（24）Tiedemann, 13, 15.（25）*Bismarck Die Gesammelten Werke*, eds. Wolfgang Windelband and Werner Frauendienst, 1st edn.（Berlin: Deutsche Verlags-Anstalt, 1924-1935）. 以下、*GW* と略記。（26）Tiedemann, 221.（27）Lucius, 129-30.（28）Ibid. 131.（29）Holstein, *Memoirs*, 118.

第2章 ビスマルク
プロイセンに生まれるということ、そしてその意味するところ

オットー・エードゥアルト・レーオポルト・フォン・ビスマルクは、地主貴族のフェルディナント・フォン・ビスマルクとその妻ヴィルヘルミーネ・メンケンの第四子として、ベルリン東方〔実際にはシェーンハウゼンはベルリンの西方に位置する。エルベ以東ではある〕の、マルク・ブランデンブルク地方にある一族の所領シェーンハウゼンで一八一五年四月一日に呱々の声を上げた。我々はオットー・フォン・ビスマルクが個人として継承したものについて考える前に、歴史的に受け継がれてきたものを確認し、そして彼が生まれた歴史的瞬間、彼が生まれ落ちた場所、彼の父と彼自身がその地位にあったプロイセンにおける「地主貴族」の意味、この赤ん坊が生まれた社会的・政治的環境、そしてさらには彼の揺りかごの傍らに立った人びとの頭を捉えていた理念や価値観といったことについて考察しなければならない。エルンスト・エンゲルベルクはビスマルクを、根本的、本質的なプロイセン人という意味で「生粋のプロイセン人」と呼び、この表現を二巻本のビスマルク伝の〔第一巻の〕副題に用いた。[1] しかし、なかんずく当時にあって「プロイセン人」であるというのはいかなることを意味したのであろうか。なんとなれば、ビスマルクは一つの時代——フランス革命とナポレオン戦争——の終わりに、そして新しい時代——民主政の発達、近代的な国家、そして資本主義的産業の現出に直面する「長い十九世紀」——の劈頭に生を受けたか

らである。

一八一五年三月二十日、みどりごのビスマルクが最初の呼吸をする十二日前に、エルバ島を脱出したナポレオンがパリに帰還した。彼の赴くところ何処(いずこ)でも、戦勝国が前年に息の根を止めたはずのナポレオン帝国が魔法のごとく蘇った。一八一五年六月十八日のワーテルローの戦いは帝国復活の夢を終わらせたが、ナポレオンがヨーロッパ、そしてビスマルクの生まれたプロイセンに及ぼす持続的な影響を途絶させることはなかった。ナポレオンはフランス革命の諸立法と行政制度をまき散らし押しつけた。これこそは、ビスマルクの最初の歴史的な相続物であった。

ビスマルク家の所領シェーンハウゼンのあったブランデンブルク辺境伯領は、どのようにしてプロイセン王国となり、さらにはドイツ帝国の中核となったのであろうか。この地に豊かな天然資源があったわけではない。クリストファー・クラークはプロイセンの歴史を叙述した優れた著作、『鋼鉄の王国』において、ビスマルクが幼年期を過ごした景観を以下のように描写している(2)。

そこには取りたてて目印になるようなものはなかった。その地を流れる川は、ラインやドナウのごとき雄大さを持たぬ、緩慢で蛇行した流れであった。単調なカバノキと樅の森林が表土の大半を覆っていた。……その地勢に関するあらゆる記述においては、最大限の賛辞を送っている記述でさえも、「砂地」、平地、「沼地」、そして「未開の野」といった言葉を繰り返すしかなかった。ブランデンブルクの大部分の土壌が貧弱であった。幾つかの地域では土地は砂だらけで脆く、木々は育たなかった。

この見栄えしない小さな君主国がヨーロッパで最も強力な国家の中核となったのは、一六四〇年から一九一八年の時期の統治者たちによるところが大きい。彼らに関して最も注目すべきは、その長寿である。王位継承が不確かで突然の死が近代初期の国家を揺らがせることの珍しくなかった時代にあって、ホーエンツォレルン家の人びとは長命を保ち続けた。「大選帝侯」フリードリヒ・ヴィルヘルムは一六四〇年から八八年まで、フリードリヒ大王は一七四〇年から八六年まで、フリードリヒ・ヴィルヘルム三世は一七九七年から一八四〇年まで、そしてビスマルクの主君であったプロイセン王にしてドイツ皇帝のヴィルヘルム一世は一八六一年から八八年に九十一歳〔九十歳の誤り〕で死去するまで統治を続けた。ホーエンツォレルン家の歴代の統治者は平均して三十三年間統治の座にあった。彼らは長寿であったのみならず、フランス革命までの二世紀間に二人の優れた支配者を輩出した。その二人とは大選帝侯とフリードリヒ大王のことであるが、特に後者は、おそらく近代国家の統治者として史上最高の人物である。

大選帝侯は一六八八年に死去したが、豊かな国家と三万人以上の常備軍を後に遺した。フリードリヒ大王の父の、いわゆる「兵隊王」フリードリヒ・ヴィルヘルム一世（在位一七一五—四〇）〔一七一三—四〇の誤り〕の治下には、プロイセンは八万人の常備軍を保有していた。フリードリヒ・ヴィルヘルム一世は厳格なカルヴァン主義者であり、適切な説教を行わなかった牧師をまさに殴りつけさえするほどであったが、フリードリヒ大王（在位一七四〇—八六）は父親の王国を軍事と民事の双方において変革した。フリードリヒは——常勝の将軍であり、啓蒙専制君主であり、哲学者であり、音楽家であり——傑出した王であった。彼の遺産は後のプロイセンの歴史に影響し続けたのであり、ビスマルクが継承したのは、まさにこの王が作り上げたプロイセンであった。

フリードリヒはただ貴族のみが指導者たるに相応(ふさわ)しいと確信していた。したがって、ビスマルクが生まれたプロイセンの地主貴族層こそが国家に仕える貴族層をなした。これは、軍隊と国家における高級な官職を彼らが独占していたということに他ならない。フリードリヒ大王が自身の『政治遺訓』（一七五二年）において述べているところによれば、

［プロイセン貴族は］自らの生活と財産を国家への奉仕のために犠牲にしてきた。その忠誠と勲功のゆえに彼らは代々の君主からの庇護を受けてきたが、貧困に窮した彼らの高貴な家族が所領を保持し続けることができるよう恩顧を与えることは［君主の］責務の一つである。なんとなれば、彼らは国家の礎石支柱と見なされる存在だからである。このような国家にあっては内紛や反乱を恐れる必要などない。……貴族の保護はこの国家の政治の一大目標である。(3)

彼は貴族たちに負い目があり、またそのことを認識していた。フォン・クライスト家に限定しても、フリードリヒの行った戦争の一つである一七五六年から六三年の七年戦争だけで一族中の三十人を失ったが、彼らの事例は取り立てて特別なものではなかった。(4)彼は常に知的であり、当然のこととして全てフランス語によるものであるが、論理的な文章と瞠目に値する書簡の書き手であった。彼にとってドイツ語は下僕の言葉であった。彼は偉大な啓蒙思想の権威たちと文通した。フリードリヒの宗教に対する無関心は、王は「啓蒙の人」として知られていた。啓蒙主義の基本原則であった。彼の死の二年前に哲学者イマヌエル・カントは有名なエッセイ『啓蒙とは何か』（一七八四年）を書き、結論部で以下のように述べている。

一般的な啓蒙――すなわち、諸人が自ら招き、自らその責めを負うべき未成年状態からの脱出を妨げるところの諸般の障害は次第に減少しつつある。……このような事情を考慮すると、現代

はまさに啓蒙の時代、すなわちフリードリヒの世紀である。

（篠田英雄訳『啓蒙とは何か』岩波書店、一九九八年［第四八版］、一六、一七頁）

フリードリヒ大王はビスマルクにさえも変えることのできない財産を後に遺した。彼は義務に忠実な統治者、職務に専心する完璧な君主の範を示した。彼の臣下の一人であったフリードリヒ・アントン・フォン・ハイニッツは――他の大臣や官吏たちもフリードリヒの目から見れば臣下に過ぎなかったのであるが――一七八二年六月二日の日記に以下のように記している。

陛下は他の者たちの鏡である。誰を陛下に比することができようか。陛下は勤勉で、娯楽にふける前に義務を果たし、何をおいても仕事に目を配る。……陛下のごとく禁欲的で、首尾一貫し、時間の配分に熟達した君主は他にいない。(5)

フォン・ハイニッツは正しかった。フリードリヒのような君主は彼の時代にもそれ以前にも存在しなかった。王としてのその天稟は、めったに起こり得ない遺伝的なめぐり合わせによるものであったとしか思えない。実際、フリードリヒ大王は、ビスマルクが継承しその維持に尽力した一連の遺産を築いた。その第一番目のものは、王は国家第一の下僕として働かなければならないという観念である。ヴィルヘルム一世はこの戒律を真摯に実践した。ヴィルヘルム一世はフリードリヒ大王のようにはなれなかったが、君主たるものは適切に「統治する」ために課題を果たさなければならないという信念は受け継いでいた。

第二の遺産として、フリードリヒは「ユンカー階級」――プロイセン貴族はそう呼ばれていた――

に特殊なアイデンティティを遺した。王冠への奉仕の意識はプロイセン貴族たちとその自己認識を規定した。彼らは軍務に服した。彼らは外交にも従事したし、地方行政を担い、各省を切り盛りし、またこれら全般に関わる権限を有してもいたが、軍隊こそが何にも増して重要であった。一八七〇年代初頭を舞台に、若いユンカーの少尉とベルリンの花屋の娘の恋を描いたテオドーア・フォンターネの魅力的な小説『迷誤あれば』の主人公ボート・フォン・リーネカーは、娘の結婚相手となる若者を選ぶためにベルリンからやってきた獰猛な伯父と対面する。以下にその一節を訳出しよう。

と、レーデルンの邸宅の前で、近衛竜騎兵連隊のフォン・ヴェーデル少尉がこちらへやって来るのが見えた。

「やあ、ヴェーデル、どちらへ?」

「クラブだけど、きみは?」

「ヒラーだ」

「少し早い感じだね」

「うん。だけど、仕方ないんだ。年寄りの伯父の食事につきあわされる羽目になってね。……そういえば、この伯父もきみの連隊にいた人だ。むろんずっと昔のことで、四十年代の初めごろだけど。オステン男爵って言うんだが」

「ヴィーツェンドルフの方だろう?」

「そのとおりだ」

「その人なら知ってるよ。といっても、名前だけだけどね。遠縁なんだ。うちの祖母がオステン家の出だもので。例の、ビスマルクといがみあってる人物だろう?」

「そう、その人物だ。が、それはそうと、どうだろう、ヴェーデル、つきあってくれないかな？　クラブが逃げてしまうわけじゃなし、ピットやセルゲイだっておんなじだ。一時に行っても三時に行っても、ちゃんと会えるさ。伯父ときたら、いまでも金モールのついた竜騎兵の青い軍服に首ったけのうえ、ノイマルクの人らしく、ヴェーデルと名のつく人ならだれでも大歓迎すること請けあいだよ」

「わかった、リーネカー。ただし、責任はきみにとってもらうからね」

「喜んで」

こんな会話をかわすうちに、二人はヒラーに到着したが、そこのガラス扉の前ではすでに老男爵が待ち受けていた。一時を一分まわっていたからだ。しかし、そのことでは彼は何も言わず、ボートが「フォン・ヴェーデル少尉です」と紹介すると、文字どおり喜色満面のていになった。

「甥御さんに……」

「いや、弁解は無用です、フォン・ヴェーデル君。ヴェーデルという名の人ならどなたも歓迎ですが、そのうえその服を着ておられるとなると、二倍、三倍に歓迎しますよ。さあ、ご両人、この椅子とテーブルが整列してるところから脱出して、できるだけ後方へ集結しようじゃありませんか。普通ならプロイセン的なやり方とはいえないけれど、ここではそのほうが得策ですから[6]」

（立川洋三訳『迷誤あれば』三修社、一九九七年、四二、四三頁）

この見事な描写は、この階級に関して知りたいことをいろいろと教えてくれる。第一に、彼らは皆顔見知りであり、しばしば姻戚関係にあることが分かる。彼らはイギリス人がパブリックスクールやオックスブリッジの出身であることをもって自己規定するように、所属する連隊によって自分たちを規定する。二人の若いユンカーの少尉たちはきびきびとした調子で、ドイツ語で謂うところのシュナイディヒ schneidig、つまり「はっきりとした」アクセントで喋る。彼らが誰かのことについて尋ねる時、第一声は「彼はどこに勤務しているのですか」であった。「勤務」とはこの場合ただ一つのことを意味した。すなわち、それは連隊での勤務のことであった。

老男爵は遅刻を嫌い、近衛竜騎兵連隊の将校であるヴェーデル家の一員を連れてくるという作戦をとらなかったとしたら、甥を叱りとばしていたことであろう。この老人は古きプロイセン貴族の、任務への献身や有能さ、時間厳守、自己犠牲、多くの場合古式ゆかしいルター派や福音派プロテスタントに由来する敬虔さ、そして強烈で抑えきれない自尊心といった美徳を体現している。ユンカーの一連の価値観の中で、女性は何の役割も果たしていなかった。ビスマルクは辞職後にヒルデガルト・フォン・シュピッツェンベルクとの対話において、こうしたことについて以下のように述べている。

> 第一近衛歩兵連隊は軍隊の修道院のようなものです。狂気じみているほどに仲間意識 Esprit de corps が強い。この紳士たちには結婚を禁じる方がいい。私はこの連隊の誰かと結婚しようと考えている女性には再考を勧めます。彼女は軍務と結婚することになるのであり、軍務によって惨めな思いをし、軍務によって死に導かれることになるでしょう。[7]

ビスマルクの最も親密にして最も旧い友人の一人であり、ゲッティンゲンで学生時代を共に送った、ボストンの名門に属するジョン・ロスロップ・モトリーは、一八三三年に自分の両親に書き送っている。

ドイツ人は二つの階級にはっきりと分類することができます。つまり、フォンの称号を持つ人びとと持っていない人びとにです。幸運にも自分の名前の前にこの魔法の三文字を冠することのできる人たちは貴族に属し、つまるところ上流階級なのです。それ以外の人びとはアルファベットをどのように組み合わせて改名しようとも、平民に留まるのです。[8]

南ドイツと西ドイツにも「フォン」の称号を持つ人びとはいたが、しかし彼らの内でフリードリヒ大王に「仕えた」経験を持つ者はほとんどいなかった。彼らはより豊かで、より鷹揚で、より快活な、大抵はカトリックの貴族であった。彼らの大半が「男爵 Freiherr」のような帝国から授けられた立派な称号を保有しており、この「男爵たち Feiherren」は神聖ローマ帝国の皇帝のみを主権者と認めていた。彼らは、たまたま自分の所領を抱合するかたちで領土を治めているに過ぎない領邦君主には服従しなかった。ルクセンブルクやアメリカのデラウェア州ほどの大きさの所領を保有するオーストリアの貴族やハンガリーのマグナート（大貴族）たちは、ユンカー階級を敬意と嫌悪の双方をもって見ていた。ビスマルクのプロイセン首相としての任期の初期にベルリン駐在オーストリア大使を務めていたアラヨシュ・カーロイ・フォン・ナジカーロイ伯爵はマジャールの大貴族の出であり、その社会的地位はフォン・リーネカーやフォン・クライスト、そしてフォン・ビスマルク＝シェーンハウゼンよりも遥かに高かった。一八六四年一月に彼は、自分と同格の大貴族であるオーストリアの外務大臣ヨーハン・ベルンハルト・フォン・レヒベルク・ウント・ローテンレーヴェン伯爵に宛てて、プロイセンの王冠と議会の間との危機について書き送った。彼の明晰な主張では、この係争は、

政治的のみならず、プロイセン国家の内的生活に特有の社会的な不和、すなわち、他の身分や

階級に対する相互の激しい憎しみの確かな兆しです。この反目は……一方では軍隊や貴族と、もう一方ではその他全ての産業市民との間の鋭い対立に根差しており、プロイセンの君主制の最も重大かつ最も暗い特性の一つなのです[9]。

ビスマルクの最も偉大な功績は、三つの戦争、ドイツの統一、民主政と資本主義と産業化の実現、そして電信や鉄道、さらにその任期の末期の電話の発展を経てなお、ユンカー階級のこの「最も暗い特性」を墨守したことにある。ボートとヴェーデルの孫たちはなお、アードルフ・ヒトラーの下で連隊を指揮し続けた。彼らはナチスの戦争を支え、この戦争が敗北に至るまで軍隊を率いた。そしてまた、一九四四年のヒトラー暗殺計画の中心を担ったのも彼ら――フォン・モルトケやフォン・ヨルクやフォン・ヴィッツレーベンやその他の同階級の出身者たち――であった。この遺産を破壊し、その所有者たちを追放するためには、第二次世界大戦、何千万もの無辜（むこ）の人びとの死、そしてロシアによるブランデンブルク、ポンメルン、かつてのプロイセン公国、さらにその他の「中核的な」領域の占領が必要であった。一九四七年二月二十五日、連合国管理理事会はプロイセン国家そのものを解体する法令に調印したが、この国は世界史において布告によって廃された唯一の国家である。

早くからドイツにおける軍国主義と反動の担い手であったプロイセン国家はもはや存在しない[10]。

この条文がフリードリヒ大王の心臓に木製の十字架を打ち込んだのである。

ビスマルクはユンカー階級に所属していた。ユンカーとしてのアイデンティティが彼とその価値観と行動の大部分を規定していることを誰も疑わなかったし、本書の読者も同じ理解に達することであろう。彼はユンカーとしての長い血統を誇ったが、しかしその鋳型に自らを完全にはめこんだり、いかにもユンカーらしく振舞ったりは決してしなかった。先にふれたフォンターネの小説中のレストラン「ヒラー」での昼食は良好な雰囲気で始まった。しかし、ビスマルクが会話に上ると雲行きが怪しくなる。

〔ボートがこう言ったのは賢明な対応ではなかった。〕というのは、ただでさえ鬱血気味の老男爵は禿げ頭の天辺まで赤くなり、こめかみに残っている僅かなちぢれ毛も一層ちぢれてゆきそうに見えたからである。「わからんな、ボート。どういうことだね、その『そうは言えなくはない』というのは？　それはつまり、『そうは言えない』というのとおなじだろう。狙いがどこにあるかも、わしにはちゃんと読めておる。つまり、何とかいう予備役の重騎兵将校、どんなことにかけても、とりわけ革命的な施策となると、小出しにするってことを知らない奴だが、この何とかいう、真っ黄色の襟章をつけたハルバーシュタット連隊の奴が、おんみずからサン・プリヴァを襲撃して、セダンの大包囲をやってのけたとでも言いたいんだろう。ボート、そんな出まかせはやめてもらいたいね。奴は昔、試補としてポツダムの州政府に勤めておったが、それもメディング老人のもとでで、そのメディングが嫌っていたことは確かでな。だいたい電報を書くこと以外には能のない男じゃないか。まあ、その道の心得があるってことは、わしも認めてやろう。別の言葉で言えば、事務屋ってことだ。しかし、わがプロイセンを大にしたのは事務屋なんかじゃない。フェーアベリンで戦った大選帝侯は事務屋だったかね？　それから、ブリュッヒャー将軍やヨルク将軍は？　ペンはペンでも、プロイセンのはここになくては。ああいう奴を崇拝するなんて、わしには我慢ならんよ[11]」

オステン老男爵にとって、軍隊がドイツを統一したのであって、ビスマルクなのではなかった。軍隊がプロイセンを創ったのであって、ユンカーの地主貴族であり退役将校であるクルト・アントン・フォン・オステン男爵が、彼の怒りの前に青ざめた少尉たちと同様に、軍隊と国家を体現していたのであった。プロイセンのユンカーはどのような状況にあっても好んで軍服を着用したが、少しも気乗りしないままに予備役として短期間の兵役に就いただけであったにもかかわらず、ビスマルクもまたこれに執着した。彼の友人にして後見人の陸相のアルブレヒト・フォン・ローンには、軍服を着たビスマルクの自己主張は幾分ぎこちないものに見えた。ビスマルクが間もなく首相になれるという期待に胸を膨らませながらベルリンに到着した一八六二年五月末、ローンはビスマルクも参加してテンペルホーフの野で行われた年に一度の閲兵式について記している。

（同書、四五、四六頁）

それから、長身の彼は誰もが知っている胸甲騎兵の制服を着ていたが、その黄色い襟には少佐の階級章しか付けていなかった。その階級章を手に入れるために彼がどんなに苦労しなければならなかったかを誰もが知っていた。彼は何度も、プロイセンの大使がサンクトペテルブルクの宮廷で必要な地位と個人的な名声を保つためには少なくとも少佐の肩章が必要であることを納得させようとした。それにもかかわらず、当時の軍事内局長（マントイフェル将軍）は長い間そのために必要な推挙の手続きを取ろうとしなかったのだ。[12]

軍隊の威信はフリードリヒ大王の戦勝に由来していた。「軍部の知的エリート」集団がユンカーの称賛すべき所有物、すなわちプロイセン軍隊の改革に着手するには、フリードリヒ大王の軍隊が一八〇六年に完敗を喫することと必要であった。彼らは未来の選良を育成し、砲兵やエンジニアの新技術を実践するための高度な教育内容を備えた士官学校を導入した。士官学校をトップで卒業した者は、参謀本部と呼ばれる新組織に加わることとなり、さらに初めて近代的な陸軍省が設置されることとなった。アーデン・バックホルツがモルトケに関する著作で述べているように、プロイセン軍隊は「学習機関〔となった〕。……プロイセン参謀本部と軍隊は、一貫した方法論に基盤を置いた、制度化された知識の先駆者となった」[13]。プロイセン改革は、少数の「啓蒙された」将校たちと上級官僚、そしてベルリンの知識人たちの手になるものであった。納得できることであるが、彼らはフランス革命の理念を押し止めることはできないし、またすべきではないと信じていた。とはいえ、プロイセンを改革することはプロイセンをプロイセンではない何かにしてしまうことを意味するという矛盾を、彼らは回避できなかった。ヨルクのような優れた軍制改革者でさえも、自分たちの周囲で起こっている事態を憎んだ。ナポレオンが最も重要な改革者であるフォム・シュタイン男爵を一八〇八年十一月に追放した時、ヨルクは「あの狂った頭脳は既に粉々だ。毒蛇の巣の残骸はその毒の中に消滅するであろう」と書いたのである[14]。

　四面楚歌の状態にあったプロイセンのユンカーたちへの救いの手は、思いもよらぬところ、すなわちエドマンド・バークから差し伸べられた。バークは不朽の存在となったが、それはその政治活動や弁舌、あるいは他の様々な著述によってではなく、フランス革命が勃発した直後に書かれた重要な著作によってであった。その著作とは、一七九〇年十一月に出版された『フランス革命についての省察——その事件に関するロンドンのある協会の行為について。パリの紳士に送ろうと意図した手紙において』のことである。この大部の、異例な形式をとった傑作は、近代的な保守主義を発明した。人間性についてのバークの見解は陰鬱なものであった。曰く、何も変わらない。人間の罪悪と愚行はただ装いを変えるに過ぎない。バークは同様に人間の予見能力についても悲観的であった。人びとはいつも意図せざる結果がもたらされるという法則を無視し、ゆえにその計画はいつも悪い結果を招くのである。

バークが後に遺したものは、フランスの新しい急進主義に対峙する新たな保守主義であった。

この新しい保守主義はヨーロッパの大陸部で流行したが、イギリスでは極めて部分的に、一八〇〇年〔代〕から二〇年〔代〕にかけて一時的に受け入れられるにとどまった。バークは、反動的な政治体制に対する様々なリベラル化に抗うための論拠を提供した。すなわち、民衆は愚かであり、人びとは本質的に不平等であり、改良の計画に希望はなく、安定は変化に勝る。フランスに立ち向かう敵対者は、貴族による上からの支配を正当化する際に、そしてもちろん、改革主義的な啓蒙専制君主に抵抗する際に、バークの『省察』を拠りどころとした。理性そのものが悪であるがゆえに、彼らはフランス革命の担い手たちを拒否しただけでなく、フリードリヒ大王の再来もその無神論も、そして大王の合理主義も望まなかった。

彼らはリベラルな資本主義、アダム・スミス、自由市場を攻撃し、バークの議論を全く別の文脈の中で活用した。バークにとって土地は堅固なものであり、対して「金銭的な利害」は不確かで気ままなものであり、ゆえに彼は偉大なイギリスの土地所有者たちを賛美した。しかし、貨幣はあちこちを流れ動いた。土地は単なる商品、取引の対象となり、確固たる社会の基礎たり得なくなった。バークはこうした状況を鮮やかな筆致で表現している。

この手段によって、貨幣操作（マニイ・ジョビング）や投機の精神が、広範な土地そのもののなかにはいりこみ、それと一体化する。この種のやりかたによって、財産のうちのあの種類は、（いわば）揮発させられる。それは、不自然で奇怪な活動を身につけ、そうすることによって、中心的および従属的な、パリおよび地方の、さまざまな管理者の手中に、貨幣の全代表物、すなわちおそらくフランスのすべての土地のたっぷり一〇分の一を、なげこむ。[15]

（水田洋訳『フランス革命についての省察』『世界の名著』所収、中央公論社、一九六九年、二七八頁）

土地はアイデンティティであることをやめ、商品となった。利益を得たのはユダヤ人である。

つぎの世代の貴族は、職人や農夫・両替商・高利貸・ユダヤ人に、になるであろう。こういった人びとは、つねに、貴族の仲間となるだろうし、ときには主人となるであろう。[16]

（同書、一〇九頁）

この見解は不気味なほど正確である。バークの予見どおり、実際に次世代の貴族にはフォン・オッペンハイム男爵や、卿や男爵の称号を保有するロスチャイルド（ロートシルト）、フォン・ブライヒレーダー家、フォン・メンデルスゾーン家等々が含まれていた。バークにとって、ユダヤ人は市場のありとあらゆるけばけばしさや営利主義の象徴であった。

この〔ユダヤ人の〕ブローカーたちは、かれらの堕落した会議がかれらの国にもたらした悲惨と滅亡を、欺瞞の通貨と減価した紙幣をもってだれがもっともよく救済しうるかを、きそいあうのである。[17]

（同書、一〇七頁）

バークの最良の弟子にして最も熱心な読者は反動的なプロイセンの地主貴族たちであり、あらゆる国々の「進歩」の敵対者たちであった。何といっても、一七九〇年のヨーロッパにおいて、古い統治階層は土地所有者と封建領主だったのである。自由な市場や、自由な市民、自由な農民、資本と労働の移動、自由な思想、ユダヤ人、株式市場、銀行、都市、自由な報道に対する彼らの敵意は一九三三年まで連綿と受け継がれ、ナチ独裁を招来するのに一役買うこととなった。最終的に、ヴァイマル共和国のユンカー出身の大統領であった陸軍元帥パウル・ルートヴィヒ・ハンス・アントン・フォン・ベネッケンドルフ・ウント・フォン・ヒンデンブルク（一八四七―一九三四）を説得してアードルフ・ヒトラーをビスマルクのかつての地位に就けさせたのは、ヴェストファーレンのカトリック貴族、フランツ・フォン・パーペン（一八七九―一九六九）に率いられたユンカーの共謀集団であった。このユンカーたちはオーストリアの伍長を自分たちの目的に利用しようとしたが、しかし利用されたのは彼らの方であった。

古典的な自由主義者であったバークは今や反動の預言者となったのであり、彼自身が自ら主張した意図せざる結果の法則を完璧なまでに地で行った。しかし、さらにこれ以上の皮肉がある。バークが新しいプロイセンの読者を獲得したのは、十九世紀初期の最も特筆すべき同調者の一人である、フリードリヒ・ゲンツ（一七六四―一八三二）という名の若き知識人を通じてであった。ゲンツはビスマルクの人生において二重の役割を果たした。彼はバークをドイツ語に翻訳し、また、ビスマルクの母方の祖父アナスタジウス・ルートヴィヒ・メンケン（一七五二―一八〇一）に関わったことで、この人物について洞察するうえでの貴重な手がかりを提供してくれている。ゲンツは最後に、ビスマルクが生まれた日にヴィーン会議の議長を務めていた反動主義者、メッテルニヒ侯の最も重要な相談者になった。

フランス革命が勃発した時、青年ゲンツは興奮した。一七九〇年三月五日に彼は書いている。

私の内側で時代の精神が激しく力強く躍動している。人類が長い眠りから目を覚ます時が来た。私は若いし、そしてあらゆる方向へと広がっていく自由のための万人の格闘が私の内に共感と情熱を呼び起こす[18]。

ゲンツは真のトリックスターに相応しく、至って無頓着に原則を採用してはそれらを捨て去った。一七九〇年十二月五日にクリスチャン・ガルヴェに書いたように、最初は彼はフランス革命を歓迎していた。

革命は哲学の初めての実践的勝利を、そして世界史において初めて理路整然と構築された体系を原理とした統治構造の実例を生み出します。それは人類の希望であり、年老いた悪の重圧にあえぎ続ける他地域の人びとに慰めを与えています[19]。

彼はバークの本がイギリスで出版された時に既にそれを読んでいたが、当時は好意を抱いていなかった。ゲンツは常に大きなチャンスを窺っていた。彼はバークの書の「基本原則と結論に反発して」いた。ゲンツは一七九二年になって、パリでの暴力的な騒擾の後に、そして何よりも『フランス革命についての省察』が出版的に大きな成功を収めたのを見て、考えを変えた。バークの著書の英語版は六ヶ月間で一万九〇〇〇部が売れた。そして、一七九一年九月までには一一版が発行された。ゲンツはこの本をドイツ語に翻訳することに決め、訳書はドイツ語圏で成功を収めた。かくして、新しい保守主義の預言者エドマンド・バークは、「当時のドイツにおいて最も偉大な政治的パンフレットの書き手」に自著を翻訳されるという幸運を得た。ゲンツは友人に、自分は「政治思想史上の革命的な書物であるからではなく、フランスでの諸事件の経緯を批判した壮大かつ雄弁な長広舌ゆえに」バークを翻訳したと〔いった旨のことを〕書いている。[20]

彼は一七九二年十二月に訳書の序文を書き、ヴィーンの皇帝に一部を献呈したが、何の返事も得られなかった。同年十二月二十三日にゲンツは自分の訳書をフリードリヒ・ヴィルヘルム二世に献呈することを決心し、王はこれに応え、彼に軍事顧問官 Kriegsrat の地位を与えた。[21] 同書はベストセラーになった。さらに二つの版と何ダースかの海賊版が市場に出回った。[22] 以下は彼の訳書の序文の一節であるが、ここにはゲンツがフランス革命に対する当初の賛意からいかに遠ざかっていたのかが表れている。

> 内的には異端審問所によって成り立ち、外的には何千人もの自発的な宣教師たちに支えられているパリの独裁的な議会は、その公理から逸脱するあらゆるものに対して、教皇の無謬性の主張が消滅して以来前例のない不寛容さで異端と宣言し、恐怖をもたらしている。……今後は一つの国家、一つの人民、一つの信仰、一つの言語だけが存在するべきだというのである。歴史上、古代においても現代においてもこれ以上に恐ろしい危機の絵図が示されたことはない。[23]

この注目すべき一節は畏敬の念に値する。一七九二―九三年の冬に、フリードリヒ・ヴィルヘルム二世統治下のプロイセンに仕えるこの齢三十に達せんとする一官吏は、バークですら想像できなかったフランス革命の潜在的遺産について述べているのである。やがて、フランス革命のテロと脅威を歪めた見るも恐ろしい戯画が、他ならぬその都市、彼がその主張を著したベルリンで演じられるであろう。そして、「一つの国家、一つの人民、一つの信仰、一つの言語」という表現は、アードルフ・ヒトラーの下でナチ風に改変されて宣言されるであろう。「一つの国家、一つの民族、一人の総統」と。バークとゲンツは共に近代的な保守主義を創出したのである。[24]

数年後にゲンツは、エーヴァルト・フリーが「傑出したロマン主義者としてのあらゆる特徴を備えた」人物と評したアレクサンダー・フォン・デア・マルヴィッツ（一七八七―一八一四）と知り合った。アレクサンダーはルートヴィヒ・フォン・デア・マルヴィッツ（一七七七―一八三七）の弟であるが、このルートヴィヒは、ユンカー階級の擁護と、プロイセンで、そしてドイツで脈々と受け継がれてきた構造的な反ユダヤ主義とを接合した、最初のバーク主義者と見なしうる人物である。バークの議論に従えば、ユダヤ人はプロイセン国家の紛うことなき敵ということになる。曰く、彼らは富を「散逸させ」、あらゆる現実的な価値に対する金銭の支配を代表する。ゲンツはサロンの主催者であったユダヤ人女性〔ラーエル・ファルンハーゲン・フォン・エンゼ Rahel Varnhagen von Ense（一七七一―一八三三）のこと〕と偶然にも「恋仲になった」アレクサンダー・フォン・デア・マルヴィッツを不愉快な人物と見なし、「「私の」細やかな感性にとっては、握手の時にまさに痛みを感じるほど手を揺さぶる人びとと同様に耐え難い」と述べている。[25] この魅力的な青年ユンカーは、一八〇六年の以前も以後もベルリンで最も啓蒙的なサークルに所属していた。

管見の限り、アレクサンダー・フォン・デア・マルヴィッツが本当にゲンツのバーク訳を自分の兄に紹介したという確かな証拠はないが、バークとルートヴィヒとの見解の一致が全くの偶然ということはありえない。我々はエーヴァルト・フリーが書いたルートヴィヒの感動的な伝記から、この兄弟が全然異なる気質であったにもかかわらず、定期的に文通しており、親密であったのを知ることができる。ゲンツがアレクサンダーを激烈に過ぎる人物と見なしていたのに対して、アレクサンダーは一八一一年十二月十九日の手紙で兄を「好ましい性格と偉大な才能が石のように凝結した」人物と表現した。[26] 以下はシュタイン改革についてのルートヴィヒの叙述である。

この連中は売国奴であり、シュタインはその頭目である。彼は我らが祖国の革命化を始めた。それは、持てる者と持たざる者の、農業に対する工業の、安定に対する浮動の、神の定めた諸制度に対する愚鈍な物質主義の、法に対するいわゆる実利の、過去と未来に対する現世の、家族に対する個人の、土地と営業に対する山師と金貸しの、国の歴史に根差した習慣に対する机上の空論の、美徳と尊敬すべき性質に対する空理空論と自画自賛的な狡知の戦いである。[27]

この議論は完全にバークの受け売りであり、手本となったバーク自身が一七九〇年に同様の憤怒をもって述べたことに一致していた。フリードリヒ・アウグスト・ルートヴィヒ・フォン・デア・マルヴィッツは、フリードリヒ大王の世界とビスマルクの子ども時代の世界とを結び合わせた。フォン・デア・マルヴィッツは幼少期に宮廷の近習として老王の馬車に侍していた。一八一一年五月九日、マルヴィッツは反逆を企てた。フランクフルト・アン・デア・オーダーで彼は、ブランデンブルク州のメルキッシュ＝オーダーラント郡の南東部のレブス、ベースコー、シュトルコーの貴族たちを連合郡議会に招集して王への嘆願書を採択した。ユンカーの保守主義の一類型を示しているがゆえに、以下の一文は引用に値する。

土地所有の権利をユダヤ人に付与することを決定する法令には、「モーセの信仰を信奉する人びと」という言い回しがあります。これらのユダヤ人は、もし自分たちの信仰に忠実に留まるならばあらゆる現存の国家に対する敵であり、その信仰に背くのであれば偽善者なのであって、流動的な資本を一まとめにその掌中に収めているのです。それゆえ、土地所有権の価値が、購入すればそこから利益を得られる水準にまで低下するやいなや、それは結局は彼らの手に落ちてしまうでしょう。土地所有者として彼らは国家の主導的な代表者となり、我々の古き神聖なブランデンブルク＝プロイセンは新奇さをてらっただけのユダヤ国家となるでしょう。[28]

マルヴィッツがユダヤ国家 **Judenstaat** という言葉を最初に使用した人物であることはほぼ間違いない。リベラルな国家とはすなわち、「ユダヤ国家」である。テオドーア・ヘルツルが後にシオニスト運動を創出するために用いたこの言葉は、資本主義、自由な市場、そして土地所有の利潤化の担い手としてのユダヤ人への攻撃の中から登場した。ヴァイマル共和国は「ユダヤ共和国」と中傷された。この表現はアダム・スミスに対するユンカーの応答であった。貨幣と流動的な富はユダヤ的である。後にフォン・デア・マルヴィッツが記しているところによれば、

彼ら（ハルデンベルクの側近たち）は皆アダム・スミスに学んだが、彼がカネについての話をしていることを分かっていなかった。なぜなら、イギリスのように強力な憲法を持つことで法が隅々まで行き届いている国家では、金銭の研究は既存の憲法を改変することなく極限まで進展するためである[29]……。

エーヴァルト・フリーが述べたように、

ユダヤ人は封建制の後の社会の不可解さを象徴していた。それは歴史を欠いた社会であり、近代的で、家郷を持たず、資本と利潤を志向し、革命的であった。……鋭く定式化された反ユダヤ主義はその核心において反近代主義である。[30]

プロイセン王の宰相であったカール・アウグスト・フォン・ハルデンベルク男爵（一七五〇―一八二二）が、ルートヴィヒ・フォン・デア・マルヴィッツによって書かれたバーク主義の噴出ともいうべき嘆願書を好意的に受け止めることはなかった。彼はマルヴィッツの嘆願書の余白に「ひどくでしゃばりで恥知らず」と書き込んだ。[31] 一八一一年六月、彼はマルヴィッツとその年長の仲間である反逆者フリードリヒ・ルートヴィヒ・カール・フィンク・フォン・フィンケンシュタイン伯をシュパンダウの監獄に送った。フォン・デア・マルヴィッツに激しい苦痛を与えたのは、仲間の大土地所有者たちが誰も自分に救いの手を差し伸べようとはしなかったことであった。彼らはフォン・デア・マルヴィッツと同じ見解を共有していたかもしれないが、監獄行きに関しては行動を共にしなかった。我々はビスマルクやその他のプロイセン貴族たちが「ユダヤ的」自由主義に対して、フォン・デア・マルヴィッツと全く同様の議論を展開しているのを確認することになるであろうし、貴族以外の人びとがプロイセン軍部に参加するべきだというシャルンホルストの願いを否定した点についても同様であろう。市民層は将校を輩出することができなかったのである。

銀行家や商売人の子、イデオローグ、「世界市民」はその九九パーセントは投機家や会計係に向いている。彼らには山師根性が染みついており、利潤がいつも眼前をちらついている。すなわち、彼らは庶民であり、そうあり続けるのである。最も暗愚な貴族の息子でさえ、その気になれば、庶民的と考えられるような行為を慎むであろう。……加えて、多くのことを学習すれば精神は弱体化する。[32]

フォン・デア・マルヴィッツをユンカー階級全体と同一視することはできない。彼はユンカー層の代弁者を自任していたが、本人も気づいていたように実際にはそうではなかった。プロイセン王国は彼の熱狂的な封建的諸権利の擁護を時代遅れのものにする方向へと変化していった。市場の力はエルベ以東の大所領とその精神に変化を及ぼし、プロイセンの新法はより良好な経済的状況を約束する新しい農業技術の拡大を後押しした。エルベ以東の大半は、アメリカ南部の奴隷所有者が一八六〇年まで唱えていたリベラリズムの主張と同様な意味で「リベラル」であり続けた。輸出業者としての彼らは、外国市場への自由な参入を求め、それゆえに自由貿易、自分たちが統制できるような代議制機関、そして干渉主義的な国家からの自由を支持した。彼らはフォン・デア・マルヴィッツの思想に共感を抱いたかもしれないが、しかし現実的な世界に生きていたのである。

これに加えて、プロイセンは一連の望まざる領土をライン渓谷に獲得した。より近傍に位置し、一八一五年の時点ではより豊かであったザクセン全体の併合こそが、プロイセンが本来望んでいたものであった。しかし、プロイセンの強大化を恐れるメッテルニヒは、フリードリヒ・ヴィルヘルム三世に北部ザクセンのみの部分的併合と、その代償としての遥か西方のドイツの地、そして耕地を流れるライン川やヴッパー川の静かな河畔でまどろむカトリック共同体を受け入れるよう迫った。一八一五年のヴィーン会議においては、この畑と野原の地下にヨーロッパで最大規模の炭層があることを知る者はいなかった。ヘーゲルが「理性の狡猾」と呼んだものによって、オーストリア宰相は自国のライバルであるプロイセン王国に将来の工業化のための燃料を献上してしまったのである。彼はまた、一八一六年に約一八七万九〇八人の人口をプロイセンに与えることとなったが、[33]この数字は一八三八年には約二五〇万人にまで増大した。[34]この地域は十八世紀のヨーロッパにおいて最も識字率が高い地域の一つであり、ライン地域の新領から徴兵された住民の内で自分の名前を署名できない者は、一八三六年にはわずか一〇・八パーセントに過ぎなかった。[35]一八二二年以降ライン州となったこの新しい領土は、大量のローマ・カトリック人口を保有していた。ブローフィは、ライン州の住民の約七五パーセントがローマ・カトリックで、ライン左岸、特にケルン周辺ではこの数字は九五パーセントに達したと見積もっている。[36]彼らはまた、東方のプロイセン領土であるよりも長期にわたってフランスの支配下にあり、ナポレオン法典とそこに盛り込まれた個人的権利や所有権を享受していた。この法典は「ライン法」として知られるライン州の独自性の一部となった。コミュニケーション手段が発達し多くの企業家を抱えるこの地域は、ドイツの鉄道の発展の舞台となった。一八四五年ごろにはドイツの全鉄道の半分がライン州に敷かれていた。[37]

一八一五年四月三十日、もう一つの新しい州がプロイセンのものとなった。ライン川とヴェーザー川の間の諸邦は永久に主権を喪失し、約百万人の住民を擁するプロイセン領ヴェストファーレン州となった。[38]フルダ司教区とパーダーボルン司教区、そしてミュンスター大司教区の存在によって、この新設の州においてもライン州と同様、カトリック住民は相当な数に達することが確実となった。フリードリヒ・カイネマンが記したように、「カトリック地域におけるプロテスタント官吏」が新参のプロイセン王権の権威を象徴していた。[39]二つの新しい州の編入はビスマルクが生きた時代にプロイセン王国の政治的景観を変えた。公式の統計調査によれば、一八七四年ごろには王国の住民の内のおよそ三分の一がカトリックであった。[40] 王国の西部領土は、よりリベラルな政治文化やカトリック的な感性、商業と隆盛しつつある工業に従事するブルジョワ・エリート層、そして間もなくプロイセン議会で新たな階級を代表することとなる人びとを保有していた。ユンカー・エリート層はもはや「自分たちの」王国をそれまでのように完璧には統御できなくなった。こうしたこともまた、ある意味においてビスマルクが継承したプロイセンの遺産の一部を形成していた。

プロイセンの遺産はオットー・フォン・ビスマルクの願望を規定したが、それを封じ込めたわけではない。この遺産——「天才的な王」フリードリヒ大王から受け継がれた軍隊、ユンカー階級と軍隊及び官僚との融合、「奉仕 Dienst」や献身といった観念の普及、貴族と市民の間の厳格な区別、名誉意識の軍事的な定式化、ユダヤ人への憎悪——、こうしたことの全てと、さらにはビスマルク本人の人生の中に我々が見出すことになる諸々のものが、彼の受け継いだ思想や行動、価値観の枠組みを作り上げている。その天賦の才は彼が遺産との関わり方を変えることを可能にし、最終的には王冠と貴族を自らが引き起こし拡大させた戦いに動員させる力を与えた。彼はフランス革命の技術をその革命の目標達成を阻むために利用した。フランス革命勃発の百年後の一八九〇年に辞任した時、彼は自由主義の隆盛に歯止めをかけ、平等の「摂理」を掲げる教義を押し止めた。彼は権威主義的で、プロイセン的で、力への崇拝や絶対君主への畏敬の感情を備えた半絶対主義的な君主制を二十世紀にまで伝えた。ヒトラーは一九二九—三三年の大恐慌の混沌の中からこれらを釣り上げた。一九三三年一月三十日、彼はかつてビスマルクがいた宰相の座に就いた。かくして、「天才」が再度ドイツを統治することとなったのである。

原注

(1) Engelberg, *Bismarck: Urpreusse und Reichsgründer*. (2) Clark, *Iron Kingdom*, 1. (3) 'Primary Source', 〈http://www.thenagain.info/Classes/Sources/Frederick%20 the%20Great.html〉. (4) Sigurd von Kleist, *Geschichte des Geschlechts v. Kleist*, 5. 〈http://www.v-kleist.com/FG/Genealogie/AllgemeineGeschichte.pdf〉. (5) Clark, *Iron Kingdom*, 241. (6) Theodor Fontane, *Irrungen Wirrungen* (1888) in Theodor Fontane, *Gesammelte Werke: Jubiläumsausgabe. Erste Reihe in fünf Bänden* (Berlin: S. Fischer Verlag, 1919), 152ff. (7) Spitzemberg, 291. (8) Engelberg, i. 126. (9) Stern,40. (10) Clark, *Iron Kingdom*, p. xix. (11) Fontane, *Irrungen Wirrungen*, 154. (12) Roon, ii. 86. (13) Bucholz, 30-1. (14) Paret, 4. (15) Burke, para. 322, p. 192. (16) Ibid. para. 322, p. 192. (17) Ibid. para. 77, p. 48. (18) Gentz, 19. (19) Epstein, 436. (20) Sweet, 21. (21) Ibid. 28. (22) Guglia, 147-8. (23) Mann,40-1. (24) Frie, 57. (25) Guglia, 33. (26) アレクサンダー・フォン・デア・マルヴィッツからラーエル・ファルンハーゲン宛ての書簡’ in Frie, 58. (27) Marwitz, *Preussens Verfall und Aufstieg*, 184. (28) 9 May 1811,「フランクフルト・アン・デア・オーダーにおいてベースコー及びシュトルコーの1団の参加を得たレブスの1団による、国王陛下への土地所有に関する最後の嘆願」’ Marwitz, *Preussens Verfall*, 241ff. (29) Marwitz, *Preussens Verfall*, 224. (30) Frie, 280. (31) Ibid. 281. (32) Marwitz, *Preussens Verfall*, 204. (33) 〈http://www.deutsche-schutzgebiete.de/provinz_rheinland.htm〉. (34) Brophy, *Popular Culture*, 14. (35) Ibid. 22-4. (36) Ibid. 257. (37) Brophy, *Capitalism, Politics, and Railroads in Prussia*, 25. (38) Keinemann, 20. (39) Ibid. 20. (40) *Provinzial-Correspondenz* (*PC*), 12/33, 19 Aug. 1874, p. 1. 〈http://amtspresse.staats-bibhothek-berlin.de/vollanzeige.php?file=9838247/1874/1874-08-19.xml&s=1〉.

第3章 ビスマルク「気違いユンカー」

一八〇六年七月六日、カール・ヴィルヘルム・フェルディナント・フォン・ビスマルク（一七七一―一八四五）はヴィルヘルミーネ・ルイーゼ・メンケン（一七八九―一八三九）とポツダムの王宮・衛戍教会で結婚式を挙げた。[1] 四人兄弟の末子であったフェルディナント・フォン・ビスマルクは「兄弟の中で一番勉強ができず極めて怠惰」であった。[2]「フェルディナント叔父さん」は愛想がよく気取りのない性格の持ち主でもあった。彼は親切で、慇懃で、多少風変わりなところもある、ヘンリー・フィールディングの小説『トム・ジョーンズ』に登場する大地主オールワージーのような田舎地主であった。彼の息子は一八四四年十二月の妹に宛てた手紙の中で、父との生活について、また獲物など一匹もいないマイナス八度の真冬に行った狩りの様子について詳しく説明している。彼の父は、いつも日に何度も確認していた温度計を四つと気圧計を一つ持参し、どれもがちゃんと機能しているかどうか確認するためにコツコツと叩いていた。オットー・フォン・ビスマルクは妹に、父を喜ばすために日々の些細な物事について書くように勧めている。

君を訪ねて来る人、君が食べたもの、馬が何をしたか、召使たちがどんな風に振舞ったか、窓から隙間風が吹いた時に戸がキーキーと音を立てたかどうか、要するに、実際の物事 facta について。[3]

姪のヘートヴィヒ・フォン・ビスマルクは、「フェルディナント叔父さん」を愛情を込めて追想している。「彼はいつも友達のように私たちに話しかけ、特にオットーと私が膝の上に乗っている時には楽しそうにおふざけをした……ホテルの宿帳の『身分 character』の項目に『意地悪』と書いたことがあり、たびたび笑いの種にされた」。ポンメルンにあるクニープホーフ、ヤルヒリン、キュルツの各農場を遺産として自分に遺してくれた遠縁の死を聞いた時、彼は楽しげに「農場のソースをかけた冷たくなった叔父殿は悪くないごちそうだ」とのたまった。[4] フィールディングの小説に登場する大地主たちは決して農民たちを直接に管理しなかったが、フェルディナントはそうではなかった。一八〇三年三月十五日に彼は領主命令を「我が領民たち」に向けて示した。

私は再度ここで、自分には今後、義務を果たさない者、あるいは罰を受ける者が、自分は何も知らなかったと言い訳するのを禁じる責務があることを明言しておく[5]……。

多くのユンカーの例にもれず、彼は自分の農地を小さな王国のごとく扱った。彼は封建的権力を行使し、所領で裁判を開き、自ら裁判官、陪審員の役を果たした。一八三七年になっても、三〇〇万人以上のプロイセン臣民がフェルディナント・フォン・ビスマルクが行っていたような領主裁判の下に服していたが、これは王国住民の一三・八パーセント〔独語版では二三・九パーセント〕に相当する。[6] 彼は「彼の国」においては牧師と教師を任免し、国家の官吏にせよ隣人にせよ他人からの介入を受けることを嫌った。フエルディナント・フォン・ビスマルクとブランデンブルクの地主貴族層は、モニカ・ヴィーンフォルトが言うところの「保守と封建政治の牙城」を築いていた[7]。ビスマルクの幼少期、領主の封建的特権は程度の差はあれ明確に蝕(むしば)まれつつあった。領主の多くはこの特権、とりわけ領主裁判権を国家に対する服従の代償と見なし、護持していた。

オットー・フォン・ビスマルクは自分の父と複雑な関係を結んだ。親とは総じて子どもを当惑させるものであるが、フェルディナントの無力さ、憎めない無能ぶりは当惑以上のものを才能溢れる息子にもたらした。オットー・フォン・ビスマルクは、ヨハンナ・フォン・プットカマーと婚約した一ヶ月後の一八四七年二月に、自分の両親について包み隠さず語った手紙を彼女に送っている。

私は父を本当に愛していました。彼と死別した時、私は彼に対して行った仕打ちを思い自責の念にかられ、ほとんど守ることのできない決意をしました。私に対する真実の、際限ない、無私の、優しい心から発する父の愛情に、私は何度冷淡と悪意をもって応えたことか。そしてそれ以上に何度も、彼が弱々しく見えたことで内心苦々しく不快に思った時、礼節に関する自分自身のルールを破りたくないと思いながらも、彼を愛しているふりを繰り返しました。私は、「無器用さ gaucherie」と一緒になった場合にのみ私を苛立たせた父の弱さを裁く立場にありません。そして、未だに自分が彼を心から愛していたことを否定できません。このことを思う時、私がどれだけ苦しんでいるかを貴女に見せてあげたい[8]。

同じ手紙の中で、彼は母についても書いている。

私の母は、外見的な華麗さを好み、明晰で生き生きした知性を兼ね備えた美しい女性でしたが、ベルリン子が言うところの「情け Gemüth」［訳しにくい語であるが、「温かな心 warm heart」といったところである］はほとんど持ち合わせていませんでした。彼女は私に一生懸命勉強してひとかどの人物になることを期待しましたが、私にはしばしば彼女が厳しく冷淡に見えました。子どものころ、私は彼女を憎みました。後に私は嘘をついては彼女をうまく騙しました。人は子どもにとっての母親の価値をあまりにも後になって、彼女が死んだ時に学びます。最も細やかな母性愛は、そこに多くの利己心が混ざっていようとも、子の愛慕に遥かに勝るものなのです。[9]

ビスマルクの母ヴィルヘルミーネ・メンケンは、田舎地主そのものであったフェルディナント・フォン・ビスマルクとは全く異なる世界の出身であった。彼女は一七八九年にベルリンで、大いに前途有望な一族に生を享けた。ヴィルヘルミーネの父で官房顧問官であったアナスタジウス・ルートヴィヒ・メンケン（一七五二―一八〇一）は、ブラウンシュヴァイク公国のヘルムシュテットの知的専門職の一家の出であった。若いころのアナスタジウス・ルートヴィヒは、自分の生まれたちっぽけな領邦で法曹家か大学教授になることを期待していた家族から逃れるために家を出て、ベルリンに向かった。メンケンは非凡な文才に恵まれ、愛嬌があり、宮廷に家族を通したコネクションを持たず金も持たなかったにもかかわらず、すぐに外交官になり、一七八二年には全く己の才覚のみで三十歳でフリードリヒ大王の下で官房書記の地位を得た。彼は富裕な未亡人と結婚し、随筆を書き、ベルリンの啓蒙主義を牽引する人士と文通した。[10] フリードリヒ・ヴィルヘルム二世の下で外交職を続け、彼は官房顧問官の中でも「知的に最も重要」な人物であるという評価を得た。[11] 不運なことに、一七九二年に公表した出版物のゆえに、彼は敵対者たちからフランス革命の支持者、「ジャコバン主義者」の烙印を押された。王は彼を罷免した。彼は妻の十分な資産のおかげで、王太子の統治下での改革を望む官僚や文筆家たちからなるベルリンのサークルの指導的人物として、哲学と政治理論に没頭した。

後にメッテルニヒの最も近しい助言者となるフリードリヒ・ゲンツ（一七六四―一八三二）はこの時、メンケンに野心的な視線を向けた。クラウス・エプシュタインは若き日のゲンツについてこう書いている。

彼は貴族の狭小なサークルを自らの光り輝く知性と個人的な魅力によって「打破」しようと決心したが、金や性のような事柄に対して中流階級の人びとが有していたためらいとは無縁であった。その能力は彼を当時のドイツにおいて最も偉大な政治的パンフレットの書き手にした。彼の保持するコネクションは彼に、ヴィーン会議の時代に「ヨーロッパの秘書」になることを許した。[12]

ゲンツはお涙頂戴ものの、ゲーテの若きヴェルテルを模倣したような、自殺を仄(ほの)めかす派手なラブレターを書いたが、ヴェルテルのように自殺するつもりなどさらさらなかった。彼はしばしばベルリンのサロンを訪れ、〔ゲンツの伝記の著者の〕スウィートが「お座敷芸」と呼んだものを試してみせた。一七八八年に彼は、同じ年に「ゲンツは女たらしのお喋り」[13]と書き記した、才能に満ちた若い哲学者ヴィルヘルム・フォン・フンボルトと知り合いになった。スウィートの表現を借りれば、ゲンツはここに至って「人間よりも思想に従う能力を持った、気紛れで才気走った利己主義者」[14]になった。立身出世の見込みを見抜く彼の判断力は確かなものであり、彼は一七九五年にアナスタジウス・ルートヴィヒ・メンケンに洋々たる前途が待っていることに気づいた。メンケンは「官房党」として知られるようになる啓蒙主義的な官僚たちの主義主張を代表していた。そこでゲンツは冷徹なやり方で、「官房党」で最も重要な人物であったアナスタジウス・ルートヴィヒ・メンケンに交際を求めた。ゲンツは老王が逝去した折にはメンケンが自分に然るべき報酬を与えてくれるであろうと期待した。[15] この目論見は一七九七年に達せられた。新しい国王フリードリヒ・ヴィルヘルム三世は治世三日目にしてメンケンを、ゲンツによれば「彼自身と王に永続的な栄誉をもたらすという条件のみであらゆる民政上の問題の指揮」を担当する、文官の最高位に任命した。[16] 一七九七年十一月、ゲンツは新国王に宛てて改革のプログラムについての公開状を書いた。王は宮廷人たちに向けてその内容を読み上げた。ゲンツが友人のベティガーに書いたところによれば、「このちっぽけでとるに足らない作品はあらゆる階層の人びとの間にセンセーションを巻き起こし、人生で最も喜びに満ちた経験を私に与えてくれた」[17]。

一七九七年にフリードリヒ・ヴィルヘルム三世によって官房の長に任命されたことで、メンケンは王へのあらゆる請願の処理に責任を持つことになった。アメリカ合衆国大統領主席補佐官と同様に、メンケンは請願を選り分け、公務日誌に「拒否」や「却下」と記載した。エンゲルベルクが書いているように、

内閣顧問官の任にある王僕メンケンの官僚的で退屈な仕事に、人間性を重んじる啓蒙的な、いわば祝祭日宣言と、週日のお役所仕事の決定との矛盾があることは見落とせない。批判的な明敏さは持ちながら現存の秩序に従って義務を遂行する役人気質が早い時期に形成されていたことは明らかである。[18]

（E・エンゲルベルク、野村美紀子訳『ビスマルク――生粋のプロイセン人・帝国創建の父』海鳴社、一九九六年、五四頁）

この時期に、アナスタジウス・ルートヴィヒ・メンケンは公僕としての個人的な信条告白を書き留めているが、そこに我々は彼という人物の非凡さを見出すことができる。

私には卑屈に這いつくばったことも、体面を汚したこともない。ただ自分の政治的な位置をわきまえ、常に自らを船旅の客の立場にあるのだと見なしてきた。船上の客であれば、水夫たちと一緒になって悪態をついたり、彼らに加わって大酒を飲んだり、うぬぼれた舵手の、ただ態度が粗暴な以外には無害無知を非難したりすることは避けるだろう。なぜなら、客は体の運動を船の揺れに合わせることをどうしても学ばなくてはならないから、さもなければ転んで他人の不幸を笑う連中の笑い者になるだろうから。そうならないように私は気をつけて、そして転ばずにきた。もし転んだとすれば、足をかけた人物の手をはねつけたりせず、捉まって立っただろうが、決してその手に口づけはしなかっただろう。[19]

しかし、数ヶ月の間にこの才気と自尊心に満ちた王の相談役は病を患い、わずか四十六歳にもかかわらず余命幾ばくもない姿となった。一七九八年二月一日にフリードリヒ・ゲンツは友人に宛ててこのように書いている。

メンケンは今、国政上の「あらゆる」問題を取り仕切っています。彼が今激しく衰弱し、あまりにも急に我々のところから遠くへ引き離されようとしているので、行動的かつ野心的で自らを恃むところ多い人物にとって、このような地位を提示されることがいかに誘惑的なものであるかということが、君にはたやすく分かるでしょう。

ゲンツは今の地位に留まり、自分の名声や魅力、「お座敷芸」の才によってメンケンのポストを得るのを待つか、それとも別の身の振り方を試みるかを決定しなければならなかった。彼は後者を選択した。

陰謀術策の渦巻くところに身を投じようとは思いません。私は自分には統御できない軍隊を恐れているし、もし今日から王が私に全幅の信頼を置くことになったならば、半年以内にすっかりまいってしまうことでしょう。[20]

アナスタジウス・ルートヴィヒ・メンケンは一八〇一年八月五日に、五十歳にも達せずして他界した。彼を知り、一八〇七年に自らの改革プログラムを作成するにあたって彼の政策覚書と未完に終わった改革構想から多くを得たフォム・シュタイン男爵は、熱っぽい表現で前任者を「リベラルな思考を持ち、知的で、典雅な感覚があり、精神と思想において最も高貴な階級に属する類まれなる人物」と評している。[21] 優秀で、才能豊かで、魅力的な高官であったメンケンは、その偉大なキャリアのとば口に立ったその時に命尽きた。彼は、フリードリヒ大王の範に倣うよりは国事を周囲に任せることの多かった若く自信のない国王の下で、まさに権力の頂点に立った。もしメンケンが生きながらえたならばどうなっていたであろうか。

彼が健在であったならば、年端のいかぬ一人娘のヴィルヘルミーネがフェルディナント・フォン・ビスマルクのごとき平凡な男性と結婚することは「断じて」なかったであろう。エンゲルベルクは以下のように論じている。

フェルディナント・フォン・ビスマルクはルイーゼ・ヴィルヘルミーネ・メンケンと身分違いの結婚をしたのではなく、単なる同盟を結んだのではさらにない。それは社会的共生関係だった。シェーンハウゼンではただの退役少尉だったグーツヘルが、この結婚によって社会的声望を高めたのである。[22]

（同書、七二頁）

おそらくこれは正しくない。ジェイン・オースティンが描いた一八〇〇年ごろの農村社会、そしてヴィルヘルミーネ・メンケンの時代のベルリンでは、十分な資産を持たない若い女性に選択の余地はほとんどなかった。ヘートヴィヒ・フォン・ビスマルクがドライに観察しているように、ヴィルヘルミーネは「名前の前の『フォン』の称号も、あるいは財布の中の金も」持ち合わせておらず、当然ながら宮仕えも叶わなかった。[23] そのゆえに、非常に知的で美しい十七歳の少女が、十八歳年上の退屈な田舎貴族と結婚することになったのである。これが幸せな結婚となるわけはなかったし、母としてあるいは家庭人としての満ち足りた暮らしが訪れるはずもなかった。そして、ヴィルヘルミーネ・メンケンはそのどちらにも納まるような女性ではなかった。ビスマルクの母親の知人の一人で長寿に恵まれたシャルロッテ・フォン・クヴァスト＝ラーデンスレーベンは、後年フィリップ・ツゥ・オイレンブルクにヴィルヘルミーネ・メンケンがどのような人物になったのかを語っている。

「彼女はビスマルクの」母親について語る時、妙に深刻な表現を使った。彼女は美しい年老いた古風な頭を振りながら、「愉快な女性ではありませんでした、とてもスマートでしたが、とても冷たい人でした」と言った。[24]

幼少期に親を失った子ども――アナスタジウスが死んだ時、ヴィルヘルミーネは十二歳であった――の傷が完全に癒えることはない。何らかの証言が残っているわけではないが、彼女が生涯にわたって、輝くような才能に恵まれ成功を収めた父親の死を悼み続け、彼の死によって失われた魅力的な人生を思い続けたことは疑いえない。彼女がこの虚無を埋めてくれることを息子たちに望んだのだと考えても牽強付会に過ぎることはないであろう。以下は、彼女がビスマルクの兄、哀れなほど凡庸で父親にそっくりであったベルンハルトに一八三〇年に送った手紙の一部である。

私は、成人した息子を持つことができたなら、それが自分の最大の幸福だと思っていました。その子は私に見守られて育ち、私と同じ意見を持ち、けれども男性として、女性の私に許されたよりももっと深いところへと精神の国を進むよう定められているのです。私は知的な交流を、精神的な努力が与えるお互いの刺激を、そして自然の絆によって初めから私の心に最も近いのですが、できることなら精神の親和によっていやがうえにも私に近づいてくる、そのような息子との交わりにこうした楽しみを見出すという心の満たされる感情を楽しみにしていました。この望みが叶えられるべき時が来ました。それなのに望みの方が消えてしまいました、それも残念ながら永遠に、と私は自分に言い聞かせなくてはなりません。[25]

母親からこんな手紙を受け取ったら、どのような思いを味わうであろうか。我々にはベルンハルトが何を感じたのか知る由もないが、しかしオットーが彼女を「憎んでいた」ことは知っている。非常に評判の高かった、「トゥルネンの父」フリードリヒ・ルートヴィヒ・ヤーン（一七七八―一八五二）によって有名となった「トゥルネン」の体操理論に感化されていたプラーマン校に送られたことで、彼は母を恨んだ。彼はそこでの悲惨な六年間について、何度も何度もフォン・コイデルやルーチウス・フォン・バルハウゼンに話して聞かせ、晩年になっても当時のことを繰り返し回想した。この語りには幾つものバージョンがある。ここでは、その一つでオットー・プフランツィが紹介しているものを挙げておこう。

> 六歳の時、私は貴族を憎むデマゴーグ的な「トゥルナー」〔体操家〕が教師を務める学校に入学し、言葉と叱責の代わりに鉄拳と平手打ちによる教育を受けた。生徒はあざが残るほどの剣（レイピア）の一撃で目を覚ましたが、これは教師にとっては他のやり方が面倒だったからだ。体操はレクリエーションと考えられていたが、その間にも教師たちは私たちを鉄製の剣（レイピア）で叩いた！　私の教養豊かな母にとって、子どもの養育は面倒なものだったので、彼女は早々と、少なくとも彼女自身の認識では、その仕事から自分を解放してしまったのだ。

食事までもが酷かった。それは、「カチカチとは言わないまでも噛み砕くことのできない、ゴムのような肉」といったものであった[26]。

ビスマルクは「弱い」父を愛し、「強い」母を憎んだ。オットー・プフランツィは以下のように推測している。

> 後年のビスマルクの習慣や態度の一定の部分は、この幼年期の経験に起因している。例えば、

彼の恐妻家に対する軽蔑。あるいは知識人への嫌悪（「教授」という呼び名は彼にとって悪口であった）。官僚主義的な政府に対する敵意と「枢密顧問官ども Geheimräte」（彼の母方の祖父はその任にあった）に対する不信。朝寝坊（プラーマン校の生徒は午前六時に起床させられた）。田舎への憧れと、都市、とりわけベルリンに対する嫌悪。そして植林の趣味（彼はクニープホーフのオークの木立を母が伐採させたことを決して許さなかった[27]）。

ビスマルクの生涯に関する証言を調べていくと、プフランツィの示唆は当たっているように思われる。プフランツィは長らくビスマルクについて研究する間に熱心なフロイト主義者となり、ビスマルクの増長し続けた心気症や大食、怒りっぽさ、絶望といったものを説明するに際してエディプス・コンプレックスの理論を非常に効果的に活用した。ビスマルクの健康状態や性質、感情生活が、彼が成功すればするほど悪化の一途を辿ったという事実は、彼のキャリアに関する私の考察の最も重要な発見の一つである。彼の悪徳はますます悪辣なものに成長していった。そして、長きにわたって至高なる自我を強化し続ける中で、彼の美徳はますます弱まっていった。この自我は、あるいは子ども時代に深く傷つけられたことで形成されたものである。ヴィルヘルミーネのような少女にとっては父が死んだこと、ビスマルクのような少年にとっては母が冷淡で、そもそも家を留守にしがちであったことは、終生にわたる精神的な傷を負う原因となった。ヴィルヘルミーネ・メンケンは息子と同じく心気症を患ったが、その「神経」は過敏で、豪華な温泉地で長期療養する必要があった。彼女の息子の心気症は、その食欲と同様に並外れたものであった。ビスマルクが「子どものころ、私は彼女を憎みました。後に私は嘘をついては彼女をうまく騙しました」と告白し、ベルンハルトにも「親たちへの手紙にはありのままに書き過ぎないように。クニープホーフの家族は軍隊的な荒々しさに対して以上に嘘や外交術に敏感に反応するでしょう」と書いて、自分のように母を欺くことを勧めた事実をどう理解すべきであろうか。[28] 息子が敢えて真実を語ろうとしなかったほどに、彼女はこの子を怖がらせていたのであろうか。こうしたことを知る手立てはない。

特殊な環境の組み合わせによって、最終的にビスマルクは、親との不変の三角関係を自分の主君と一度ならず二度にわたり結ぶ羽目になった。彼はプロイセン国王ヴィルヘルム一世のことを柔和だが弱々しい男性と、また、王妃で後には皇妃となるアウグスタを極めて強力でよこしまで悪辣な人物と見なした。そして彼はこの感情を隠そうともしなかった。ベルリン駐在イギリス大使の妻であったエミリー・ラッセルが一八七三年三月十五日にヴィクトリア女王に書き送った手紙に、その実例を見出すことができる。彼女は女王に、ドイツ皇帝夫妻がイギリス大使館で食事をした際に「私たちが与った比類なき恩恵」のことを報告している。

〔それは〕ベルリンで他の大使がこれまで浴したことのない高貴な栄誉でした。……陛下もご存知のことと思いますが、ビスマルク侯はアウグスタ皇后の皇帝陛下への影響力が自分の反教会的で国家的(ナショナル)な政策の邪魔になっているとお考えで、イギリス式の責任内閣制の成立を妨害しようとしており、皇后の皇帝陛下への影響力に政治的な嫉妬心を抱いておられます。皇后は私の夫に、彼〔ビスマルク〕が先の戦争以来たった二回しか口をきいていないとお話しになり、彼もディナーに同席すればよいのにと願っていらっしゃることを打ち明けられました。エチケットから言えば、侯は皇后の左の席に着き、そうすれば皇后と一時間にわたって会話をすることになったでしょう。ビスマルク侯は私たちの招待を受け入れてくださいましたが、儀礼抜きの晩餐が好きだとおっしゃって、「上席」をオーストリア大使にお譲りになってしまいました。しかし、ディナーの日になって、約束の一時間前に、ビスマルク侯は腰痛で欠席する旨の詫び状を送ってこられました。外交官には謎めいたところがつきものですし、彼の病気はいかにも外交的なものに思われます。ビスマルク侯はしばしば激しい表現で皇后への敵意を明らかにされていますので、私の夫は非常に困惑せざるをえない立場に置かれています。[29]

王家とのもう一つの三角関係は、ビスマルクの心中にさらに激しい憎悪の感情を呼び起こした。ビスマルクは何度も何度も、ヴィクトリア王太子妃が夫のフリードリヒ王太子を支配していると言い立てたが、王太子の鬱状態についての私の理解が正しいとすれば、この風評はおそらく間違ってはいなかった。皇帝ヴィルヘルム一世が死去し、フリードリヒとヴィクトリアが皇位と皇后位を継承した数週間後の一八八八年四月一日〔十一日の誤りか〕にシュピッツェンベルク男爵夫人は、

めかしこんで、子どもたちと一緒にビスマルク侯爵夫人のところに挨拶伺いをした。……親愛なる侯は「ああ、親愛なるシュピッツさん、ご機嫌いかが」と私に挨拶し、食卓に誘ってくれた。私の右側には老キュルツァーが座った。私は侯に臆面もなく「インタビューをした」〔原文は英語〕。「ビスマルクが言うには」「私の年老いた主人は御自分の頼りなさをご存知でした。彼はよくこう言ったものです、『余を助けてくれ、余がどれほど妻の尻に敷かれているか、貴公は知っておろう』と。そして我々は一緒に事にあたったものです。その点、あの御仁［フリードリヒのこと］は自信をお持ちのようだが、実際のところ、彼はまるで犬のように信じられないほど従属的で従順なのです。辛いのは、それにもかかわらず、『こんちくしょう！』と言って介入するかわりに完璧に礼儀を保たねばならないことです。この戦いは私と皇帝を消耗させる。彼は勇敢な戦士だが、も

う一方では、妻を恐れて鼠穴にこそこそと逃げ込む口髭をはやした老軍曹と変わらないのです。……最悪なのは……『ヴィッキー』です。彼女は『野性の女』みたいなものです。彼〔フリードリヒ三世〕は、彼女の肖像を見ただけで、その瞳から彼女の際限知らずの性欲を思い出して戦々恐々としています。彼女はバッテンベルク家の人間と恋仲になり、彼を自分の傍に侍らせたがっていますが、それはイギリス人が『わがままな老獣』〔原文では英語〕と呼んでいる母親が、どんな類の近親相姦的な考えを抱いているのか知らないが、彼女の兄弟たちに執着したのと同じなのです[30]」。

ここに露見している醜悪さと女性嫌悪と淫猥さを、「正常」と呼ぶことは到底できない。この事例や、この他にもビスマルクの会話の随所に散見される諸例は、フロイト主義者のケース・スタディに興味深い題材を提供しうるものであろう。ビスマルクは年を取れば取るほど身体の病苦に苛まれた。その原因が身体的なものだけではなく精神的なものでもあったのは疑いようもない。ビスマルクがヒルデガルト・シュピッツェンベルクに、「絶え間なく抵抗を受け、絶え間なく袋叩きにされるために私は蝕まれている」と語った時、彼がそうしたことを伝えていたのだと、また彼の言う通りであったと私は信じている。〔プロイセン首相に就任してからの〕二十六年間にわたり、彼は両親との三角関係の只中で絶望し猛り狂う息子の立場に自らを置いていたのであり、しかもその三角関係にあって、「両親」――すなわち皇帝と皇后――は実際に彼に対して文字通り絶対的権力を握っていた。皇帝はビスマルクをいつでも罷免することができたが、老帝ヴィルヘルム一世はそれを決して実行しなかったし、次の皇帝フリードリヒはそれを実行できないところまで病魔に冒されていたのに対して、ビスマルクには祖父の役を演じることしかできなかった最後の皇帝ヴィルヘルム二世は、それを直ちに実行した。ビスマルクに、「弱い」父を「強い」母に対立させて、国王夫妻との三角関係を巧みに利用することは可能だったのであろうか。あるいは、「個人的独裁」の諸要素は両親に対する根深い二面性から現出したものだったのであろうか。

この伝記を書き始めた当初は、ビスマルクが何度も辞職の脅しをかけたことや、ベルリンから長期にわたり逃避したこと、そしてその病気や心気症の一部は、自らの意のままに振舞うための独創的な戦略であったと考えていたし、実際にそのような性格を帯びてもいたことに疑問の余地はない。しかし今では私は、彼の政治的運命が、傷ついたその心の筋肉を忍耐の限界を超えるまでねじりあげ続けたのと同様に、「弱い」皇帝と「強い」皇后との心理的なトライアングルがビスマルクに恒常的な痛みを与えていたのだと、もっとはっきり考えている。医師のエルンスト・シュヴェニンガーが一八八四年に担当医となった時、ビスマルクは暴食、身体の疾患症状、慢性的な不眠症によって死の瀬戸際にあった。シュヴェニンガーは鉄血宰相を温かい蒸しタオルで包み込み、彼が眠りに落ちるまでその手を握ることで療養した。これを愛しい母親の温もりの代替と考えるのは感傷的に過ぎるであろうか。

一八一六年にビスマルク一家は、先述の通りフェルディナントが遠戚から相続したポンメルンにあるクニープホーフの農場に移った。ここはシェーンハウゼンよりも広大ではあるものの鄙びた農村であり、ベルリンから遠く離れていた。一八二〇年代に、フェルディナントは所領の経済的基盤を穀物生産から酪農に切り替えた。ビスマルクは常に、シェーンハウゼンの水浸しの原野よりもポンメルンの森を好んだ[31]。一八六四年にライプツィヒへの旅行中にフォン・コイデルに語ったように、少年ビスマルクはクニープホーフを愛した。

六歳になるまで私はいつも新鮮な空気か厩舎の中にいた。年取った牛飼いが、私が無邪気に牛の足元を這い回っているのを注意したことがあった。彼が言うには、牛は目を踏みつけようとしてくる。牛は何にも注意を払っていないし、くちゃくちゃと咀嚼し続けるが、目は駄目になってしまう。私は後に、誰かが不注意に他人に害を及ぼした時、しばしばこの話を思い出した。[32]

六歳で彼はプラーマン校に進み、その後六年間にわたる苦しみを味わった。彼が最初に書いた史料の中で私たちが確認できるものは、同地で一八二一年四月二十七日〔一八二二年の誤り〕に書かれた手紙であるが、その文章の質の高さは同校の教育水準がどれほどのものであったかを示している（私にはその古風な筆致を再現できないが）。このような文章を書くことができる六歳児〔実際には七歳児〕はさほど多くはないであろう。

親愛なるお母様、私は無事にここに着きました、私は本当に嬉しいです。お母様にも喜んでいただけることを願っています。新しい曲芸師が来て、馬乗りや徒歩で技を見せてくれます。ごきげんよう、お別れしてきた時と変わらないままでいてください。あなたのことが大好きな息子、オットーより。[33]

ビスマルクが書いた文章として二番目のものである一八二五年の復活祭の時の文章からは、四年間〔実際には三年間〕にこの幼い学童がどれだけ進歩したのかが窺える。

親愛なる母上、
私はすこぶる元気です。例年同様、今は進級の時期です。私は算数、自然史、地理、ドイツ語、唱歌、綴り方、図画、体育では第二クラスに入れられました。植物採集に行った際に収集物を入れたいと思いますので、すぐにドーランを送ってくださいますよう。あの厳格な先生は学校を辞め、カイザーという名前の新しい先生がやってきました。生徒も一人学校を辞めました。新課程が始まりました。プラーマン御夫妻はお変わりありません。お元気で、早くご返事ください、そしてあなたの真の息子から皆さまによろしくとお伝えください。[34]

一八二七年にビスマルクの生活は改善された。十二歳で彼はベルリンのフリードリヒ・ヴィルヘルム・ギムナジウムに進学した。一八三〇年から三二年にかけては、彼はやはりベルリンにあるグラウエス・クロスター・ギムナジウムに通った。彼がなぜ学校を変えたのかについて説明を与えることはできないが、最終の成績簿の「勤勉」という欄には以下のように書いてある。「持続力を欠く、しばしば欠席あり、精勤が望まれる[35]」。彼と兄は、冬場はベーレン通り五三番地にあった一家の屋敷で親と寝食を共にし、夏は自分たちと家政婦と住み込みの家庭教師だけで住んでいた。

兄弟が別れて生活することになった一八二九年七月、オットーはベルンハルトにクニープホーフから手紙を書いたが、当人が未だ十四歳であったことも考慮すれば、その文面の格調と生彩は十九世紀において最も優れた手紙の書き手の出現を示している。

火曜日に我々はここで人だかりに出くわしました。ザック閣下（州知事）、銀行家のルムシュッテル（ワインのテイスティング以外何もしていなかった）、アイゼンハルト大佐等々の御一同が当地に来たのです。幼いマルヴィーネ［ビスマルクの妹］は可愛らしくなってきており、ドイツ語とフランス語のどちらか思いついた方の言葉で話しています。……彼女はまだ兄さんのことをよく覚えており、何度も何度もこう言っています。「ベナート〔ベルンハルトのこと〕もくればいいのに」。彼女は私の到着を本当に喜んでいました。彼らは蒸留所でいろいろなものを建設中で、地下室のついた新しい家屋を新築しており、かつての馬小屋は住居になることになっています。日雇い労働者たちは羊の畜舎に移ることになっていて、そこに今住んでいます。

カールは家を手に入れるでしょう。私はものすごく働きました。ツィンマーハウゼンでは、あひるを撃ちました。[36]

夏になると、オットーはベルンハルトに向けてクニープホーフでの田舎の笑い話を書き送っている。

金曜日に、放火犯、追いはぎ、泥棒という三人の前途有望な若者たちが田舎の監獄から脱獄しました。住民は夜警、憲兵、民兵のところに皆集まりました。誰もが恐怖におののいていました。夕方になって二五名の民兵からなるクニープホーフ帝国執行部隊が派遣され、マスケット銃、フリント銃、ピストル、そして熊手から大鋸に至るまで、ある限りの武器を装備して、三匹の怪物に向かって進軍しました。全ての交差点に歩哨 Zampel として兵士が配備されました。兵士たちは恐怖でカチカチになっていました。部隊同士が出くわすと、お互いに声を掛け合うことになっていたのですが、ある隊が恐怖のあまり、声をかけられたのに返事をしませんでした。声をかけた側はできるだけ遠くへと逃げ出し、もう一方の隊は茂みの影に逃げ込みました。[37]

この「前途有望な若者たち」が捕まらなかったのは言うまでもない。

一八三二年四月十五日、ビスマルクは大学入学資格が授与される証明書、「アビトゥーア」を獲得した。一八三二年五月十日、ビスマルクは「法学と政治学の学生」としてゲッティンゲン大学に入学した[38]。ゲオルク・アウグスト・ゲッティンゲン大学はハノーファー〔ブラウンシュヴァイク＝リューネブルクの誤り〕選帝侯兼イングランド国王ジョージ二世によって一七三四年に創立され、間もなく大陸における「イングランド啓蒙主義」の中心地となった。オットー・フォン・ビスマルクのような若きユンカーにとって、一見したところゲッティンゲンは理想的な大学ではなかったが、マーガレット・ラヴィニア・アンダーソンが説明しているように、ここにはまた別の魅力があった。「ゲッティンゲンでの生活を特別なものにしていたのは、貴族の優位であった。……ゲッティンゲンの目抜き通りは、ベルベット製のフロック・コートと指輪と拍車付ブーツでめかしこみ、束ねた髪を風に流し、たっぷりとした口髭を蓄え、つがいのブルドッグを不可欠なアクセサリーのごとく伴った、自己主張の強いロマン主義的な英雄気取りたちによって飾り立てられていた[39]」。

これがためにゲッティンゲンはビスマルクを引きつけたのかもしれないが、ボストンの上流階級に属し、勉学のためにこの町に足を踏み入れた才能豊かなジョン・ロスロップ・モトリーは失望を感じていた。一八三二年に彼はボストンの家族に向けて書いている。

ゲッティンゲンに長期滞在する者にとってあらゆる出来事が値打ちのないことばかりです。大学の誉れであった教授たちの大半は亡くなったか衰弱していて、町そのものはあまりにも退屈だからです[40]。

モトリーはビスマルクと同じ誕生日であったが、一年年長であった。友人のビスマルクと同様、彼は誰もが互いを知る社会階級の出身であった。彼はオリヴァー・ウェンデル・ホームズ（父）〔アメリカの文学者、医者〕と長年にわたり文通しており、エマーソン〔ラルフ・ワルド・エマーソン Ralph Waldo Emerson（一八〇三―八二）、アメリカの詩人、思想家〕やソロー〔ヘンリー・デイヴィッド・ソロー Henry David Thoreau（一八一七―六二）、アメリカの文学者、思想家〕と親交があり、こうした交友関係のゆえに、外交に関わる然るべき訓練を受けることなしにヴィーン駐在アメリカ大使や、後にはロンドン駐在大使となった。彼は語学の才能に恵まれており、完璧なドイツ語を話し、オランダ語を学び、その名声を高めることとなったオランダ共和国に関する記念碑的な大部の歴史書を執筆した。一八二〇年代から三〇年代にかけて、モトリーのような上流層のアメリカ人や地位のあるイギリス人の間では、進歩的な研究によって大きな注目を集めていたドイツの大学で数年を過ごすことが流行となっていた。数学者・哲学者であり、長年にわたってケンブリッジのトリニティ・カレッジの学長を務めた偉大なウィリアム・ヒューエルは、「自然科学 Naturwissenschaft」、そして新しいタイプの真摯な大学のあり方をドイツで学び、ケンブリッジにおいてその模倣を試みた。リットン・ストレイチーは『ヴィクトリア朝偉人伝』の中で、トラクタリアン〔十九世紀前半のオックスフォード運動の支持者〕であり、ニューマン〔ジョン・ヘンリー・ニューマン John Henry Newman（一八〇一―九〇）、イギリスの神学者〕やキーブル〔ジョン・キーブル John Keble（一七九二―一八六六）、ニューマンやピューシーと共にオックスフォード運動の基礎を築いた英国の聖職者〕の盟友であったエドワード・ピュージー師を、財産と教養を有し、教授にして司教座聖堂参事会員であり、そして「ドイツにいたと噂される」人物として描いている。[41] ストレイチーは、一八二〇年代末から三〇年代に特有の生真面目なオックスフォードの聖職者たちと、ピュージーのように「ドイツに留学」して、新しい神学理論や聖書批判を頭一杯に詰め込んで帰国した思い上がった若者たちとを対照的に描写しているのである。

モトリーにはそのような野心はなかったが、しかし彼は注目すべき仕事をしている。彼はドイツの大学生活についての小説を書いた。オンライン版の『アメリカン・ナショナル人名事典』はこの小説にごく簡単な説明しか与えていない。「モトリーの最初の小説である『モートンの望み』は歴史小説で一八三九年に出版された。同書はわずかな、しかも批判的でネガティヴな評価しか受けなかった。

すなわち、プロットや語法、キャラクター設定の上で批判されるべき欠点を有しているといったものである」。確かに、『モートンの望み』の価値が限定的なものであることは認めるが、同書には、オットー・フォン・ラーベンマルクの名で登場するオットー・フォン・ビスマルクが主役であるという重要な長所がある。我々は、学生時代のビスマルクと彼が学んだ町の瞠目すべきポートレイトをこの小説に見出すことができる。

モトリーがゲッティンゲンの他の学生たちと共に、できる限り多くのドイツの町々で「ぐでんぐでん」になることを目的とする「ビール旅行 eine Bierreise」を開始したビスマルクに初めて出会ったのは、十七歳の新入生の時であった。以下の一文はモトリー／モートンが示してくれるビスマルクの姿である。

「狐」(初年度の学生を指すジャーゴン)のラーベンマルクは、まさに年長の学生と飲み比べをしているところだった。彼はとても若く、「狐」にしても若く、当時はまだ十七歳に達していなかったのだが、早熟で、あらゆる点で、私の知る誰よりも途方もないことをしでかす奴だった。……彼はやせて未成熟だったが、かなり背が高かった。その服装はゲッティンゲンのファッションのなかでも極端なものだった。彼はカラーやボタンがとれ、色あせて型崩れしたぼろぼろのコートを着ていた。ズボンはえらくだぼだぼで、ブーツには鉄の踵とごつい拍車が付いていた。ネクタイの巻かれていないシャツの襟は肩のあたりで折れ曲がり、髪の毛は目や首の上にまで伸びていた。何色とも名状し難い伸ばしかけの髭が面構えを作り上げ、腰には大柄の剣を差しており、それが彼のいで立ちだった。名前の前に「フォン」の付く、カール大帝以前から続くボヘミアの男爵家の出である彼は、人差し指に盾の紋章の入った立派な指輪をはめていた。これこそがオットー・フォン・ラーベンマルクであり、運さえ回ってきたら名声を得ることになろう青年だった。彼は才能に恵まれ、年齢を遥かに越える才覚を備えていた。[42]その当時から、若きビスマルクは傑出した存在であった。数ヶ月後、モトリーは町を散歩し、以下のように書き留めている。

どの通りでも、見上げれば、あらゆる窓から学生たちが頭や肩を突き出していた。彼らは派手なスモーキング・キャップ〔一八四〇―八〇年代に流行した、煙草の匂いが髪に付着するのを防ぐための円筒型の男性用の帽子〕で着飾って、異様なガウンを着込み、房付きの長いパイプを口にくわえていた。[43]

モトリー／モートンは、ラーベンマルクが犬のアリエルと散歩しているところに出くわす。彼も犬も異様な風体をしており、四人の学生のグループがこれをからかって笑うが、フォン・ラーベンマルクはその内の三人と決闘して倒し、犬のことを侮辱した四人目には、その犬と同じように自分のステッキの上をぴょんぴょんとジャンプさせる。彼ら二人はそれから、ビスマルクの下宿に帰る。モートンは飾り気のない室内について、「部屋にはカーペットが敷かれておらず砂まみれだった」と書き留めている。壁はシルエット画で埋め尽くされている。

ドイツの学生の部屋の、独特だが彼らに共通の特徴。――それは、白地に黒い紙を載せて作られた、住人に近しい人びとを描いた出来の良い肖像画に他ならず、大抵の場合、これは四インチか五インチ四方で黒い小さな木枠で囲われている。ラーベンマルクには沢山の友人がいたようで、シルエット画は少なくとも百はあったが、その数は下の列から上の列に行くにつれてピラミッド型に徐々に少なくなっていき、その頂点はポメラニア・クラブの「シニア」の肖像によって占められていた……。三番目の壁は、十字に組まれた一組の「決闘用の刀剣Schlägern」で飾られていた。[44]

「そこに」と、部屋に入り、バックルを外し、ピストルと刀剣を床に投げ出しながらラーベンマルクは言った。「僕は自分の道化的な部分を置いて分別を取り戻すんだ。『名声を勝ち取る』のは骨が折れるよ。……僕は狐だ。三ヶ月前に大学に入った時、僕には一人の知り合いもいなかった。僕は一番のランツマンシャフト［決闘のための団体］の面々と顔なじみになりたかったんだが、そのチャンスがなかった。だけど、僕はもう主要メンバーになった。僕がメンバーになるためにどんなやり方を使ったんだと思う」。

「リーダーか君たちの言うシニアか、そうじゃなきゃクラブの顔役と顔なじみになったんじゃないのかい」、私は言った。

「いや違うよ、できるだけ乱暴なやり方で彼らを大っぴらに侮辱したのさ。……それから、僕はシニアの鼻に切りかかり、その仲間のシニアの上唇や口髭に切りつけ、他の全員にもそうしてやったんだ、他の連中には手加減したけれどね。こうして、クラブの全員が僕の剛勇さを称賛し、勇敢な闘士を仲間に加えたいと考えて喝采をもって入会を認めたんだよ。……僕はここで仲間たちを統率してやろう、一生にわたって指揮し続けようと思ったんだ。今なら、僕をとても分別のあるタイプの人間だと思うだろう、三十分前に道で出くわした頭のおかしいペテン師とは思えないんじゃないのかい。だけど、僕にはあれが優位に立つためのやり方なのさ。大学に入学してすぐに、僕は奔放で野蛮で奇矯なライバル全員に勝てるようになろうと決心し、他の誰よりも十倍も奔放で野蛮にならなきゃいけなかったのさ」。……この時、彼はたったの十八歳と半年だった。[45]

存命中のビスマルクへのインタビューをも用いて、一九一五年に最初の本格的なビスマルク伝を刊行したエーリヒ・マルクスは、実際に『モートンの望み』を読んだ数少ないドイツ人のビスマルク伝記作家の一人であったと思われる。彼は「ゲッティンゲンの学生ラーベンマルクの示す特徴からは、ビスマルクのそれが見誤りようもなく浮かび上がってくる。彼の経験、彼の風貌、その話し方が陽炎(かげろう)のごとく浮かび上がってくるのだ」と結論している。[46] マルクスはまた、ビスマルクが三セメスターの間に二五回の決闘をしたことを明らかにしている。[47] しかし、マルクスは『モートンの望み』に関する真に興味深い事実を見逃している。彼はただビスマルクのことのみを云々し、モトリーについては考察をめぐらせていないのである。この若者に関する伝記、あるいは伝記小説が実現するためには、一方が相手を触発し、もう一方が相手を記録する必要があったのであり、両者はいずれも注目に値する人物だったのである。わずか十八歳でビスマルクは特別なオーラを放っていた。モトリーは、この青年が「早熟で、あらゆる点で……私の知る誰よりも途方もないことをしでかす奴だった」ことを余すところなく明らかにしている。モトリーはもう一つの重要な気質を友人に見出していた。すなわち、「分別のあるタイプの人間……僕にはあれが優位に立つためのやり方なのさ。僕はここで仲間たちを統率してやろう、一生にわたって指揮し続けようと思った」〔とラーベンマルクが語っていた〕ような気質を。自らの個性の力をつうじて他者を統治し支配することへのビスマルクの衝動は、十八歳の時から特筆すべきものであった。後の政治的人生の中で、彼はほとんどの状況において、味方と敵をよりはっきりと線引きしたり、取るべき行動の方向性を画定することで、対決こそがまさに物事を洗い清め明確化してくれるかのごとく、妥協よりも対決を選んだ。

ゲッティンゲンでビスマルクは権威と頻繁に衝突した。十九世紀のケンブリッジ大学と同様に、ゲッティンゲン大学は独自の学内裁判所を持ち、「世話係 Pedells」（ケンブリッジではかつても今も「ブルドッグ」の名で知られている）によって捕えられた規則違反の学生には「拘留罰 Karzerstrafe」を課して、大学の牢にぶち込んでいた。[48] 当然ながら、ビスマルクはトラブルを引き起こしてはこの罰を受けた。この仕置きがどれほどまで文言どおり実行されていたかは直接には分からないが、彼がゲッティンゲンの学長に一八三三年の春に送った手紙からそれを窺い知ることができる。

学長殿は私に課された「拘留罰」を、聖ミカエル祭の休暇が終わって帰ってくるまで延期するという御慈悲を示してくださいました。長旅で元々悪かった体調がさらに悪くなったため、今私はまたもや病気にかかってしまい、いつ治るか分からず、ベルリンに留まらざるを得ず、ここで勉強を続けなければならない状態です。このため、私は学長殿に、ゲッティンゲンではなくこちらで罰を受けさせていただくよう、最大限の礼をもってお願いいたします。学長殿の最も従順な学生、オットー・フォン・ビスマルク、法学部学生。[49]

ビスマルクの精神状態と企図については、（決闘を行う学生団体「ポメラニア」の）「兄弟分 Korpsbruder」であったグスタフ・シャルラッハ（一八一一―八一）に送られた一連の生彩に富む手紙が多くを語ってくれる。最初の手紙は、学生がよく直面する問題に関するものであるが、ビスマルクの文字通りの浪費癖が示されている。

老父と不快な一幕を演じてしまった。彼が僕の借金の肩代わりを完全に拒否したせいで。おかげで僕は人間嫌いな気分になった。……僕の負債はそんなにひどいものではない、なにしろ僕の信用は相当なもので、だらしない生活を送れるのだから。結果的には、病気のふりをして青白い顔をしてみせれば、クリスマスで家に帰った時に、もちろんあの老人は食うに事欠いていると思うだろう。僕は一騒ぎして、これ以上断食を強いられるのならイスラーム教徒になった方がましだと言ってやるつもりだ、それで一件落着だろう。[50]

次の手紙はそのウィット、文体、そして才気煥発の風刺によって、正当にもよく知られるところとなった。ビスマルクはシャルラッハに、もし自分が官僚への道を選ばず、父親の農場の一つを相続するために帰郷するならば何が起こるかを説明している。すなわち、もしシャルラッハが十年後に彼を訪ねたならば、彼はそこに発見するであろう、

フランス人とユダヤ人を呪い、この世の終わりまで彼らを憎み続けることを誓った、そして犬や下僕たちを一番暴力的なやり方で打擲（ちょうちゃく）し、しかし女房には頭が上がらない、よく肥えて口髭を蓄えた一人の「ラントヴェーア Landwehr」〔民兵のこと〕〔常備郡に入営していない十七―四十歳の者からなる軍隊。解放戦争期に起源を持つ。一八五〇年代末からローンの軍制改革まで、常備軍に対して相当な独自性を保持していた〕将校を。僕は皮のズボンを履き、シュテッティンの羊毛市場で甘んじて嘲笑を受けることだろう。誰かに「男爵殿」と呼ばれたら、僕は機嫌良さそうに口髭を撫でながら、二ターラーも安く売ってしまうだろう。国王の誕生日には酔っ払って「万歳！」と叫び、普段からのべつまくなしに興奮し、口を開けば「我が名誉にかけて！」とか「素晴らしい馬だ！」とのたまい続けるだろう。要するに、僕は僕の家族の田舎の内輪付き合いのなかで幸せに浸かっているに違いない、「かくのごときが朕の意志なり car tel est mon plaisir」とね。[51]

友人への手紙に急いで書き込まれ、当然にも知られることとなったこの典型的な田舎ユンカーの素描は、完璧な細密画である。その作者は当時、一週間前に十九歳の誕生日を迎えたばかりであった。ビスマルクが政治の道を選んだ時、ドイツの文学界は良質な喜劇作家を一人失ったのである。シャルラッハ宛の手紙の中で三番目に取り上げるのは、人生設計について語った一八三四年五月初めのものである。ここで彼は国家試験を受験する思惑、そしてそこから導き出される以下のような意図を語っている。

前途有望な法学博士候補生の地位から国王の僕（しもべ）、つまりベルリンの市裁判所の「試補 Referendar」の地位に替わる。一年間そこに滞在してから、アーヘンの県庁に行くというのが僕の計画だ。さらに、二年後には外交官試験を受けて、ペテルブルクだろうとリオデジャネイロだろうと全然気を揉まずに運命が遣わすところに赴任するんだ。……悲しいかな、君はこの手紙から、自分のことを語り過ぎる僕の昔からの癖を読み取るだろう。君の方も僕の真似をして楽しんでくれ、そしてわずかばかりの自惚れの影を僕が読み取るんじゃないかなどと恐れないでくれ。(52)

この時期、彼の人生を変える偶然の出会いがあった。一八三四年の夏に彼は、有望な青年将校で名門の陸軍学校（プロイセン陸軍大学）の卒業生であったアルブレヒト・フォン・ローン中尉と知り合ったのである。一八二〇年代に参謀本部が完全に独立して機能するようになると〔一八二五年に陸軍省から独立〕、第二次世界大戦まで続く、プロイセン王国の地形図調査・作成のための緻密なプロジェクトが発足した（ケンブリッジ大学図書館はドイツ国防軍が作成した何千枚に及ぶ地図の原版を完全な形で保有しているが、それらは、分隊や小隊単位の作戦指令の際に必要な目印の画定を可能とするのに十分に詳細である)。参謀本部の地図作成部は、才能がありながら自分の軍馬や軍装を揃えるだけの資力を持たず、それゆえに参謀将校として連隊へ即時編入するのに向いていない若い将校を雇い入れていた。興味深くも皮肉なことであるが、フランスに対する勝利とドイツ統一を祝した一八七一年六月のウンター・デン・リンデンでのパレードにおいて、ビスマルクの両脇で華々しく行進することになる二人の将軍――モルトケとローン――は、共に地図作成部で意味深い歳月を送った経験を有している。アーデン・バックホルツは、ローンと同様にモルトケも、参謀総長カール・フォン・ミュフリング男爵の下で遠大な地図作成プロジェクトに参加していたことを明らかにしている。

ローンもその妻のアンナも資産を有しておらず、彼らは一八五〇年代の初頭になってもなお質素な連隊指揮官の暮らしを送っていた。彼の息子が書いているように、「彼らは基本的に俸禄で生活していた」[53]。一八三四年の夏にフォン・ローン中尉は、ポンメルンの原野と森林の中で、その地形を地図化するために調査しスケッチする作業に骨を折っていた。彼は甥のモーリッツ・フォン・ブランケンブルクにこの作業を手伝うように、また友人を連れて来るように頼んだ。モーリッツは親友であった十九歳のオットー・フォン・ビスマルクを連れて来た。二人の若者はフォン・ローンに協力し、午前中は彼の作業に手を貸し、午後は狩りに行った[54]。同年輩のモトリーに驚嘆の念を抱かせたビスマルク青年は、後に彼をプロイセン首相の座に押し上げることとなる十二歳年長の将校にも強い印象を与えたに違いない。家族間の繋がりや軍隊における「忠勤」を通じて、――プロイセンのユンカーたちの間ではよく見られたことだが――人脈が彼らを繋ぎ合わせたのである。

明瞭ならざる理由により(エーリヒ・マルクスは、ビスマルクがゲッティンゲンでの最終セメスターに病気にかかったので、より実家に近いところで学業に取り組む方がよいと考えたという見解を示している)[55]、ビスマルクはベルリンへ移り、一八三三年から三四年にかけての冬を同地で過ごし、ある時点で学籍をゲッティンゲンからベルリン大学に移した。モトリーも彼と一緒にベルリンへ行き、そこで彼らは第三の友アレクサンダー・フォン・カイザーリングと三羽ガラスの関係を結ぶこととなった。エンゲルベルクはモトリーとカイザーリングをビスマルクの「守護天使」と呼んでいる[56]。ローター・ガルはもっとはっきりと、「ビスマルクはその生涯において真の友人と呼べるひとをごく僅かしか持たなかったが、このアメリカ人はそのひとりだったのである」(L・ガル、大内宏一訳『ビスマルク――白色革命家』、創文社、一九八八年、二六、二七頁)と評し、さらに、モトリーがビスマルクにバイロンやゲーテ、シェイクスピア、そしてドイツ・ロマン主義の名だたる面々を紹介したと述べている[57]。もっとも、彼はその大半を吸収しなかった。プフランツィは、ビスマルクが一七七〇―一八三〇年にドイツを世界の知的中枢に押し上げた文化的な覚醒にほとんど関心を持っていなかったことを指摘している。彼は、ビスマルクが自分の受けた古典教育にも、ドイツ観念論にも、新しい歴史主義にも、ロマン主義にも、ドイツ音楽の偉大な時代にも、根本的に何の影響も受けなかったとしている[58]。ヘーゲルもショーペンハウアーもビスマルクに感銘を与えなかった。彼はヘーゲル左派にもヘーゲル右派にも興味を示さなかったし、シェリングやフィヒテ、あるいはロマン主義の詩人の大半にも注意を払わなかったようである。しかし、一つだけ重要な例外がある。フリードリヒ・シラーはビスマルクにとって、そしてローンやマントイフェル、ヴランゲルといった軍人たちにとってはさらに大きな意味をもった。ただし、興味深いことに、モルトケにだけは影響を与えなかったのであるが。

ビスマルクは確かにシラーをよく解したが、むしろユーモアのセンスを持った抒情詩を好んだ。シュピッツェンベルク男爵夫人は一八八四年十二月に彼女がビスマルクと一緒にビスマルク邸の「コーナー」に座っていた時の会話を記録している。

夕食後に彼は煙草を吸い、ウーラントやハイネ、リュッカートと共に、奮発して自分の全ての屋敷に一部ずつ置いていたシャミッソーの詩集を紐解いた。「本当にいらいらしたり疲れた時にドイツ語の詩を読むのが好きなのですよ、元気づけられるから」[59]。

一八三五年五月〔六月の誤り〕にビスマルクは司法省へ入省するための司法試験の第一段階に合格した。その年の七月に彼はシャルラッハにこう書き送っている。

僕は田舎での数週間から帰ってきたところだが、ベルリン子の犯罪を白日の下に晒し罰する仕事へ復帰した。この国家の重要な任務が、僕の場合はやり取りを記録するという機械的な作業からなるのだが、幸先良く始まるものの、しかし新奇であるということだけでなんとか我慢できる程度のものなのだ。僕の柔弱な指がペンを動かし続ける負担で曲がり始めたので、僕は何か別の立場で公益に仕えたいと心底から願っている[60]。

一八三六年の春に、彼は二次試験の準備のために休暇をとったが、今回はシェーンハウゼンに行き、いつもの冷笑的な調子でこう書いている。

この四週間、僕はこの、尖ったアーチと四メートルの厚さの壁を持ち、色彩が端の方だけに残っている大層なダマスク織のタペストリーが掛かり、鼠の一群が棲みつき、遠吠えのように風が吹き抜ける暖炉のある二つの部屋を含めて約三〇ばかりの部屋を持つ古臭い呪いの館、本当の不機嫌を保ち続けるのに全く相応しい場所である「我が父祖の古城」に滞在している。その隣には見事な古い教会がある。僕の部屋からは、一方には教会の庭が、そして反対側には手入れの生き届いたイチイの垣根を持ち、立派な古いシナノキの生えた古びた庭の一つが見える。この崩壊しかけた環境の中で唯一の生ける魂は君の友、すなわち、六十五歳の我が父の竹馬の友であった干からびた老メイドに身の回りの世話を受けている僕だけだ。僕は試験勉強をし、小夜啼鳥(さよなきどり)の声と射撃の音を聞き、ここの図書室で見つけた美しい豚皮の装丁のヴォルテールとスピノザの『エチカ』を読んでいる。[61]

この晦渋な文章の一節には補足の説明を要する。ビスマルクはシェーンハウゼンを「我が父祖の古城」と持ち上げている。実際、写真を見ると、この屋敷はいかにも中世風の傾斜の急な屋根と小さな窓を持つ翼楼を備えている。十七世紀後半から十八世紀前半にかけてのものである壮大な三層の母屋には、地面から屋根に達する二本の簡素な柱と控えめな瓦屋根、そしてペディメント〔柱廊玄関の上部の三角形の破風〕の代わりに玄関にあしらわれた、流麗に湾曲するバロック風のアーチが設けられている。何ダースもの田舎の領主館がかくのごとき外観を有し、豊作に恵まれた何ダースもの名も無き領主たちが同様の「貴族的な」翼楼を増築したことであろう。この「城」はビスマルクのひどくロマンティックな皮肉にあっては、廃墟となり、感傷的で若干馬鹿馬鹿しい貴族的退廃の溜まり場となり、魔女の世話を受けるバイロン風の若者のためだけの居場所となった。自己演出、文学的な描写の喜び、貴族としての遺産相続にまつわる高揚感、そして書くことの充実感が、力強い印象を生み出している。ここには、先に引用した手紙に書かれた「肥えたユンカー」の素朴な面白みは欠落しているが、ビスマルクが自己演出の新しい段階に到達したことが示されている。つまるところ、この地は単なるジョークの対象ではなく、身分制的社会、貴族的社会における彼の地位を表現するものに他ならなかった。彼はこの土地の呼称を自分の名前の一部として身に帯びた。彼は異なった所領名を家族名に冠するビスマルク一族中の他の家系との差異を明瞭にしようとして、ビスマルク＝シェーンハウゼンを名乗った。そのために、この地はスコットの『アイヴァンホー』に描かれたがごとき高みに押し上げられた。こうした巧妙な物言いは彼の長い経歴を特色づけるものであった。彼は強力な個性とこの巧みな言葉遣いをもって、我々の知るビスマルクとなったのである。

この時期に、彼は地方裁判所の職務に飽き始め、司法の仕事には二度と従事すまいと決心し、司法分野ではなく、外交業務に就くために二次試験を受ける許諾を得ようとした。ここで必要となったのが外務大臣の承認であるが、当時の外務大臣は、かつて若い王位継承者フリードリヒ・ヴィルヘルム四世の教育係を務めたジャン・ピエール・フレデリック・アンシヨンであった。この幸運な教育係としての職を通じて、アンシヨンは王国の外相に登り詰めた。アンシヨンは高度な教養を誇る学識者であり、母方の家系を通じてフリードリヒ・ゲンツと繋がっていた。モトリーによる一八六〇年代のヴィーンに関する文章は、もっと狭小なプロイセン社会についていっそうよく当てはまった。「彼らは皆親戚同士で、その内の十人は深い関係にある。三つとも三〇〇とも数えることのできる大きな一つの家族なのだ」[62]。アンシヨンはユンカー階級一般のことも若きビスマルク個人のこともあまり評価しておらず、ビスマルクにもっと単純に物事を考えるよう提案した。すなわち、税関業務やその他の内政上の仕事に目を向ける方がよい、と。ビスマルクは兄に根回ししてもらい、ライン州のアーヘン県知事アルニム＝ボイツェンブルク伯の支援を得た[63]。しかしこの縁故をもってしても、彼が何らかの地位を得ることはなかった。最終的にビスマルクは、二次試験の受験を経て、飽きのきていたベルリンではなく、彼のパトロンが地方行政を掌握していたアーヘンでの内政業務に転任しなければならなくなった。

英語ではエクスラシャペルの名で知られるアーヘンは、魅力に満ちた町であった。ドイツの最西部に位置し、フランク王国の王都であったこの都市には、多くの立派なモニュメントや叙情をそそる遺跡があった。そこには賑やかな温泉地もあった。アーヘンはこんにちでは「アルプス以北で最も熱い温泉の町」を謳っており、同地の温泉は四五―七五度〔七三度の誤りか〕に達する。この温泉こそ、カール大帝がアーヘンを自らの帝国の政治的中心に選んだ理由であった。「そのために彼はアーヘンに好んで滞在し、その温泉のゆえにそこに居を構えた[64]」。その歴史と地理的条件によって理想的な旅行先となったアーヘンの温泉は、ハンサムな二十二歳の、六フィート四インチ〔約一九〇センチメートル〕の痩身で流暢な英語を操る、すこぶる魅力的な青年ビスマルクをも確かに魅了した。ビスマルクは行政官になるために二次試験を受験し、この試験を優秀な成績で合格し、一八三六年七月に服務宣誓を行った[65]。

アーヘンでの一年強の間に、彼は感情の起伏の激しさと浪費癖を露わにした。ビスマルクは仕事を怠け、しばしば欠勤し、(少なくとも)二度にわたって色恋沙汰を起こした。一八三六年六月に彼はベルンハルトに宛てて手紙を書き、アーヘン行きの旅路を以下のように描いている。

> 大勢のイギリス人の団体……この旅はとても楽しかったのだけど、僕は大枚をはたいてしまいました。……もし家で僕に同情して幾ばくかの配慮を与えてくれなければ、どうやって物事を進めるか見当もつきません。ここで現金なしに生きていくなんて不可能です[66]。

ガルの五年後にドイツ民主共和国で二巻本のビスマルク伝を上梓したエンゲルベルクは、『全集』

に収録されていない一八三六年六月三十日から三七年七月十九日のビスマルクの書簡を十通使用している。それらはドイツ統一の英雄のあまり好ましからざる姿を浮かび上がらせるものである。そこには何よりも、パトロンであるアードルフ・ハインリヒ・フォン・アルニム＝ボイツェンブルク伯がビスマルクによって容赦なく利用し尽くされる有様が示されている。アルニム＝ボイツェンブルクは一八〇三年四月十日にベルリンで生まれ、プロイセンの行政畑で目覚ましい立身出世を遂げた。彼は三十歳の時には既に、通常ならばプロイセンの地方行政職の終着点であった「県知事Regierungspräsident」の地位にあり、アーヘンでの公務に就いた時には未だ三十三歳であった。彼は後に閣僚の一員となり、一八四八年革命の狂乱の年に短期間ながら首相を務めた。[67] 後に確認するように、一八六四年にはビスマルクは自分のかつての被後見人の政治に対して「疑念」を抱き始める。一八三六年には、アルニム＝ボイツェンブルク伯はこの上なく親身になってくれた。彼はビスマルクを特別に遇し、「他の研修生たちとは異なり私の後継者には外交官としてのキャリアを歩めるように[68]」彼がセクションからセクションへと渡り歩くことを、すなわち外相アンションが断固として認めなかった「出世街道」を邁進するのを許したのである。

ところがビスマルクは色恋沙汰に時間を費やした。〔一八三六年〕八月十日に彼は、自分が恋煩いで完全にまいってしまったと兄に書いている。「どれほどに恋焦がれているかを書くには、最も激烈なオリエント風の誇張をもってしても叶わないでしょう」。〔ビスマルクの恋愛相手と彼女が所属していたグループは〕クリーヴランド公爵夫妻とその姪のローラ・ラッセル、

そして、クリーヴランド閣下が初めて一緒にワインを一杯飲もうと誘い、僕が例の比類なき品位をもって半ガロンのシェリー酒を流し込むと、長柄付きの眼鏡で僕をじろじろと見まわす正真

正銘の英国人たちの一団です。[69]

十月三十日にビスマルクは、クリーヴランド夫妻がローラと共にアーヘンを立ち去ったこと、自分は彼女と「婚約同然」の関係であるがそれを公にすることなく彼女を去らせたことをベルンハルトに書き送っている。彼はひと夏を上流社会で過ごしたことで被った負債を埋め合わせるためにギャンブルに手を染め、自殺を考え始めた。「僕は黄色いシルク製の紐をその目的のために用意しました、これをいざという時に備えてとっておきます」[70]。十一月二日に彼はベルンハルトに、父が意趣返しの意味をこめて送金してくれたと書いている。[71] 一八三六年十二月三日、彼は美しいローラがクリーヴランド公爵夫妻の姪ではなく、もともと平民の出で公爵夫人の地位にあることわずか二年に過ぎない夫人の、かつての不実の子であることを知った。彼は自分が操られていたこと、そして長柄付きの眼鏡越しにイギリス人たちに嘲笑されていたことを確信した。「彼らは言っている。『あそこにいるのっぽの怪物をご覧なさい、森で捕まえられた間抜けなドイツ人の男爵だよ、パイプと印章付き指輪と一緒にね[72]』」。

私は、ビスマルクが――ロータール・ガルの言うように――「満たされぬ思いと内面の空虚感」を感じたり、「一種の感情的なトンボ返り」(ガル、前掲書、三一頁)を試みたとは思わない。[73] むしろ、私がそこに見出すのは、高慢で浅薄な自己過信、そして、プロイセンのユンカー層を構成する田舎領主とは比較にならないほど裕福で自信に満ちたイギリス貴族の富とスタイルに心を奪われた田舎貴族の姿である。称号を持たないジェントルマンであるウィルソン一族が住んだ、ノーフォークのフェルブリッグ・ホールのようなイギリスのカントリーハウスは、ドイツの領邦君主の宮殿の大半よりも大きく壮麗で、人目を引くものであったし、ウィルソン家は同格のプロイセン貴族のどの一族よりも遥かに裕福であった。ロバート・ウォルポールが保有していたホートン・ホールは数百の部屋を持ち、ハプスブルク家のヴィーンの宮殿を除けばあらゆるドイツの王宮を凌駕していた。ウォルポール家は、サー・ロバート・ウォルポールを通して政府業務で金を得た、単なるノーフォークの大地主に過ぎなかったのであるが。

『オックスフォード・ナショナル人名事典』は、若きビスマルクとの格の違いがどれほどのものであったのかを明らかにしている。以下はその説明の抜粋である。

ウィリアム・ハリー・ヴェイン、初代クリーヴランド公爵（一七六六―一八四二）……約一〇〇万ポンドの遺産に加えて巨大な所領、約一二五万ポンド分のコンソル公債〔イギリス政府が一七五一年に発効した満期のない年金形式の永久公債〕、さらに一〇〇万ポンドの値打ちを持つ皿や宝石を残した。[74]

一ポンド＝六・七二ターラーという一八七一年のレートを採用すれば、クリーヴランド公の、土地代を除いた現金化可能な資産は三二五万ポンド、つまり二一八四万ターラーに相当する。[75] もし公爵が慎ましく「債権 gilts」（すなわちコンソル公債）から得られる収入だけで生活したとしても、たった三パーセントの年利で何と年間三万七五〇〇ポンド（二五万二〇〇〇ターラー）を得ることになる。ビスマルクが一八五一年に連邦議会のプロイセン代表になった時の収入は二万一〇〇〇ターラーであった。[76] おそらくクリーヴランド公は、十九世紀中葉のプロイセンで最も高給を取っていた官僚の、少なくとも二十倍の収入を得ていたに違いない。眼前の光景に目のくらんだ二十二歳の田舎貴族が公爵の一団をそれなりに供応するためには、信じられないほど高額の借金が必要だったのである。公爵の一団がローラと共にアーヘンを去った後の一八三六年十月に、彼が「自殺」を考えたというのは驚くに当たらない。

彼は回復し、翌年の七月には兄に宛てて「また恋の炎の只中にある」と書いた。今度の恋の相手は、「ブロンドの髪と信じられないほどの美貌を備えた」、またもや美しいイギリス女性、イザベラ・ローレイン＝スミスであった。[77] 前年の夏を繰り返すように、ビスマルクがホストを務めてのシャンパン・ディナーが催され、借金は膨らみ、彼は休暇を過ぎても逗留し続けた。再び彼は、自分が婚約を交わしたものと思い込んだ。一八三七年八月三十日、彼はフランクフルトから友人のカール・フリードリヒ・フォン・ザヴィニーに宛てて、この思い込みの根拠について書いている。

この数日間、僕は家族（この表現は絶対に内緒にしておいてほしい）と一緒にいるかのような心持ちだ。［彼はザヴィニーに自分の制服をアーヘンからジュネーヴに送ってくれるように頼んでいた］。おそらくレスターシャーのスカーズデイルで挙げることになる僕の結婚式に君が参加してくれれば嬉しいのだが。しばらくの間、アーヘンの友人たちには僕が狩りのために二ヶ月間家に帰ったと言っておいてくれ。[78]

美しいイザベラの父は、クリーヴランド公とは比べようもなかった。ローレイン＝スミス師はレスターシャーにあるパセナムの牧師であり、三つの郡に土地を持つ裕福な人物であったが、先に見たフランクフルトからの手紙の直前に至ってなお、兄に書いたところでは、ビスマルクは「余裕がない市民との結婚という地獄の烈火に飛び込むことになる」であろうという見通しに怖じ気づき始めていた。彼の将来の義父となろう人物はパセナムでの生活から収入を得ており、それは彼が亡くなれば途絶えるはずであった。

僕の資金が乏しいので、僕は年に一〇〇〇ポンド以下の収入しかもたらしてくれない嫁を娶ろうとは思わないし、L〔ローレイン＝スミス氏のこと〕がそれだけのものを長きにわたって与えてくれるつもりがあるのか、また実際にそうできるのかどうか確信できなくなった。……自分が激しい恋に落ちたと思っている人間の筆になるこんな計算をどう思うだろうか。[79]

今や、ビスマルクを信奉する『全集』の編纂者たちがこれらの十通の書簡を除外した理由は明白であろう。彼は始めから終わりまで卑しい振舞いをしたのである。彼はフォン・アルニム＝ボイツェンブルク伯の寛大さを悪用した。彼は放埒な生活を送り、ローラ・ラッセルと恋に落ちても彼女が婚外子であることを知るやいなやこの恋愛から抜け出した。もっとも、この一件については良心の呵責の一端を示している。

僕は公爵の姪としての彼女に恋していたのであり、彼女が不幸なかたちでこの世に生を受けたことを知ったとたんに僕が背を向けたとしたら、哀れなローラは僕のことをどう思うでしょうか。[80]

彼はさらに、イザベラともっと低次元のコメディを繰り返したが、自らの金銭問題について熟考したことで、あるいはローレイン＝スミス師が彼の本性を見抜いたことで、婚約に及び腰になった。彼は無許可で何ヶ月も欠勤し、職務を放棄した。彼は自らのプライドに支配され、体面を保つために散財した。長いこと彼に寛容を示してきたアルニム＝ボイツェンブルクでさえも最後には堪忍袋の緒が切れた。彼はかなり皮肉な調子で、自分の研修生の行状について以下のように言い放った。

もはや適切なものとは言えない。……私にはただ、アーヘンでの社交生活の中では叶わなかった精勤への復帰が実現するために、貴君がかつて表明していたように、古プロイセン諸州のどこかの県庁に転勤することを承認できるのみです。[81]

ビスマルクはポツダムに戻り、再び行政職に就くことになった。

ビスマルク全集の公刊に際して彼の擁護者たちが割愛した一八三八年一月の父宛ての手紙において、ビスマルクは兵役逃れを試みたことを告白している。彼は父に、予備役としての一年間の軍務を免れるための「最後の試み」を実行したので、未だ兵役に就いていないと書き送っている。「右腕を上げようとしても刀傷のせいで腕の下の筋肉に力が入らないと主張したのです(!) 残念ながら傷が十分に深くありませんでした」[82]。社交生活はアーヘンの時とは比較にならないものであったが、それでも彼は、フリードリヒ王子(一七九四―一八六三)〔フリードリヒ・ヴィルヘルム二世の次男で、フリードリヒ・ヴィルヘルム三世の弟ルートヴィヒ・フォン・プロイセンの長男、騎兵大将〕と王太子の主催する舞踏会に招待される「若衆 garçons」に名を連ねた。

一八三八年九月末にビスマルクは、陸軍予備役兵として滞在していたグライフスヴァルトから父に宛てた手紙において、大学と農学校で農学を学び始めたと書いている。彼は「絵のように美しい私の従妹、――ついでながら言えば――私が本気で恋する女性」であり、彼に務めを続けるよう懇願したカロリーネ・フォン・ビスマルク＝ボーレンに送った手紙の写しを同封した。[83] 彼はカロリーネへの長い手紙を父のために、後にはさらに婚約者のヨハンナ・フォン・プットカマーのために写し取った。エンゲルベルクは「かれがこの手紙を複数の相手に宛てて書いたという事実からしても、この手紙はかれの成長を考えるうえで重要な記録であるが、その内容はまして重要である。これこそは家庭の外交文書の傑作である」と書いている（エンゲルベルク、前掲書、一五〇頁）[84]。なおも膨れ上がる莫大な負債の重荷ゆえに、彼が洋々たる前途を約束するはずの官僚としてのキャリアを捨てようと決心したことはおそらく間違いない。七月に彼は不治の病に冒された母をベルリンに訪ね、心情を吐露した。彼は母に自分がいかに惨めであるかを語り、もっとましな地位に就けるように助けてほしいと哀願し、自分の生活がどれほど耐えられない状態にあり、仕事にうんざりしているか、そして最終的に年収二〇〇〇ターラーの県知事 Regierungspräsident になるために自分の生涯を費やすという将来の見通しが、どれだけ自らの偉大な魂を絶望で満たすかについて話した。これを受けてヴィルヘルミーネは、そのころポンメルンの三つの所領を二人の息子たちに譲りシェーンハウゼンに隠棲する決心していたフェルディナントに手紙を書いた。父親の所領の一つを経営することで彼は収入を得、自分の家に住み、生活費を削減し、ギャンブルにうつつを抜かしたり派手な生活をするのを控えることになるであろう、と。[85] もちろん、彼は家族の誰にもアーヘンで本当に起こったことを打ち明けられなかったので、官僚となる道を諦める決心をより高度な次元へと底上げして説明した。四頁にわたる手紙には、ビスマルクの書いた書簡の中でも最も頻繁に引用される一節が含まれている。

我々のところでは各々の官吏が独自の行動をとる余地はほとんどなく、これはどんな高官についても同様で、それ以外の点ではその活動は既に決定された路線に沿って行政機構を運営していくことだけに限定されています。プロイセンの官吏はオーケストラの団員のごときものです。彼は第一ヴァイオリンを奏でるかもしれないし、トライアングルを担当するかもしれません。しかしどっちにしろ、全体を見通すことも全体に影響を及ぼすこともなく、自分が良いと思おうと悪いと思おうとただ自分のパートを決められた通りに演奏しなければなりません。僕は自分が良いと思う音楽を作るか、さもなければ一切何もやりたくないのです。[86]

債務という現実は彼を悩ませ続けた。一八三八年十二月二十一日に彼は友人のザヴィニーに卑屈な調子の手紙を書き、まだ借金を返せないことを詫びている。

数年にわたって君が受け取る権利を保持している金。この数日中に僕は、文書では達成できなかったこと、つまり僕たちが共に疑いなく切実に欲している幾ばくかの金の調達をすぐに実行できるという望みを抱いてベルリンに向かう予定だ。[87]

一八三九年という年の始まりはひどかった。元日にヴィルヘルミーネ・ビスマルクが五十回目の誕生日を目前にして死去した。死に至るまでの三年間、ビスマルクの母は正体不明の腫瘍（しゅよう）を患い、この病は一八三八年の間に徐々に悪化していった。彼の人生に非常に深い影響を与えた女性に関して、史料は一切何も語っていない。我々にはただ史料の空白からあれこれと忖度（そんたく）する他ない。

一八三九年の復活祭にビスマルクはクニープホーフに居を移し、完全なる農場経営者となった。クニープホーフは農場主と契約した「インストロイテ Instleute」によって耕作される大農場であったが、インストロイテはフランスの「メテイエ metayer」やイタリアの「メッツァードロ mezzadro」、あるいはアメリカ南部の「シェア・クロッパー」に相当する、農村における雇用形態の一つである〔分益小作人のこと。収穫の一定割合を地主に渡す〕。プロイセンの場合、体僕制、すなわち農奴制の廃止が領主と農業従事者との関係を改変し、一八三〇年代から四〇年代にかけての「多くの地域における商業化の進展が……商品やサービスの不渡り手形に対する請求をますますもって増加させた」[88]。貨幣経済は伝統的な契約関係を労働市場の諸関係の中へと投入した。「インストロイテ」は賃労働者ではなく、また伝統的な紐帯から完全に自由なわけでもなかった[89]。一八〇〇年以来、プロイセンの農業は専門化の一途を辿った。ビスマルクがグライフスヴァルトで通ったような農学校が広まり、農業生産はナポレオン戦争の終結に続く長期的な不況の傾向にもかかわらず、一八五〇年代の初頭まで増大し続けた。プフランツィは農業の成長と生産性について考えるうえで有益な数字を挙げてくれている。それによれば、プロイセンの人口は一八一六年から六四年の間に一三五五万二〇〇〇人から三七八一万九〇〇〇人に、すなわち五九パーセントの増加を示した。同じ期間に農地は国土の五五・五パーセントから六九・三パーセントに増えたが、二四・八パーセントの農地増大に対して一エーカー当たりの収穫率の増大は一三五パーセントに達した[90]。ビスマルクは懸命に働き、成果を得るようになり始めた。運が彼に向いてきたのである。

この時期の農業に関する兄との手紙のやり取りとは裏腹に、ビスマルクは今や、彼の行く末において主要な役割を果たすことになる古いポンメルン貴族の諸家門――デーヴィッツ、ビューロ、タッデン＝トリーグラフ、ブランケンブルク、フォン・デア・オステン、フォン・デア・マルヴィッツ、ヴァルテンスレーベン、ゼンフト・フォン・ピルザッハ等――の世界へと身を投じることとなった。ハルトヴィーン・シュペンクーフはプロイセン上院についての著書の中で、一八五四年の上院の再編成の際のデータを元に、百年以上にわたって同じ一族が独占している騎士農場 Rittergüter の一覧の上位にポンメルンの貴族層を挙げている[91]。ビスマルクは農場主としての地位をある程度の熱意をもって引き受けた。エーリヒ・マルクスが書いたように、「彼は自分の所領とその住人たちに下知する権限を有し、また誰かに従う必要もなかった。廷吏や牧師、あるいは教師が申し立てを行うために司直としての彼のところに来た時には、裁判文書に彼のことは『閣下』と書き記された。彼は裁きを行い、自らの判決を実行するに警察として振舞った」[92]。彼は、地域や郡の様々な委員会で仲間のユンカー貴族たちと顔を合わせた。こうしたことにもかかわらず、各農場の規模が大きかったために、それぞれの屋敷の間には相当な距離があり、彼は大半の時間を一人で過ごし、読書や、またしばしば痛飲することで費やした。彼は隣人と狩りに行き、また彼らは彼の土地に狩りにやってきた。後にビスマルクの信頼に足る補佐官の一人となったローベルト・フォン・コイデルは、ケスリンの州裁判所の判事補の地位を得た。彼はオットー・フォン・ビスマルクをよく知る上司のフォン・デア・マルヴィッツ＝リュッツェノーから、ビスマルクの奇矯な行動に関する逸話を聞き、それを書き留めている。フォン・デア・マルヴィッツはクニープホーフに滞在する時にいつも受けるビスマルクの単純明快な歓待の仕方について語った。強いビールやシャンパンのボトルを振舞い、英語で「後は御自分で help yourself」と言う。大量の酒と沢山の会話の肴は簡素な軽食である。彼は既に自分の過去を実際よりも美化しつつあった。フォン・デア・マルヴィッツ氏がビスマルクの話したことを記憶しているところによると、

若いころ彼は軍人になりたかったが、母君は金持ちの政府官僚となった息子と対面することを望んだ。彼女の思惑のゆえに、彼は司法官や行政官としての勤務に多くの時間を割いたが、そこに魅力を感じることはなかった。母君の死後、彼はこの土地にやって来て大酒をくらって自由な田舎生活を楽しむようになった。[93]

ある時、長旅の後に、フォン・デア・マルヴィッツ氏は友人を伴って予告なしにクニープホーフを訪ねた。ビスマルクは彼らを歓迎し、いつもどおりの料理を用意し、夜遅くまで大量の酒を飲んだ。

彼は、翌朝の七時までにナウガルトに行かなければならないため朝食を客人たちと共にできないことを前もって詫びた。ビスマルクは客人たちに心ゆくまで寝ているように強く勧めたが、彼らの方もそこに行く必要があったので、結局ビスマルクが客人たちを六時半に起こすことで話が決まった。彼らはさらに酒を飲み続けた後、ようやくベッドに向かった。客室へと続く階段を登りながら友人がフォン・デア・マルヴィッツにこう言った。「私は今までで一番飲んだよ、明日の朝は酔いが完全にさめるまで寝ていたいもんだ」。「そうはいかないよ」、フォン・デア・マルヴィッツ氏は答えた。「どうなることか見ものだね」、友人はそう言い返して、ドアを外から開けられないように大きな箪笥を内側からドアに押し当てた。翌朝六時半になって、ビスマルクはドアをノックした。「身仕度はできているかい」。部屋からは何の物音も聞こえない。ビスマルクはノブをまわし、重い箪笥が邪魔をしているドアを押した。数分後、彼は庭からこう呼びかけた。「身仕度はできているかい」。やはり何の物音も聞こえない。一発のピストルの弾が窓ガラスを破り、壁の漆喰が友人の頭上に砕け落ち、この友人は窓際まで這い進み、棒きれに刺した白いハンカチを窓の外に突き出すことになった。数分後、我々は階下に降りた。ビスマルクは自分の小さな勝利については何事も言わず、いつもと同じ調子で我々に挨拶した。(94)

かくのごとき振舞いによって彼は「気違いユンカー」の称号を得、この類のエピソードが郡内に広まり、ビスマルクの元来の放埓な言動によってさらに増幅して伝わっていった。彼は狂人を装い、武勇伝となるような多くのアクシデントを起こした。彼の発砲沙汰、時折のロマンス、突飛な会話、型破りなものの見方は郡内の社交界の語り草となった。コイデルは、幼少期からビスマルクを知り、共にグラウエス・クロスター・ギムナジウムに通ったことのあるモーリッツ・フォン・ブランケンブルクを訪ねた。モーリッツは学校時代においても彼は「不可解な人物だった。私は彼が勉強しているのを見たことがない。彼は長時間散歩ばかりしていたが、どんなことについても知識があり、いつも宿題をきちんとこなしていた」と追想している。[95]

「気違いユンカー」は孤独で、落ち着きがなく、公衆の面前での虚勢の裏に満たされない思いを抱えていた。彼は自分の人生にはもっと深遠な何かが必要であると感じ始めていた。彼は長期の旅行を一度ならず実行した。一八四二年にイギリスを訪ねた際の様子は父への手紙に書いている。彼はヨークとキングストン・アポン・ハルを訪れ、マンチェスターへは「世界最大の機械工場」を見に行くため列車で向かった。彼はイギリスを満喫したが、モトリーと二年間を過ごし親密な関係を結んだことで、当然のごとく流暢な英語を話した。「イギリス人の礼儀正しさと親切さは私の予想を上回るものです。……市井の者でさえその立ち居振舞いは丁寧です。彼らは慎み深く、こちらの言うことをちゃんと理解しているように見えます」。彼は宿代や食事代の安さにも驚いている。

この国は大食漢のための国です。……ボリューム豊かな朝食には沢山の肉料理が供され、昼食には魚料理と恐ろしいほどのフルーツ・タルトが出てきます。スープには白胡椒や黒胡椒がたっぷりと使われているのでほとんどの外国人には食べられないほどです。朝食にさえあらゆる種類の肉が大量に供されるので、彼らは決して一人分ごとに食事を取り分けるなどということはしません。好きなだけ切り分けてくれて、しかも料金に影響しないのです。[96]

旅行していない時には、父への手紙に書いたように、「クニープホーフに一人でいる時は退屈過ぎて首をつりたくなります[97]」といった状態であった。一八四四年八月に彼はノルダーナイ〔東フリースラント諸島の島〕

で休暇を取り、父に宛てて、暴風雨に見舞われた船旅を見事に描写してみせた。彼は自分の将来に最も大きな影響を与えることになる二人の人物に初めて出会った。その二人とは、プロイセン王太子ヴィルヘルムと王太子妃アウグスタ、すなわちアウグスタ・マリー・ルイーゼ・カタリーナ・フォン・ザクセン＝ヴァイマル＝アイゼナハである。彼は二人と一緒に浜辺で心地よいひと時を過ごした。彼は休暇を共にした良家の人びとの長いリストを鮮烈な筆致で描いている。ビスマルクは若い女性たちに特別な注意を払っており、その内の一人については、「美脚の持ち主」と描写している。

午前中は海水浴の前か後に大きな球でボール遊びをします。その後はホイストやフェローのようなトランプ遊びをしたり、ご婦人たちとじゃれあったり、浜辺を散歩したり、牡蠣を食べたり、兎狩りをしたりして過ごし、夜は一時間か二時間ダンスをします。単調ですが健康的な暮らしぶりです(98)。

一八四三年以降の彼のプライベートな書簡には、ある種の失望感が表出している。激しく無軌道な野望や山師的な性分や浪費的な行動、激烈な支配衝動、退屈への恐怖を抱いたこの巨大な人物は、蒸気圧が最大に達したエンジン、あるいは鋳鉄のブレーキによって回転を押し止められた車輪にも似た存在であった。彼はまた、孤独で、恐らくは性的にもフラストレーションを抱えた二十八歳の青年であった。他方で、彼はイギリス人を相手として味わった屈辱や愚行を克明に思い返したりもした。一八四三年九月十日に彼は友人に宛てて書いている。

僕は女性たちと懇ろになるのが好きだが、結婚するというのは怪しげな案で、僕のこれまでの経験が二の足を踏ませるんだ。僕は一方では楽しみながら他方では退屈し、冷え冷えとした気持ちを味わっているんだ。僕の我慢の続く限り……僕は、自分の喜劇の舞台装飾に変化をもたらすために、何年間かアジア人の真似をしてレーガ川〔ポンメルンを流れる川〕ではなくガンジス川の岸辺で葉巻を吸ってみるというアイデアを弄(もてあそ)んでいる。[99]

当時の彼の生活が退屈な「喜劇」を演じているがごときものであったという発言は、多くのことを物語っている。一ヶ月後に彼は父に宛てた手紙の中でクニープホーフの開墾状況を報告し、四〇人の日雇い農民たちをヴァルテ沼沢地から雇い入れたことについて説明している。

〔彼らは〕我々のところの農夫たちよりよく働き畑打ちを手伝ってくれるのですが、給料がより高くつきます。しかし雨降りのことを考慮すると、彼らの力なしでいかにしてジャガイモを収穫するのか見当がつきません。……マルヴィーネによろしくお伝えください、そして是非僕に会いに来てください。僕は退屈過ぎて首をつりたくなります。[100]

一八四三年十月の末、彼は旧友であり後に義理の弟となるオスカー・フォン・アルニム＝クレヒレンドルフ（一八一三―一九〇三）に以下のように打ち明けた。彼の経済状況は、

徐々に安定し始めている。……一人の時は退屈を覚えるが、十分な教育を受けた若い男ならば、田舎住まいで独身で、ポンメルンの田舎貴族、俗物、槍騎兵士官といった頭数ばかり多くて興味をそそらない連中との付き合いしかないとしたら誰でもそうなると思う。[101]

退屈はしばしば、幼少期の遊び仲間であった隣人、モーリッツ・フォン・ブランケンブルクの農場へと彼を誘ったが、そこで彼はモーリッツの婚約者であったマリー・フォン・タッデン＝トリーグラフと出会った。彼の抱える倦怠感と空虚感は彼女を寒心させた。一八四三年二月七日に彼女はモーリッツに宛ててこう書いている。

私はこれまであのように自らの信仰心の欠如、あるいは汎神論を明け透けにはっきり表現した人物に出会ったことがありません。……彼の底知れぬ倦怠と空虚……彼はとても興奮しており、時折顔を紅潮させていましたが、それ以上どこにも向かうことができませんでした。……彼は、イメージの中の神が帯びる青いもやに対する畏敬の念のようなものは示していますが。[102]

これは、ビスマルクの生涯において最も重要な人間関係の一つの始まりであった。マリーと出会った彼は、この注目すべき若い女性に対して即座に、そして望みのない恋慕の情を抱くことになった。滑稽に聞こえるかもしれないが、もし彼女に許婚がいなかったなら、彼がドイツを統一することはなかったであろう。彼女は芯の強さを持っていたがまた親切であり、彼に不快な思いをさせるようなところがなかった。彼女は彼のはったりじみた見せかけの奥にあるものを見抜き、共感を示した。最も親密な友人の一人であったエリーザベト・フォン・ミッテルシュテットに一八四三年五月に送った手紙に明らかなように、彼女もまた彼に恋した。この手紙の中でマリーは、婚約者のモーリッツ・フォン・ブランケンブルクをこきおろすような評価をも記している。

オットー・Bはもうツィンマーハウゼンに顔を出しません。これはよいことです、善良なモーリッツは比較されるのに耐えられないでしょうから。彼が寛大な気持からここに来ないのだとは信じていません、彼は何か別のことを考えています。[103]

マリー・フォン・タッデンとエリーザベト・フォン・ミッテルシュテットは貴族の敬虔主義者たち、アメリカでは「ボーン・アゲイン派」として知られる一派の重要なグループに属していた。マリー・フォン・タッデンの冷静さや強さは、ただ信じさえすれば人びとの魂に直接に働きかけてくれるイエス・キリストの救いの力に対する深い帰依から生じていた。彼女の父は敬虔主義を信じるユンカーたちのグループの創設メンバーの一員で、一八一三年にベルリンの五月亭で「キリスト者ドイツ食卓協会」の会合を開始した人物であった。メンバーたちは間もなく「てんとう虫 Maikäfer」という呼び名を得た。中心メンバーはフォン・アルヴェンスレーベン＝エアクスレーベン、グスタフ・フォン・ベーロ、ハインリヒ・フォン・ベーロ、レーオポルト・フォン・ゲルラッハ、ルートヴィヒ・フォン・ゲルラッハ、カーユス・シュトルベルク伯、フォス伯、フリードリヒ・ヴィルヘルム・フォン・ゲッツェン伯〔独語版ではアウグスト・ヴィルヘルム・ゲッツェ伯〕、アードルフ・フォン・タッデン＝トリーグラフ、そして王太子フリードリヒ・ヴィルヘルムであった。マリーの父アードルフ・フォン・タッデン＝トリーグラフとエルンスト・ゼンフト・フォン・ピルザッハ、そしてルートヴィヒ・フォン・ゲルラッハは、フォン・エルツェン家の三人娘、ヘンリエッテ、イーダ、アウグステと結婚していた。[104] 彼らは後にビスマルクの「最初の政治的同志」となり、その後の舞台をお膳立てしてくれた。彼らは「回心」したビスマルクを仲間に引き入れ、――当然のなりゆきであったが――論争のための剣として彼を利用した。この階級の人びとの中で、不敬なウィットという武器や圧倒的な存在感、目も覚めるような才気煥発ぶり、そして文学的な優美さをビスマルクほどに駆使することができる者は他にいなかった。メンバーたちは、彼を不信心に対する天罰のようなものだと考えた。彼らは間違っていた。ビスマルクはいかなる人間にも神にも仕えず、ただ自分自身にのみ仕えていたのである。このことに気づいたことで、青年時代の最も親密な友人たちや教導者たちは一八七〇年代に彼の傍を離れていき、彼は一八四〇年代と同様の孤独に陥ることになる。

一八〇六年のプロイセンの敗戦と「神なき」ナポレオンによる王国の占領の衝撃は、多数のユンカー大土地所有者たちをキリスト教信仰へと回帰させた。彼らは啓蒙主義的な合理主義、恐怖に満ちたジャコバン的狂信、平等の教理、ギロチンを拒否し、のみならずフリードリヒ大王の宗教に対するシニカルな軽蔑をも拒否した。元々はルター派プロテスタントであったにもかかわらず、彼らは「壁に囲われた」公的な教会を拒絶し、あらゆる福音主義者と同様に、神の恩寵の現れをローマ・カトリックの秘跡やルター派教会の聖礼典にではなく自らの心の動きの内に求めた。

『改宗の政治――一七二八―一九四一年のプロイセンにおける伝道プロテスタンティズムとユダヤ人』において、クリストファー・クラークは福音主義運動全般の中に生じたこの特殊ルター派的な一派の独自性について検討している。ドイツ敬虔主義は、福音主義の内面性と、神の恩寵のみによる救済という考えとを、よく整備された極めてプロイセン的な諸制度に結合させた。ドイツの新敬虔主義者たちはしばしば家庭や野外でミサを催した。彼らは初期のキリスト教徒が行ったように、ただパンとワインのみをもって聖餐とした。彼らは安息日を遵守し、慈善活動に奉仕した。一六〇三年以来ホーエンツォレルン家はカルヴァン派となったが、臣下の大半がルター派に留まったために、倹約と規律の精神とを備えた敬虔主義者たちは、有能で従順な公僕を国家に提供する集団となった。このキリスト教徒たちは古のルター派のように封建的諸権利を主張したりはしなかった。

敬虔主義のユンカーたちは自分たちの伝道団体を結成した。一八二二年一月に、ヨープ・フォン・ヴィッツレーベン将軍によって「ユダヤ人へのキリスト教伝道のためのベルリン協会」が創設された。フォン・ヴィッツレーベン家は一七五五―一九七六年に一四人の将軍を輩出しているが、その一人であるヨープ＝ヴィルヘルム・ゲオルク・エルヴィン・フォン・ヴィッツレーベン陸軍元帥は一九四四年のヒトラー暗殺計画に連座した。[105] ヒトラーは肉屋の使う鉤に彼を吊るさせ、その末期の苦痛を撮影させて、自分を殺そうとしたユンカー貴族の死の味を堪能した。その先祖のヨープ・フォン・ヴィッツレーベンは一八一七年以来、最も重要な部局の一つであった軍事内局長の地位にあった。『アルゲマイネ・ドイチェ・ビオグラフィー』は、フォン・ヴィッツレーベンの地位を以下のように説明している。

軍隊、国家、教会、あるいは王室に関わるような事柄で、彼らによって議論されることのないような重要な案件は存在しなかった。これらの諸問題の解決にあたってヴィッツレーベンの意見は大きな比重を占めた。……二十年間にわたり彼は最も強力な廷臣であった。[106]

この組織の創設者には他にも、王太子の助言者として、また一八三二年〔一八三六年の誤り〕にビスマルクが外交職に就くのを妨げたプロイセンの外務大臣として既に言及したヨーハン・ペーター・フリードリヒ〔ジャン・ピエール・フレデリック〕・アンシヨンが含まれていた。これらの名前は、マリーの父のアードルフ・フォン・タッデン＝トリーグラフやエルンスト・ゼンフト・フォン・ピルザッハ、ゲルラッハ兄弟と同様に、「キリスト者ドイツ食卓協会」のメンバーや、今やビスマルクが仲間に加わろうとしていた敬虔主義者たちのグループの内にも見出されることになるであろう。[107]

こうしたキリスト教的貴族の一団が活動していた環境（ミリュー）は、新敬虔主義を、「終末」がいよいよ始まったことの徴（しるし）となる、ユダヤ人の改宗を希求する千年王国思想と結びつけた。彼らの地位の高さや王太子との個人的な繋がり、信念の深さと真摯さは、然るべき時には彼らを政治的運動へと導くこととなるような一体性を生み出した。ビスマルクはマリー・フォン・タッデン゠トリーグラフと恋に落ちた時、もちろん当時は知る由もなかったが、自分の全キャリアと残りの人生を左右する決定的な段階に一歩を踏み出すことになったのである。キリスト者ドイツ食卓協会や「ユダヤ人改宗協会」の会員、そして福音主義者のポンメルンの隣人たちは、あらゆる軍隊職と官僚職にまたがっていた。そのメンバーたちには将来の廷臣と将軍たちが含まれていた。王太子フリードリヒ・ヴィルヘルムは一八四〇年に王位に就くと、ビスマルクの新しい友人たちに国政に関与する権限を与え、一八四八年の革命へ至る不穏な導火線に火がつくと、新敬虔主義の友人たちはビスマルクの名を知らしめようとした。彼が未来の妻となるヨハンナ・フォン・プットカマーと出会ったのも、マリー・フォン・タッデンを通じてのことであった。

敬虔主義者たちを介してビスマルクは、このグループの中でも知的に最も重要な人物の一人であり、自らの栄達にとって非常に重要な存在となるエルンスト・ルートヴィヒ・フォン・ゲルラッハ（一七九五―一八七七）の知己を得た。一八三五年〔一八三四年の誤り〕にゲルラッハは、フランクフルト・アン・デア・オーデルの上級地方裁判所の副裁判所長となった。そこで彼は自分の周囲に最も機敏で最も注目すべき若い法律家たちを集めた。枢密顧問官シェーデは当時を振り返って述べている。

郡裁判所の会議において、彼はほぼ完全に敵対者に包囲されていたが、法曹家として徐々に彼らを自分の指示に従わせるようになっていった。彼は手綱を固く握っていた。彼にとって、良く訓練された若い法律家たちと案件を論じることほどの喜びは他になかったが、彼らはゲルラッハの精神と才能を決して凌ぐことができなかった。彼の話に耳を傾けるのは楽しかった。彼の住まいにあっては、その個性が偉大なものであり、その性格と生活が一致しているという印象がますます強まった。私はあのように強烈な印象を人に与える個性の持ち主を他に知らなかった。[108]

ロマン主義の詩人クレメンス・ブレンターノは、彼についてこう述べている。「ルートヴィヒは私にとって出会った当初から恐るべき人物でした」。ビスマルクの最も親密な協力者の一人で、プロイセン貴族の立場を最も代弁していた有名な日刊紙『クロイツツァイトゥング』の初代編集長ヘルマン・ヴァーゲナーもまた、ビスマルクの友人で「小ハンス」と呼ばれたハンス・フォン・クライスト=レツォーと同様に、ルートヴィヒが主催した神学を論じる夜会に出席したが、そこには彼の兄で当時は陸軍第三軍団参謀長であったレーオポルト・フォン・ゲルラッハ大佐も参加していた。[109] 後のフリードリヒ・ヴィルヘルム四世の侍従武官長レーオポルトとその弟の裁判官エルンスト・ルートヴィヒ・フォン・ゲルラッハは、一八四〇年代の後半にビスマルクの政治的なパトロン兼マネージャーとなる。彼らは王に直に接触することができた。一八五一年に彼らは、外交に関して何らの経験も持たず、暴力的で突飛な言動や異常なまでの抜け目のなさ、信頼できない性格をもって知られた三十七歳〔三十六歳の誤り〕の「気違いユンカー」に、ドイツで二番目に重要な外交官職であるフランクフルトのドイツ連邦議会駐在プロイセン公使の地位を与えるよう、王を説得した。ゲルラッハ兄弟はビスマルクを「作った」のであり、特にレーオポルトは彼を「自分の」被造物であると考えていた。これは歴史的意義をもつ誤りであった。ビスマルクが自らの本当の目標とやり口を明らかにしだすと、彼らは自分たちが自分たちの敵を権力の座に押し上げたことを悟った。一八六〇年代後半にはエルンスト・ルートヴィヒ・フォン・ゲルラッハはビスマルクの不倶戴天の敵となった。一八七四年にビスマルクは、ためらうことなくかつての師匠をプロイセン高等裁判所裁判官の座から引きずり下ろした。

これが、マリー・フォン・タッデンと彼女の婚約者モーリッツ・フォン・ブランケンブルクが身を置いていた環境（ミリュー）であった。美しいマリーの魅力の虜（とりこ）になり、堅固で明確に反動的見解を有する力強いユンカーの隣人たちと知りあったことで、ビスマルクはこの環境（ミリュー）に強く魅了された。ビスマルクはすぐにこのグループが自分にチャンスを与えてくれることを理解するようになったが、そのためには私的な代価が必要であった。結果として、ビスマルクは一八四四年にマリーから離れたが、彼は意気消沈していった。一八四四年二月七日に彼は妹に不満を漏らしている。「ここからは伝えることは何もない。……僕はますます強く自分が天涯孤独だと感じている」[110]。絶望の中、彼はポツダムで公務に復帰したが、数週間しか仕事を続けられなかった。五月の下旬に彼はナウガルトからカール・フリードリヒ・フォン・ザヴィニーに宛てて自分の義姉が急死したこと、そして兄のところに行かねばならないことを書き送っている。

僕のアパートに来てビューロのために公務関係の資料を集めてくれないだろうか。……僕が君の善意をあてにしていることを許してほしい、でも僕をポツダムに来るように誘惑したのは君だし、君は今こそその帳尻合わせをしなければならないよ[111]。

一八四四年八月に彼は大学時代の友人のシャルラッハに宛てて手紙を書き、自分の状況を総括している。

この五年間、僕は独りで田舎で暮らし、それまでの生活の改善に我が身を捧げるのに多少は成功して面目を保っているが、孤独な田舎ユンカーの生活にもうこれ以上耐えられず、官職に戻るべきか、あるいは旅にでも出るべきか迷っているところだ。そうこうしながら州庁でまた六週間働いたが、前と同様、人間も仕事も浅薄で退屈だ。というわけで、それっきり休暇を取っている。何の意思もなく、その時その時の気分に舵を任せて人生の流れを漂い、どこの陸地に打ち上げられようと同じことだという気に完全になっている。[112]

一八四四年十月四日、マリー・フォン・タッデン＝トリーグラフとモーリッツ・フォン・ブランケンブルクの結婚式に参列するために、ビスマルクはツィンマーハウゼンに向かった。その日はあらゆる意味で忘れ難いものとなった。モーリッツは長い間オットーを「小ハンス」、すなわちハンス・フォン・クライスト＝レツォーに紹介したいと考えていた。一八四四年九月三日、ハンス・クライストは三度目にして最後の法科試験に見事に合格したばかりのところであり、晴れやかな気分でブランケンブルクとタッデンの結婚式に参加していた。オットーとハンスを引き合わせるにあたって、モーリッツが両人にそれぞれ相手は耳が遠いと伝えたため、二人はモーリッツの気が済むまで長いこと互いに大声を出し合うはめになった。「小ハンス」の伝記の著者であるヘルマン・フォン・ペータースドルフは、「このようにして、彼の人生で最も重要かつ偉大な友情関係が象徴的な意義深さを伴って始まった。その後二人には互いを実際に理解できない日が訪れたが、その時には一八四四年十月四日の悪ふざけの張本人が彼らの相互理解に貢献することはできなかったのである」と述べている。[113] 婚礼は悲惨な結末を迎えた。一家は花火のショーを手配していたが、これが事故に繋がり、ツィンマーハウゼンの村の大半が焼けてしまった。[114] 不吉な出来事であった。

ハンス・フォン・クライスト＝レツォーは間違いなく、ビスマルクがモトリーやカイザーリングの後に見出したただ一人の真の友であった。ハンスは一八一四年十一月二十五日にキーコーの農場領主の一家に生まれた。クライスト＝レツォー家は「ベルガルト郡でも頭抜けて強勢な」一家であり、一九〇七年にはこの地域の約五分の一の土地を保有していた。[115] 子どものころの彼は伝道師になることを望み、そして王国政府による古ルター主義者への迫害に動揺したものの、この願望を守り続けた。[116] 十四歳の時、彼はプロイセンで最良の古典ギムナジウムで、同時期のトーマス・アーノルドのラグビー校と同様に十二名の生徒の「監察員 Inspektoren」によって管理されていたプフォルタ校に進んだ。ラグビー校では彼らは「プリーポスター Praeposters」と呼ばれていた。そこで彼と親友になったのが、偉大な歴史家レーオポルト・フォン・ランケの弟エルンスト・ランケである。ハンスは軍人になろうなどという志向を嫌悪した。彼の伝記作家は、彼が「練兵場にうごめく魂なき存在に対する恐怖」に苛まれ、軍務に就くことを拒絶して「彼の父が『苦い涙』を流す原因となった」と記しているが、[117] 一一六人の「フォン・クライスト」が一七五六―六三年の七年戦争でフリードリヒ大王に仕え、その内の三〇人が戦場で果てるか、戦傷・戦病によって死亡していることを想起すれば、これは十分に納得のいくことである。[118] 一八三五年五月から彼はベルリン大学に三セメスターにわたり在学し、エルンスト・ランケと起居を共にしたが、[119] エルンストはクライストがギリシャ語版の新約聖書を読むことで毎朝を始めていたと回顧している。一八三六年十二月にクライストはゲッティンゲン大学に入学し、そこでは毎朝四時に起きて聖書を勉強した。なお、彼はビスマルクにもこの日課を励行するよう勧めたが、彼を従わせることはできなかった。ビスマルクに出会った時、彼はエルンスト・ルートヴィヒ・フォン・ゲルラッハの下で既に「試補」として三年間をフランクフルト・アン・デア・オーダーの上級地方裁判所で過ごしていたが、他の多くの連中とは違い、彼は師を賞賛こそすれ崇拝はしていなかった。彼は一八四五年に二〇平方マイルの大きさを持ち、約三万一〇〇〇人の住民と相当規模の一村落、そして人口三三二七人のベルガルトの町を擁するベルガルト郡で、プロイセンにおける郡行政の長である「郡長 Landrat」に選出された。[120] 彼もまた、未婚で田舎貴族の生活に移り住んできたわけである。

一八四五年四月にビスマルクは、今ではオスカー・フォン・アルニム＝クレヒレンドルフと結婚していた妹のマルヴィーネに手紙を送り、状況は絶望的になりつつあると書いている。

僕は農業に関する不平でこの手紙を埋め尽くしたい衝動を抑えるのに苦労している。夜の霜、病気の牛、質の悪い菜種、でこぼこの道、死んだ子羊、腹を空かせた羊、藁（わら）や飼料、金、ジャガイモ、肥しの不足……。僕は――悪魔の勧めに従って――結婚しなければならない。このことは僕にとって完全に明白となった。今や父上が去り、僕は孤独で見捨てられた気分を味わっており、どんよりじめじめとした天気に憂鬱な気分にさせられ、恋慕の情に満たされ、恋の病に冒されている。[121]

ビスマルクは――マリーは既に結婚していたのであるが――ツィンマーハウゼンを何度も訪ねるようになり、マリーに影響を与えずにはいなくなった。一八四五年五月に、彼女は友人のエリーザベト・フォン・ミッテルシュテットに宛ててこう書いている。

オットーは、以前の数週間からみるとここのところずっと親しくなったわ。私たち、お互いに手を取り合ったのよ。あれはもののはずみの接触ではなかったと思う。彼の時に冷やかに見える上品さの背後に、私がこういうものを見てとっているなんてあなたには分からなかったでしょう。私がこういう友情に焦れていたことも、あなたには滑稽に思われるかもしれないわね。でも私はこのところこのことで頭が一杯なので、誰かに言いたくなったの。この個人的な自由の表出、粗暴と傲慢の見本のように言われているポンメルンの不死鳥との友情に、私は引きつけられているのかもしれない。[122]

一八四五年七月にマリー・フォン・タッデンはヨハンナ・フォン・プットカマーに、ビスマルクも交えて仲間内で『ロミオとジュリエット』を読み上げて演じたことを書き送った。

あなたに信じられる？　アデマー［ビスマルクのことを指す暗号］が私［ジュリエット］の恋人役を演じたの。主催者の仕業ではなく、偶然だと思うわ。……私は魂から出てくるあらゆる真実を表現しなければならなかったので、口にすると当惑してしまうようなところ、特にひどく不穏当なところは――モーリッツの提案で――飛ばすことになっていたのに、それを忘れてしまったのよ。[123]

三十歳を過ぎたばかりのビスマルクがジュリエット役の彼女を相手にロミオを演じた時、マリー・フォン・タッデン＝トリーグラフはたった二十三歳であった。彼女は美しく、知性に溢れ、心の底から敬虔な若い女性であった。彼女はビスマルクのような人物に出会ったことがなかったが、これは驚くにあたらない。彼に似た人物など他にいなかったのである。二通の手紙は、マリーとオットーが恋に落ちたこと、そして彼らがビスマルクの不滅の魂のための格闘に取り組んでいたことをかなり明確に示している。後者の格闘――キリスト教的使命――は、ビスマルクの友人でありマリーの夫であるモーリッツ・フォン・ブランケンブルクに、二人の関係が深まっていくのを許そうとする寛容さを与えたのかもしれない。しかし、ヨハンナ・フォン・プットカマーはその当時この事態をどのように考えていたのであろうか、そしてさらに重要なことであるが、その後どのように考えたのであろうか。

芝居の数ヶ月後、フェルディナント・フォン・ビスマルクが病に陥り、息子のオットーは看病のためにシェーンハウゼンに急行した。父の病状について書いた妹への一八四五年九月末の手紙の通り、父は食道が塞がったために飲食ができない状態にあり、医者たちは喉にチューブを挿入しなければならなかった。

先に書いたような栄養分の摂取の仕方はあまりにも人工的だし不確実なので、自然なやり方でもっと沢山の滋養物を取るようにまたならないと、命の望みを持てないように思う。……［ビスマルクが父親に付き添うのは］老人が最期の数週間を一人ぼっちで、傍に肉親の者が誰もいないままに過ごすのは酷だからだ。

一八四五年十一月二十二日にフェルディナント・フォン・ビスマルクは死去した。[124] 父の死後、ビスマルクにはシェーンハウゼンに移り農場を経営する以外の選択肢はなく、兄はクニープホーフを継承した。マリーとの関係は引き続き深まっていった。一八四六年四月、ビスマルクは、何冊かの詩集と自分の果樹園で採れた林檎と一緒に、韻を踏んだ二行連句の長い手紙を書いた。以下は、長大で、優美で、皮肉っぽく、リズミカルなこの詩の最初の三つの連句である。

木曜日に貴女は言った、
僕には詩が欠けていると。
気づいてください、
僕を見損なっていることに。
僕はあなたに贈ります、マリー夫人、
詩を、こんな朝早くから。[125]

数週間後、彼は魅力に溢れ、文学的な自意識に満ちた手紙をもう一つ書いた。

親愛なるマリー

家を出る間際に、シェーンハウゼンから、自分では消費し切れないほどの緑豆の包みを受け取りました。貴女のもとにこの緑豆をお届けしますが、どうかこれを、僕の内に居座っているモロク〔人身御供を求める古代オリエントの神のこと〕から逃げ出すための捧げものだなんて思わないでいただきたい。マジョラム〔シソ科の多年草、ハーブの一種〕をいくらか etwas と、随分前から約束していたシェーンハウゼン特製の食パンも一緒に入れておきます、それにレーナウ〔ニコラウス・レーナウ Nikolaus Lenau（一八〇二―一八五〇）、ハンガリー出身のオーストリアの詩人〕の第二部とベヒも何冊 etwas か。貴女が何枚かの頁を切り取るかもしれないと思いつつ。しばらくの間、原っぱに溜まった水を取り除いたり、沼地を開墾したりするのに専念しなければならないので、これ以上何か etwas お贈りするものを思いつきません。この手紙を読み直してみて、「何か etwas」という言葉を三回使っているのに気づきましたが、驚くことに「多分」は一度も出てきませんでした。これぞ成長というものです。お元気で、そして許されるのならば、僕の挨拶を貴女の選んだ方に伝えてくださいますよう。[126]

この四ヶ月後の一八四六年十一月十日、マリー・フォン・タッデン＝ブランケンブルクは二十四歳で逝去した。ビスマルクは、父の死に際して、あるいは母の死に際して感じたのとも異なる悲嘆にくれた。彼は妹に手紙を送り、ごく親密なサークルの一員を失ったことの戦慄に恐怖していると告白している。

何かがポンメルンをもっと早く立ち去る決意を鈍らせていたとすれば、それはあの人だった。親しい人、離別によって日々の暮らしに考えたこともないような大きな穴を空けてしまった人、そういう人を死によって失ったのはこれが初めてだ。……僕にはこの喪失感、自分にとって不可欠な存在になっていた人——そしてそういう人は僕にはほとんどいないのだけれども——の姿を見ることも、その声を聞くことも二度とできないという感覚は初めてのものだし、この出来事の一切がまだ現実とは思えない。周囲の人びとがこの死を一足先の旅立ちと、そして遅かれ早かれ喜ばしい再会が待っているんだと確信しているのがうらやましい。[127]

マリーの死後、ハンス・フォン・クライストとビスマルクはモーリッツを慰めようとした。この四十年後にモーリッツがハンス・クライストへの手紙で回想しているところによれば、

我々三人、君とオットーと僕は、椅子に座って暖炉に足を伸ばしながら、冷たい北東の風が吹

く窓際に座っていた。[128]

マリーの死はビスマルクの人生における一連の決意のきっかけとなった。わずか一週間あまり後の十一月十八日、ビスマルクはクニープホーフの賃貸契約をクルーク氏と結んだ。クルークは以前からパンジン〔の所領〕を借り受けていた。次に彼はマリーの友人のヨハンナ・フォン・プットカマーとの結婚を決心した。一八四六年十二月十六日〔二十一日の誤り〕、ビスマルクは有名な「求婚書簡 Werbebrief」をハインリヒ・フォン・プットカマーに送り、娘との結婚を申し込んだ。これまでに多くの伝記作家たちによって、この手紙の解釈のために大量のインクが消費されてきた。ビスマルクは本当にキリスト教徒、なかんずく敬虔主義者になったのか、そしてこの回心の報告と、その後の無慈悲な権力行使とにはどのような関係があるのか。これらの問いは興味深いが、より関心を引くのは——そしてあまり論じられてこなかったのは——なぜヨハンナがビスマルクと結婚する気になったのかという問題である。自分の友人に対するビスマルクの情熱を彼女が知っていたことは間違いないし、また目撃もしたに違いない。彼女は美貌の持ち主でもなかったし、マリーのごとき才知にも恵まれていなかった。ビスマルクは彼女には哲学書を贈ろうとは思わなかったであろう。

ヨハンナ・フォン・プットカマーは、ポーランドとの国境地帯に位置し、ポンメルンでも最も辺鄙(へんぴ)な地域であるラインフェルトの農場に一八二四年四月十一日に生まれた。友人のマリーを通じてビスマルクを知った時、彼女は未だ二十一歳であった。彼女の家族は——ポンメルンの敬虔主義者たちの間でも特別に——その極度なまでの篤信ぶりをもって知られていた。彼女には兄が一人いたが幼少期に早逝したため、一人っ子として育てられた。肖像画に描かれた少女時代の彼女は、面長で顎(あご)が突き出している。彼女は片田舎の人里離れた農場に住む田舎地主の娘であり、広大な外の世界をほとんど知らなかった。

ヨハンナが何をどのように考えたのか我々には知る由もないが、いずれにせよ一八四六年十二月二十一日にオットー・フォン・ビスマルクはハインリヒ・フォン・プットカマーによく知られる「求婚書簡」を書いた。

この手紙を、まずそのおおまかな内容を申し上げることから始めさせていただきます。私がお願いするのは、あなたがこの世において与えて下さることのできる最高のものです。つまりあなたの御令嬢に求婚させていただきたいのです。……私にできるのは、自分自身について何一つ包み隠さずにお話しすることのみです。……特に私のキリスト教との関わり方について。……私は幼少の時に両親の家から引き離され、その後も全く家庭に安らぐということはありませんでした。私の教育は、まずもって理解力を発展せしめ、実証的な知識をいち早く身につけようという観点から行われてきました。宗教の授業にはあまり規則正しく出席しませんでしたし、理解も不十分でしたが、十六歳の時にシュライアーマッハーの洗礼を受けました。そしてそのころは純然たる理神論より他には何らの信仰も持っていませんでしたが、その考えの中にはやがて汎神論的な傾向も交じってきたのです。……そんなわけで、世間的な因習的な規制の他には何らの制約も受けなかったので、私はこの世界に飛び込み、ある時は自ら誘惑者となりある時は誰かに誘惑されて、悪い仲間にも加わりました……。

彼は、「母の死後の寂しさによりクニープホーフに赴きました。……［そこで］内なる声を聞いたのです……」と主張している。モーリッツ・フォン・ブランケンブルクを通じて、彼はトリーグラフ・

サークルに接触するようになる。

そこの人びとに出会い、私は恥ずかしくなったのです。……私はこのサークルに所属することで家庭でのような安らぎを感じ、モーリッツと彼の細君とは兄弟姉妹のように親密になりました。私は、これまで経験したことのない健やかな心持ち、家族の一員としての生活、そして一つの故郷を遂に見出しました。……私は自らの来し方を思い、苦い後悔の念を味わいました。……カルデミンの私たちの友人の死の知らせを聞いた時、それが理性に照らしてもっともなものかなどと思い惑うこともなく、初めて真摯な祈りが、子どもの時以来忘れていた涙と共に、私の心から溢れてきました。神は私の祈りをお聞き届けにはなりませんでしたが、それを拒絶もなさいませんでした。そう感じるのは、それ以来自分が祈る力を二度と失っておらず、平安というのではないにしても、さもなければ知らなかったような生きる勇気を自分の内に感じているからです。……あなたが、まだやっと二ヶ月しかたっていない私の回心にどのような価値をお認めくださるのか、私には分かりません……。

彼は、ただラインフェルトを直接訪れて自ら弁明することだけは勘弁してほしいと願い出ている[129]。この手紙の存在を知った数年後、私は「ボーン・アゲイン派」のキリスト教者としての信仰が告白されているのだろうと予想しながらこれを読んでみた。しかしこの手紙にはそのような主張は含まれてはいない。実際、この手紙にはビスマルクの精神状態や彼の神に対する関係についてはごくわずかなことしか書かれていない。文面を見る限りでは、フォン・プットカマー氏がなぜビスマルクの求めを聞き入れたのかは分からない。一八四七年の新年の直後、フォン・プットカマー氏は肯定的な返答をしたが、至極当然のこととして、未来の婿に対してキリスト者としての新生活についての確たる誓言を求めた。ビスマルクは一月四日に返答している。

私の尊敬するフォン・プットカマー様、あなたは私の足が確かな歩みを踏み出したかどうかということをお尋ねになりました。私はただ、あなたの次の質問を肯定すると共に、全ての人びとに対する平和な気持ちを追求し、さらに主なる神を見るために清浄な心を保ち続けるように固く決心しているということをお答えできるだけです。私自身が願っているように私の歩みが確実であるかどうかを、自ら述べ立てる立場には私はありません。私はむしろ自分を、主の恩寵なしには躓き倒れてしまうであろう足萎えの男と見なしています。

彼はエルベ川が溢れる危険がある間は堤防監視団長の任を離れられないので、すぐにラインフェルトに赴くことはできなかった。「思うに、厳しい霜の到来を待ち焦がれるのは人生で初めてです[130]」。一八四七年一月十二日、オットー・レーオポルト・エードゥアルト・フォン・ビスマルク＝シェーンハウゼンは、ヨハンナ・フリーデリーケ・シャルロッテ・ドロテーア・エレオノーレ・フォン・プットカマーと正式に婚約を取り交わした。同じ日に、彼は急ぎで妹のマルヴィーネ・フォン・アルニムにメモ書きを送っているが、そこにはシンプルに「オール・ライト」と書かれていた[131]。

婚約の期間は、一八四八年の革命に向かっての胎動の開始と、ビスマルクの政治家としてのデビューに重なった。今やビスマルクは重要な仕事に取り掛かることになったのであり、そのため、ヨハンナに手紙を送り自分のしていることを書く必要があり、実際にそれを書いた。彼は何ダースもの、内容豊かで、――「私のジョヴァンナ Giovanna mia」、「最愛の人 dearest」、返事をくれない「意地悪なジャンヌ Jeanne la méchante」といった——英語やフランス語、あるいはイタリア語で呼びかけて装飾過剰気味に始まり、バイロンやムーアといった英語の詩人からの長い引用を含み、彼女が手紙を書いてくれなかったがゆえに「暴力的な感情に悩まされる en proie à des émotions violentes」といった言い回しを用いた、長い手紙を書いて思いを吐露した。先に引用した母親や父親について述べた長い手紙を彼が書いたのは、まさにこの時期であった。以下の一八四七年三月の手紙のように、これらの手紙にはウィットと華麗なロマンティシズムが遍満している。

私の父祖が何百年このかた同じ部屋に生まれてから死ぬまで住んでいたこの家で、保守主義のルールが長年守られてきたことは家や教会に飾られた絵を見ても分かります。鎧や剣をがちゃがちゃと鳴らし、長い巻き毛の両端をひねった口髭の三十年戦争当時の騎士だの、赤い拍車をつけてここらの床板を踏みならした、巨大なかつらを被った役人だの、フリードリヒ大王の臣下のポニーテールの騎馬武者だのが、君の足元にひれ伏して柔弱になった若者にまで連なっているのです。[132]

一ヶ月後、彼は妹への手紙の中で、自分が将来相続することになる所領での生活について説明している。

僕自身に関して言えば、義母が、僕は発酵した飲み物で育って元気になるのであって、そして、一日を通じて四分の一か半ガロンの酒が必要としているのだという真摯な信念に従って、一日中ライン産の強いワインを僕に注いでくれるせいで軽い頭痛にかかっていることを除けば、かなり気分がよい。全体として、僕はずっと、長いこと忘れていた、くつろいだ状態にあり、大学生のような呑気な気分で毎日を過ごしている。[133]

一八四七年五月八日にビスマルクは婚約者に手紙を送り、重要なニュースを伝えている。

最愛の人、愛しの人、ファニータ、私のより良き半分よ my better half［原文は英語］、君の許しを得るために、この手紙を想いつく限りの恋慕の情をもって始めようと思います。君にあれこれと推量させようとは思わないし、何かもっと悪いことを予想しないように、連合州議会の議員に選出されたことだけを伝えます。……我々の議員の一人であるブラウヒッチュが重病で討議に出席できなくなりました。……今や、マクデブルクの身分制議会の六議員分の第一議席が空席になったので、普通ならば第二議席の議員を第一議席に上げるといったように各議員を一議席ずつあげて、六人目の議員を選ぶのですが、彼らは異例なことに、この郡の新参者で議員補欠者でさえなかった私を第一議席の議員に選出したのです。[134]

新たなビスマルク、政治人としてのビスマルクが登場したのであった。この時から一八九四年に死去するまで、ヨハンナは夫の長い不在、彼の醸（かも）し出す緊張感、初めて己の天職を見出して以来続いたビスマルクの公務への没頭に苦しめられることとなった。投票規則を破ったことで、マクデブルクの選挙人たちは十九世紀最大の政治家のキャリアを開始させ、またヨハンナ・フォン・プットカマーは正式に結婚する前に既に、夫の心底からの配慮を失ってしまった。
一人の人間としてビスマルクの妻ヨハンナはどのような人だったのであろうか。フリードリヒ・フォン・ホルシュタインは一八六一年にサンクトペテルブルクの大使館を訪れた時、初めて彼女に出会った。

ビスマルク夫人は、夫と同様に、特殊な人物だった。彼女が唯一その魅力を誇示できるのは、人目を引く黒い瞳だけだった。彼女の髪もまた黒く、プットカマー家がスラヴの出自であることを示していた。彼女には女性らしい魅力が全く欠けており、ドレスで着飾る趣味もなく、ただ家族のためだけに生きていた。彼女には相当な音楽の才能があったが、ビスマルク侯がベートーヴェンのようなクラシックを彼女が演奏するのを聞くのが好きだったのにもかかわらず、自らの才能をただ自己満足のためだけに使っていた。社交界において、彼女のスピーチや物腰は必ずしもいつも適切というわけではなかったが、穏やかで落ち着いた様子をしており、不安げな感じや自信のない風には見えなかった。彼女の夫は彼女のしたいように任せていた。私は彼が彼女を仕事に連れて行くのを一度も見たことがなかった。[135]

ホルシュタインの数年後、一人の女性の観察者がヨハンナ・フォン・ビスマルクに初めて対面した。かつてヴュルテンベルク王国の首相を務めていた父親のフリードリヒ・カール・ゴットロープ・ファルンビューラー・フォン・ウント・ツゥ・ヘミンゲン男爵（一八〇九―八九）が一八六三年六月にプロイセンの新首相を初めて公式訪問するのに同行した時、ヒルデガルト・フーゴ・フォン・シュピッツェンベルク男爵夫人（一八四三年一月二十日生まれ）は二十歳であり、カール・フォン・シュピッツェンベルクと未だ結婚していなかった。

帰宅して、お茶への招待状を見つけたので、急いで一番良い衣装を着てヴィルヘルム通り七六番に馬車を走らせた。ビスマルク夫人は、四十歳そこそこだったが、背が高く髪が黒く、美しい茶色の瞳をしており、私たちをとても親しげに迎え入れてくれて、飾り気なく気のおけない態度で振舞ったので、すぐに自分たちの家にいる時のようにくつろいだ気分になった。後から彼女の夫が現れたが、彼はとても長身でハンサムで、活力に満ち、勝気さが表情に表れていた。彼らの家はとても開放的だった[136]……。

翌日、彼らが再びビスマルク家を訪ねた時のことを、ヒルデガルトは以下のように日記に綴っている。

この家の全体的な雰囲気は全く気取りがないもので、自然で、洗練されており、とても気に入った。夕食の後、父とビスマルクは政治談議に花を咲かせ、二人は共にとても熱中していた[137]……。

ここで、このビスマルクのことを日記に書きとめた主要人物たちの中の筆頭格の人物について説明しておく必要があろう。ヒルデガルト・シュピッツェンベルク——従来「男爵夫人 Baronin」と称されてきた——は、真の日記作家と呼びうる稀有の存在であった。賢明で、読書家で、感性豊かで、少しもプロイセン的ではなかった彼女は、十歳の時から一九一四年に七十一歳で死去するまで毎日日記を書き続けた。彼女の日記は秀逸で、人間への関心と鋭敏な洞察に満ちている。彼女は夫のベルリン駐在ヴュルテンベルク公使カール・フーゴ・フォン・シュピッツェンベルク男爵と一八六四年九月十八日に結婚し、ヴィルヘルム通りのビスマルク家の隣に居を構えた。ヒルデガルトは美しく、若く、聡明で、ビスマルクと話が合い、自分が見聞きしたことの全てを日記に書き残したことで、私にとって最も重要な史料の一つを作り上げてくれた。一八八七年十一月にビスマルク夫妻が宮廷の行事に出かけた際には、ヒルデガルト・シュピッツェンベルクは日記にこう書いた。「十一月十六日、B夫妻が宮廷に行く——大変なイベント。あの御夫人がクロゼットから引っ張り出してきて、まだ着られることを喜んでいるぼろ衣装を見てみたいもの」[138]。シュピッツェンベルク男爵夫人は定期的にビスマルク家を訪ね、しばしばホストのビスマルクの右脇に席を取った。彼女が一八七〇年三月の日記で打ち明けているように、ビスマルクは彼女に相当引きつけられていた。

ビスマルク伯は今ではこれまで以上に私に対して愛想がよくて、機会あるごとに私の方を見つめている。あの態度の裏には何かの狙いがあるだろうか、それともこれは純粋に個人的な関心からなのだろうか[139]。

その答えはおそらく両方であろう。「何かの狙い」も「純粋に個人的な関心」も共に存在していたのである。ビスマルクはかつてマリーとの間で続けた禁断の、そして見込みのない恋を、彼の「ヒルデガルトさん Higachen」と再演した。美しく賢明な女性は——彼の母親の場合と同様に——決して手に入れられない存在だったのであり、かくして彼は保身のため、そして自分の寂しさに終止符を打つために、平穏で物足りない方の女性を選んだ。このパターンは、一八六〇年代中葉にカタリーナ・オルロフ侯爵夫人との間で、ヨハンナには耐え難いものであったに違いない露骨な雰囲気の内に再び繰り返されることとなる。一八八八年にビスマルクはヒルデガルトに対して、尋常ならざる率直さをもって、妻や娘との関係を語った。

皇后は御身を教育してくれるようなご主人を持たなかったのですと私が言うと、候はこうおっしゃった。「調教はしても教育を施すのは人が考えるのより難しい。妻ならば何とか教育できるが、娘となるとそれは超一級の芸術品を造るに等しいことです。私はマリー〔娘のマリー・フォン・ビスマルク＝シェーンハウゼン Marie von Bismarck-Schönhausen（一八四七―一九二六）〕と激しく衝突しました。彼女は知性はあるのだが、夫と子どもというかなり狭い範囲にしか関心がないのです。彼らのことだけで彼女の頭は一杯で、その他には誰も、ましてや人間性にかかわるような事柄が彼女の興味を引くことはない。彼女は根本的に怠惰で、これこそがまさに問題なのです」と言われた。私はこれに応えた、彼女は侯とほとんど興味関心を共有していないからこそ、彼を深く敬愛しているのではないのでしょうかと。「妻も同じですよ。これには良い面もある。私は家では全く別の雰囲気を味わっているのですよ」。この問題に関しては、夫婦や親子の間の真に精神的なパートナー関係について沢山のことが言われているかもしれないが、笑いながらレーンドルフの祝杯の音頭に応えた彼の物言いには混じりけのない真実が含まれていた。「左様、彼女は私が得た最良の妻です[140]」。

鋭敏な男爵夫人は、彼女を偉大な伝記作家足らしめた直感をもって、ビスマルクと妻の関係がその核心において空虚なものであることを見抜いた。彼女が書いたように、「夫婦や親子の間の真に精神的なパートナー関係」を築き上げる可能性はあったかもしれないが、ビスマルクはそのような関係を経験したことがなかった。彼がヨハンナを愛していたことは疑い得ない。彼の手紙がそのことを示している。しかし彼女は、ビスマルクがシュピッツェンベルク男爵夫人に対して認めたように、知的な面でも政治の面でもビスマルクの相手となりうる人ではなかったし、そして多少の音楽の心得があることを除けば、芸術の面でもそうではなかった。そして彼女が、大貴族であり王国首相であった人物の娘にして、やはり大貴族の夫をもち、「生まれながらの領主一族として」振舞ったヒルデガルト・フーゴ・フォン・シュピッツェンベルク男爵夫人のような「社交的な女性」の役割を演じることなど決してなかった。一八八五年六月、シュピッツェンベルク男爵夫人は自分の机を整理したが、「今日、この冬に受け取った招待状を見つけて破り捨てようとしかけ、数え上げてみたら、十一月から今日までにディナーへの招待状を四一通、イブニングへの招待状を五三通受け取っていた」[141]。この勘定に基づけば、招待状を出さなかったような非公式の場合を除いても、一九七日間に九四回の、換言すると六ヶ月半の間二日に一回の割合で公式な招待を受けていたことになる。最も上流の社会に属する女性たちはかくのごとく生活していたのである。ヨハンナは決してそうではなかった。ビスマルク夫妻はある時点から外出をしなくなった。三十年前にホルシュタインが目にしたように、ヨハンナはゲームに興じたり夫に付き従ったりすることを拒否した。これは、ビスマルクが反作用的にヨハンナと結婚したことに対する、彼女なりの仕返しだったのであろうか。

ヨハンナが息を引き取った一八九四年十一月二十七日、ヒルデガルト・シュピッツェンベルクは、自分がもはやかつての三十年間のように「ビスマルク家に」歓迎されていないということを発見した。突如として、自分がこれまで自覚なしに演じてきた役割は、ヨハンナが演じるように「望んでいた」ものであったことが明瞭になった。その役割とは、ビスマルクに、彼が求めながらヨハンナが与えることのできない女性的な美と知性を適量与えることであった。一八九五年四月一日、ビスマルクの八十歳の誕生日に初めて招待されなかったことで、シュピッツェンベルク男爵夫人はヨハンナの死と同時にビスマルク家への入場許可証を失ったことを遂に認めた。

夫人が亡くなって以来、私には私の望みや権利を重んじてくれる人がいなくなったのだ。マリーは完全に私を敬遠し、子息たちは、ビスマルク家がまだここにあるのに、私から離れていく。もし私が男なら、フリードリヒスルーのどこかに腰を落ち着けて、身の回りに起こることを全て甘受できたのに。[142]

かの偉大な人物との親密な関係を失ったことは、個人的な次元においても知的な次元においても彼女にとって大きな痛手であった。なぜなら、権力の中心への接触こそがそれまでの歳月を興味深いものとし、日記のページを内容あるものとしてくれていたのだからである。社交界にかかわる問題もあった。ビスマルクはドイツ帝国の権力の頂点を体現しており、その愛顧は、未だ貴族階級によって独占されている社交界においてシュピッツェンベルク家の威信を高めるものであった。ヨハンナが死去したことで交流は途絶えた。老ビスマルクは二度と彼女に何かを求めはしなかったし、彼女が彼に会うことは二度となかった。

一八四七年の春、マクデブルクの選挙人たちは、野蛮な立ち居振舞いと無責任な了見で評判の三十二歳の田舎貴族を選出した。しかし彼は、自分と同じ社会的背景や世代に属する人びとの誰も保持していないものを有していた――すなわち、驚くほど強力な個性と、間違いなく彼らを引きつける磁力とを。この自我とそれを納める巨体だけが、彼が周囲の人びとに向けて主張する唯一のものであった。彼には経験もなく、誰かの信任状も、はっきりとした能力証明もなかった。しかし彼はビスマルクであった。それだけで十分であることはやがて証明された。

原注

（1）Engelberg, i. 61.（2）Ibid. 48.（3）ビスマルクからマルヴィーネ宛ての書簡、*GW* xiv. 29.（4）Engelberg, i. 102.（5）Ibid. 51.（6）Wienfort, 15.（7）Ibid.（8）ビスマルクからヨハンナ宛ての一八四七年二月二十三日の書簡、*GW* xiv. 67.（9）Ibid.（10）Engelberg, i. 37ff.（11）*Neue deutsche Biographie*, xvii. 36. 〈http://mdz10.bib-bvb.de/~db/0001/bsb00016335/images/index.html?id=00016335&fip=70.20.182.111&no=5&seite=52〉.（12）Epstein, 593.（13）Sweet, 18.（14）Ibid. 8.（15）Ibid. 33.（16）Ibid. 34.（17）Ibid. 35.（18）Engelberg, i. 46.（19）Ibid.（20）Gentz, i. 243-4, 1 Feb. 1798.（21）*Neue deutsche Biographie*, xvii.36. 〈http://mdz10.bib-bvb.de/~db/0001/bsb00016335/images/index.html?id=00016335&fip=70.20.182.111&no=5&seite=52〉.（22）Engelberg, i. 64.（23）Ibid. 107.（24）Pflanze, i. 34, n. 3.（25）Engelberg, i. 100.（26）Pflanze, i. 33-4, Bismarck, *Gedanken und Erinnerungen*, 49-50, ルーチウス・フォン・バルハウゼン宛ての一八七八年四月九日の書簡、フォン・コイデル宛ての一八六四年六月の書簡、pp. 160-1.〔独語版ではそれぞれ、ルーチウスの日記、コイデルの回顧録となっている〕（27）Pflanze, i. 38.（28）Engelberg, i.97, quoting Marcks.（29）エミリー・ラッセルからヴィクトリア女王宛ての一八七三年三月十五日の書簡、*Empress Frederick Letters*, 131-2.（30）Spitzemberg, 248-50.（31）Engelberg, i. 93.（32）Keudell, 160.（33）ビスマルクから母宛ての一八二一年〔一八二二年の誤り〕四月二十七日の書簡、*GW* xiv. 1.（34）ビスマルクから母宛ての一八二五年の復活祭の日の書簡、*GW* xiv. 1.（35）Engelberg, i. 104.（36）クニープホーフのビスマルクからベルンハルト宛ての一八二九年七月二十五日の書簡、*GW* xiv. 1.（37）ビスマルクから兄宛ての一八三〇年七月十二日の書簡、*GW* xiv. 2.（38）Engelberg, i. 116.（39）Anderson, 18.（40）Ibid.（41）Lytton Strachey, *Eminent Victorians*（London: Penguin Books, 1986）, 26.（42）Motley, *Morton's Hope*, i. 125-7.（43）

Ibid.151-2.　（44）Ibid. ii. 160-1.　（45）Ibid. 163-5.　（46）Marcks, *Bismarck*, 95.　（47）Ibid. 89.　（48）一八九一年に学生監とブルドッグに捕えられ副学長の裁判を受けた最後の女性についての素晴らしい記録として、以下を参照。Deborah Kant, *'Daisy Hopkins and the Proctors'*, *M. Phil Dissertation in Criminology*, University of Cambridge Institute of Criminology, 2008.　（49）ビスマルクからゲッティンゲン大学学長宛ての書簡、*GW* xiv. 3.　（50）ビスマルクからシャルラッハ宛ての一八三三年十一月十四日の書簡、*GW* xiv. 2-3.　（51）ビスマルクからシャルラッハ宛ての一八三四年四月七日の書簡、*GW* xiv. 4.　（52）ビスマルクからシャルラッハ宛ての一八三四年五月五日の書簡、*GW* xiv. 5.　（53）Roon, i. 280.　（54）Ibid. i. 68.　（55）Marcks, *Bismarck*, i. 104-5.　（56）Engelberg, i. 125.　（57）Gall, *The White Revolutionary*, i. 35-6.　（58）Pflanze, i. 38-41.　（59）27 Dec. 1884, Spitzemberg, 212.　（60）ビスマルクからシャルラッハ宛ての一八三五年七月〔六月の誤り〕十八日の書簡、*GW* xiv. 5.　（61）ビスマルクからシャルラッハ宛ての一八三六年五月四日の書簡、*GW* xiv. 7.　（62）モトリーからウィリアム・ラッセル夫人宛ての一八六三年五月三十一日の書簡、*Motley Family*, 174.　（63）Gall, *The White Revolutionary*, i. 38.　（64）アーヘン市のウェブサイト。〈http://www.aachen.de/DE/tourismus_stadtinfo/100_kuren_baden〉.　（65）Engelberg, i. 131-2.　（66）Ibid. 132.　（67）伝記的詳細についてはドイツ語版ウィキペディアより。〈http://de.wikipedia.org/wiki/Adolf_Heinrich_von_Arnim-Boitzenburg〉.　（68）Engelberg, i. 133.　（69）Ibid. 134.　（70）Ibid. 136.　（71）Ibid. 139.　（72）Ibid.　（73）Gall, *The White Revolutionary*, i. 39.　（74）Entry by William Carr, rev. K. D. Reynolds; *Oxford Dictionary of National Biography Online*（Oxford: Oxford University Press 2004-8）.　（75）C. P. Kindleberger, *A Financial History of Western Europe*, 2nd edn.（NewYork: Oxford University Press, 1993）, 237.　（76）ビスマルクからヨハンナ宛ての一八五一年五月十四日の書簡、*GW* x. 211.　（77）Engelberg, i. 144.　（78）フランクフルトのビスマルクからカール・フリードリヒ・フォン・ザヴィニー宛ての一八三七年八月三十日の書簡、*GW* xiv. 9.　（79）ビスマルクからベルンハルト宛ての一八三七年七月十日の書

簡、Engelberg, i. 143-4. （80）Ibid. 142. （81）Ibid. 146. （82）Ibid. 146. （83）ビスマルクから父宛ての一八三八年九月二十九日の書簡とカロリーネ・フォン・ビスマルク＝ボーレン宛ての一八三五年六月十八日の書簡、*GW* xiv. 13-17, *GW* xiv 6 （84）Engelberg, i. 149. （85）Gall, *The White Revolutionary*, i. 41. （86）父宛ての一八三八年九月二十九日の書簡、*GW* xiv. 13-17）. （87）クニープホーフのビスマルクからザヴィニー宛ての一八三八年十二月二十一日の書簡、*GW* xiv. 17. 以下も参照、Engelberg, i. 150. （88）Wienfort, 213. （89）Theodor von der Goltz, *Die ländliche Arbeiterklasse und der Preußische Staat*（Jena, 1893）, 144-7. （90）Pflanze, i. 103. （91）Spenkuch, table 3, p. 160. （92）Marcks, *Bismarck*, i. 184. （93）Keudell, 13. （94）Ibid. 14. （95）Ibid. 16-17. （96）ロンドンのビスマルクから父宛ての一八四二年七月二十八日の書簡、*Bismarck Briefe*, No. 4, p. 6. （97）クニープホーフのビスマルクから父宛ての一八四三年十月一日の書簡、*Bismarck Briefe*, No. 7, pp. 9-10. （98）ノルダーナイのビスマルクから父宛ての一八四四年八月八日の書簡、*Bismarck Briefe*, No.11, pp. 14-15. （99）ビスマルクからルイス・フォン・クリッツィング宛ての一八四三年九月十日の書簡、*GW* xiv. 21. （100）ビスマルクから父宛ての一八四三年十月一日の書簡、*GW* xiv. 22. （101）ビスマルクからオスカー・フォン・アルニム宛ての書簡、ibid. （102）Engelberg, i. 192. （103）Ibid. 198. （104）Clark, *Conversion*, 125 n. 3; Engelberg, i. 186. （105）ドイツ語版ウィキペディアのWitzleben（Adelsgeschlecht）の項目。〈http://de.wikipedia.org/wiki/Von_Witzleben#Namen〉. （106）Clark, *Conversion*, 126. （107）Ibid. 130-1; Fischer, 60-1. （108）Petersdorff, 60ff. （109）Ibid. 62. （110）ベルリンのビスマルクから妹宛ての書簡、*GW* xiv. 24. （111）ビスマルクからカール・フリードリヒ・フォン・ザヴィニー宛ての一八四四年五月二十四日の書簡、*GW* xiv. 25. （112）ビスマルクからシャルラッハ宛ての一八四四年八月四日の書簡、*GW* xiv. 25. （113）Petersdorff, 69. （114）Engelberg, i. 205. （115）Petersdorff, 73. （116）Ibid. 20. （117）Ibid. 39. （118）Sigurd von Kleist, *Geschichte des Geschlechts v. Kleist*, 5.〈http://www.v-kleist.com/FG/Genealogie/AllgemeineGeschichte.pdf〉. （119）Ibid.43 and 81. （120）Petersdorff, 81. （121）ク

ニープホーフのビスマルクから妹宛ての一八四五年四月九日の書簡、*GW* xiv. 33.（122）Engelberg, i. 299.（123）Ibid. 201-2.（124）シェーンハウゼンのビスマルクから妹宛ての一八四五年九月三十日の書簡、*GW* xiv. 35.（125）ビスマルクからマリー・フォン・タッデン宛ての一八四六年四月十一日の書簡、*GW* xiv. 41.（126）クニープホーフのビスマルクからマリー・フォン・タッデン＝ブランケンブルク宛ての一八四六年七月〔六月の誤り〕土曜日の書簡、*GW* xiv. 42-3.（127）ビスマルクから妹宛て一八四六年十一月十八日の書簡、*GW* xiv. 45.（128）ブランケンブルクからクライスト宛ての一八八五年五月十五日の書簡、Petersdorff, 93.（129）ビスマルクからハインリヒ・フォン・プットカマー宛ての一八四六年十二月二十一日の書簡、*GW* xiv. 46-8.（130）ビスマルクからプットカマー宛ての一八四七年一月四日の書簡、*GW* xiv. 48-9.（131）ビスマルクから妹宛ての一八四七年一月十二日の書簡、*GW* xiv. 49.（132）ビスマルクからヨハンナ宛ての一八四七年二月四日の書簡、*GW* xiv. 74.（133）ビスマルクから妹宛ての一八四七年四月十四日の書簡、*GW* xiv. 83.（134）ビスマルクからヨハンナ宛ての一八四七年五月八日の書簡、*GW* xiv. 86.（135）Holstein, *Memoirs*, 9.（136）Spitzemberg, 49-50.（137）4 June 1863, ibid. 50.（138）Ibid. 235.（139）19 March 1870, ibid. 90.（140）11 Apr. 1888, ibid. 248-50.（141）12 June 1885, ibid. 220.（142）1 Apr. 1895, ibid. 335-6.

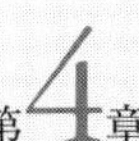

第4章 ビスマルク、自らを表現する 一八四七-五一年

ビスマルクは、地主貴族という地位を経由し、同等の地位にある隣人たちとの交際を通じて政治の世界に足を踏み入れた。一八四六年十二月十九日、プロイセンの法務大臣は伝統的な世襲裁判権――ユンカー領主が自らの所領において裁判官及び陪審として裁判を開廷できる権利――の改正案の提出を命じた。自らの個人的、そして先祖伝来の利益が侵害されたと思った時には常にそうしたように、ビスマルクは行動を起こした。彼は、影響力のある存在であった知人のエルンスト・フォン・ビューロ=クメロ（一七七五―一八五一）[1]と一緒に、「レーゲンヴァルト改革草案」として知られることになる文書を提出した。この文書の作成者たちが改革案を提出したのは、「王が世襲裁判権に対する様々な類の攻撃に注意を払うように動かされることになる」のを恐れたためであった。彼らの草案は、一人の所長 director と少なくとも二人の非専門家の裁判官のいる郡世襲裁判権裁判所を構想していた。そして、裁判官は輪番制で村落に駐在することになっていた[2]。ビスマルクは一八四七年一月七日に友人の農場主たちを自分の郡に呼び集め、三月三日には郡議会、三月二十日にはマクデブルク騎士集会で演説し、その間の三月八日には、三日後に記しているところでは、「数時間にわたり、その技量に敬意を抱いていたルートヴィヒ・フォン・ゲルラッハと話し合った[3]」。このような中、彼は郡議会から、

こんにちでは「ポジションペーパー」と呼ばれるものを用意するよう指示され、政府がこの問題に対してどのような立場を取ろうとしているのかを知るためにベルリンの大臣との会合を準備するよう委任された。一八四七年三月二十六日、ビスマルクはルートヴィヒ・フォン・ゲルラッハに手紙を送り、個人の領主裁判所を廃止し、地方の郡議会が郡の代表者である郡長を選ぶのと同様のやり方で、領主が選出する郡裁判官によって構成される地方裁判区に代置するという世襲裁判権の改革案を、ビューロ゠クメロに相談することなく提示した。鋭い洞察力を備えていたゲルラッハは、余白にこう記している。

和解の過程が進めば実現するかもしれないが、しばらくの間は脇においておく方がよい。貴族の所領の裁判官たちの大半と、世襲裁判権の最も有力な擁護者たちはこの提案を〔世襲裁判権の〕廃止と見なすであろう。(4)

新たに始まった政治活動は、ビスマルクに計り知れない喜びを与えた。ヨハンナに書き送ったように、彼は「沸騰寸前のところまで政治に夢中になって」いた。(5) 彼は人生の目的を見出した。ビスマルクは――その後もずっとそうあり続けたのであるが――傑出し、影響力に富み、圧倒的な説得力を持つ議会政治家になったのである。彼はあちこちを奔走し、選挙権を持つ人たちに語りかけ、自らの草案にサインをさせ、決議文を作成し、最終的には、ゲルラッハが間もなく気づいたように、世襲裁判権に関する伝統的な権利の「放棄」に繋がる急進的な改革案に彼らが賛同するよう説得した。これは、ルートヴィヒ・フォン・ゲルラッハが、兄のレーオポルトと共に解き放ったものの結局は統御できなかった天性の力との対面を余儀なくされた最初の機会であった。

連合州議会の議員に選出されたことを伝えた一八四七年五月八日のヨハンナ宛の手紙の中で、ビスマルクは自らが画策することなしに事が進んだかのごとく語っている。マクデブルクの選挙人たちは「異例なことに、この郡の新参者で議員補欠者でさえなかった私を第一議席の議員に選出したのです」と。[6] 既に確認したように、事実はこれと全く異なっていた。彼は、地方の世襲裁判についての自分の改革案が受け入れられるようにキャンペーンを展開し、マクデブルクやその他の地域の選挙人にその名を知らしめていたのであった。

一八四七年四月三日、国王フリードリヒ・ヴィルヘルム四世はプロイセン王国の八つの州議会の全議員をベルリンの連合州議会に召集した。彼は、可能な限り中世的、封建的、ロマン主義的で、フランスの国民議会とは似ても似つかない議会となるように、そして一人一票の原則などとはおよそ結びつかないように事を運ぶのに神経を使った。フリードリヒ・ヴィルヘルム四世は「国家を、言葉の最高の意味において芸術的な作品と考えていた。……彼は自らの聖堂の中に、こうした精神的な諸力と、何らかのかたちで自らの国家に賛同する人びとを組み入れはめ込むことを望んだ」。[7] 彼の国家観に従えば、議会の代表は全て「シュテンデ Stände」、すなわち諸身分によって構成されることとなる。領主たちは上級の議員団（クーリエ）を形成し、騎士、都市、農村自治体が下級の議員団を形成することになるはずであった。彼はまた、明々白々であったが、プロイセン王国に相応の憲法と全国議会を導入するという、先王のフリードリヒ・ヴィルヘルム三世が一八一五年に言明し、その後二十五年にわたり回避してきた約束を履行しないように心を割いた。新しい議会は新規の課税を承認する権限しか持たないはずであった。[8] こうした仕組みは封建制の装いをしていたが、クリストファー・クラークが指摘しているように、現実が下からこれを変えていった。一八二三年から各州に州議会が設置されており、それらは外見的には伝統的な身分制議会さながらであったが、実際のところは新しいタイプの代議制機関であった。その正統性は国家の制定法に由来しており、政府の埒外にある社団の伝統が保持する権威に立脚しているのではなかった。議員は身分ごとにではなく数に基づいて議決をし、審議は旧体制の身分制議会のように一部の者たちによる密室的な会合においてではなく、本会議において行われた。最も重要なことは、「騎士身分 Ritterschaft」（貴族層）が（ライン州の小規模な「旧帝国直属」貴族団という例外は別として）、生まれによってではなく財産によって定義づけられていたということであった。特権身分に生まれたことではなく、「特権的土地」を所有しているということによって判断されたのである。[9]

バークとフォン・デア・マルヴィッツが最も恐れた事態がプロイセンの田園地帯にも波及していた。土地は、バークの言葉を借りれば「揮発化」、すなわち売買の対象として商品化された。クラークの説明によれば、一八〇六年にケーニヒスベルクの後背地の貴族領の七五・六パーセントがなお貴族層の掌中にあった。一八二九年までに、この数字は四八・三パーセントに低下した。[10]

経済的な困窮と知識人層の不満が結びついて急き立てたために、王は新たな連合州議会を召集せざるを得なかった。一八一五年から四七年の間に世界は劇的に変化した。表1が示すように、その原因についてはは人口学者たちがなおも議論を続けているが、ヨーロッパの人口は十八世紀中葉から増加し始め、十九世紀を通じて増大の一途を辿った。[11]

一八一五年以降、イギリスの産業革命は膨大な量の機械製造品を生産し、イギリスの工場で作られた安価な繊維製品がヨーロッパの市場になだれ込んだ。旧式の手動の織機を使用する国内手工業者たちには、これに対抗する術はなかった。ライン地方では一八一六―一七年に、東ヴェストファーレンでは一八三一年に、ポーゼンと東プロイセンでは一八四六―四七年に、――実際にはローカルな規模での飢饉であったが――飢餓の危機が不穏な空気を生み出し、有産階級を恐怖させた。当時なお、凶作は地域の農業労働者たちにとって破滅と同義であり、とりわけ大農場が輸出に専念していた場合にはなおさらであった。一八四五年のアイルランドの飢饉のごとく、鉄道敷設以前の時代においては物資の移動に限界があり、人びとの手の届かないところに十分な食糧があっても餓死は避けられなかった。西南ドイツでは、一族の保有地を息子たちの間で均等に分割する均分相続が、家産の細分化、すなわち「侏儒経営 Zwergwirtschaft」として知られるようになる事態を招いた。この地域の農民たちは自由であったが、その狭小な保有地が彼らをひどい窮乏へと導いた。挙句の果てに、一八一五年以降の戦後危機に価格の下落が追い打ちをかけた。一八一九年と四〇年代半ばに起きた凶作と非常な厳冬は、広範な窮乏を生み出した。当時は未だ誰も実感できないことであったが、農業生産力は上昇し、将来の食糧問題の緩和を約束することになった。プフランツィは、一八一六年から六五年の間のプロイセンにおける人口の増加は五九パーセントであったのに対して、農業生産力の増大は一三五パーセントであったことを明らかにしている。[12]

表1:
ドイツの人口
(1871年の国境による。
単位は100万人)

1816年	22.4
1820年	26.1
1830年	29.4
1840年	32.6
1850年	35.3
1860年	37.6
1870年	40.8

鉄道網の拡大によって穀物がそれまで以上に容易に移送できるようになるのと同時に、ドイツにおいて飢餓は消滅した。表2が示すように、ヨーロッパでは未だ都市化が本格化していなかった。一八五〇年まではただイングランドにおいてのみ、深刻な都市の拡大が生じつつあったに過ぎなかったのである。

表2は、都市化現象に関して、プロイセンが一八五〇年にはヨーロッパの大陸部の諸国家の内でも下位に属していたことを

示している。都市ベルリンの成長にもかかわらず、プロイセンは圧倒的に農村的で、イギリスの都市の成長に大きく水をあけられていた。この点でも変化は始まっていたのであるが、一八四七年にはなお、誰もそのことに気づいていなかった。

鉄道はヨーロッパ人の生活をまさに転換させ始めていた。一八三〇年代から四〇年代にかけて鉄道会社が次々と設立され、最初の初期的な短い路線が幾つか敷設された。二十年間の内に、鉄道ブームによってヨーロッパの旅行と商取引は革命的な変化を被った[13]（表3を見よ）。

ドイツの鉄道の発展は、その速度と規模において他のあらゆる大陸諸国を上回った。一八四〇年代には新規の合資会社への投機的な投資が膨れ上がり、不安定な基盤の上で配当金が高騰し、短期間のドイツの鉄道「バブル」が起こった。ヨーロッパで最後の飢餓の危機が東プロイセンを襲ったのとほぼ同時期の一八四三年には連鎖的な倒産が続き、なおかなり小さな規模であったとはいえ、最初の近代的な不況を呼び起こした。

一八四六年八月、ビスマルクは兄に宛てた手紙において、シェーンハウゼンの惨憺(さんたん)たる経営状況を描き出している。日照りが連日にわたって続き、穀物は駄目になっていた。

> シェーンハウゼンには金は一切ありません。日当は週に六〇ターラー以上に達し、牧草の手入れも全然できていません。預金は底をつき、しばらく先まで収入の望みはありません。煉瓦製造に関しても、顧客を失いたくなければ長期の支払い猶予を与えなければなりません[14]。

一八四七年四月に彼は、ポンメルン中部の中規模都市でバルト海の海岸から一五マイル南下したケスリン（現在のポーランド領コシャリン）において最初の暴動を目撃した。ビスマルクはヨハンナへの手紙でこれについて述べている。

ケスリンに暴動が起こりましたが、十二時を過ぎてなお通りには人が溢れ、我々は出動命令を

表2:
十万人以上の都市に住む住民の
総人口に占める割合(%)

	1800年ごろ	1850年ごろ
イングランドとウェールズ	9.7	22.6
スコットランド	-	16.9
デンマーク	10.9	9.6
オランダ	11.5	7.3
ポルトガル	9.5	7.2
ベルギー	-	6.8
イタリア	4.4	6.0
フランス	2.8	4.6
スペイン	1.4	4.4
アイルランド	3.1	3.9
プロイセン	1.8	3.1
オーストリア	2.6	2.8
ロシア	1.4	1.6

出典:A. F. Weber, *The Growth of Cities in the Nineteenth Century* (1899; Ithaca, NY, 1963), 144-5

表3:
各国における鉄道の拡大
(鉄道のキロ数)(1km=5/8マイル)

	1840年	1860年	1880年	1900年
オーストリア=ハンガリー	144	4543	18507	36330
フランス	496	9167	23089	38109
ドイツ	469	11089	33838	51678
イタリア	20	2404	9290	16429
ロシア	27	1626	22865	53234

受けた予備役兵の一隊に護衛されて、何とかそこを通り抜けました。パン屋と肉屋は略奪されました。そして三軒の穀物商の家が破壊されました。ガラスの破片が至るところに飛び散っています。……シュテッティンではパンを求める激しい暴動が起こり、二日間にわたって発砲が続き、砲兵隊が配備されたとのことです。おそらく多少は誇張されているでしょうが。[15]

一八四七年四月十一日の日曜日、それまでにドイツの地で開かれた同様の議会の内で最大の規模となるベルリンの議会に五四三名の議員が集結した。デイヴィッド・バークリーが書いているように、「ベルリンの社会的な雰囲気は天気を反映しているかのようであった。……その年の冬は長く厳しかった。食料の欠乏と失業はますます深刻な問題となり、春は未だ遠かった。その日は寒く、雪と氷雨の混じった風の吹き荒れる日であった[16]」。国王の様子は重々しく厳粛であった。玉座からの勅語において、彼は自らの召集した議会の権限が限定的なものであると明言した。

この地上に余をして君主と臣民との自然的な関係を型にはまった憲法による関係に変更せしむる力は存在しない。……そして余は一片の紙切れに書きつけられた文言が天上の神とこの地の間に介在することを決して許しはしない。

この意気軒昂たる切り出しの後に国王は、連合州議会を召集したのは、新しい税金の承認のために諸身分の合議を必要とすることを定めた一八二〇年の国債法の規定に従ったまでなのだと弁明した。[17]議会のメンバーは、その政治的意見の相違によらず誰もが唖然とさせられた。トラウトマンスドルフ伯は、この勅語が「稲妻のように議会を打ち抜いた。……この一撃で、諸身分 Stände は自分たちの希望と願望が打ち消されたことを知った。満ち足りた顔で議場を退去した議員は一人もいなかった」と断言した。[18]

この議会の奇妙な点は、何とも迅速かつ自然に、議会活動のあらゆる儀礼や実践が、「名誉ある紳士である、先の演説者」等々の演説上の決まり文句で満たされた普通の議会になっていったことである。議員の圧倒的多数は、ブルジョワ自由主義のグループか、ヴェストファーレン人のゲオルク・フォン・フィンケ男爵の率いるプロイセン貴族の自由主義グループかに所属していた。この集会をまっとうな議会へ改変するようないかなる動きをも拒否していた人びとのグループは大きくはなかった。エーリヒ・マルクスは、国王の絶対的な権力にいかなる些細な変化が生じることも拒否する「貴族超保守派 aristocratic ultras」は七〇名を上回ることはなかったと見積もっているが、オットー・フォン・ビスマルクはその一員であった。[19] これは彼にとって最初の公的舞台であったが、彼には、演者としてのその生来の本能によって、舞台となる演壇をどのように使うべきかが分かっていた。一八四七年五月十七日、ビスマルクは処女演説――下院での新人議員の最初のスピーチはそう呼ばれていた――を行った。それは鮮烈なデビューであった。ある意味では若い「狐」のビスマルクが決闘団体の寵児となったのとあまり変わらないやり方で、ビスマルクは他の議員たちを激怒させた。彼は一八一三年の熱狂、いわゆる「プロイセンの決起」と、自由主義や憲法を要求する主張との連関を否定した。彼はフランスの占領に対する民衆運動を、――自由な民衆がナポレオンとフランスを追放するために解放の戦争に立ちあがったという――プロイセン自由主義の核心をなす神話を嘲笑するようなやり方で描写した。ビスマルクの発言はこの上なく攻撃的なものであった。それと言うのも、プロイセンの自由主義者たちは一世代にわたって、ビスマルクがこきおろした、自由のための民衆の戦いという輝かしい記憶を頼りに希望を温めることで、反動の厳冬期を乗り越えてきたからであった。議会速記録によれば、ビスマルクは、一八一三年の蜂起は立憲的自由主義とは何の関係もないと言い切った。

あたかも一八一三年の運動が他の諸々の動機に基づくものであったかのように、また、外国人が我々の国家にもたらした恥辱以外に他の動機が必要であったかのように……。

速記録は報告している。「ざわめきと大きな叫び声が演説を遮った。彼はシュペーナー新聞をポケットから取り出し、議長が静粛を回復させるまでこれを読んだ。その後彼は続けて述べた」。それは国民的な栄誉を損なう主張であると思われます（ざわめきは続いた）、外国の権力者たちがプロイセンに加えた虐待と屈辱が彼らの血を沸騰させるのに、そしてその他のあらゆる感覚が外国人への憎悪に覆い尽くされるのに十分ではないと考えるのであれば。

（大きなざわめき。何人かの議員が発言を求める。クラウゼ議員とギーア議員が、演説者には自分が体験してもいない運動の性格を判断する資格はないと主張した。[20]）

オットー・フォン・ビスマルクが、一八九八年七月に鬼籍に入るまで居座り続けたプロイセンの政治的舞台に登場したのであり、そこには邦議会や帝国議会における後の演説に見出されるあらゆる特徴、すなわち、議会のメンバーに対する完璧なまでの蔑視、芝居がかったジェスチャー、刺激的であるが平明な調子で語られる文章に込められた乱暴な発想といったものが現出していた。彼は一貫して合意よりも闘争を選び、こうした衝突の只中にクラークが「事態を明らかにする要素」と呼ぶものを見出した。エーリヒ・マルクスも同様の意見を述べている。

一貫して続いた彼の気性の特異さとその物事の判断の仕方はその最初の日から現れており、彼のこの時のあらゆるパフォーマンスには——大いに強調したいのであるが——既にビスマルクの全てが含まれていた。[21]

演壇では勇ましく振舞ったものの、議場の大騒ぎは幾分か彼の神経を痛めつけた。翌日、彼はヨハンナに宛てて書いている。

私は昨日演壇で自分の運を試し、一八一三年の民衆の運動の性格についての観察を通じて、これを完全に明確なかたちで話したわけではないけれども、鳴り止まない不服の嵐を議会に呼び起こしました。我々のグループに属する多くの人びとが抱いていた誤ちに満ちた自惚れを傷つけてしまったので、当然のごとく敵対する人びとからは大きな歓声があがりました。他の誰か（フランス人）に打ちのめされた者（プロイセン民衆）が最終的には自分を防御するために立ち上がるに至ったことをもって、第三の人物（王）に多大なる奉仕をしたとは主張できないという命題を一八一三年にも適用したのですが、これは真実を言っただけで、それゆえにこの苦々しさは格別に大きいものでした。[22]

これは速記録に記録された発言とは異なる。もちろん、ビスマルクの言い分の方が事実に反している。ここには、ビスマルクの性格のもう一つの、一貫した、そしてあまり称賛できない特徴が見出される。彼は決して自分の行動に十分に責任を持とうとはしなかった。四十年後になお彼は、瑣末な個人的な事柄に関してすら、自らの過ちの責任を取る勇気を持たなかった。ビスマルクが実際の演説の内容を妻に隠したのは、人から常に良く見られたいという欲求の反映である。これは政治家として異常なことではないが、しかしビスマルクの場合、自らの歴史を改竄した度合いがその巨大なエゴに比例している。

数日後、エルンスト・フォン・ビューロー＝クメロはモーリッツ・フォン・ブランケンブルクと会い、常軌を逸したビスマルクの振舞いを非難した。

「私はいつもビスマルクのことを細やかな感覚を持った奴だと思っていました。彼があんなやり方で恥さらしをやったことが私には理解できません」。ブランケンブルクは応えた。「私は、彼は完全に正しかったと思うし、彼の初体験を喜んでいます。あなたはライオンの雄叫びを全然違ったかたちで聞くことになるでしょう[23]」。

ビューロー＝クメロは暗愚なユンカーではなく、それどころか、最も高名で、広くその著作を読まれた貴族のパンフレット作者であり、騎士層の優位の擁護者であり、また近代的な農業技術のユンカー農業への導入と、自分自身も携わっていた農村部での金融機関の発展を支持し、出版の自由を要求する人物であった。ビューロー＝クメロは、周囲の人びとの大半とは違い、「ボーン・アゲイン派」ではなく、福音主義的キリスト教には関与していなかった。彼はポンメルンで最も大きなユンカー農場の一つを保有しており、一八四八年に「ユンカー議会」が開催されると、当然のごとくその議長に選出されることとなった[24]。ビューロー＝クメロには、なぜビスマルクが不必要な騒ぎを巻き起こしたのかを理解できなかった。繊細な大土地所有者であった彼は、ビスマルクのような言動は断じて避けたであろう。

処女演説の四日後のヨハンナへの手紙に記しているところによれば、数日の内にビスマルクは超保守派の間で指導的な地位を獲得した。彼は最初、自分を待ち焦がれている婚約者の親である、義理の両親プットカマー夫妻の領地のラインフェルトに聖霊降誕祭を過ぎても顔を出さなかったことを詫びた。不義理の理由は、一票でも大切であったために、ベルリンかその周辺にいなければならなかったからであった。ビスマルクは冒頭でこのことを断わった後で、さらにこう続けている。

私は多数の、そうではなくても何人かの、いわゆる宮廷党の議員、そして他の超保守派に影響力を持つことに成功しました。私は、彼らが離れたり、他の陣営へとぎこちなくジャンプしないようにできる限りこの影響力を行使するし、自分の方向性を見誤りようもなく明確に示したので、一番疑われることのない方法でやっていけます。[25]

一八四七年の連合州議会で強硬保守派の内輪での優位を得るために、ビスマルクは強硬派の中で最も極端で、反動勢力の中で最も荒々しく、また討論者の中で最も獰猛な立場を取った。彼には、ゲッティンゲンでモトリーと一緒に自分の部屋に戻った時に奇矯な衣装を脱いだのと同じくらい簡単に、これら全てを脱ぎ捨てることができた。ビューロ＝クメロのような繊細な人物には、眼前で繰り広げられる悪魔的なゲームを理解できなかった。そして、これはほとんどの人間に理解できないことであった。

六月八日、ビスマルクはヨハンナにこう書いている。

全般的に私は元気だし、以前よりも落ち着いています。これまで以上に活動的に参加しているからです。……反対派が何でもかんでも党派問題にしてしまうので、審議は非常に真剣なものになってきました〔「目下提出されている鉄道の件も同じです」が省略されている〕。沢山の味方も沢山の敵も作ったが、後者は連合州議会の内部に、前者は外部に多くいます。以前は私を知ろうとは思わなかった人びと、それに私の方がまだ知らない人びとがとても好意的にしてくれるし、何度も知らない人から温かく握手を求められました。……連合州議会の後に行われる晩の政治集会は少し疲れます。暗くなると馬車で戻り、イングリッシュ・ハウスかオテル・ド・ロームに行くのですが、政治談義に没頭してしまい、一時前にベッドに入ることは決してありません。[26]

ビスマルクは政治やそれに付随する陰謀に対する情熱に目覚め、そして揣摩するに、自らの巨大な知性と、他の議員や彼らの支援者に対する自己の優越性をますます自覚するようになった。彼は、危険を冒し、酒をしたたかにあおり、馬を無茶苦茶に飛ばして「気違いユンカー」と呼ばれた時期に狩りに興じたのと同様のやり方で、政治の世界に没入していった。とりわけ、彼は他者を操る力を愛した。「陰謀」という言葉が彼の個人的な書簡に再三再四にわたって登場する。さらに、新たに人目を引く立場に立ったことで様々なチャンスを得るようになり、ハンサムな金髪の三十二歳の巨漢はそれは我々の友人である国王陛下と一緒にいたが、やんごとない方たちから大いにちやほやされました」[27]を利用する仕方を知った。一八四七年六月二十二日、彼はヨハンナにこう書いている、「一昨日は我々は我々の友人である国王陛下と一緒にいたが、やんごとない方たちから大いにちやほやされました」[27]。

彼の次なる重要な演説は、プロイセンのユダヤ人の公民権上の差別の除去をめぐる議論において行われた。第二章でみたように、ルートヴィヒ・フォン・デア・マルヴィッツのようなユンカーにとって、自由主義やユダヤ人の同権は、「我々の古き神聖なブランデンブルク＝プロイセンが新奇さをてらっただけのユダヤ国家となる」ことを意味した。[28]〔歴史家の〕フリードリヒ・リュースは一八一六年に、「キリスト教国家はそれゆえにキリスト教徒以外のいかなる成員も絶対に認めることはできない」と断言している。[29]ユンカーの敬虔主義者たちにとって、良きユダヤ人とはただ改宗ユダヤ人だけであった。

一八四七年六月十四日の連合州議会におけるユダヤ人問題についての討議の場で、ベルリンの対ユダヤ教徒伝道協会の会長であったルートヴィヒ・グスタフ・フォン・ティーレ将軍は、ユダヤ人の完全な同権に反対して以下のように主張した。

キリスト教、そしておそらくは宗教そのものが国家をめぐる議論において何の役割も持つべきではないという意見をこんにち耳にします。しかし名誉ある議員諸氏の中の一人が主張する、「キリスト教は国家の内部に位置づけられるべきではない。それは国家の上位に存在し、国家を統治すべきである」という言葉に、私は心から賛同できるのであります。それと同時に、私は以下のことにも賛成します。……彼［ユダヤ人］は他の国民の下で忠良な臣民たることはできるかもしれないし、個人的な利益、あるいは一般的な人類愛の感情から自分の生きる環境に対して大きな犠牲を払おうとするかもしれませんが、彼はユダヤ人に「留まらざるをえない」のであり、決してドイツ人にもプロイセン人にもなることができないのであります。[30]

一八四七年六月十五日、連合州議会においてユダヤ人の市民的同権について演説する番がビスマルクに回ってきた。

私は、自分が偏見に満ちていることを認めます。私はそれを、言わば母乳のように吸ってきたのであり、それをお喋りで紛らわすことができないのであります。神聖なる国王陛下を代表するユダヤ人に自分が従わねばならない場合を想像すると、国家に対する義務を果たそうと努めるうえで必要な自尊心や名誉意識を喪失してしまうかのような深い落胆と屈辱感を味わうであろうことを告白せざるをえません。[31]

この場合には、ビスマルクはただ彼のユンカー仲間の大半の考えを代弁したに過ぎず、この時の彼は多数派に属していた。一八四七年七月十七日、連合州議会は二二〇対二一九で、ユダヤ人がキリスト教国家において公職、そして軍務に就くことを拒否した。[32] 数日後の一八四七年六月二十三日には、「ユダヤ人法 Judengesetz」が階級や身分に基づく権利、いわゆる「身分的 ständische」諸特権のユダヤ人への適用を禁じた。かくして、郡議会及び州議会のメンバーとなる可能性、そして、若干の富裕なユダヤ人が既に所有者にそのような権利を付与してくれる所領を購入していたにもかかわらず、騎士領所有に結びついた諸権利が彼らには閉ざされたのである。[33]

ビスマルクと彼の友人たちの所属する強硬保守グループは——彼ら自身は反発していたにもかかわらず——議会内の党派となり、そして一年余りの内にプロイセンは憲法を持つこととなった。彼らにはイデオロギーが必要となり、それもロバート・バーダールが指摘しているように、「強力で、また同時に官僚絶対主義に屈することのない王権理論を発展させるようなイデオロギーが必要となった」。しかし、一八四七年に彼らが持ち合わせていたのは、国家を拡大した家族として捉える、アダム・ミュラーやカール・ルートヴィヒ・フォン・ハラーの伝統的で古めかしい擁護論だけであった。[34]

彼らの救いとなったのは、極めて注目すべき人物でありながらこんにちではほとんど忘れられている、フリードリヒ・ユリウス・シュタール(一八〇二—六一)であった。ユリウス・ヨルゾンとしてヴュルツブルクの正統派ユダヤ教徒の家庭に生まれた彼は、一八一九年十一月六月にルター派に改宗した際に「シュタール」と改名し、フリードリヒの名を追加した。シュタールは哲学、法学に関して、保守勢力のブレーンとなった。彼は法哲学に関する二巻本の書を著し、その中で啓蒙主義の哲学者たちのみならず自然法の伝統全体をも攻撃した。シュタールはヘーゲルに匹敵する知性を持ち、法の基盤についてヘーゲルとは異なる主観主義的な意見を開陳した。彼によれば、理性に絶対的な信頼を置くのは、「目を光の源と考え、出来事の観察を通じてではなく、目やその各部の内的構造の考察によって歴史を発見しようとするかのごとき」ものであった[35]。彼は根本的に歴史や諸制度についてのバークの理解に賛同していたが、歴史的な自由主義ではなく、人間を罪深く過ちに満ちた存在と捉える正統ルター派的な見解に依拠していた。

一八四八年に上院に選出されると、彼は一三人からなる強硬保守派に加わり、すぐにそのリーダーとなった。彼の伝記を書いたエルンスト・ランツベルクは、「ほとんど世界史的な皮肉」という表現によって、新敬虔主義キリスト教を奉じる大土地所有者たちの党派が自分たちの知的指導者を、この小柄で繊細なプチブル、「簡素な習慣を守り、誰に対してもひどく礼儀ばっており……法学教授というよりも聖職者の着るような真っ黒な服を着て、甲高いが情熱のない声で語り、その外見から言えば自らの出自そのもの」、すなわち卑小なユダヤ人教授に他ならない人物に求めたことを説明している[36]。一八六一年八月十日にシュタールが死去した時、ハンス・フォン・クライストはルートヴィヒ・フォン・ゲルラッハにこう書き送っている。

シュタールは上院そのものであったと心底から言えます。彼はそこに知的な重要性を与え、下院や政府、そして国家全体の諸決定に対して、上院に重みを与えました。彼は自分の「フラクション Fraktion」［「ドイツ語で党派を意味する」］の魂であり、今に至るまでなお議会でのあらゆる物事に決定的な影響を及ぼしています[37]。

ルター派敬虔主義の内の「ボーン・アゲイン派」に属していたゲルラッハは、シュタールにそこまで全面的に敬服してはいなかった。六年後、彼は友人に宛ててこう書いた。

とても勇敢に戦い、その魂から喜びと強さと啓発を受けた親愛なる友人についてこのようなことを書くのは心苦しいことですが、しかしあなたが私にそうするように強いるのです。……彼は俗っぽい立憲主義にほぼ全面的に堕し、ただそれをキリスト教的な倫理意識を通じて保守主義流に調整しようと努めただけなのです。[38]

かくして、革命の年はプロイセン保守主義に新しいイデオロギーの方向性を与え、次いでビスマルクに政治的キャリアを形成するための土台を与えた。シュタールが説いたのは「俗っぽい立憲主義」であったのかも知れないが、彼の教説とは無関係に立憲主義は実現することになった。そしてもう一つの「世界史的な皮肉」であるが、保守主義の首魁たるオットー・フォン・ビスマルクは、自らの才気を知らしめるために憲法と議会を必要とした。モーリッツ・フォン・ブランケンブルクは、ユダヤ人問題についてのビスマルクの演説に満足し、ルートヴィヒ・フォン・ゲルラッハに、一八四六年十月四日にトリーグラフ〔のブランケンブルクの館〕でビスマルクが教会と国家の明確な分離を擁護してからさほど年月を経ずして、今では彼がキリスト教国家の理念に改宗したのは素晴らしいことだと語った。[39]ロータール・ガルはこの突然の変化を割り引いて考えている。

彼がポンメルンで出会い、その後も彼の政治的同志たちの間で頻繁に出会うことになったキリスト教的独善の精神に対して、彼は十分に批判的な目をそなえていたので……抽象的な「キリスト教国家」論の稀薄な大気の中に身を委ねねばならなくなったときには、必ずしも良い気持ちはしなかったのであった[40]……。

（ガル、前掲書、五六、六〇頁）

ガルとエーリヒ・マルクスはいずれも、キリスト教国家についてのビスマルクの演説をどれだけ真剣に受け取るべきかという問題に直面して、紙幅を割いてこの演説と、宗教の熱狂的な側面や空論的な側面に対するビスマルクの懐疑や周知のその特異な信仰との関係をなんとか整合的に説明しようと試みている。ビスマルクが彼独特のやり方で宗教的であったことは疑い得ないが、しかしこの件については、ユダヤ人に関するくだんの演説が純粋にシニカルな機会主義によるものであったという明白な結論にはマルクスもガルも辿りついていない。このテーマは、彼が派手な衣装を広げ、既に相当なものであったその評判をさらに高める機会を与えたのであった。私見では、ビスマルクの宗教心に対して最も鋭い目を向けているのはプフランツィである。

彼の支配と統率への欲求は、神聖な使命を帯びているという感覚から生じたものではなくて、もっと以前からの、彼の個性の内のもっと根本的な力から生じていた。他の人びととの対話がその人たちへの彼の態度を根本的に改めることはなかった。人びとの精神や動機に対する彼のシニカルなものの見方、自らに反対する者への敵意と悪意、他人を利用し尽くそうとする姿勢は、愛と慈善に関するキリスト教の原則が彼にほとんど何の影響も与えなかったことを示している。彼の信仰はその責任感を強めはしたが、その基盤とはならなかった。……宗教は安心感や、首尾一貫し有意義で統御された世界――両親が与えることのなかった類の環境――を彼に与えた。彼が崇拝する神は（父親とは対照的に）力強く、そして（母親とは対照的に）慈愛に満ち、彼に救いを与え、常に彼を見守ってくれた[41]。

国王フリードリヒ・ヴィルヘルム四世が連合州議会を閉会し、ビスマルクは公人としての長いキャリアの最初の七週間を、自身の見解では成功裏に終えた。彼は強硬保守派の若きスターとして登場し、国王の取り巻き連中の間に文句のつけようのない評判を残した。フリードリヒ王子やアルベルト王子、そして王太子自身が熱烈な手紙を送り、自らも議員であったフォン・プットカマー氏はヨハンナへの手紙に、ビスマルクは「王子たちのお気に入り」であると書いた[42]。同様に重要なのは、彼が議会政治の魅力、すなわち影響力の行使、強迫、追従といった事柄、人や物事を統御すること、議場での対決の興奮、討論者そして演説者としての己の天賦の才等々を発見したことである。連合州議会が終了すると彼は単調さを味わったが、空虚ではなかった。彼は新たな保守系の新聞の発行を試みた。彼は法改革やその他の計画に関する新たな舞台に上がり忙しく働いたが、この舞台の照明はなおしばらくの間暗い状態のままであった。

そして予定通り、婚礼の時が到来した。一八四七年七月二十八日、プットカマー家の農場であるラインフェルトで結婚式が行われた。花婿の付添人は「小ハンス」、すなわちハンス・フォン・クライスト＝レツォーであり、彼は乾杯の音頭で、伝説的な中世の君主であるオットー大帝、すなわち「ザクセン公オットーの再来に新郎がなることを望み、また予言した[43]」。新郎新婦はプロイセン国内の親類のところを回った後、一八四七年八月十一日にドレスデン（田舎娘のヨハンナはそこで初めて芝居を観た）経由でプラハへと旅立ち、ドレスデンから大都市ヴィーンへ、そしてドナウ川をリンツへと遡り、さらにザルツブルクへと向かった。残存しているヨハンナの手紙は数通に過ぎないが、それらはオットーとのこの上なく幸福な日々のことを証言している。八月二十五日に彼女は両親に手紙を送り、「世界は過ぎ去る毎日と共にますます美しくなっていき、［そして］やさしいオットーは心の底から素晴らしく愛すべき人です」と書いている。[44] 九月一日にメラーノで彼らはビスマルクの従弟のフリッツ・フォン・ビスマルク＝ボーレン伯、そしてアルブレヒト・フォン・ローンと会ったが、ローンは、後に一八六六年と七〇年に優れた軍司令官となる若いプロイセン王子フリードリヒ・カールの目付役として旅行していたところであった。一八四七年九月八日〔五日の誤り〕、フォン・ローンは妻のアンナに、彼とフリードリヒ・カール王子は「オットー・ビスマルクと彼の若い細君との出会いを楽しんだ。彼らはボンの君のところを訪ねると約束した」と書き送っている。[45] ビスマルク夫婦は、ローンや王子、そして従弟のフリッツに随伴してヴェネツィアに行くことに決めたが、九月六日に彼らはそこで国王フリードリヒ・ヴィルヘルム四世とその側近たちに謁見した。この日の夜、ビスマルク夫婦はヴェネツィアの劇場に出かけた。ビスマルクは回顧録でその夜の出来事を語っている。

劇場で私を見かけた国王は、翌日拝謁して晩餐の御供をするよう申しつけられた。予想外のことで、旅行のため荷物が少なく、また土地の仕立屋が無能なために、場に相応しい格好ができなかった。私は大変丁寧な歓待を受け、会話は、政治的な事柄に関しても、議会での私の態度が好意的な賛意を得たと感じられるようなものであった。国王は冬の間に拝謁するよう命じられ、私はこれに従った。この場において、そして王宮でのもっとこぢんまりとした晩餐において、私は自分が王と王妃のお二人にたいそう気に入られていること、そして国王が議会の会期中に公の場で私に話しかけるのを避けておられたのは、私の政治的な挙動に批判的であったからではなく、当時は他の人びとに私への賛意を見られるのを望まれていなかったからだということが分かった。[46]

ビスマルクのキャリアの二つの重要な要素が出揃った。すなわち、彼は政治のための組織を意のままにし、そして国王の愛顧を得ることができるようになったのである。一八四七年九月から九〇年三月まで、彼はこの二つを保持し続けた。これらの内の後者を失った時、彼は権力を喪失した。彼は自らの目標を達成するにあたって他にはいかなる基盤も持たなかった。民衆が彼に従ったことはなかったし、政党が彼を指導者に認めたこともなかった。最も親密な協力者であったゲルラッハ兄弟や小ハンスといったユンカーの面々でさえ、決して「彼の」党派であったわけではなく、自分たちの社会的立場に関して彼に何の負い目も感じていなかった。徐々に彼らは、自分たちが考えているのと同じ価値観をビスマルクが共有してはいないことを悟るようになった。明記しておくべきもう一つの重要なことは、アルブレヒト・フォン・ローンの存在である。ビスマルクは始終降り続けるオーストリアの雨に嫌気がさし始め、帰路に就こうと考えるようになっていた。ローンが彼に、国王に会える望みがあるのでヴェネツィアに行くことを納得させたのであろうか。もしそうならば、一八五八年や六二年と同様に、彼は友人に計り知れない恩恵を与えたことになる。

ビスマルク夫妻は一八四七年九月末〔十月の誤りか〕にシェーンハウゼンに戻り、新婚生活に入った。十月二十四日、彼は妹と兄に手紙を書いた。妹には、この結婚が自分に合っていたこと、そして「底なしの退屈と、四面を壁で遮られている部屋に閉じ込もるとたちまち感じる憂鬱な気分と幻滅から」解放されていると書いた。[47]ベルンハルトへの手紙では、義理の母の「深刻な生来の心気症……彼女はお先真っ暗だと思っている」ことに不平をこぼしている。彼はそれから、五七日間のハネムーンに七五〇ターラー、一日当たり一三ターラーかかったこと、ヨハンナが銀の食器を購入するのに使おうと思っていた彼女の結婚資金に手をつけざるを得なかったことを打ち明けている。彼にしてみれば、父の古い銀の皿を使い続けるのは全くもって幸せなことであった。ウェッジウッドの食器で飲む紅茶も「同様にうまいものです」と彼は記している。[48] 一八四八年一月十一日、国王は約束通りビスマルクを王宮での晩餐に招待した。彼はルートヴィヒ・フォン・ゲルラッハの隣に座ったが、おそらくヨハンナは同伴しなかった。[49]

その夜ビスマルクが家路を辿るころ、シチリア島のパレルモの路上は風聞でもちきりであった。翌日、ナポリ王に対する革命が勃発し、革命の年一八四八年の幕が開けた。一八四八年二月二十三日にはフランスで大規模な革命が発生した。数時間の内にルイ・フィリップが逃亡し、第二共和政の成立が火を吹くようなジャコバン派風の言辞とテロルの記憶とを伴いながら宣言された。パリのニュースはヨーロッパ中に広まり、コペンハーゲンからナポリまでの諸都市を動かし始めた。政治集会が開かれ、民衆が集結した。一八四八年二月二十七日、マンハイムの民衆集会が出版の自由、陪審裁判制の導入、市民軍の創設、そしてドイツ議会の即時設置を要求した。騒乱と民衆集会がドイツ中の都市で巻き起こった。農民たちは暴動に身を投じ、領主の館を襲った。ヴィーンでは一八四八年三月十三日に騒擾が始まり、メッテルニヒ公が町を逃げ出した。旧体制の弾圧のシンボルは、避難民のごとく自分の都からあたふたと逃亡したのである。三月十七日にはミラノにメッテルニヒ失脚の報が届き、ここでも同様の騒乱が発生した。

ヨーロッパの各都市の大規模な駐屯部隊はどれも一八四八年三月には、パリ流の市街戦に対処するための戦術を持っていなかった。すなわち、旧い中心市街の狭く曲がりくねった街路に設けられたバリケード、上階から注がれる熱湯や室内用便器に対抗する術がなかったのである。兵士と市民の間に生じる交流は恒常的な危険となり、軍隊の士気を徐々に損なっていった。北イタリアではラデツキー元帥が一万人以上の兵力を有し圧倒的な軍事力を誇っており、ミラノ周辺の全要塞に駐屯したが、それでも市内を統制できなかった。メッテルニヒとヴィーン政府が崩壊したという知らせが届いたその日の内に、ミラノは即席のバリケードの迷宮と化し、要塞化された[50]。

パリからのニュースが伝わるやいなや、ベルリンには興奮が巻き起こった。非常な好天であったことが、群衆が路上に居座り続ける助けとなった。クリストファー・クラークは次のように記している。

> 路上を歩き回る群衆たちの「断固たる態度と横柄さ」が増長するのを警戒して、三月十三日には警察長官のユリウス・フォン・ミヌトーリが新たな部隊を市内に投入することを要請した。その夜、何人かの市民たちが王宮周辺での衝突で殺された。ここにおいて、群衆と兵士たちは都市域の支配権をめぐり相対する集団となった[51]。

その後の数日の間、国王フリードリヒ・ヴィルヘルム四世は躊躇し、譲歩を主張するハト派と、ベルリンの近衛歩兵連隊の指揮官で武力による鎮圧を主張していたカール・ルートヴィヒ・フォン・プリットヴィッツ（一七九〇―一八七二）将軍を先頭とするタカ派との間での引っ張り合いの対象となった。三月十七日、メッテルニヒの逃亡の報に動揺した王は遂に屈服し、検閲制度の廃止、そしてプロイセンにおける憲法の導入に同意した。覆い隠しようのないことであるが、十一ヶ月前の玉座からの仰々しい勅語にもかかわらず、彼は「この地上に余をして君主と臣民との自然的な関係を型にはまった憲法による関係に変更せしむる力」が存在することを見出した――恐怖がそれである。翌日の朝、勝利を祝う群衆が王宮広場に集まり、軍隊とデモ隊の間に一連の衝突が起きた。バリケードがベルリンの至る所に設営された。軍隊は市を掌握できなかった。一八四八年三月十八日の夜十二時の少し前に、伝記作家が「真面目で慎み深く無口な性格[52]」と描くフォン・プリットヴィッツ将軍はいったん市内から撤退し、騒乱者たちが降参するまで砲撃を行う許可を国王から得るために王宮に参上した。デイヴィット・バークリーはこの時の情景を以下のように描写している。

毅然とした態度を示せない君主はプリットヴィッツの言うことに耳を傾け、謝意を示し、自分の机に戻った。プリットヴィッツは「陛下はくつろいだご様子で、ブーツと靴下をお脱ぎになった後、毛皮の防寒具をおかけになりながら机の前にお座りになられたが、それはおそらくは新たな長い書類をお書きになるためだった」と記している。国王が書き始めたこの書類は、彼の全治世中でおそらく最も有名なものである。すなわち、周知の「親愛なるベルリン市民へ An Meine lieben Berliner」という声明文であった。[53]

夜明けまでにこの文書はベルリン中に掲示された。その中で彼は、軍隊を撤退させると宣言した。

平穏へ戻り、なおも残っているバリケードを撤去せよ。……そうすれば余はあらゆる街路と広場から兵士を撤退させ、軍隊による占拠を幾つかの主要な建物のみに限定することを約束しよう。

翌日の正午直前、軍隊を市外に撤退させる命令が出された。王は革命の手中に自らを委ねたのである。[54]

兵士の大半にとって、そしてもちろん王弟で王位継承者の王太子ヴィルヘルムにとって、国王フリードリヒ・ヴィルヘルム四世は暴徒に屈した臆病者であった。ポツダムに配属されていたローンは亡命を考えた。ビスマルクは本能的に剣に手をかけた。二日後の三月二十日、アンガーミュンデからの使節団がシェーンハウゼンに到着し、共和政ドイツを象徴する黒赤金の旗を教会の塔に掲揚するよう要求した。ビスマルクは「農民たちに自分たち自身を守る気があるかどうかを尋ねた。彼らは全員一致で熱狂的に『もちろん Ja』と答え、私は彼らに町から来た者たちを追い出すように勧め、彼らは女性たちの熱心な助けを借りてそれを実行した[55]」。三月二十一日、ビスマルクは、武装した農民たちを引き連れてベルリンに進軍すべきかどうかを探るためにポツダムに急行した。ビスマルクは回顧録にその時の一部始終を記しているが、ガルやエンゲルベルク、プフランツィの叙述も大筋でこれと一致している。

私は、フリードリヒ・カール王子のお目付役として城の何室かを住まいにしていた友人のローンの居宅に泊まることにした。そして、謀反人たちと交渉した際に受けた扱いにまだショックを受けていたフォン・メーレンドルフ将軍と、ベルリンで軍の指揮に当たっていたフォン・プリットヴィッツ将軍をドイツ・ハウスに訪ねた。私は彼らに田舎の住民たちの現在の状況について説明した。これに対して彼らは、十九日の朝までに起きたことの詳細を語った。彼らが話した内容、そして後にベルリンから届いた情報は、王が不自由な状態にあるという私の確信をただ強めるだけであった。私より年長のプリットヴィッツはもっと穏当な判断を下した。「貴君の農民たちを我々のもとに送らなくて結構だ。我々は彼らを求めてはいない。我々は十分な兵を保有している。……国王が敗者の役割を演じるようお命じになった後、我々に何ができようか。私は命令なしに攻撃することはできないのだよ[56]」。

ガルは、この時からビスマルクが「現在の王冠の保持者に逆らってでも伝統的な君主制的貴族的秩序を救おうとするあらゆる企てに加わること」（ガル、前掲書、七五頁）を決心したのだと論じている。[57] ある意味では、ビスマルクにはそれ以外に選択肢がなかった。国王が彼を王宮に招いた九月以来、ビスマルクは宮廷を通じて栄達を図るのが権力に至る道だと考えていた。革命の掌中に落ちた王からはその見込みは得られそうもなかった。ビスマルクには、立憲政の実現こそが、自分に絶対王政の残滓と議会での巧みな振舞いとの間で完璧なバランスを取る場を提供してくれるのだとは、想像もできなかったであろう。王と議会の確執が後にビスマルクの舞台を提供することになるのであるが、当時は未だ機は熟していなかったのである。

後に王妃となるアウグスタによれば、ビスマルクは一八四八年三月二十三日に、国王フリードリヒ・ヴィルヘルム四世や、彼女の夫でプロイセン王子カール・アレクサンダーの代理として彼女を訪ね、「国王が既に実施した措置を取り消すとともに国王の権限もしくは責任能力に異議を唱えるための反革命に、不在の王位継承者とその子息の名前を利用する」（同書、七五、七六頁）権限を与えてくれるよう願い出た。[58] 彼女はイギリスに亡命していた王位継承者に手紙を書いた。

フォン・ビスマルク＝シェーンハウゼン氏に対しては、あなた〔ヴィルヘルム〕はこれまでも最も真実に満ちた奉仕と服従の例を示してこられたのであって、それゆえ王の決定に反する何らかの措置をとることはあなたの見解に反するものとなりましょうと言うだけに止めておきました。私は彼に、あなたの名も私たちの息子の名も反動的な試みによって汚さないことを名誉にかけて誓わせました。[59]

ビスマルクの証言はこれとは大いに異なっている。

この一大事の中、私は自由を奪われた王からは期待できない出撃命令を別の方面から得ることを思いつき、それをプロイセン王位継承者のところで得ようとした。そのための承認が必要となるので妃のもとに伺い、後にプファウエン島にいることを知ったのであるが、彼女の夫の居場所を教えてくれるよう願い出た。彼女は中二階の召使の部屋で木製の椅子に座りながら私を迎え入れた。彼女は私の問いに答えることを拒否し、激しく興奮した状態で、自分の息子の権利を守ることが自分の義務であると言い放った。[60]

読者にはどちらの証言を選択することもできるが、ビスマルクが自分の過ちをいつも隠蔽したこと、そしてこの無鉄砲な愚行が後の王妃と首相との間の深い敵意の原因となったことを想起する必要はある。加えて、ビスマルクがこの文章を書いたのは失脚後のことであり、四十年にわたる彼女への神経症的な憎悪の果てのことであるという点を考慮しなければならない。

その後、状況は悪化した。三月二十五日、国王フリードリヒ・ヴィルヘルム四世はポツダムに赴き、軍司令官と将校たちに向かって演説した。

余は親愛なる我がポツダム市民に平和をもたらすため、余があらゆる点で自由な王であることを彼らに示すため、そしてベルリン市民に反動を恐れなくてもよいこと、反動に関するあらゆる不穏な噂には全く根拠がないことを示すために、ポツダムに来た。我が市民に保護されていた時ほど余が自由で安全であったことはなかった。[61]……

この演説を目撃したビスマルクは、後に回顧録の中で、演説を聞いて感じた瞋恚(しんい)を記している。

「我が市民に保護されていた時ほど余が自由で安全であったことはなかった」というくだりで、ぶつぶつ言う声やサーベルが鞘の中でガチャガチャいう音が起こった。どのプロイセン王もかつてかくのごとき音が将校たちの只中から起こるのを聞いたことがなかったし、望むらくは今後も二度と聞かずに済みたいものだ。[62]

ビスマルクにはシェーハウゼンに帰る他なく、他のユンカー仲間たちと意見を交わした。三日後、彼はかなり穏やかな気分になって兄ベルンハルトに手紙を書き、パリからの知らせについてふれた。

現在のパリの政府が持続している間は、戦争が起こるとは信じませんし、そうした事態を促すようなことがあるとは思えません。社会主義者の運動によってこの政府が徐々に駄目になっていったり転覆されるということは十分にありうることですが、そうなったとしたら、現在の政府にしてもその後継者にしても、資金が全く底をつき、誰も借金に応じてくれず、それゆえ国家破綻かあるいは同様のことが起きるに違いありません。ギロチンと共和主義の狂気に象徴される一七九二年のモチーフは金に取って代わったのであり、それはこんにちのものではありません。[63]

フランス第二共和政についての明敏で極めて正確なこの評価の中に我々は初めて、外交官、政治家としてのビスマルクの冷徹な側面を看取することができる。遠く離れたブランデンブルクの地から彼は、トクヴィルがパリの街路で記録したのと同様のこと――一八四八年のフランスの革命が一七九二年の模造品であるという見解、あるいはトクヴィルが印象的な文章によって「あらゆる出来事が私には田舎役者によって演じられた出来の悪い悲劇のように思える」と語ったもの――を見ていたのである。[64]

一八四八年三月二十九日、国王はライン州の穀物・食糧品商、銀行家、投資家であったルードルフ・カンプハウゼン（一八〇三―九〇）を新首相に任命し、四月二日に〔第二回の〕連合州議会を召集した。カンプハウゼンは、新たな資本主義の代表者としてプロイセン国王の下で公務を執る最初の人物になるという栄誉に浴した。こうした変化は、連合州議会の議員であり、それゆえシェーハウゼンを発ってベルリンに向かったビスマルクに影響を及ぼした。四月二日に彼はベルリンからヨハンナに「以前よりも落ち着いています」と書き送っている。[65]

この間にプロイセン国民議会の選挙の実施が告知された。この選挙は間接選挙制であった。投票者は選挙人を選び、それから選挙人が議員を選ぶのである。救貧の対象になっておらず、同じ土地に六ヶ月以上滞在している全成人男子に選挙権が付与された。四月十九日の兄への手紙の中でビスマルクは以下のように報告している。

僕には当選するチャンスはほとんど全くありません。この件について喜ぶべきか悲しむべきか分かりません。選挙運動に全精力を注ぐことは良心にかかわる問題です。もし当選しなければ、僕は大きな安楽椅子に身を預けて自分がなすべきをなしたことに満足し、二―六ヶ月の間は、邦議会よりましな状況の下で傍観を決め込むでしょう。[66]

選挙は、それ以前から集会に殺到していた、新たに選挙権を与えられた農民たちや手工業者たちに驚くべき効果を与えた。隷従の習慣は彼らの背から古い着物のごとく滑り落ち、少なからぬ数の中間層の急進主義者が情熱にかられ、あるいは我が身を立てるために選挙に参加した。ダーフィト・ハンゼマンとルードルフ・カンプハウゼンに率いられた新しいプロイセン内閣は自由主義的な経済政策と立憲政治の手法とを結合させることを追求したが、安寧秩序を望みこそすれ、水で薄めたアダム・スミスを求めてはいなかった手工業者や農民層の不満にはほとんど何ら応えるところがなかった。同じ時期にこの有権者たちは新たなプロイセン邦議会の議員を選挙したが、彼らはまた、ドイツ全体を包括する立憲的議会の一種である、いわゆるドイツ準備議会〔ドイツ国民議会の誤りか〕の議員も選出した。これによって、新しい秩序の支持者の内、根本的にはプロイセン人やバイエルン人、あるいはザクセン人――革命は三九のドイツ諸邦の全てで起きた――に留まろうと考える人びとと、自分たちの国家を、ヘーゲル学派の用語を使えば、新たな統一ドイツへと「止揚」したいと考える人びととの間に第二の裂け目がもたらされた。

一八四八年の革命を首尾一貫したかたちで説明するには、並々ならぬ叙述の力量が求められる。革命は単数形であったわけではなく、複数の、しばしば形態の異なる革命が現出した。諸事件は、国家間あるいは国家内で様々に惹起された。ドイツのような国家の内部においては、三九の革命が、プロイセンやバイエルンといった大きな王国、そしてハインリヒ二〇世の統治する兄系ロイス侯国やハインリヒ六二世（これは誤植ではない）の弟系ロイス侯国〔ロイス＝シュライツ、ロイス＝ゲーラなどの諸侯国が合体して弟系ロイス侯国が成立し、ハインリヒ六二世が初代侯となったのは一八四八年十月のことである〕のごとき小国のそれぞれで勃発した。[67] ハプスブルク君主国では、複数の民族的なアイデンティティが存在していた各地域で、しかしドイツ人、チェコ人、ハンガリー人、イタリア人、ポーランド人の都市においても、また、ロボット制 robot と呼ばれる農奴制の残存していた幾つかの農村地帯でも革命は起きた。ドイツ人の国民国家を作ろうとする試みはすぐに、どこまでがドイツなのかという点についての意見の不一致に行き当たった。ハプスブルク帝国は、ドイツ的でありながら非ドイツ的な国家であった。王国、公国、侯国、都市はそれぞれ、封建的な国制と、王や公爵、伯爵、辺境伯、方伯、あるいは領主との特殊な関係を保持していた。「大ドイツ」を望むドイツ・ナショナリストたちは、ボヘミアやモラヴィアのように非ドイツ系住民が多数を占める歴史的なドイツの領域への権利を主張した。ドイツ国民国家には、「恒久に結合された」シュレースヴィヒとホルシュタインの両公国が包含されねばならなかったが、ホルシュタインのみがドイツ連邦に属していたものの、両公国は共にデンマーク国王の治下にあった。階級間や地域間の、あるいは資本家と労働者の間の、そして不安を抱えて専門業種への参入に制限を求める手工業者たちと、あらゆる閉鎖的な社団に対して自由市場の原則を適用しようとする空論家の自由主義者たちとの間の軋轢が増大していった。千年にわたる森林や原野に対する権利の崩壊は、ビスマルクや、そして農民が生産した蜂蜜の十分の一を徴収する権限といった小さな特権の喪失に直面した彼の属する社会層に影響を与えた。

ナショナリストが自分たちの新国家の樹立を強行しようとして、ヨーロッパ中で戦いが勃発した。ピエモンテ国王カルロ・アルベルトは「イタリアは自らを創出せんとする l'Italia farà da sè」の旗印の下、急進的な共和主義者たちがピエモンテ人やハプスブルク支配の帝国軍と闘っていた隣国のロンバルディアに派兵した。東西の二つの大国では、すなわちイギリスでは既に自由主義、資本主義、憲法、そして中産階級(ミドル・クラス)が成立していたために(もっとも、革命的な事態は間一髪のところで回避されたのであり、牧師フレデリック・モリス〔Frederick Maurice(一八〇五―七二)、イギリスの神学者、キリスト教社会主義者〕のような一八四八年当時の急進主義者はいつでも革命を期待していたのであるが)、そしてロシアではそうした要素が何ら存在していなかったために、混乱は回避された。

二十五年にわたり存在した検閲制度は一夜にして消滅し、あらゆる立場の急進主義者、保守主義者、自由主義者が演説を行い、パンフレットを作成し、新聞の発行を始めた。様々な場所、諸個人、諸問題、遺産、取引、伝統、衝突、重複する裁判権といった諸々の事柄の呈する万華鏡のごとき複雑な様相は、同時代人を途方に暮れさせ、諸事件を把握しさらには叙述しなければならない歴史家たちを悩ませ続けている。

各国の国王や君主たちは強度の神経衰弱に悩まされたが、革命の最初の衝撃が収まると、騒擾の鎮圧に失敗したことに怒り狂い恥辱を感じながらも、プロイセンの場合と同様に、不穏な王都の外に駐留している自分たちの軍隊が未だ無傷のままであることに徐々に気づき始めた。北イタリアのオーストリア軍はロンバルディアとヴェネツィアの統制を回復し、六月十七日にはプラハのチェコ系住民の蜂起を鎮圧した。六月二十三日から二十六日にかけて、カヴェニャック将軍はパリの労働者の蜂起、いわゆる「六月事件」を平定した。七月二十四日と二十五日にはラデツキー元帥がカルロ・アルベルトの率いるピエモンテ軍を完膚なきまでに打ち負かし、北イタリアにおけるオーストリア支配を取り戻した。古い秩序が自信を回復し始めたのである。

プロイセンでは、ゲルラッハ兄弟を中心とする保守派が、「陰の大臣 ministère occulte」、あるいは「カマリラ camarilla」という名で知られる、宮廷内部に巣食う内密の影の政府を形成することで、王の群衆への降伏から数日の内に国内の反革命を開始した。国家制度の新たな編成は国王の統帥権には変化を与えなかったので、ゲルラッハ兄弟が秘密の統治構造の新調の立役者となった。レーオポルト・フォン・ゲルラッハ将軍と彼の弟の上級判事エルンスト・ルートヴィヒ・フォン・ゲルラッハは、王家に近い様々な宮廷武官や大臣との関係を持つキーパーソンであった。ハンス・ヨアヒム・シェプスが

レーオポルト・フォン・ゲルラッハについて書いているところでは、

フリードリヒ・ヴィルヘルム四世との個人的な親交――深い精神的な絆が彼らを結びつけていた――により、ゲルラッハは一八四八年以降のプロイセン政治全体に強い影響力をふるった。彼はしばしば瑣末な外交上の任務にすら従事していた。毎日のコーヒーを飲みながらの〔国王への〕報告における彼の助言や判断は、在職中の首相以上の意味をもった。……しかし他方で、王を取り巻く親密なサークルに加わっている人びとが権力を欲していなかったため――ゲルラッハはこの点に関してあまりにも良心的であり過ぎた――、確固たる組織が完全に欠落していたことがカマリラの最も際立った特徴であった。[68]

当時の王政下の政府や、こんにちそれに相当する諸国家の大統領制下の政府の主たる特徴は、権力の社会空間という点にかかわっている。もし、国王か大統領に毎日、特に一人きりで面会するならば、自分がどのような肩書きを保有しているかとかいかなる地位にあるかということに関係なく、権力を掌握することになる。レーオポルト・フォン・ゲルラッハは国王と毎日一緒にコーヒーを飲んだ。かくして彼は権力を得たのである。

一八五〇年、あるいは五一年に、レーオポルト・フォン・ゲルラッハは「ユダヤ人へのキリスト教伝道のためのベルリン協会」の会長となり、創始者のヨープ・フォン・ヴィッツレーベン将軍が自分の前に果たしていた役割を受け継いだ。[69] その日付は定かではないが、それは同協会の一八五〇年と八一年の年次報告が失われているためである。ヨープ・フォン・ヴィッツレーベン将軍はキリスト教的使命感と侍従武官長としての公務とを結びつけたが、レーオポルト・フォン・ゲルラッハもこれと似たことを実践した。反ユダヤ主義はプロイセン社会の頂点で制度化され続け、革命の指導者たちの内でユダヤ人が目立っていたことがこれに拍車をかけた。かつてフォン・デア・マルヴィッツは一八一一年に、自由主義が浸透すれば「我々の古き神聖なブランデンブルク＝プロイセンは新奇さをてらっただけのユダヤ国家となる」と予言のごとく主張したものであった[70]。

六月二十一日、ビスマルクは兄に手紙を送り、「政治的陰謀」のために数日間ポツダムに赴くところだと書いている。七月三日、彼がアレクサンダー・フォン・ベーロ＝ホーエンドルフに書いているところによれば、

僕は先週ポツダムに行き、これまでに起きたあらゆることを受けて、高位、最高位の人びとがこれまで考えてきたであろうよりも決心を固め、自分たちの立場をより明確に認識していることを知った。僕はまた、ツァーリからの信書を見て、内戦が起き国王がロシアの助力を求めない限り、ロシアとの戦争の危機は完全に幻想であると確信した。その他の点は直接口頭で話そう[71]。

これと同日の一八四八年六月二十一日、ユンカー地主たちの半秘密結社である「国王・祖国協会」が設立された。会員数は各州とも十名あるいは二〇名を超えなかったが、彼らはこの協会の存在を知らない別の諸組織にも参加することで地方の有力者に影響を与え、各地の全般的な雰囲気をベルリンの中央委員会に報告した。同組織には、公式の委員会と並んで、ルートヴィヒ・フォン・ゲルラッハが統率する秘密の委員会があった[72]。

カマリラは、こうした内密のやり方では王の影響力が十分に浸透しないだろうと認識していた。彼らにはこれとは別の、よりあからさまな政治手法を実行する必要があった。何よりもまず、独自の新

聞が必要であった。これについては一八四八年以前から議論はされていたものの、実際には何も行われていなかった。より民主的な新時代に入った今、保守派はジャーナリスティックな発言の場を必要としたのである。ベルンハルト・フォン・ビスマルクは自分たちが直面した困難を以下のように描写している。

農場所有者の金銭的状況と信用、なかんずく自分のそれが揺らいでいたにもかかわらず、それでも私は話したり書きものをしたり模範を示すことで、保守系の新聞を援助するための資金を集めるのに成功した。私と弟とクライスト＝レツォーは数千ターラーに及ぶ信用手形によって保証金を何とか払い、初期費用を捻出した。さもなければ、おそらくは同紙は刊行してからほどなく廃刊となったかもしれない[73]。

一八四八年七月、『新プロイセン新聞』が創刊された。同紙は、紙名の部分に記された鉄十字章のマークゆえに『クロイツツァイトゥング』（十字章新聞）の名で知られるようになる。ビスマルクはこの誕生間もない新聞に多大なる情熱を注いだ。彼は記事を書き、新編集者のヘルマン・ヴァーゲナーに定期的に紙面作りに関するコメントを送った。ここでは最初期の二つの例を挙げておこう。一八四八年七月一日、彼は創刊紙を受け取り、ヴァーゲナーへの手紙の中で、新聞の創刊を喜びつつも以下の点に不満を示した。

広告が不十分です。我々の住む田舎では遠く離れた土地の広告が不可欠です。女性は広告なしではおられませんし、いずれにしても新聞の存続は広告収入にかかっています。新しい新聞は既存の新聞の告知記事欄を転載することで力を得られるし、そうした外見的な手段によって重要な情報紙という評価を得ることができるようになります。……私の見解では、シュペーナー新聞やフォス新聞から誕生欄、死亡欄、結婚欄を全面的に、もし必要なら説明文抜きで転載するべきです。どれだけの女性たちがこうした告示のためだけに新聞を読んでおり、もしこうした記事がなければ夫に新聞の購入を禁じるであろうかということは、あなたの想像を越えるほどです。[74]

九月の初頭にゲルラッハは日記に、ビスマルクは「ほとんど大臣になろうとしているかのようだ……我々のカマリラ本営にとって非常に活動的で知的な副官である」と記している。[75] ヴァーゲナーやクライスト＝レツォー、シェーデといった若手の保守主義者たち全体に対するゲルラッハの支配力は、法の精神を体現した人物、裁判官としての計り知れない個人的な権威のみならず、その並々ならぬ、極めて高潔なキリスト教信仰の内実に立脚していた。ビスマルクが全面的に彼の門弟の一員となることはなかった。彼はゲルラッハの高等地方裁判所の試補として勤務したことはなかったし、キリスト教の諸原則を国家へ全面的に適用するというゲルラッハの理念を共有することもできなかった。[76]

しかし、一八四八年の秋のビスマルクは、政治勢力としてのカマリラの創出に尽力しこれを率いていたエルンスト・ルートヴィヒ・フォン・ゲルラッハの助力を必要としていた。ゲルラッハは『クロイツツァイトゥング』において「レヴュー」と呼ばれるコラムを毎月執筆しており、これは保守派による発言の中でも最も広く読まれ、最も影響力のあるものとなった。「我々はただ抑圧的、治安維持的な手法を用いるだけで革命に対峙することはできないのであり、我々は常に正義の理念を保持しなければならない」と論じた一八四八年十月のコラムの例に示されるように、彼が読者に刺激を与え損ねたことなど一度もなかった。[77] 彼の兄のレーオポルトが国王と私的に毎日コーヒーを共にしていたため、ビスマルクは、ゲルラッハ兄弟がいつかは自分に権力への道を開いてくれるであろうと期待していたのであり、そして実際にそうなったのである。

七月十二日、革命によって登場したドイツ国民議会と並行して機能し続けていたフランクフルトのドイツ連邦議会が活動の停止を決定したが、これはビスマルクの行く末にある意味で影響を与えることになった。それと言うのも、連邦議会は「その存在の終了」が告知されたわけではなく、その代わりに「これまでの活動の終了」が告知されたからである。[78] 革命が最終的に終結した場合には、オーストリアはその一時的な停止を取り消し、ドイツの政治構造に対する支配を再開することもできた。これは、もしプロイセンが同意すれば、連邦議会のプロイセン代表が復活するということを意味しており、最終的にビスマルクがその地位に就くことになった。

プロイセン国民議会では七月に封建領主のあらゆる特権の撤廃が討議され、その結果、ビスマルクの周辺では反革命の動きがさらに活発化した。七月二十四日、「土地所有の利益の擁護と全階級の福祉促進のための協会 Verein zur Wahrung der Interessen des Grundbesitzes und zur Förderung des Wohlstands aller Klassen」と呼ばれる、大土地所有者の利益を代弁する組織が創設された。同組織を支配していたのは田舎貴族であったが、土地所有者の約二六パーセントは非貴族であった。指導的人物の大部分はブランデンブルク地方の出身であったが、その名前の大半は我々にとって既になじみのあるものである。すなわち、エルンスト・フォン・ビューロ＝クメロ、ハンス・フォン・クライスト＝レッツォー、アレクサンダー・フォン・ベーロ、そしてオットー・フォン・ビスマルクといった面々である。八月十八日に開催された最初の年次集会には、小規模な土地所有者や農民を含む約二〇〇〇―三〇〇〇人が集結した。長い名称が言いづらかったため、組織名は「所有権保護協会 Verein zum Schutz des Eigentums」に短縮され、ジャーナリストたちはすぐにこれを「ユンカー議会」と呼ぶようになった。

まだ三十四歳であったにもかかわらず、ハンス・フォン・クライストが会長に選出された。レーオポルト・フォン・ゲルラッハは一八五五年十二月十日の日記に以下のように記録している。「それは後に出現する救国のための強力な政党の土台であり、原点であった[79]」。一八四八年八月二十二日、ルートヴィヒ・フォン・ゲルラッハはこのユンカー議会で演説し、初めて自らのキリスト教信条に基づいて封建的諸特権の保持を正当化した。

所有権は政治的観念そのものであり、神の掟とその掟に立脚する王国とを保持するために神が定め給うた制度であります。所有権はそこから生じる義務と結びついている限りにおいてのみ神聖であります。単なる享楽の手段としての所有権は神聖ではなく汚れています。義務を伴わない所有権を拒否している点では、共産主義は正しいのです。それゆえ我々は、脅かされている諸権利、［教会と学校に対する］監督権、［領内を巡察する］警察権、［土地所有者が裁判官として振舞う］裁判権を放棄するべきではありません。なぜなら、これらは権利である以上に義務だからであります[80]。

ビスマルクは同組織の設立と拡大に倦むことなく尽力した。彼は再びその政治的技術とエネルギーを発揮した。八月二十五日に彼はヘルマン・ヴァーゲナーに手紙を書き、「高貴なる義務 noblesse oblige」に関して、ゲルラッハの見解とは多少異なる自分の解釈を打ち出した。

無償で国に仕えることが貴族としての基準です。しかしそれができるためには、生活できるだけの自分の財産を持たなければなりません。さもなければ物事が全く進まなくなるでしょう。かくして、我々は我々の物質的権利を防衛する必要を満たす程度に物質的であらねばなりません。[81]

フォン・ゲルラッハがこの意見に何を思ったのかは定かではない。ユンカー議会の最中の一八四八年八月二十一日、ビスマルクに第一子のマリーが生まれ、ハンス・フォン・クライスト＝レツォーが彼女の名付け親となった。[82]

ブランデンブルク地方の外の大きな世界では、国内外の諸勢力がドイツにおける一八四八／四九年革命を封じ込め始めており、遂にはそれを粉砕していった。ビスマルクがヘルマン・ヴァーゲナーに手紙を送った翌日の一八四八年八月二十六日、イギリスとロシアの圧力の下、シュレースヴィヒとホルシュタインの両公国のデンマークからの解放というドン・キホーテ的な遠征を続けていたプロイセン政府は、論理上はプロイセンがその意向を代行していることになっていたドイツ国民議会に諮（はか）ることなしにデンマークとの休戦に合意した。民族的（ナショナル）な大義に対するこの背信行為は、フランクフルトが新たなドイツの首都として独自には何らの実行力をも有していないことの明白な証左であった。九月十六日にフランクフルト国民議会が――他に選択肢はなかったわけであるが――休戦条約を批准すると街頭の騒擾が発生し、〔ハンス・ヤーコプ・フォン・〕アウエルスヴァルトとリヒノフスキの二議員が暴徒の手で殺害された。プロイセン軍が市内に入城し、治安を回復させた。[83]

フランクフルト国民議会の威信の失墜はプロイセン国民議会にも似たような影響を及ぼした。一八四八年九月十一日、自由主義的な〔ルードルフ・フォン・〕アウエルスヴァルト＝ハンゼマン内閣が辞職した。国王は逡巡した。リベラル派を完全に追い出すことができるのであろうか、と。ビスマルクがベルリンに赴き、国王は彼を引見し、おそらくは彼を登用することをさえ思案した。結局、国王は、当時六十九歳で一八四八年三月十八日までベルリンの軍総司令官の任にあったエルンスト・フォン・プフュール将軍を首相に選んだ。プフュールは詩人・作家のハインリヒ・フォン・クライストの竹馬の友であり、ラーエル・ファルンハーゲン・フォン・エンゼが主宰したユダヤ的サロンの常連であり、一種独特な評判のある人物であった。マルク・ブランデンブルク地方のプロイセン・ユンカーという血統にもかかわらず、彼は自由主義に心からの共感を抱いていた。彼は一八四八年三月の諸合意を守ろうと試みたが、ゲルラッハ兄弟によって惹起されかき立てられた王冠と議会の対立が先鋭化した結果、国王の支持を得ることに失敗した。[84] 一八四八年九月二十三日にビスマルクはヨハンナにこう書いている。

この政府が、私は反対だけれども、先の政府同様に自らの弱さを露呈して屈服するのか、あるいは、その使命を全うして、私は一瞬たりとも疑うことはないのですが、月曜の夜か火曜日に流血の事態が起きることになるのか。民主主義者たちが戦いを甘受するほど勇敢だなどと考えたことはないけれども、彼らのあらゆる言動は、彼らがそうしようとしていることを示唆しています。ポーランド人、フランクフルトのごろつき、ルンペン、掠奪者、ありとあらゆる類の屑(くず)どもが再び姿を現しています。奴らは、少数の不平屋のお喋りどもの演説によって多分に兵士たちが誤てる方向へと導かれ、撤退すると考えているのです。連中は間違っていると思います。私には、ここに留まり、求めるいわれのない加護を神に請う理由は何もありません。明日、我が身を安全なところへ移さなければなりません。[85]

この手紙とは裏腹に、おせっかい屋という以上のいかなる資格をもってかは確認し難いのであるが、ビスマルクはベルリンに残り続けた。彼はあちこちに出向き、様々な人びとと面会し、自分が無視できない存在であるということを次第に認識させていった。おそらくは、彼は近い将来高位に就任する候補者の一人に数えられることを真剣に期待しており、そして実際にこの期待が至って妥当なものであることが明らかになった。ベルリンでは、カマリラが国王に自分たちの見解を押しつけることに徐々に成功しつつあった。一八四八年九月初頭、レーオポルト・フォン・ゲルラッハは、プロイセンにおける革命を最終的に鎮圧するような「一人の将軍によって率いられる軍人内閣」が樹立されることを示唆した。弟のルートヴィヒは一八四八年九月二十九日にレーオポルトに、王族の一人である将軍ブランデンブルク伯爵と、オットー・フォン・ビスマルク及びハンス・フーゴ・フォン・クライスト＝レッツォー、それに「大元帥」としての王太子によって構成される、かくのごとき内閣を樹立する機が熟したと語った。[86] 一八四八年十月六日には、カマリラはブランデンブルクを首相に任命するよう国王を説得した。フリードリヒ・ヴィルヘルム・フォン・ブランデンブルク伯爵（一七九二―一八五〇）は、革命勢力からベルリンを奪還した三人の将軍の内の三人目にして、最年少の将軍であった。宮内大臣のフォン・マッソーの家で育ったブランデンブルクは、子ども時代からフリードリヒ・ヴィルヘルム四世とよしみを結んでいたに違いない。彼は多くの美徳を持つ人物であったが、一八四八年十一月二日にフリードリヒ・ヴィルヘルム四世が彼をフォン・プフュールの後任に任命した時には、政治の世界に何ら知己を有していなかった。[87] ビスマルクはその孤立無援の様子を回顧している。

ブランデンブルク伯は、周囲の心配をよそに、内閣を指揮する用意があると宣言したが、彼に見合う好ましい同僚を見つけるのは難儀なことであった。国王に提出された名簿には私の名前もあった。ゲルラッハ将軍が私に語ったところによると、王は余白に「銃剣が無制限に使用される場合にのみ登用されるべき」と書き込んだそうだ。ブランデンブルク伯爵自身はポツダムで私にこう言った。「私は事態を引き受けたものの、新聞をほとんど読んでいない。私は政事に不案内だし、命を投げ出すことしかできない。私には象使い、つまりは信頼に足り、私ができることを教えてくれる男が必要だ。私は、あたかも暗闇の中に入っていく子どものごとく、現今の事態のなかに入っていくが、十分な素養があり私が個人的に信頼できる人士をオットー・マントイフェル［当時は内務省の長］の他には誰も知らない[88]」。

プロイセンにおける革命の運命は、フォン・ブランデンブルクとは別の将軍、煌(きら)びやかで頭の回転の速い「パパ・ヴランゲル」にかかっていた。フリードリヒ・ハインリヒ・エルンスト・フォン・ヴランゲルは一七八四年四月十三日にシュテッティンに生まれ、一八七七年十一月一日にベルリンで九十三歳で死去した。ナポレオン戦争において、彼はプロイセンで最高位の勲章である「プール・ル・メリット勲章 Pour le mérite」を授与された。長い平和の時代には、彼は颯爽とした華のある騎兵隊将校として名を馳せた。一八四八年四月十九日、国王は彼にシュレースヴィヒ＝ホルシュタインに行軍するプロイセン軍の指揮権を与え、彼は再び数々の重要な合戦で勝利を収めた。休戦後、ヴランゲルはベルリンに帰還し、九月十三日に国王に謁見したが、王は彼をベルリンの周辺地域である「マルク地方」の軍総司令官に任命した。彼はシャルロッテンブルクの王宮で司令部を組織し、五万の兵員を市の周囲に配備した。この筋立ては既にカヴェニャックやラデッキーが用意していたものではあったが、ヴランゲルは彼ら以上に抜け目なく、また劇的に事を進めた。十月九日、彼は、フォン・プフュールの意に反して、彼の名誉を称える軍事行進を行った。ヴランゲルはベルリンが軍隊を目の当たりにする時が到来したと決心したのである。太鼓を打ち鳴らし、軍旗を掲げた軍隊がシャルロッテンブルクからベルリン中心部へと行進し、喝采を送る多数の群衆を引き寄せた[89]。ヴランゲルは達者なベルリン訛りで語りかけることで、すぐに群衆に受け入れられた。このパレードは、革命家たちが支持を喪失したこと、そして軍隊が、なかんずく機知に富みベルリン子訛りで話す民衆に人気の将軍の指揮の下で威信を回復したことを明るみにしてみせた。ヴランゲルの行進の十一日後〔九日後の誤り〕、ビスマルクはヨハンナにこう書き送っている。

暴動が起こる兆候はここにはいささかも見られません。代わりに見られるのは、労働者と市民軍との間の対立感情で、それは良い成果を生むかもしれません。労働者たちは国王と軍隊を歓呼で迎え、国王の単独統治等々を望んでいます[90]。

この間に、ヴィーンではオーストリア政府が軍隊を投入した。一八四八年十月六日、市街戦が勃発し、宮廷は市から逃げ出した。十月二十六日、将軍アルフレート・ツゥ・ヴィンディシュ＝グレーツ侯爵とクロアチア人の将軍ヨシップ・イェラチッチ・フォン・ブジム伯爵の指揮するオーストリア軍が市への砲撃を開始し、十月三十一日に圧倒的な数的優勢をもって市内へと突入した。この戦闘で二〇〇〇人の民衆が死亡し、フランクフルト国民議会の議員ローベルト・ブルムを含む数名の名だたる首謀者たちが銃殺隊に処刑された。ヴランゲルは一回のパレードによって、死傷者を出さずに同様のことをやり遂げたのである。ドイツの革命は落ち着くべきところに落ち着いた。一八四八年十一月九日、ブランデンブルク伯爵はヴランゲル軍による市の占拠の第一歩として、プロイセン国民議会をベルリンから移転させることを決定した。

ビスマルクはなるべく自分の値打ちを上げるためベルリンに留まったが、回顧録において語っているところでは、一定の成果を得たようである。

十一月九日の早朝、陸軍大臣に任命されたフォン・シュトローター将軍が、ブランデンブルクの命でこの状況を把握するために私のところにやってきた。私はできる限りのことを説明し、こう尋ねた。「準備はよろしいですか」。彼は「どのような衣服を着るよう取り決められているのですか」と問い返し、私は「文官の装束です」と答えた。「持っていません」と彼は言った。私は彼に付き人を一人あてがい、幸運にも約束の時間までに仕立屋からスーツを取り寄せることができた。閣僚の安全のためにあれこれ予防措置がとられた。第一に、劇場そのものに、一団の屈強な警官に加えて、近衛軽歩兵大隊の最も優秀な約三十名の射撃手が合図があれば直ちにホールやギャラリーに姿を現すことができるように配置された。彼らは目標を違(たが)うことのない射手であり、大臣たちが実際に脅威に晒された場合にはマスケット銃で彼らを護衛することになっていた。最初の一発でホールに居合わせた全ての人びとが速やかに避難する手はずであった。劇場から退出する際に起こり得る予想可能なあらゆる敵意ある攻撃から大臣たちを護衛するための対応策が、劇場の窓やジャンダルメン広場〔ベルリンの広場。プロイセン国民議会の一八四八年九月―十一月の議場であったシャウシュピールハウスに面する〕の周りの様々な建物についても講じられていた。相当な数の群衆が集まっていても、銃撃が起きれば算を乱して逃げ出すだろうと予想されていたのである。(91)

何事も起こらないままに、翌日の一八四八年十一月十日、ヴランゲル将軍はベルリンを占領し、結果的にプロイセンの革命を永遠に終結させることとなった。そのような状況の下で、ビスマルクには何が残されたのであろうか。翌日、彼は今なお読む者を驚かせる力を帯びた、無邪気なまでに率直に思いのたけを語る一連の手紙の一つを綴った。

私はここに一方ではベルリンの騎士団の一員として、また他方では宮廷と官房の陰謀家として留まっています。今のところベルリンの恒常的な武装解除以外には何も起きておらず、現時点では半分の地区で手入れが行われて、八〇―九〇パーセントの武器が集められました。受動的な抵抗は弱さを隠蔽するためのものでしかないことがますます明らかになっています。加えて、安寧と秩序を維持する軍隊が支持を得ていることが明らかとなり、反抗者たちの数は減り、狂信者やならず者、そしてバリケード戦の参加者たちになり下がっています。[92]

これと同じ日、国王フリードリヒ・ヴィルヘルム四世は新憲法の欽定の約束を含む宣言を発布した。

プロイセン人よ！　余は汝らに再び、汝らが国制上の諸権利を損なうことはないこと、余はあたう限り速やかに立憲政に立脚した良き君主となるために尽力すること、そして我らの子孫が数世紀にわたって調和の内に自由の恵みを享受するようになるために、我らが協働してプロイセンとドイツの祖国の恩沢を護る誇り高く永続的な構造物を打ち建てるということについて、破られることなき保証を与える。ここに神の祝福があらんことを！[93]

数日後の十一月十六日、ビスマルクはヨハンナにこう書き送った。[94]

昨日、私は国王にディナーに招待されました。王妃はイギリス風の感じの良さの持ち主です。私は彼女の裁縫机から一片のヘザー〔スコットランド等の山地に多いヒースの一種のヘザーの花色に似せた混色の毛織物〕を君のために頂戴しました、君が嫉妬心を起こさないように。……その後王は私を引見され、一時間ほどにわたって彼の個室、もっとはっきり言えば閨房に招かれましたが、そこは私たちの小さな部屋よりも大きいとは思えない部屋でした。王ご夫妻は市内の王宮に一緒に暮らしておられるが、むしろそこに縛りつけられているると言った方がよいでしょう。いろいろなことの中でも特に王が私におっしゃり、命令されたのは、正しいものにせよ馬鹿げたものにせよ、間違いなく王は約束を必ず守り、どんな些細な二枚舌も使わないということ、しかしプロイセンに一人の兵士と爪先ほどの領土を有する限りは王冠の諸権限を断固保持するつもりだということを、好意的な人びと全てに伝えよ、ということでした。[95]

何年も後になって、ビスマルクはルーチウス・フォン・バルハウゼンを相手に王を酷評している。フリードリヒ・ヴィルヘルム四世は「不安定な性格の持ち主で……握りしめたら手がへどろだらけになるような人だった」、と。[96]

一八四八年十二月五日、プロイセン国民議会は解散されたが、国王は憲法を公布し、約束を履行した。上から「押しつけられた oktroyiert」、あるいは「付与された」ものであり、「憲法について企図されていた同意を不可能なものにした非常事態の結果」として国王がその作成を宣言したものであったにもかかわらず、[97]一八四八年の憲法は決して完全に反動的なものであったわけではない。同憲法は全てのプロイセン人の法の前における平等（第四条）、人身自由の保証（第五条）、住居の不可侵（第六条）、私有財産の不可侵（第八条）、そして信教の自由の保証（第一一条）、研究・教育活動の自由（第一七条）を規定していた。自分のゲマインデに六ヶ月以上居住し、裁判所から法的瑕疵を宣告されていない二十四歳以上の全プロイセン男子は投票権を保有していた（第六七条）。下院は三五〇名の議員から成り（第六六条）、任期は三年間であった（第七〇条）。投票者二五〇人ごとに一名の選挙人が選出され（第六八条）、選挙人は選挙区から議員を選出し、各選挙区は最低でも二名の議員が選出されるように構成されていた（第六九条）。六年ごとに州、県、郡から選出された一八〇名の議員からなる上院（第六二〜六五条）がこの政治構造を補完した。

他方で、プロイセン国家の構造上の中核には手がつけられなかった。四つの条文によって、一八四八年から一九一八年に至るまで「鋼鉄の王国」の命運が封印された。すなわち、国王は統帥権を保有していた（第四四条）。国王は同様に、法が特別な規定を設けない限り、その他の全ての文官のポストを掌握した（第四五条）。国王は諸外国と交戦したり、和平を結んだり、条約を締結する権限を保持していた（第四六条）。国王は議会両院の解散を命じる権限を有していた（第四九条）[98]。かくして、軍隊と文官の人選と統帥の権限は完全に王の掌中に留まり、彼は大臣や将校たちを任免することで、事実上、絶対主義的統治の中枢にあり続けた。この国制構造は、平等選挙を除外し投票者の収入に基づく選挙権を導入した一八五〇年の憲法によって修正されたうえで、共和政が王政に取って代わった一九一八年十一月十一日まで効力を有し続けたのである。

その他の国王大権としては、一八五四年十月十二日の王令の第三条によって規定された、「特別な至高の信頼」の証としての、無制限の上院議員任命権がある[99]。ハルトヴィーン・シュペンクーフがプロイセン上院に関する説明で示しているように、歴代の君主は一八五四年から一九一八年の間に三二五名の議員を任命した。上院議員への任命は、あらゆる類の平民を新しい立憲政の王国に奉仕する貴族層へと上昇させることになったが、また同時に、文官もしくは武官として王室のための公務に就いた貴族に報いることにもなった。プロイセン上院は、想像されるよりも遥かに現代のイギリス上院に似ており、ある面ではこんにちのイギリス上院の同種の規定の先を行っていた。一八五四年から一九一八年の間に、四〇人の大学教授が自分の研究機関から、国王に貴族の称号を「下賜される」ために推挙され、さらに二一人の教授たちが国王自身から直接に指名された。プロイセンにおけるこうしたアカデミックな貴族階級を、大学そのものが候補者の三分の二を推挙しているという点が異なるとはいえ、首相によって一代限りの貴族位の授与を受けるこんにちのイギリス屈指の学識者たちと同列に論じるのはあながち不自然なことではない。六一人のなかには、キリスト教国家の理論家F・J・シュタール（一八〇二―六一）、いわゆる「歴史学派」の経済学者アードルフ・ヴァーグナー（一八三五―一九一七）とグスタフ・シュモラー（一八三八―一九一七）、古典学者のウルリヒ・フォン・ヴィラモーヴィッツ＝メーレンドルフ（一八四八―一九三一）といった面々が含まれていた。[100]

一八四八年十二月五日から、プロイセンの政治ゲームのルールはビスマルクに都合良い方向に変化した。彼の保守派のパトロンたちはこれまで以上に彼の技量を必要とし、ビスマルクの方は何よりもまず、新たな下院である邦議会に選出されねばならなかった。時間的な余裕はあまりなかった。一八四九年一月二十二日、投票者は選挙人を選出し、選挙人は二月五日に議員を選出した。憲法施行の四日後、ビスマルクは兄にこう書き送った。

九月からずっと、僕は振り子のようにここ〔シェーンハウゼン〕とベルリン、ポツダム、ブランデンブルクの間を行き来しています。……でもそれで、臆病な連中を痛い目にあわせてやったと心秘かに思っており、自分の日々の仕事を省みて満足しています。[101]

国王・祖国協会に所属する友人たちは選挙委員会を組織し、ビスマルクはユリウス・シュタールやモーリッツ・アウグスト・フォン・ベートマン・ホルヴェーク、ヘルマン・ヴァーゲナー、そして大学時代の友人のカール・フォン・ザヴィニーと共にここに名を連ねた。その網領は以下のように宣言していた。「我が委員会の行動指針となる政治的信条は単一のものであり、多くの点で他の保守陣営の諸党派よりも鋭利である。そこには『革命との取引』の絶対的拒否が含まれる」[102]。兄に説明しているように、ビスマルクはいつもながらの精力をもって選挙戦に飛び込んだ。

選挙集会で私は、憲法の承認、無政府状態の停止、法の前の平等(しかし貴族制の廃止には反対)、収入に応じて平等に課せられる税制といったことを、可能な限り表明しました。資産に基づく選挙、さらに金銭に関わる権利の無償廃止への反対、厳格な出版法と結社法への賛成、これらは下院でいかに振舞おうとしているかということの表明でした[103]。

一八四九年二月五日、オットー・フォン・ビスマルクはブランデンブルクのテルトー〔ツァウヒェ＝ベルツィヒ＝ブランデンブルク選挙区の誤り〕からプロイセン邦議会に選出された。ハンス・フォン・クライストはベルガルトから選出された。レーオポルト・フォン・ゲルラッハ将軍は日記に以下のように書いている。「ビスマルクとクライスト、それにケラー教授もここに加えようと思うが、我々が信頼すべき人物と呼べそうな者では彼らが選出された。彼らを反対派に対する対抗勢力に組織することが重要になるだろう」[104]。

一八四九年三月二十八日、フランクフルト国民議会は男子普通・秘密選挙権と、フリードリヒ・ヴィルヘルム四世へのドイツ帝国の帝冠の授与を決議した。四月三日、国王は議長のプロイセン自由主義者エードゥアルト・ジムゾンに率いられたフランクフルトからの代表団を引見した。会見は不調に終わった。フリードリヒ・ヴィルヘルム四世は、レーオポルト・フォン・ゲルラッハが軽蔑を込めて呼ぶところの「三二人の王冠授与者たち」を王宮の騎士の間に迎え、帝冠を献上されるのは光栄に思うが、ドイツ諸邦がこの憲法を承認するかどうかを見守らねばならないと、すこぶる丁重に語った。

その夜の晩餐会において、失望したフォン・ジムゾンは、国王がフランクフルト国民議会を「無効化した」とレーオポルト・フォン・ゲルラッハに不満を述べ立てたが、これに対してゲルラッハは満足げに「それは非常に正確な観察です」と応じた[105]。ロシア皇帝ニコライ一世の皇后アレクサンドラ・フョードロヴナとして知られ、後にビスマルクの良き理解者となる自らの妹のシャルロッテに向けて、国王は以下のように書き送った。

フランクフルトから来た、人間とロバと犬と豚と猫からなる代表団に対する私の返答を読んだことでしょう。それは簡単なドイツ語で言えば以下のようなものです。「貴公たちにはいずれにせよ私に何かを提供する権利は一切ない。貴公たちが頼むということはありうるかもしれないが、与えるというのはとんでもない。なぜなら、与えるためには、与えるものを持っていなければならないが、貴公たちは『全く何も持っていない』からだ[106]！」

フランクフルトの帝冠に対するビスマルクの評価は、国王のそれを上回るものではなかった。一八四九年四月二十一日、ビスマルクはこの点に関してプロイセン下院で重要な演説を行った。

フランクフルトの帝冠は輝いているかもしれませんが、その輝きを真なるものにする黄金は、プロイセンの王冠と溶け合わされることによって得られなければならないのであり、私はこの憲法の形態によってこの改鋳が成功すると信じてはいないのです[107]。

この間にビスマルクは、兄に語ったように、議会という場に腰を落ち着けた。

朝九時から専門委員会に参加し、その後本会議に出席し、それから遅い昼食をとった後、五時から七時まで部会の会議に出て、さらにその後十時から十一時まで会派の会合があります。その間にお招きがあり、退屈な訪問をしたり受けたりし、人びとや物事に関して陰謀をめぐらしたり働きかけたりするのです。僕の生まれながらの怠惰の性に鑑みれば、僕が沈黙している理由を理解してくれることでしょう。どのスピーチも最初の一語を聞けば明らかに出来の悪い小説のごとく中味全体が分かってしまうので、あらゆる会議がますます退屈なのですが、投票がいつあるかもしれないのでその場を退出することができないのです。

彼は、「多少これまでより家賃が高いが居酒屋に入り浸ることにはならない」ヴィルヘルム通り七一番に引っ越した[108]。

一八四九年八月、彼はプロイセン下院に再選され、ハンス・フォン・クライスト＝レツォーと一緒に一軒の宿に滞在した。彼はヨハンナに、「家具付きの部屋 chambre garnie」で彼と同居することを考えたと書いている。

私の生活スタイルに対して彼は暴君のごとく振舞うのです。彼は毎朝、私が起きようと思う前に起こし、同時に私の分のコーヒーを注文するので、私がそれを飲む時には冷えてしまっていま す。突然、彼はゴスナーの『小さな宝箱 Schatzkästlein』をポケットから取り出し、頌詩（しょうし）を詠み上げながら、朝の礼拝を私に課します。とても殊勝なことですが、しばしばタイミング外れなので す[109]。

九日後の八月十七日、彼は敗北を認めた。

私はハンスと共にこのタウベン通りの角に住んでいます。三つの部屋と一つの小部屋があり、とてもエレガントだが手狭で、小さな穴が幾つかあり、ハンスのベッドは南京虫だらけだが、私のはそうではなく、明らかに奴らは私の味が気に入らないようです。家賃は月に二五ライヒスターラー[110]。

ハンスは終いには彼をルター派教会に引っ張り出すようになり、ビスマルクはヨハンナに以下のようにこぼしている。

プロテスタントの会衆たちの合唱は私には何ら心地良いものではありません。自分たちが何をしているかを知っている人びとが演奏する上質な教会音楽の方が私の好みに合うし、キャンドルと香の煙の立ち込める中に群衆や白い法衣をまとった僧侶がいるティーン教会〔プラハのティーンの聖母聖堂〕のような教会の方がずっとましなのです。そう思わないかい、アンジェラ[111]。

一八四九年九月、ビスマルクは妹のマルヴィーネと共に、三月の日々に殺された革命家たちの墓地を訪ねてフリードリヒスハインに赴いた。

昨日マレ〔マルヴィーネ〕とフリードリヒスハインに行ったが、僕にはあの死者たちを赦(ゆる)すことはできない。どの碑銘にも十字架のかたちに「自由と正義」と自慢げに刻んである、神と人間を冒瀆するあの人殺しどもの墓が、いんちきな神像のごとく祀られているのを見て、苦々しさで心が一杯になる。……我らの祖国に連中が何をしたかを思うと、心の中に毒々しさが膨れ上がってくる。あの人殺しども、その墓をベルリン市民は偶像のように崇め奉っている。[112]

「敵たち」に向けられたこの憎悪は、年を重ねてより大きな権力を手にするにつれてますます強烈なものになっていき、次第に彼の活力を奪い、健康を蝕んでいった。

フランクフルト国民議会の終了は、新たな、そして予期せぬ複雑な状況をもたらした。ラードヴィッツは一八四九年四月二十二日に議員を務めていたフランクフルトからベルリンに帰った。立志伝中の人物であるヨーゼフ・マリーア・フォン・ラードヴィッツ（一七九七―一八五三）は、カトリック系のハンガリー貴族の出身であったが、一八二三年に主君のヘッセン大公の下を離れて、誰の縁故もないベルリンに辿りついた。数年の内に彼は当時新たに組織されたプロイセン参謀本部の中心メンバーに名を連ね、後に国王フリードリヒ・ヴィルヘルム四世となる王太子の親密な友人となり、フォス伯やゲルラッハ兄弟たちと共に、「たとえいかなる装いをして姿を示そうとも、決して絶対主義によってではなく、正しい秩序に基づく真の自由をもって、革命の誤てる自由と戦うこと」を掲げた『ベルリン週報』〔『ベルリン政治週報』の誤り〕の創刊に携わった。[113] 別の表現をすれば、カトリックであったにもかかわらず、彼は新敬虔主義の封建的で貴族主義的なイデオロギーを受け入れて革命に抗したのであるが、しかしまたフリードリヒ大王の国家絶対主義にも抗ったのである。彼は軍隊の高位に登りつめ、文学的エッセイを上梓し、さらには数学の研究も行った。彼は一八四七年十一月二十日に『ドイツとフリードリヒ・ヴィルヘルム四世』と題する覚書を書き上げ、その中で王にプロイセン指導下のドイツ諸邦の連邦主義的な自発的連合を唱導するよう促したが、彼は、もしもこの構想が実現していれば一八四八年の諸事件は防げただろうと信じ続けていた。国王の有力な助言者であったとはいえ非公式な立場にいるに過ぎなかったために、彼はこの方針を追求するよう大臣たちを説得することができず、三月の日々の後には妻の親族の保有するメクレンブルクの農場に隠棲したが、本人も驚かされたことに、ヴェストファーレンの選挙区からフランクフルト国民議会の議員に選出されたのである。

フランクフルトの革命議会が崩壊した後、ラードヴィッツは、――オーストリアを排除してドイツを連邦主義的な基盤に立脚した諸侯の「連合」に統合するために、――フランクフルト国民議会がプロイセン国王にドイツの帝冠を授与しようとし、また、プロイセンの軍事力がフランクフルトの騒擾とバーデンの農民蜂起を鎮圧したことで手に入れた――プロイセンの新たな威信を用いるよう、フリードリヒ・ヴィルヘルム四世を説得した。ラードヴィッツの構想は国王の同意を獲得し、ドイツ諸侯の会議開催に向けた呼びかけに繋がった。

ベルリンでは、ラードヴィッツの連合案はプロイセン内部の支持をほとんど得られなかった。ラードヴィッツは公職を保有していなかったが、国王との親密な交友関係が彼に権力を付与した。国王の大臣たちの大半は彼の計画を忌避した。カマリラはこの案が選挙によるドイツ議会を導入するものであったために、これを「革命」と同一視し、嫌がったのである。ラードヴィッツは何度もこの件から手を引きたいと申し出た。国王はそのつど、彼に計画の続行を命じた。一八四九年五月二十六日、プロイセンとザクセン、ハノーファーの間で、オーストリアを除く他のドイツ諸邦が合意したならば三国が連合を結成するということを約束した「三王同盟」が締結された。一八四九年六月二十五日にゴータで開かれた会議で、一五〇名のかつてのドイツ国民議会〔フランクフルト国民議会のこと〕の自由主義派議員が連合憲法の草案に同意した。プロイセンの圧力の下で二八のドイツ諸邦がこの憲法を承認し、一八四九年八月末までに連合に加盟したが、バイエルンはこれに応じず、またザクセンとハノーファーのこの構想に対する忠誠心は決して強固なものではなかった。ラードヴィッツは遂に一八四九年九月二十六日に正式にプロイセン外相に就任して公職を得たが、共にテーブルを囲む閣僚たちの支持は得られなかった。国王は彼を後援したが、それはかつてほどに確たるものではなかった。

この構想は有意義ではあったものの、オーストリア帝国とロシア帝国という二つの外国からの頑強な妨害に直面した。皇帝ニコライ一世は、フリードリヒ・ヴィルヘルム四世が「暴徒」に降参したことに怒って彼を「路上の王」と痛罵し、十八歳のオーストリア皇帝フランツ・ヨーゼフはシュヴァルツェンベルク侯爵を新たな助言者に迎えた。クルムロフ公にしてズルツ伯、ケルトガウ方伯（一八〇〇―五二）のやんごとなきフェリックス・シュヴァルツェンベルク侯殿下は、ヨーロッパでも最良の貴族の家系に属し、強烈な個性を備えた人物であった。彼はハンガリーの革命を粉砕するためにツァーリの助力を得て、ハプスブルク家の支配領域に中央集権的政府を押しつけ、ドイツの連邦構造を、オーストリアがドイツ連邦の議長として単独で権力をふるっていた一八四八年以前の状態に戻そうと目論んでいた。

一月三十一日、連合議会の選挙が行われた。ビスマルクは一八五〇年三月二十日にエアフルトで初めて開催された連合議会に選出された。札付きの反動主義者という評判にもかかわらず、ビスマルクは議会の書記に指名された。一八五〇年四月十五日、彼はエアフルトの議場で最初の演説を行い、「ドイツ帝国」という語に異議を唱えた。なぜなら、こうした語を使用すれば、

ある政治的手段が直面しうるものとして最も重大な危険を冒すことになります。つまり、物笑いの種になるという危険を冒すことになるのです。……諸君、もしあなたがたが、プロイセンの精神、古（アルト）プロイセンの精神、生粋のプロイセンの精神に対してこの憲法における譲歩以上の譲歩

を行わないのであれば、もしあなたがたがこの憲法をプロイセンの臣民に押しつけようとするならば、プロイセンの臣民はブケパロス〔アレクサンドロス大王の愛馬〕のごとき駿馬となり、そしてその駿馬は、勇敢で楽しんで乗馬していることが伝わってくるような騎手は乗せるでしょうが、無資格の騎手が乗ったならば、その黒赤金三色の馬具もろとも、すぐに砂上に降り落とすでしょう（右派から大きな拍手喝采）。[114]

四月十九日、彼はヨハンナにこう書き送っている。

こちらは危機的状況に突き進んでいるところです。ラードヴィッツとマントイフェルは互いに反目し合っています。ブランデンブルクはラードヴィッツに引き回されています。……そこで、私が強く懇願してマントイフェルは国王に謁見するためにベルリンに向かいました。一両日中に王がどっちの側を選ぶか決まり、エアフルトが死ぬか、あるいはマントイフェルが大臣を辞めるかが決まるでしょう。あの小男は非常に巧みに、また決然と振舞っています。昨日、彼ははっきりとラードヴィッツと縁を切りたがっていましたが、ブランデンブルクがそれを思い止まらせました。……三〇〇人の知人と一緒にこんな小さな町に住むのは恐るべきことです。自分の時間はちっともありません。一時間前に最後の退屈な訪問者が去り、私は食堂に夕食を食べに行き、絶品のソーセージを丸ごと平らげ、エアルフルト産のフェルゼンケラー・ビールを一パイント飲み、今手紙を書きながら、いずれにせよソーセージを食べられなかったハンスのものかもしれないマルチパンの二箱目に手をつけているところです。代りにハムを彼に残しておこう。[115]

ようやく夏季休暇になって、ビスマルクはエアフルトの議席から解放され、一八五〇年六月にヘルマン・ヴァーゲナーに宛てて手紙を書く時間を得た。

私はここで底なしに怠惰な生活を送り、煙草を吸い、読書をし、散歩をし、家庭の父親を演じています。政治の話を聞くのは『クロイツァイトゥング』からだけなので、異端的な考えに汚染される危険は全くありません。隣人たちが私を訪ねようなどという気にはなっていないので、この牧歌的な孤独は私に完全に合っています。私は草むらに寝転び、詩を読み、音楽を聞き、さくらんぼが熟すのを心待ちにしています。……官僚たちは頭に巣食った癌(がん)によって丸ごと食い尽くされました。彼らの胃袋だけが健康を保っており、そこから排泄される法律上の糞は世界で一番自然なものです。判事席に座った裁判官を含むこの官僚たちと共に、私たちは天使によって書かれた出版法も手に入れることができますが、それは私たちを泥沼から救い出してくれることはできません。悪法と良き公僕（裁判官たち）をもって統治することはできますが、出来の悪い公僕とでは最良の法でもどうしようもありません。[116]

大学時代の旧友グスタフ・シャルラッハに宛てた一八五〇年七月四日のシェーンハウゼンからの手紙で、彼はラードヴィッツについて以下のように書いている。

奴は、驚くべき記憶力の他には何一つとして水準を超えるところのない男だ。あの記憶力のおかげで……彼は、記憶の細切れや断片によって包括的な知識の持ち主であるかのように見せかけており、ギャラリーや広場で受けるような演説を暗記しているのだ。加えて、あいつは我らの至高なる主君の弱点を研究し、身振り手振りと大言壮語で自分を王に印象付け、王の高貴さと弱みを食い物にするやり方を承知している。さらに付け加えれば、R〔ラードヴィッツのこと〕は私人としてはきちんとして文句のつけようのない人物であり、家庭の良き父だが、政治家としては自分自身の定見もなく、せこい方便を使い、人気と喝采を得るためにいろいろな手を使い、とてつもない個人的虚栄に動かされている(17)……。

七月、ビスマルクも「家庭の良き父」となる見通しに直面することになった。彼は妻と小さな子どもたちと共に海辺に赴かねばならず、この見通しによって憂鬱に満たされ、政治から離れなければならないこととなった。この休暇中に妹に送った何通かの手紙には、ビスマルクの戯画の才を見出すことができる。以下はその一節である。

その日が近づけば近づくほど、僕にはそれが精神病院か上院への無期限の入場切符のようなものだと思えてくる。ゲンティン駅のプラットホームに子どもたちと一緒にいる自分、そして容赦なく自然の欲求を満たし、鼻をつまんだ周囲の人びとに悪臭をまき散らす子どもたちとコンパートメントに乗り込んでいる自分の姿が思い浮かぶ。ヨハンナも赤ん坊に乳をあげるのにとまどって、むずかる赤ん坊は泣きわめいて僕を閉口させ、群衆にもまれ、宿屋で揉め、シュテッティン駅で泣きわめく子どもたちに難儀し、アンガーミュンデで一時間にわたって馬車や荷造りを待ち、どうやってクレヒレンドルフからキュルツへ行けばよいことか。シュテッティンで夜を過ごさなければならないとしたら、恐ろしいことになるだろう。僕はそこを去年マリーと、そして彼女の笑い声と共に通過した。……自分が、ひどい不正な目に合わされたように感じる。来年には三つのゆりかごと三人の乳母、三人分のおむつ、シーツと共に旅行しなければならないだろう。静かな怒りのせいで朝六時には目が覚めてしまい、あらゆる類の旅行の予想図にとり憑かれて夜は眠れない。僕が思い描く絵は、シュトルプミュンデの砂丘でのピクニックを一番真っ黒な色合いで描いたものといった具合だ。日割り計算でこの悪夢を解消できればよいのだが、その代わりに、子どもと一緒の旅でかつての潤沢だった資産が無になってしまう──僕は不幸せだ。[118]

九月にはビスマルクは議会に復帰し、ベルリンに戻り、ようやく家庭生活のストレスから解放された。エアフルト連合をめぐる危機は未解決であった。オーストリアとプロイセンの深刻な衝突は深まっていった。一八五〇年八月二十七日、シュヴァルツェンベルクは連合構想がドイツ連邦規約に反すると宣言し、一八五〇年九月二日にフランクフルトでドイツ連邦の緊急会議を開催すると発表した。シュヴァルツェンベルクは如才なく、ドイツ連邦は一八四八年七月に「その存在の終了」ではなく、「これまでの活動の終了」を宣言したに過ぎないがゆえになおも存続しているという事実を利用した。[119] そして、反動的な選帝侯が時計の針を一八四七年に戻し、革命の成果を廃棄して絶対主義を復活させたヘッセン＝カッセル選帝侯国で危機が勃発した。新憲法の下で様々な自由を謳歌していた臣民たちは、納税拒否の断行をもって反抗した。

一八五〇年九月十七日、選帝侯フリードリヒ・ヴィルヘルム二世〔一世の誤り〕は、連邦設立時の「連邦的執行」に冠する規定に基づいて、ドイツ連邦に秩序回復の支援──すなわち、軍事介入──を要請した。ヘッセン＝カッセルの領域はプロイセンの西部諸州と王国の主要部との間に位置しており、ザクセンかハノーファーの軍隊がプロイセンの東西軸を遮断するかもしれないという懸念が、エアフルト連合、その議会、連合のその他の諸制度に何の関心も抱いていなかった高級将校たちに警戒感を与え、また彼らの怒りをかき立てた。

一八五〇年十一月一日、ドイツ連邦軍がヘッセン選帝侯国に進軍した。選帝侯国内を通って東西領土を結ぶ道路を保護しようとするプロイセンの行動は、正統な君主に抗する「革命」を擁護するというおかしな立場に国王を追いやり、ロシア皇帝ニコライ一世が脅しをかけたので十一月二日に国王はラードヴィッツを解任した。プロイセン政府は、誰もはや認めていない立場を守るためにオーストリア及びドイツ連邦との戦争に傾いていったが、この事実を認めれば完全なる屈辱にまみれることになったであろう。今や何の目的もなくなった戦争の準備を整える作業はうまく進まなかった。アーデン・バックホルツが書いているように、

（一八五〇年十一月六日から五一年一月三十一日にかけて、プロイセン王国はこの三十五年間で初めての軍事動員を実行した。）それは最初から最後まで最悪であった。……陸軍省、そしてその管轄下の司令部、参謀本部は混沌状態に陥った。[120]

王家のメンバーは甲論乙駁して決着を得ず、内閣は分裂し、不穏な雰囲気が立ち込めた。この虚勢張りのゲームは、プロイセン政府の降参をもって終了した。一八五〇年十一月二十九日、マントイフェルとシュヴァルツェンベルクが、プロイセンがヘッセン選帝侯国から軍隊を撤退させると共に連合構想を捨て去ることを旨とするオルミュッツの協約に調印した。オーストリアに対するプロイセンの降伏は、イェーナの戦いにも比すべき国民的な屈辱であった。オーストリアとプロイセンはドイツ連邦を協力して再建することで合意したが、オーストリア側はこの取り決めを無視した。[121]オルミュッツの屈辱は、エアフルト構想に対する最も強硬な敵対者たちをも打ちのめした。オットー・

フォン・ビスマルクはその内の一人には入っていなかった。一八五〇年十二月三日、彼はその経歴全体の中でも最も重要な演説の一つを行った。そこには彼の名を知らしめることになる、新たな論調が見出せる。

なぜ大国がこんにち戦争を行うのでしょうか。大国を存立させる唯一の基盤はエゴイズムであってロマン主義ではありません。これこそが必然的に大国を小国と区別するものであります。大国にとって、自らの利益にならない戦争をするのは価値のないことです。戦争に値する目標を私に示していただきたい、諸君、そうすれば私とて同意するでしょう。……私の見解では、プロイセンの名誉は、地元の憲法が危機に晒されていると感じて気分を損ねた議会の御歴々のためにドイツの至るところでドン・キホーテの役割を演じるところにあるのではないのです。[122]

この演説は本物の衝撃を与えた。保守派の友人たちは二万部のパンフレットを作成し、これは国中を駆け巡った。現実主義的で、感情を抑制した、物質的な利害関係に依って立つ論調によって、この時「レアルポリティーク Realpolitik」の実践者としてのビスマルクが公的なデビューを果たしたのである。彼の冷徹なリアリズムによって怒れる公衆の罵倒から救われたゲルラッハ兄弟には、ビスマルクに異議を唱えることはできなかった。ロータール・ガルはこれとは別の考察を行っている。すなわち、議会における技量だけでは、一八五〇年以降のプロイセンが体現した新絶対主義的な立憲国家構造の中でビスマルクが権力の座につくことは決してなかったであろう。かくして、議会における無給の代弁者としてプロイセン下院の保守派を統率するという見通しは、ビスマルクにとっては「興味をそそらない」ものであった。現実の権力は国王の弱々しい手の内に留まっており、王宮に巣食う人びとがこれをコントロールしていた。ガルは以下のように書いている。「したがって、彼のオルミュッツ演説は、自分を国家の高官となるのにふさわしい人物として売り込むことをめざしたものでもあったのである」[123]（ガル、前掲書、一四〇頁）。何の資格もなく、経験も持たず、また信頼できる人物という評判もなしに、ビスマルクはなおも、最終的に天性の才能を発揮できる全く別の場に自分を導いてくれるであろう外交畑に然るべきポストを得ることを望んでいた。

一八五一年が始まったが、さしたることは何も起こりそうになかった。この時期のビスマルクの妻への手紙はゴシップや些事で埋められている。三月、彼はプロイセン上院の火事のこと、そしてそれをベルリン子たちがいかに楽しんだかについて書いた。彼は「火事の問題」に関する市民たちのベルリン訛りの冗談を引用している。「誰があの古い建物の中にあれだけの火があると思っただろうか」、「遂に明かりが灯（とも）されたのさ！」[124]。その数日後、かのハンスがハレから戻ったが、五晩にわたって家のベッドでは寝なかった。

彼に虐げられていたのに私は彼のことが心配になったので、［「プロイセン下院の」］訪問者用ラウンジで彼の名を繰り返し呼んだところ、彼はすぐにやってきました。人びとは彼が得な結婚をしたと話しているが、私は懐疑的です。彼は、我々が知り合ってたった三日間しかたっていない間柄であるかのように、自分の殻に閉じこもり、本性を隠しています。話題の張本人である若いご婦人［シャルロッテ・ツゥ・シュトルベルク＝ヴェルニゲローデ伯爵令嬢］は、機転がきき、可愛らしく、魅力的で敬虔なうえ、相当な遺産の相続者であり良家の出です。彼女のご両親が私と同じ考えならば、彼女を彼に結びつけたいものです[125]。

四月の上旬に、彼は宗教に関してヨハンナに書き送った。

昨日、君の命令に従って、私はクナーク牧師に再び会いに行きました。私の判断では、彼はあまりにも堅物過ぎます。彼はあらゆるダンスのみならず、あらゆる観劇や、「神の栄光」を称えることがなく悦楽のためだけの音楽も罪深いもので、聖ペテロが「わたしはあの人を知らない」と言ったように神を否認するものだと考えているのです。私にしてみればこれはあまりにも行き過ぎで、狂信的なほどだと思われます。しかし私は人物的には彼が好きだし、精神的に彼を傷つけたりはしません。[126]

一八五一年四月十日、復活祭休暇でプロイセン下院が休会となり、ビスマルクは新たな職の話もないままにシェーンハウゼンの家に休暇に戻った。四月二十三日に彼はハンスの求めでベルリンに戻ったが、イェーガー通りの小さな部屋で闇に身を横たえながら、クライストがビスマルクに、ちょうどそのころ教会婦人執事〔聖公会の役職の一つ。一般信徒が務める〕になろうとしていたシャルロッテ・ツゥ・シュトルベルク＝ヴェルニゲローデに求婚することを決意したと打ち明けた。それから彼は、将来のことを尋ねるためにマントイフェルを訪問したと語った。マントイフェルは、クライストがケスリンの県知事Regierungspräsidentに、そしてビスマルクは公使としてフランクフルトに赴任すると話したということであった。クライストの伝記によれば、

彼はこの時のことを決して忘れなかったし、厳粛な状況下で「覚醒した者」の習いに従うことを決心して、例えば、プロイセン王女マリアンネ〔マリーア・アンナ・フリーデリーケ・フォン・プロイセン Maria Anna Friederike von Preußen（一八三六―一九一八）〕の邸宅で、

生涯の教えとするべき聖書の一節を誰かに与えるような場合には、自分を預言者であると考えるようになった。詩篇の第一四九篇、特に第五節から第九節がビスマルクの将来の道標として示された。

五　主の慈しみに生きる人は栄光に輝き、喜び勇み／伏していても喜びの声をあげる。
六　口には神をあがめる歌があり／手には両刃の剣を持つ。
七　国々に報復し／諸国の民を懲らしめ
八　王たちを鎖につなぎ／君侯に鉄の枷をはめ
九　定められた裁きをする／これは、主の慈しみに生きる人の光栄／ハレルヤ。

（新共同訳『旧約聖書』詩篇一四九）

後に彼の友人が諸邦の君侯たちを退位させ、一人の皇帝を帝位につけ、強大な隣国に屈辱を与え、両刃の剣を振るってドイツ問題を解決した時、クライストはイェーガー通りの静かな下宿でのひと時を思い出し、自分がビスマルクに語った言葉が成就したことを知った。[127]

五日後、ビスマルクはヨハンナに、「フラディアヴォロ」（ビスマルクがマントイフェル首相に与えたあだ名）に会い、オルミュッツの結果として空席になっているフランクフルトのドイツ連邦議会のプロイセン代表の座を埋める必要があると、マントイフェルが説明したというニュースを書き送った。まず六十歳代後半の経験豊富な外交官テオドーア・ハインリヒ・フォン・ロホー（一七八四―一八五四）が最初のプロイセン代表として派遣され、フォン・ロホーが二ヶ月後に、ロシア帝国の宮廷との交渉の任にあたるペテルブルク駐在プロイセン大使に転任して、ビスマルクが後を引き継ぐことになっていた。ビスマルクの見習い期間は終了した。彼はいよいよ、ヨーロッパ外交の大舞台にデビューしたのである。そして徐々に、この舞台を彼独特のやり方で支配していくこととなる。[128]

原注

（1）エルンスト・フォン・ビューロ＝クメロはポンメルンに非常に広大な農場を所有していたが、一八一五年以降のプロイセンにおける議論に際しては自由主義陣営に属していた。彼はハルデンベルク改革に賛同し、フリードリヒ・リストの保護主義理論を批判して、大農場所有者の仲間たちの封建的主張に反対したため、ビスマルクの支援者たちの間で不人気となった。反面で、彼の政治的問題や経済理論に関するパンフレットやその莫大な財産によって、他の人びとが敵対できないほどの大人物になった。*Allgemeine deutsche Biographie & Neue deutsche Biographie*（*Digitale Register*）, vol. iii（Leipzig, 1876）, 518 ff.　（2）Wienfort, 113f.　（3）Marcks, *Bismarck*, i. 387-8.　（4）ビスマルクからルートヴィヒ・フォン・ゲルラッハ宛ての一八四七年三月二十六日の書簡、*GW* xiv. 82.　（5）Marcks, *Bismarck*, i. 388.　（6）ビスマルクからヨハンナ宛ての一八四七年五月九日〔八日の誤り〕の書簡、*GW* xiv. 86.　（7）フリードリヒ・マイネッケの文章の以下からの引用、Barclay, 36.　（8）Marcks, *Bismarck*, i. 395.　（9）Clark, *Iron Kingdom*, 408.　（10）Ibid. 408.　（11）*Historical Atlas*. <http://www.tacitus.nu/historical-atlas/population/germany.htm>.　（12）Pflanze, i. 103.　（13）Modern History Sourcebook: Spread of Railways in 19th Century. <http://www.fordham.edu/halsall/mod/indrev6.html>.　（14）ビスマルクから兄宛ての一八四六年八月二十六日の書簡、*Bismarck Briefe*, No. 29, p. 40.　（15）ビスマルクからヨハンナ宛ての一八四七年四月二十八日の書簡、*GW* xiv. 84.　（16）Barclay, 127.　（17）Clark, *Iron Kingdom*, 460.　（18）Barclay,

128.（19）Marcks, *Bismarck*, i. 397.（20）以下に収録の文章、*GW* x. 3.（21）Marcks, *Bismarck*, i. 426.（22）ビスマルクからヨハンナ宛ての一八四七年五月十八日の書簡、*GW* xiv. 89.（23）Keudell, 9.（24）'Ernst Gottfried Georg von Bülow-Cummerow', *Neue deutsche Biographie*, ii. 737–8. Online Digitale Bibliothek: <http://mdz10.bib-bvb.de/~db/0001/bsb00016318/images/index.html?id=00016318&fip=71.242.201.13&no=22&seite=757>.（25）21 Jan. 1848, Holstein, *Diaries*, 333-4.（26）ビスマルクからヨハンナ宛ての一八四七年六月八日の書簡、*GW* xiv. 94.（27）ビスマルクからヨハンナ宛ての一八四七年六月二十二日の書簡、ibid. 6.（28）第二章参照。（29）Rühs, 128.（30）Clark, *Conversion*, 166.（31）Bismarck, *Die politischen Reden*, i. 25-6.（32）Ibid. 28.（33）Wagner, 292.（34）Berdahl, 349.（35）Ibid. 356.（36）'Friedrich Julius Stahl', *Allgemeine deutsche Biographie*, vol. xxxv（Leipzig, 1893）, 400.（37）クライストからルートヴィヒ・フォン・ゲルラッハ宛ての一八六一年八月二十五日の書簡、ibid. 377-8.（38）Berdahl, 354.（39）Marcks, *Bismarck*, i. 421.（40）Gall, *Der weisse Revolutionär*, 56 and 59.（41）Pflanze, i. 53.（42）Marcks, *Bismarck*, i. 429.（43）Petersdorff, 94.（44）Marcks, *Bismarck*, i. 446.（45）Roon, i. 503.（46）*Bismarck, Man & Statesman*, i. 20.（47）シェーンハウゼンのビスマルクから妹宛ての一八四七年十月二十四日の書簡、*GW* xiv. 99–100.（48）シェーンハウゼンのビスマルクから兄宛ての一八四七年十月二十四日の書簡、ibid.（49）Marcks, *Bismarck*, i. 453.（50）Jonathan Steinberg, 'Carlo Cattaneo and the Swiss Idea of Liberty', in *Giuseppe Mazzini and the Globalisation of Democratic Nationalism*, ed. C. A. Bayly and Eugenio Biagini（Proceedings of the British Academy, 152）（London and New York: Oxford University Press, 2008）, 220-1.（51）Clark, *Iron Kingdom*, 469.（52）Bernhard von Poten, 'Prittwitz', *Allgemeine deutsche Biographie*, vol. xxvi（Leipzig, 1888）, 608.（53）Barclay, 141.（54）Clark, *Iron Kingdom*, 474-5. ベルリンでの革命に関するクラークの説明は管見の限り最良のものであり、一八四八年の間革命騒ぎにあったこの都市の当局のディレンマを簡明に説明している。彼は群衆と軍隊の接触の困難さ、誤解と混乱の様をわずか七頁で描

き切っている。（55）Engelberg, i. 270.（56）*Bismarck, Man & Statesman*, i. 24.（57）Gall, *Der weisse Revolutionär*, 70.（58）Ibid. 70.（59）Engelberg, i. 273-4. アウグスタはこの手紙を一八六二年九月にヴィルヘルムに送り、ビスマルクの首相任命に対する警告を発している。（60）*Bismarck, Man & Statesman*, i. 24-5.（61）Engelberg, i. 275.（62）*Bismarck, Man & Statesman*, i. 29.（63）ビスマルクから兄宛ての一八四八年三月二十八日の書簡、*GW* xiv. 102.（64）*Souvenirs d'Alexis de Tocqueville*, introd. Luc Monnier（Paris: Gallimard, 1942）, 63-4.（65）Engelberg, i. 280.（66）ビスマルクから兄宛ての一八四八年四月十九日の書簡、*GW* xiv. 105.（67）Familienartikel Heinrich（Reuß）; *Neue deutsche Biographie*, vol. viii（Berlin, 1969）, 386.（68）*Neue deutsche Biographie*, vol. vi（Berlin, 1964）, 294-5（Digitale Bibliothek）.（69）Clark, *Conversion*, 167 and n. 83.（70）第二章五三頁、参照。（71）Engelberg, i. 298.（72）Ibid. 298-300.（73）Ibid. 296.（74）ビスマルクからヘルマン・ヴァーゲナー宛ての一八四八年七月五日の書簡、*GW* xiv. 109.（75）9 Sept., Gerlach, *Aufzeichnungen*, ii. 2, 以下からの引用、Engelberg, i. 307.（76）Engelberg, i. 297.（77）Ibid. 298.（78）Zeittafel zur deutschen Revolution 1848/49. <http://www.zum.de/Faecher/G/BW/Landeskunde/rhein/geschichte/1848/zeittafel.htm>.（79）Holborn, i. 75-6 and Petersdorff, 129-33.（80）Engelberg, i. 304.（81）Ibid. 305.（82）Petersdorff, 133.（83）*Zeittafel zur deutschen Revolution* 1848/49. <http://www.zum.de/Faecher/G/BW/Landeskunde/rhein/geschichte/1848/zeittafel.htm>.（84）Bärbel Holtz, 'Ernst Heinrich Adolf von Pfuel（3.11.1779-3.12.1866）', *Neue deutsche Biographie*, vol. xx（Berlin, 2001）, 362-3.（85）ベルリンのビスマルクからヨハンナ宛ての一八四八年九月二十三日土曜日夕方の書簡、*GW* xiv. 113.（86）Barclay, 178.（87）Anton Ritthaller, 'Friedrich Wilhelm Graf von Brandenburg', *Neue deutsche Biographie*, vol. ii（Berlin, 1955）, 517.（88）*Bismarck, Man & Statesman*, i. 55-6.（89）B. Poten, 'Friedrich Heinrich Ernst von Wrangel', *Allgemeine deutsche Biographie*, vol. xiiv（Leipzig, 1898）, 229-32.（90）ベルリンのビスマルクからヨハンナ宛ての一八四八年十月十八日の書簡、*GW* xiv. 114.（91）Ibid. 56-7.（92）ポツダムの

ビスマルクから兄宛ての一八四八年十一月十一日日曜日夕方の書簡、*GW* xiv. 117-18. （93）Rbbonline: <http://www.preussen-chronik.de/_/episode_jsp/key=chronologie_006490.html>. （94）ポツダムのビスマルクからヨハンナ宛ての一八四八年十一月十六日の書簡、*GW* xiv. 119. （95）Ibid. （96）14 Apr. 1872, Lucius, 20. （97）*Verfassungsurkunde für den Preußischen Staat* 5 Dec. 1848（Preußische Gesetz-Sammlung 1848, p. 375）Source: Homepage des Lehrstuhls für Rechtsphilosophie, Staats- und Verwaltungsrecht Prof. Dr. Horst Dreier, Universität Würzburg. <http://www.jura.uni-wuerzburg.de/lehrstuehle/dreier/startseite/>. （98）*Verfassungsurkunde für den Preußischen Staat*, 5 Dec. 1848. （99）Spenkuch, 385. （100）Ibid. 366-7. （101）ビスマルクから兄宛ての一八四八年十二月九日の書簡、*GW* xiv. 120. （102）Engelberg, i. 325. （103）シェーンハウゼンのビスマルクから兄宛ての一八四九年二月十日の書簡、*GW* xiv. 123. （104）Engelberg, i. 329; Petersdorff, 151-2. （105）Engelberg, i. 354. （106）Clark, *Iron Kingdom*, 494. （107）ビスマルクの一八四九年四月二十一日の下院での演説、*GW* x. 29-32. （108）ビスマルクから兄宛ての一八四九年四月十八日の書簡、*GW* xiv. 127. （109）ビスマルクからヨハンナ宛ての一八四九年八月八日の書簡、*GW* xiv. 131. ヨハネス・エヴァンゲリスタ・ゴスナー（一七七三－一八五八）は宗教的覚醒のための活動を行ったドイツの伝道師、説教師、文筆家。ビスマルクが言及している『小さな宝箱 Das Schatzkästchen』は一八二五年に刊行された祈禱書であり、サンクトペテルブルクにおいてゴスナーの信徒のために書かれた。Cf. Friedrich Wilhelm Bautz, *Biographisch- bibliographisches Kirchenlexikon*, vol. ii（Spalten, 1990）, 268–71. <http://www.bbkl.de/g/gossner_j_e.shtml>. （110）ビスマルクからヨハンナ宛ての一八四九年八月十七日の書簡、*GW* xiv. 133. （111）ビスマルクからヨハンナ宛ての一八四九年九月九日の書簡、*GW* xiv. 140. （112）ビスマルクからヨハンナ宛ての一八四九年九月十六日の書簡、*GW* xiv. 143, 以下にも収録、Engelberg, i. 337. （113）R. von Liliencron, 'Radowitz', *Allgemeine deutsche Biographie*, vol. xxvii（Leipzig, 1888）, 143. （114）一八五〇年四月十五日の演説、*GW* x. 95-6. （115）エアフルトのビスマルクからヨハンナ宛ての一

八五〇年四月十九日の書簡、*GW* xiv. 155.（116）シェーンハウゼンのビスマルクから『クロイツツァイトゥング』の編集者ヘルマン・ヴァーゲナー宛ての一八五〇年六月三十日の書簡、*GW* xiv. 159.（117）シェーンハウゼン・バイ・イェーリヒョー・アン・デア・エルベのビスマルクからシャルラッハ宛ての一八五〇年七月四日の書簡、*GW* xiv. 161-2.（118）シェーンハウゼンのビスマルクから妹宛ての一八五〇年七月八日の書簡、*GW* xiv. 162.（119）Zeittafel zur deutschen Revolution 1848/49. <http://www.zum.de/Faecher/G/BW/Landeskunde/rhein/geschichte/1848/zeittafel.htm>.（120）Bucholz, 44-5.（121）Clark, *Iron Kingdom*, 494-9; *Encyclopedia of 1848 Revolutions*. <http://www.ohiou.edu/~Chastain/dh/erfurtun.htm>.（122）ビスマルクのオルミュッツについての一八五〇年十二月三日の演説、*GW* x. 103ff.（123）Gall, *Der weisse Revolutionär*, 119.（124）ベルリンのビスマルクからヨハンナ宛ての一八五一年三月十二日の書簡、*GW* xiv. 199.（125）ベルリンのビスマルクからヨハンナ宛ての一八五一年三月二十九日の書簡、*GW* xiv. 202.（126）ベルリンのビスマルクからヨハンナ宛ての一八五一年四月七日の書簡、*GW* xiv. 204.（127）Petersdorff, 190-1.（128）ビスマルクからヨハンナ宛ての一八五一年四月二十八日の書簡、Pflanze, i. 76.

第5章 外交官としてのビスマルク 一八五一―六二年

ビスマルクは極めて奇妙な体制の使節に任命された。ドイツ連邦へ派遣されたのである。一八一五年六月のドイツ連邦規約（一八二〇年の最終規約により改正）とは、ナポレオンのライン同盟を、主導的勢力の地位をフランスからオーストリアに代置するかたちで作り直したものであった。その実現のために、メッテルニヒはナポレオンがヨーロッパを改変したやり方を受け入れ、「革命」と妥協しなければならなかった。彼は、オーストリア・ハプスブルク家がナポレオンの下で剝奪された領土について、諸邦に正当な要求をすることを放棄し、退位させられた君主たちによる自分たちの領土回復を求める主張を無視しなければならなかった。彼はハプスブルク君主国にヨーロッパの仲裁者に相応しい地位を保障するために、こうしたこと全て、そしてそれ以上のことを実行した。

ヴィーン会議で創設されたドイツ連邦 Deutscher Bund は、三九の諸邦の緩やかな連合であった。フランクフルトに置かれた連邦議会は主権者たる君主たちを代表しており、諸邦の住民を代表するものではなかった。オーストリア皇帝とプロイセン国王は、連邦議会にそれぞれ一票の投票権を保有していた。連邦に属する三つの邦は外国の君主、すなわちデンマーク国王、オランダ国王、そして（ヴィクトリア女王が女性であるためにハノーファー王位を継承できなかった一八三七年まで）イギリス国王によって統治されていた。これらの三人の外国の王が皆、ドイツ連邦のメンバーに名を連ねていたのであり、彼らは連邦議会での投票権を有していた。これら以外に、六人の国王と大公、すなわちバイエルン国王、ザクセン国王、ヴュルテンベルク国王、ヘッセン＝カッセル選帝侯、バーデン大公、ヘッセン大公が、連邦議会でそれぞれ一票ずつ投票権を有していた。より小規模でちっぽけな二三の加盟国は五票を分有していた。また、リューベックとフランクフルト、ブレーメン、ハンブルクの四自由都市が一票を分有していた〔ドイツ連邦議会の本会議での諸邦の投票権は、一八一五年当時でオーストリア、プロイセン、バイエルン、ザクセン、ヴュルテンベルク、ハノーファーが各四票、バーデン、ヘッセン＝カッセル、ヘッセン大公国（ヘッセン＝ダルムシュタット）、ホルシュタイン、ルクセンブルクが各三票、ブラウンシュヴァイク、メクレンブルク＝シュヴェリーン、ナッサウが各二票、その他の諸邦が各一票。ここで著者が述べているのは、小会議での投票権のことと思われる〕。

一八二〇年の最終規約によって確定されたこの新しいドイツ連邦は、ドイツ問題の「解決」により、メッテルニヒ体制を完成させるものであった。

同規約の第一条は以下のように宣言している。

ドイツ連邦 Deutscher Bund は、加盟諸国の独立と不可侵性を維持し、ドイツの対内的・対外的な安全を保障するための、ドイツの諸君主と自由都市の国際的な組織である。(1)

第五条は、連邦が恒久のものであること、そしてどの加盟国も連邦を「自由に」離脱できないこと——後にみるように、これは一八六六年にビスマルクにとって重要な意味を持つ規定となる——を定めていた。第六条〔第七条の誤り〕と第一一条は、連邦議会の大会議が意思決定機関であること、そしてこれに加えて、諸決議の可否を絶対多数決で決める「小会議」を設置することを規定していた。第二〇条は、他の加盟国による不適切な暴力や武力の対象となった国に対して、大会議が支援措置を講じることを認めていた。かなりの数の条項が、革命の危険やこれを制圧するための介入手段に関するものであった。連邦裁判所も加盟国家間の紛争を調停するために設置されることになっていた。第五八条は、各国の君主が、既存の「身分制的憲法 landständische Verfassung」(「身分制的国制」に立脚した憲法)によって連邦に対する義務を免れることを禁止していた。

一八二〇年の最終規約によって確定されたドイツ連邦の基本構造は、そのなじみ難さと不明瞭さにおいてEUの二〇〇七年のリスボン条約と似ている。こんにち、ブリュッセルの外ではごく少数の人びとにしかEUがどのように運営されているかを説明できないのと同様に、専門家以外はドイツ連邦の機構を本気で理解しようとは思わなかった。ドイツ地域の代表的な法制事典であった『ドイツ国家事典』は一八五八年に、小会議と大会議の関係を規定できなかった。「小会議は上院のようなものではないし、また両院制というのでもない。……連邦 Bund にはただ一つの機関のみが存在しており、それは連邦議会 Bundesversammlung である」[2]。同事典の編纂者はこの小会議が何をすべきかをきちんと規定できず、あっさりと匙を投げたのである。ドイツ連邦は幾つかの根本的な点において、後続のEUとは異なる。第一に、連邦においては誰もそれが「人民」を代弁しているかのように装うことなどなかった。EUは、その正統性をめぐり激しい議論が巻き起こっているとはいえ、「人民」を代弁していると主張している。第二に、オーストリアとプロイセンという二つのドイツの主導的勢力は、こんにちのヨーロッパ諸国よりも遥かに大きな独立性を保っていた。両国の領土の全てが連邦に属していたわけではない。また、両国の軍隊はそれぞれの皇帝ないし王の指揮下にあり、国内の徴税制度と財政、国内の法制、宗教に関する諸制度は連邦から自立していた。

一八五一年に連邦におけるプロイセン代表に任命されたビスマルクが直面した最大の問題は、二つの大国の間の不平等にまつわるものであった。連邦が一八四八年と四九年の革命の後に復活したのは、一八一五年の時と同様、オーストリアが緩やかな連邦という枠組みを通じてドイツを統御するのにそれが適合していたからであった。小邦にとっては、ハプスブルク家が統治する不安定で分裂した多民族帝国の方が、これよりも相当にしっかりとした統治体制が敷かれ、またその意図がずっと確固としていたプロイセンほどには脅威とならなかった。代表への任命は――彼が派遣された体制の奇妙さにもかかわらず――ビスマルクを最高の舞台に登らせることとなった。すなわち、ドイツの二大国が互いに睨み合う舞台に。

新たな任務は間もなく、オットー・フォン・ビスマルクとヨハンナ・フォン・ビスマルクにあまりにも大きな溝をもたらすことになった。五月三日、彼は妻に手紙を書き、この昇進のために自分は何もしなかったという驚くべき言葉を並べた。

君の魂の錨(いかり)を上げて、我が家という港を出発する用意をするように。君がどんなに辛い思いで出立しなければならないか、また君の御両親がどれだけ悲しむか、私は自分が感じていることからよく分かっています。私はこの辞令を望んだり求める言葉を一言でも口にしたことはないということを繰り返し明言しておきたいのです。しかし何が起ころうとも、私は神の戦士であり、神が使わし給う場所に行かなければならないのです[3]。

なにゆえ彼は妻にかくも露骨な嘘をついたのであろうか。あらゆる証拠からして、彼が相応の外交職を得るために数ヶ月間にわたり陰謀や企み事をはたらいたのは明白である。彼がわずかながらも常日頃より正直なところを見せて、昇進のニュースを聞いた際に書いた少々興奮気味の手紙に記しているように、彼の努力は望んだ以上の成功によって報われた。彼は自らとその才能に見合うだけの職を手に入れたのである。なぜ彼女と一緒になって成功を喜ばなかったのか。その一つの答えは、父母との関係においてそうであったように、彼が個人的な問題では常に嘘をついていたことにある。個人的な出来事に関しては真実を語ることを避けるのはビスマルクの習い性となっていたし、既に確認したように、彼は自分の失敗を嘘でごまかした。彼は、神が謎めいたやり方で新しい生活を受け入れさせるよう彼女に働きかけているかのごとく装わねばならなかった。神が命じたというのであれば、福音主義者としてのヨハンナには反発したり疑念を挟んだりすることはできなかったであろう。

第二に、フランクフルトへの辞令は、自分の妻にはのっぴきならない問題があるということを彼に痛感させ、うろたえさせることとなった。彼女は美人ではなかったし、様々な言語を操る才も服装のセンスもなく、宮廷の華やかな世界を経験したこともなかった。ヨハンナは社交的な貴婦人ではなく、ヨーロッパの上流社会の大舞台で優雅に立ち回ることなどできなかったし、そうなるための努力を払おうともしなかった。敬虔主義サークルの旧友の一人であったヘートヴィヒ・フォン・ブランケンブルクは、数日後にヨハンナに手紙を書き、彼女の言動について警告を発した。

心配が一つあります。それは、あなたが五年前と何もかも変わらないことです。私にはどうしてもそれを理解できません。……あのころのことは全て私のなかで生きています、でも今の私は別の、もっと真面目で、だけど内的な輝きを失っていないことをしなくてはいけません。ヨハンナ、愛するヨハンナ！　私たちは、遊んだりふざけたりしている子どものままでいることはできないのです。私たちは主に仕え、真面目な大人にならなくてはいけません。[4]

ビスマルクも、彼女にそうした努力をするよう頼んでいる。一八五一年五月十四日にフランクフルトに到着して間もなく、彼は以下のように書いた。

私がこの夏、当地でロホーの後を継ぐであろうことは、今では間違いないように思われます。そこで私は、もし額に変更がなければ、二万一〇〇〇ライヒスターラーの給料を得ることになるでしょう、しかしかなりの数の部下と世帯を維持しなければならないし、そして君は可哀想なことにしゃちほこばって気取った風でサロンに出席し、ご令室と呼ばれ、また貴顕の人たちを聡明かつ賢明に扱わねばなりません。……一つお願いがあるのですが、これを君の胸にしまって、母君には聞かせないようにしてほしい、さもないと彼女は心配になって大騒ぎをするから。できるだけフランス語にどっぷりつかってほしいのですが、自分で思い立ってそうするということにしてほしいのです。フランス語をできるだけ読んでほしい、ただし、蠟燭の明かりの下では読まないようにして、目が痛くなったら止めるように。……私が君と結婚したのは、君に誰かのために社交的な女性になってもらうためでは決してなく、神に誓って自分の心の求めに従って君を愛するためであり、異質なこの世界に、どんな乾いた風も冷やすことのできない一つの場所、外で嵐が起こり氷ついている時に帰ることのできる私自身の暖炉によって暖められた場所を持つためなのです。そして、私は私のその暖炉を大事に守って、薪をくべ、炎に息を吹きかけ、あらゆる悪や余所者からそれを保護し、守りたい。(5)

この一片の文章は美しいが、問題を覆い隠している。彼はヨハンナと「誰かのために社交的な女性になってもらうため」に結婚したわけではなかったかもしれないが、今では彼女にそうなることを求めたのであり、彼女はこれに応じるのをきっぱりと拒否した。彼女はフランス語を全く習得せず、夫が職業上の理由から求めた魅力を彼のために提供することも決してなかった。年を取るにつれて、彼女はますますこうしたことから離れていった。ビスマルクの外交官としての職務が十年に及んだ頃には、少壮の大使館員であったホルシュタインがペテルブルクで記したように、彼女は「独特の人物」になっていた。誰も夫婦の結婚生活の秘密を知り得ないが、我々は非常にはっきりと、彼がある時を境にただ妻に降参する他なくなったことを看て取ることができる。ビスマルク家では、夕方五時という異例な時間に夕食をとったが、これはフランクフルトやベルリンでは誰もが奇妙に感じる習慣であった。フランクフルトのプロイセン公使館、そして後にはベルリンのヴィルヘルム通り七六番地の公邸は、田舎地主の館のごとき様相を呈しており、「信心深い」妻が宰相の邸宅に移り住んできたかのようであった。私見では、ヨハンナがビスマルクの求める女性になるための努力を拒否した原因は、彼女のルサンチマンにあった。彼は彼女に、マリー・フォン・タッデンの「反動として」求婚したのであり、自分を煌びやかにすることに対する彼女の拒否は、無言の抵抗の表現であった。一八五一年六月〔七月の誤り〕にフランクフルトでの孤独な単身生活の最中、苦痛を感じながらハンス・フォン・クライストに書いたように、ビスマルクにとっては結婚生活は明らかに肉体的な欲求を満たしてくれるものではなかった。

邪悪が私を痛めつけるのに使う最大の武器は、上辺(うわべ)の栄光ではなく、私を最大の罪へと誘う情け容赦ない官能なのだ。この最大の罪のゆえに、自分が神の慈悲に至る道を見出すかどうか、しばしば疑わしく思う。とにもかくにも私は、若いころから変わらず荒廃している自分の心が神の御言葉という種にとって肥沃な地とならなかったことを確信している。私は祈りのひと時をさえ脅かす誘惑の玩具にならずにはいられなかった……私を落ち着かせてくれ、ハンス、でもこの手紙は誰にも見せずに焼いてくれ。[6]

結婚の四年後、彼は親友に「容赦ない官能」のこと、そして「最大の罪」を犯したいという衝動のことを告白した。ビスマルクが密かにいかなることに手を染めたのか、我々には事の真相は分からないが、この書簡は結婚生活がこの衝動を取り去りはしなかったことを暗示している。

他方で、ハンスはプロテスタントの女性聖職者、シャルロッテ・ツゥ・シュトルベルク＝ヴェルニゲローデ伯爵令嬢と婚約した。ビスマルクは次のように書いている。

ハンスは有頂天になっていて、ベッドに入ろうとせず、子どものように振舞っています。この件はまだ秘密なのですが、ハンスは黙っていられないでしょう。彼はあらゆる舗道に刻み込み、敵味方を問わずあらゆる人に打ち明けたがっています。この幸福の中にあっては、間違いなく世界中のあらゆる紛争が今すぐ停止し、全ての人が幸せになるかのように思っています。一人で部屋にいる時、彼の顔つきは完全に変わり、踊り、この上なく奇怪な歌を歌っています。手短に言えば、年取った気難し屋とはもはやとても思えなくなっているのですが、喜びの只中にいる彼が私を寝させてさえくれれば、それでよい[7]。

五月八日、国王はビスマルクを引見し、枢密参事官 Geheimer Legationsrat の地位に任命した。ビスマルクの表現を借りれば、これは「あらゆる枢密参事官を冒瀆する私を罰するために神がお与えになった皮肉」であった[8]。ルートヴィヒ・フォン・ゲルラッハはビスマルクが突如として外交職の頂点に昇格したことを喜ばず、この「荒っぽい昇進」が賢明であったかどうかという点に疑念を呈した。そもそも、それまでのビスマルクの公的な経歴とは、しくじった「試補」に過ぎなかったからである。

新しい地位は彼の経済的状況を一変させた。[9] 二万一〇〇〇ライヒスターラーの収入は、一八七一年のレートで三一三四ポンドに相当する。これはイギリスの水準で考えても相当な給料であった。ビスマルクと全く同時代人のアンソニー・トロロープが一八五七年に刊行した『バーチェスターの塔』に登場するセント・エウォルドの大地主ウィルフレッド・ソーンは四〇〇〇ポンドの収入を得ており、これによって馬と馬丁、猟犬を保有し、スポーツマンたり得た。[10] そして当然ながら、イギリスはドイツよりも物価が高かった。プロイセンの同僚に比較して、ビスマルクの収入の増え方は突出していた。プロイセンの所得税分布表は、納税者を税額区分別にリストアップし、納税額ごとの納税者数の割合を示している。幸運なことに、ビスマルクが収入のピラミッドの頂点に加わったことを示す一八五一年のデータが残存している。当時のプロイセンでの収入も所得税もまた非常に低いものであったが、彼は人生で初めて結構な年収を得たのである。

表:
プロイセンの所得税分布（1851年）

1000ターラー超	全人口の0.5 %
400～1000ターラー	3.25%
200～400ターラー	7.25%
100～200ターラー	16.75%
100ターラー未満	72.25% [11]

一八五一年五月十日、ビスマルクはベルリンを発って汽車でフランクフルトに向かったが、その行程は二十五時間〔独語版では二十四時間〕という驚嘆すべき速さであった。[12] 勤務について一週間で、ビスマルクは業務の内容や他の公使の文句を口にし始めた。

フランクフルトは恐ろしいほど退屈です。……実際のところは何もないのに、まるで見つけ出したり、暴露したりするに値するものがあるかのように、お互いをスパイしあっています。ここでの生活はほぼ完璧かつ純粋につまらないもので、人びとはこのくだらなさで自らを苦しめています。私は、沢山の言葉を弄して何事も語らない術を驚くほど上達させているところです。私は新聞の論説のように読めるうまくまとまった文章で報告書のページを埋めていますが、もしマントイフェルがそれを読んだ後で、それらの文章に何があるのかを言いあてられるのならば、彼は私以上のことを知っているということになります。[13]

六月初頭、彼は『クロイツツァイトゥング』の編集長であったヘルマン・ヴァーゲナーに手紙を送り、手紙がオーストリア人たちによって系統だったやり方で開封されていると書き、フランクフルト・アム・マインのホッホ通り四五番地に「ヴィルヘルム・ヒルデブラント氏」なる使用人に宛てて手紙を送るよう頼んだ。フランクフルトの外交は滑稽であった。

オーストリア人たちは陽気なお人好しの仮面の下で常に陰謀をはたらき、……瑣末な形式的な物事で我々を騙そうとし、それに取り組むだけでこれまでのところ我々は手一杯という有様です。小邦の公使たちは、戯画に出てくるような、古風で格好だけの外交官で、葉巻の火を貸してもらおうとすれば、直ちにこれを自分の「報告書」に記載し、彼らがT〔トイレのこと〕の鍵を求める時には、まるで昔の帝国宮廷法院で弁論しようとするかのような目つきをするのです。[14]

オーストリアの策謀の中心人物は、ハプスブルク君主国の中でも最も古い家柄の出である大貴族フリードリヒ・フランツ・フォン・トゥーン・ウント・ホーエンシュタイン伯（一八一〇—一八八一）であった。彼はプロイセンの新しい代表についていろいろと聞き出し、自らによる第一印象をヴィーンに書き送った。

保守の原則にかかわる原理的な事柄に関してはフォン・ビスマルク氏は完全に正しいのですが、躊躇や不決断によってよりも、その過度の熱意によって害となるでしょう。他方、私の判断できる限り、彼の眼中にはただプロイセンの利害のみしかなく、この点に関して連邦議会が達成しうるものに信用を抱いていないように見受けられます。[15]

ビスマルクはトゥーンの印象を、レーオポルト・フォン・ゲルラッハ将軍への私信の中で記している。

彼は、正直で明け透けな性分と見られがちな無骨で荒削りな無愛想と、貴族的な「無頓着さ」と、スラヴの農民の狡猾さとを併せもった人物です。彼はいつも何らの「指示」も出さず、仕事をほったらかしにしていることからすると、自分の部下や側近に頼りきっているように見えます。……我々との関係においては、不誠実さこそが彼の性格の最も顕著な特徴です。……外交官の中には、知的な重要性を備えた人物は一人もいません。彼らの大半は、つまらぬ雑務に追われる尊大な似非専門家で、自分たち同士で、そして会話が成り立たない相手と同衾できる権限を有する全権大使であることを認める許可証や証明書を持っているだけの連中です。[16]

同類たちの文句を並べたものの、実際にはビスマルクはこの仕事が気に入り、常任職への任命の正式な辞令をそわそわと心待ちにしていた。最終的に辞令が出たのは一八五一年八月半ばであった。正式な辞令を受け取ったものの、本省は説明なしに給与から三〇〇〇ライヒスターラーを削減し、住居を構えるための費用を一切出してくれなかった。彼は一万八〇〇〇ターラーでも「裕福でエレガントに」生活していくのに十分であろうことを認めてはいたが、家族のための住環境を見つける必要があった。彼にとって、大きな部屋のある庭付きの家は絶対に必要であった。九月初頭、彼は市門から一二〇〇フィートの場所に希望に沿った家を見つけた。この家には大きな庭があり、家賃は四五〇〇ライヒスターラーであったが、これはフランクフルトの相場からすれば割安であった。九月九日〔独語版では九月初め〕のヨハンナへの手紙は愚痴で締めくくられている。「バイエルン王国代表閣下が私の書いていることを肩越しに覗き続けているのが悩みの種です[17]」。議会での退屈な演説の間に、人目につくやり方で毎回のように私信をしたためたりしなければ、苛立ちを感じることはなかったであろうが。実際のところは、彼は真面目に働いていた。驚いたような調子で、彼はベルンハルトへの手紙の中で日常の業務について語っている。

朝七時から夕方五時ごろのディナーまで、自分の時間がほとんどありません。……私が五〇〇〇ターラーの家賃を払い、国王の誕生日にディナーを催すためにフランス人の料理長を雇うことができるなどと六ヶ月前に誰が信じたでしょうか。私は万事に慣れてきましたが、ヨハンナはこういった世界の辛辣で冷たい交流に慣れるのに困難を感じるでしょう[18]。

ビスマルクはフランクフルトで別の目的のために時間を割いた。彼は、プロイセン下院に登院するためにベルリン通いを続けた。レーオポルト・フォン・ゲルラッハ将軍に、国王との日々の茶飲み話の中でプロイセンの国内問題に関して自分が望むような話をしてもらいたいなどといった、ビスマルクの非情で飽くことを知らぬ野望は、将軍へ立て続けに送られた個人的な書簡に遍満していた。国王との個人的な対話は、レーオポルト・フォン・ゲルラッハを王国で最も有力な臣下にしていた。ビスマルクの実際の上司である首相兼外相のオットー・テオドーア・フォン・マントイフェル男爵（一八〇五―八二）は冷徹で反動的ではあるが、非常に有能な官僚であった。マントイフェルはブランデンブルク伯爵がオーストリアとの危機の最中の一八五〇年十一月六日に急死したことで、その後任となった。彼は果敢に政府を運営して「オルミュッツの屈辱」を乗り越えたし、ビスマルクを再建後のドイツ連邦への公使に任命しようとするカマリラの圧力を受け入れるだけの抜け目なさも持ち合わせていた。公使の任にあった期間、ビスマルクは定期的に、自分の公的な上司である首相の背後や周囲で手紙のやり取りを行っていた。マントイフェルに対して積極的に不忠行為を働くことさえ、彼は思い止まらなかったようである。一八五三年二月二十五日〔二十三日の誤り〕のレーオポルト・フォン・ゲルラッハへの手紙に明らかなように、一八五三年までにこの二重行為は一つのシステムになってさえいた。マントイフェルはビスマルクに、公的な公使報告書を毎月一日と十五日の二回提出するよう要求した。マントイフェルが財政の専門家として名を上げたのはいわれのないことではなかったのである。ビスマルクは報告書を提出するようにした。しかし、「最初の送り先」はフォン・ゲルラッハであった。

報告書の原本をお送りいたしますが、ケルン宛てですぐにご返送していただくよう、そして私のこの分別のない行為に対して最善の用心をしてくださいますようお願いいたします。それと言うのも、これが露見すれば私とマントイフェルの関係に悪い影響が及ぼされるでしょうから。もしそうなれば、それはただ公的にというだけではなく個人的にも不愉快なことです。私は彼の人間性に対して心からの好意を抱いていますし、今回の場合もそうですが何の根拠もないにせよ、私が不実を働いていたと彼が考えたとしたら恥ずかしい気持ちになってしまいますから。[19]

マントイフェルを明らかに欺いたそのはなから、彼を欺いたことはないと主張するビスマルクのこの上ない厚顔ぶりに接して、受け手の側が仰天することはなかったようである。極めて敬虔で熱心なキリスト教徒であり、真剣な「ボーン・アゲイン派」であったレーオポルト・フォン・ゲルラッハ将軍がビスマルクの申し出を受け入れたという事実は、カマリラに求められていたものがでっち上げのキリスト教的道徳であったことを物語っている。ゲルラッハは、外交官としての任務に関わって上司に対してなされたビスマルクの軽蔑に値する裏切り行為を、そして彼の昇進に一役買ったオットー・フォン・マントイフェルへの甚だしい不忠の所業を見逃がした。首相への瞞着（まんちゃく）に対するゲルラッハの黙認は、カマリラとしての生活が彼の倫理的な感受性を鈍らせてしまったことを示唆している。

一八五二年の初頭に、ビスマルクはレーオポルト・フォン・ゲルラッハに手紙を書き、自らを「外交におけるあなたの養子」と表現した。[20] ヨハネス・ヴィルムスは、この手紙やビスマルクが「親愛なる後見人にして友」に送った何ダースにも上る手紙を、「彼がヨーロッパの勢力布置に関する政治的な理解と知識を発展させていったやり方について、魅力ある洞察を提供してくれる指ならし、思考ゲーム」になぞらえている。[21] その多くは素描程度のレベルのものであったが、私にはビスマルクがゲルラッハに宛てた書簡は、むしろ教え子が師にいかに自分が実際の出来事や人びと、場所や揉め事をうまく描くことができるかを見せようとするものであったように思われる。彼はまた、毎週、自分の思考や気力、想像力が「親愛なる後見人にして友」から国王へと伝わっていく状況を確たるものにしていったのである。

フランクフルト時代の初期に、ビスマルクの未来に対する脅威が二つ出現した。すなわち、第一に、マントイフェルとゲルラッハに敵対する集団が外交界の内外に形成された。回顧録において、ビスマルクは彼らとその思惑を極めて正確に説明している。

後にベートマン・ホルヴェークの名を冠して呼ばれることになったこの党派、より正確には有志たちは、並々ならぬ能力と精力を備えたローベルト・フォン・デア・ゴルツ伯を中心人物としていた[22]……。

ローベルト・フォン・デア・ゴルツはかねてから自分が外相になることを当然と考えており、ビスマルクを疎ましく思っていた。ホルシュタインは回顧録において、両者の敵対関係の中での愉快な一幕を記録している。

ゴルツがある日フランクフルトを訪ねてきた時のことを語るのをビスマルクは好んだ。当時、ゴルツはまだ特定の地位になくて、あらゆる人びと、あらゆる物事に激しく抗ってばかりいた。退出の際、ゴルツはすこぶる獰猛な番犬が猛然と吠えかかってくる中庭を横切らなければならなかった。まだ会話の余韻が抜けきっていないビスマルクは窓から呼びかけた。「ゴルツ君、私の犬に嚙みつかないでいただきたい[23]」……。

第二の脅威は、ビスマルクの個性から直接的に生じた。一八五二年三月、彼は決闘沙汰に巻き込まれた。このエピソードは珍妙である。ビスマルクが連邦議会への代表に就任したばかりのころ、小会議の最中に議長のトゥーン伯が葉巻を取り出し火をつけた。慣習的に、連邦委員会の議長であるオーストリア公使だけは会議中に葉巻を吸うことができたのである。ビスマルクはプロイセンが同格であることを示すために、直ちに同様に葉巻に火をつけた。彼はこの話を、ヴェストファーレン州のハーゲン選出のプロイセン下院議員ゲオルク・フォン・フィンケ男爵（一八一一―七五）に語った。激しやすい性格であったフィンケは、同世代中の「最も偉大なプロイセンの議会の雄弁家」と広く目されており、学生時代にはビスマルクと同じく「威勢のよい剣客」であった。[24] フィンケはビスマルクを挑発するのを好んだ。ヘルマン・フォン・ペータースドルフがフィンケについて記しているところによれば、「明るい赤髭を蓄えて丸々と肥えた狡猾そうな顔をした彼は、嘲笑的な笑みを浮かべていた。その体軀には自信と落ち着き払った態度が漲(みなぎ)っていた。……闘争は彼の人生の必須の要素だった[25]」。ビスマルクは義母にこの出来事の顚末を説明している。プロイセン下院での討論において、

彼［フィンケ］は外交的な慎重さが欠落していると私を告発し、これまでのところ私の唯一の成果は「葉巻を灰にした」だけだと言いました。私は、彼に連邦議会での出来事を「差し向かいで」取るに足らない滑稽話として話していたのです。私は演壇から、彼の発言が外交的な慎重さだけではなく、然るべき教育を授かったあらゆる人士に求められるあたり前の慎重さをも逸脱したものであると応酬しました。翌日、介添え役のフォン・ザウケン＝ユーリエンフェルデ氏を介して、彼は私にピストル四発による決闘を申し込んできました。私は、サーベルを使うべきだというオスカーの提案が拒否された後、これに同意しました。フィンケは四十八時間の延期を申し入れてきて、私はこれを認めました。［三月］二十五日の朝八時、我々は美しい湖畔の地であるテーゲルに出向きました。非常な快晴で、鳥が陽気に歌っていたため、到着するとすぐに諸々の悲しい考えは消え去りました。私は恐怖で弱気にならぬよう、ヨハンナのことを考えるのを無理やり止めました。私はアルニムとエーバーハルト・シュトルベルク、そして気落ちした様子の兄を立

会人として同伴してきました。……ボーデルシュヴィング（同名の大臣とフィンケの従兄弟）が仲裁役を務めました。彼はこの対決は危険過ぎるとして、互いに一発ずつに弾数を減らして決闘するよう提案しました。フィンケ側を代表してザウケンがこれを承諾し、さらに、もし私が自分の発言を謝罪するならば彼らはこの対決を止める用意があると通告してきました。私にそんなことをするいわれはなかったので、我々はお互いにピストルを手にし、ボーデルシュヴィングの合図で撃ち合い、そして両方共狙いを外してしまいました。……ボーデルシュヴィングは涙を流していました。……弾数を減らしたことに私はいらいらしており、闘いの続行を望みました。しかし私は侮辱された側ではなかったので、何も言いませんでした。そういう次第です。全員が握手しました。[26]

カール・フォン・ボーデルシュヴィングが弾数を減らすよう提案しなければ、オットー・フォン・ビスマルクの生涯は一八五二年三月二十五日に終わっていたかもしれないし、あるいはビスマルクがフィンケを殺したかもしれず、そうすればほぼ間違いなく自身の経歴に傷をつけることになったであろう。しかし、何事も起らなかった。ビスマルクは生き延びた、危ういところで。

ビスマルクは自分の地位を満喫し続け、後援者のレーオポルト・フォン・ゲルラッハへの手紙でそのことを認めた。一八五二年八月にビスマルクは手紙の冒頭に「私はここフランクフルトで神のように暮らしています」と書いた。ビスマルクは、「私はここでの生活が気に入っている」といった意味を持つ「フランスで神のように暮らす」というドイツの諺の、「フランス」を「フランクフルト」にもじったのである[27]（ドイツ的なユーモア欠落症を完璧なまでに地で行くビスマルク全集の編者たちはこう記している。「原典はこのようになっているが、おそらく誤記である」、と）。

粉を振りかけたかつら、鉄道、ボッケンハイムの田舎騎士［ビスマルクはボッケンハイム通り四〇番地に住んでいた］、外交的共和主義、官房学者たちの連邦議会での口論のごたまぜは私にとても合っています。もし王族がよってたかって堪えられないほどの圧力をかけてきたら、いとも高貴な主君が鎮座まします位と交換してやってもよいのですが。[28]

妹への手紙では、彼はハイネの短い詩を引用しながら、「ああ連邦よ！　汝犬っころよ、汝は健やかにあらず Oh Bund, du Hund, du bist nicht Gesund」と嘲笑し、「この小品はすぐにも満場一致でドイツの国歌になるでしょう」と放言している。[29] ドイツ連邦をからかいつつも、彼はまた小邦の挙動を注意深く観察し、プロイセンが彼らにとって常にオーストリア以上の脅威であり、ゆえに小邦は安全を確保するためハプスブルク家の周囲に集まっていくであろうと結論した。脆弱な保護者であれば強力な保護者ほどに自分たちを貪り食おうとする傾向が強くなかろうという仮定は、ビスマルクの後の行動によってその正しさが裏付けられることとなる。

一八五一年十二月二日、フランス第二共和政において大統領に選出されたルイ・ナポレオン・ボナパルトは、共和国の憲法に対してよく練り上げられた無血クーデタを実行した。このクーデタはヨーロッパの外交的状況を全面的に改変した。この事件なしにはビスマルクは決してドイツを統一しえなかったであろう。ルイ・ナポレオンは、プロイセンの保守主義者たちと同様に過去の栄光の虜であった。自分が大統領に選挙で選ばれたことの背景にある神話を成り立たせるために、彼は伯父の帝国を再建しなければならなかった。換言すれば、新憲法の第一条が主張したように、「この憲法は、一七八九年の宣言の基本原則を認識、確認し、保証する。これはフランス人民の権利の基礎である」。革命の大原則――自由、平等、友愛――が表面上は掲げられねばならなかったが、同時に否定もされねばならなかった。なかんずく、彼は帝冠を必要としたのであり、一八五二年十一月七日に上院が皇帝の称号を復活させたのである。この独裁者はナポレオン三世となり、ルイ・ナポレオンと呼ばれることを止めた。皇帝ナポレオン三世の次のステップは夜が日を継ぐごとく着実であった。彼はナポレオンの外交的姿勢を踏襲し、オーストリアが復元したばかりの均衡を打ち破ることになった。

ルイ・ナポレオン・ボナパルトの出現によって、ビスマルクのその後の立身が可能となった。考えうる限り、他のフランスの統治者の誰も、ナポレオン三世ほどに完璧にビスマルクの思うように振舞ってくれはしなかったであろう。他のどの大国にも、ビスマルクがフランクフルトに来て追求したように、ヨーロッパにおけるオーストリアの力を破壊する理由はなかった。ビスマルクが示した反応は、政治的な可能性を模索する上での彼の型破りで鋭敏な意識を明らかにしている。すなわち彼は、オーストリアやドイツの小邦の君主たちを圧迫するために新たなボナパルトとの和解を説いたのである。早くも一八五三年一月に、ビスマルクはレーオポルト・フォン・ゲルラッハに宛てて以下のように書いた。

もし政府がフランスとの同盟関係に入らなければならないとするなら、これはプロイセンにとって大きな不幸となるであろうと私は確信しています。しかしこれを利用しないにしても、我々は同盟を考慮する際に一定の条件の下では二つの悪の内のました方を選ぶ可能性を捨てるべきではないのです。[30]

この主張は何らかの原則に基づいたものではなく、権力の実情や現実の形勢を踏まえたものであった。もしプロイセンがドイツの諸小邦に、自分たちの頭越しにベルリンとパリの間の取引が成立しうるといった印象を与えたならば、彼らは突如として、そしてみっともないほど取り乱して、フランス皇帝への代償として自分たちが供されることはないという保障を取りつけるために、ベルリンに押しかけることになるであろう。彼らは良きドイツ諸邦たろうとし、プロイセンの要望に従うであろう。実際に一八六二年から七〇年の時期に、まさにビスマルクはそのような脅しをかけたのであり、そして喜ぶべき効果を挙げたのであった。帝政フランスとの同盟という可能性はオーストリアに警戒心を与え、プロイセンの立場を強化した。ビスマルクがレーオポルト・フォン・ゲルラッハに一八五三年末に書いたように、プロイセンにとって敵となりうるのはただオーストリアだけであった。

とりわけ我々が成長してきた、また分かち難く結びついてきたあり方のゆえに、我々の政策にとってはドイツ以外に活動の場はないのです。そしてオーストリアは絶望的なまでに、この事実を自己のために利用しようと望んでいます。オーストリアが要求し続ける限り、我々が共存できる余地はありません。結局のところ我々はお互いに共存することはできません。我々はお互いの口から空気を吸い合っているのです。どちらかが道を譲るか、あるいは「譲られる」かせねばなりません。それまで我々は敵同士であり続けなければなりません。私はこのことを、歓迎できないものの（もしこのような言葉を使うことが許されるならば）「無視できない」事実と考えています。[31]

儀礼上、彼は着任してあまり時間が経たない内にヴィーンに行く必要があった。彼は皇帝に拝謁し、また、一八五二年四月五日に急死したシュヴァルツェンベルク公の後を継いだオーストリアの新指導者たちと会った。フォン・マントイフェル首相への報告の中で彼は、この国の担い手でありビスマルクや大半のユンカーにとって常に永遠の厄介者であったユダヤ人たちについて言及している。

我々に対して、とりわけ通商政策において敵意のある態度を示しているのは、先の首相が引き立てていた勢力である「ユダヤ人一派」（バッハ、ホック、それにユダヤ人の新聞屋たち、ただしバッハはユダヤ人ではありません）だということを、人びとは私に示唆しました。[32]

新しいオーストリアの連邦議会議長、手ごわい学者闘士にして東洋学者であり旅行作家でもあったアントン・プロケシュ・フォン・オステン伯（一七九五―一八七六）〔この時点は男爵。後に伯爵となる〕がフランクフルトに赴任してきた。一八二一年のギリシャ独立戦争についての歴史書、旅行書、何巻にも及ぶ当時のオスマン帝国についての回想記によって、彼はヨーロッパのドイツ語圏全体にその名を知られていた。[33]ビスマルクは彼を嫌った。「彼の軍人風を気取った装いは鼻につく。彼はいつでも軍服を着込み、会議中でもサーベルを外そうとしない」[34]。彼に目をかけてやったメッテルニヒは、こう書いている。「私は彼を高く評価しているし、プロケシュが好きだが、トルコのスルタンの座に据えたって彼は満足しないだろう。彼はエキセントリックで見栄っ張りだ」[35]。一八五三年一月二十八日の返信において、レーオポルト・フォン・ゲルラッハはプロケシュにビスマルクほどの嫌悪を示しはせず、ビスマルクの主張に反して「ボナパルトとボナパルティズムは我々の最悪の敵です」という見解を示した。[36]オーストリアを敵と見なさざるをえないということを、彼は容認できなかった。一八五三年七月二十七日付けの日記において、彼はこう書いている。

私はルートヴィヒや他の人びとに、「連合」〔エアフルト連合のこと〕の真の特質は、プロイセンが単独で奇妙な関係をドイツと結ぼうとし、そしてオーストリアから自立して支配を要求しようとしている点にあると何千回も言ってきた。……大切なのはプロイセンとドイツの連合のみであり、この連合においてはまずオーストリアと結ばれることが必要なのである。[37]

オーストリアに対するこのような態度はビスマルクを満足させなかったが、実際には彼は一八六〇年代の中葉にこれ——ドイツ諸邦の君主たちに対抗してオーストリアと同盟し、それから戦争を惹き起こすためにオーストリアを孤立させるという手法——を実践することになる。

バルカン半島をめぐる紛争の勃発が、フランクフルトの野心的な若き外交官の将来の展望を突然変えた。一八五三年に、ロシアとフランスがパレスチナの聖地管理権をめぐって衝突したことで、ロシアとプロイセン、オーストリアの保守同盟は瓦解し始めた。一八五三年五月、六月には、オスマン帝国内の全キリスト教徒の保護権を掲げるロシアの要求をトルコが拒否した。一八五三年五月三十一日、ロシア軍はオスマン帝国領内のプルート川を渡り、二つのドナウ川流域公国、モルダヴィアとワラキアを占領した。一八五三年十月、ロシアとトルコの間に戦争が勃発した。この戦争はハプスブルク君主国を厄介なディレンマに導いた。ドナウ川下流におけるロシア軍の存在は、この川が中心的な動脈として機能しているがゆえにしばしばドナウ君主国と呼ばれたハプスブルク君主国を脅かすことになった。ロシアの前進を阻止するために何らかの手を講じる必要があった。他方で、一八一五年以来、保守的な政策が二つの宮廷を結びつけており、ハプスブルク家による一八四八/四九年のハンガリーでの革命弾圧を支援するために行われたロシアの干渉は、ロシアからすれば自明と思われるような負債を作り出していた。

一八五二年四月十二日、メッテルニヒ時代以降の時代の真の指導者であったシュヴァルツェンベルク公の死去に伴って、カール＝フェルディナント・フォン・ブーオル＝シャウエンシュタインが外務大臣となった。ブーオルはシュヴァルツェンベルクのような資質を欠いていた。ブーオルは、ロシアの弱点を利用して、バルカンにおけるオーストリアの覇権を確立する機会としようという誘惑に捕われた。宮廷の取り巻き連中と皇帝は疑心暗鬼にかられ、そのためオーストリアの政策は何らの実入りのある利益も得ることなく、あらゆる勢力を敵にまわすということをやってのけてしまった。

ビスマルクはすぐにオーストリアの窮状をプロイセンの勢力拡大のために利用するようマントイフェルに勧め始めた。「大きな危機がプロイセンの繁栄の気運を生み出すのです」と彼は書き[38]、一八五四年には国王フリードリヒ・ヴィルヘルム四世に、自分たちがロシアに対してもオーストリアに対しても対抗できるように上シュレージエンに二〇万の兵力を派兵するよう進言した。

二〇万人の兵力をもって、今まさに陛下はヨーロッパの状況全体の支配者におなりになることができるのであり、平和を命じる立場に立たれてプロイセンのためにドイツにおいて価値のある地位を得ることがおできなのです。

国王は肝をつぶし、以下のように応じた。「ナポレオンのごとき人物であればこのような流血の振舞いをすることができるが、余にはそれはできない」[39]。ブーオルと同様、国王もツァーリの宮廷と結びついた密接な家族関係（ニコライ一世はフリードリヒ・ヴィルヘルム四世の妹シャルロッテと結婚していた）、オーストリアへの義理立て、一八一五年の古き神聖同盟の保守的原則に対する思い入れ、そして自身の優柔不断の狭間で引き裂かれる立場に置かれたのである。

ロシアとトルコの戦争が長引いたことで状況は悪化した。イギリスとフランス、そしてカヴールの率いるピエモンテも加わって、西欧諸国とトルコとの同盟がロシア帝国に対して結成された。これに応じて、オーストリアは連邦の支援を見込み、またプロイセンとオーストリアの緊張関係は連邦議会の議場での喫煙をめぐる対立から戦争と平和の問題というレベルに移行した。一八五四年三月二十二日、ドイツ連邦のオーストリア代表であるプロケシュ＝オステンはオーストリアの外務大臣ブーオルに書き送った。

私はプロイセン側に正直な態度を期待したことは一度もありませんし、何らかの同盟を成立させられないか、そして成立させられたら海軍保有国の助けを借りてプロイセンを無害な規模に縮小してしまうべきではないか、としばしば自問します。我々はこのライバルが力を持っている以上、それから逃れられませんし、相手が力を増強するならなおのことです。カウニッツ〔ヴェンツェル・アントン・フォン・カウニッツ＝リートベルク Wenzel Anton von Kaunitz-Rietberg（一七一一―九四）、オーストリアの政治家、外交官。プロイセンのフリードリヒ二世への対抗上、長年敵対関係にあったフランスと同盟するようマリア・テレジアに献策した〕はフリードリヒの傲慢に対抗することを目指した政策を取りました、そしてこんにちのプロイセンはフリードリヒ二世のかつての国家と何ら変わっていないのです。[40]

この指摘はほとんど的を射ていない。一八五四年のプロイセンは自分の心を決められない国王を戴いていた。ツァーリが軽蔑して書いたように、「我が親愛なる義兄はロシア人として就寝し、イギリス人として目覚める」[41]。ビスマルクは、この危機をプロイセンの国際的な立場を強化するために利用しよう決心していたが、これはとりもなおさず、オーストリアとの同盟に巻き込まれることとの拒否を意味した。彼はまた、ドイツの中小諸邦の策略をも注視しなければならなかった。彼が四月にゲルラ

ッハに書いたように、小規模のドイツ諸邦は

より強い勢力に加担することで自分たちの存在の保持を確保したいと望んでいます。この数年間、彼らはプロイセン・オーストリア・ロシアと、この三国が提携している限りにおいて歩調を合わせてきましたが、オーストリアとロシアがプロイセンから離れる政策を取れば彼らは両国に味方します。[42]

一八五四年三月二十八日、フランスとイギリスはロシア帝国に対して宣戦布告し、海軍部隊と地上部隊を東地中海に派兵しトルコ側について参戦した。四月五日、イギリス軍がガリポリに到着した。こうした状況を背景として、一八五四年四月二十日、プロイセンとオーストリアは攻守同盟を締結し、それを後ろ盾としてオーストリアは一八五四年六月三日にロシアにドナウ川流域の両公国からの撤退を要求した。数日後の六月七日、オーストリア皇帝フランツ・ヨーゼフとプロイセン国王フリードリヒ・ヴィルヘルム四世は、双方の政策を調整するためにテシェン〔現在はポーランドのチェシン〕で会見した。一八五四年六月二十四日、中小諸邦が普墺の同盟に同意した。一八五四年五月十日の兄への手紙に書かれているように、ビスマルクはこの一連の事態に反対した。

ロシア軍に対する最初の一撃が響く時、我々が西欧列強の身代わりになって鞭打たれる少年に変わるであろうこと、そして我々が戦争のもたらす重荷の大半を背負わされるのに、西欧列強が我々に和平の条件を一方的に押しつけてくることになるのは、学校での算数の問題と同じくらい簡単に分かることです。[43]

一連の敗北はロシアの自信を揺るがし、七月二十八日にロシア軍はプルート川の後方に撤退した。西欧列強は今や陸海両方の軍事力を集結し、黒海沿岸への上陸を計画していた。七月十日の兄への手紙においてビスマルクは事態を以下のように観察し、安堵のため息をついた。

大局的な政治状況において、平和の見通しが浮上し始めました。ヴィーンは落ち着いたようで、というよりはむしろ、我々に強い印象を与える必要があると信じ込んで焦って行動することがもはやなくなったように思われます。[44]

八月八日、フランス、イギリス、オーストリアは、ロシアに対して和平交渉の基盤となる四つの条件を提示することに同意した。ロシアが要求されたのは以下の諸点である。

(一) ドナウ川流域の両公国に対する保護権の放棄
(二) ドナウ川の自由航行権の承認
(三) 一八四一年七月十三日の条約〔五国海峡条約のこと。第二次エジプト・トルコ戦争後に締結されたロンドン条約（一八四〇）にフランスが加盟したもの〕の修正の受諾
(四) オスマン帝国内の臣民に対する保護権の放棄[45]

十二月二日、フランス、イギリス、オーストリア間で三国同盟が調印され、これらの三つの大国はプロイセンにも同盟に参加するよう誘いをかけた。ビスマルクは直ちにゲルラッハに手紙を書いた。

十二月二日の条約の文書が一昨日届きました。……絶対にこの同盟に参加するべきではありません。なぜなら誰もが我々が恐怖に駆られて同盟へ加盟しようとしていると見なすでしょうし、我々を脅せば脅すほど、我々から何がしかのものを得られると結論付けるでしょうから。私の見解では、礼節という点からだけでもそれはあってはならないことです。……最小から最大に至るまでの全てのドイツの内閣において、倫理とはかくのごときものです。あれこれの決定が下されるのはただ恐怖によってだけです。互いが互いを恐れ、誰もがフランスを恐れています[46]……。

レーオポルト・フォン・ゲルラッハに書いているように、この月の終わりにビスマルクはベルリンから吉報を受けた。

三日前にマントイフェルからとても喜ばしい手紙を受け取りました。彼もまた、我々が十二月二日の同盟に参加するべきではないと考えています。……我々がくつろぎながら自信を見せる限り、他の人びとは我々に敬意を払うでしょう。我々がうっかり恐怖心を漏らすやいなや、連中はこの卑屈な弱さにつけこみ、さらにそれを増長させ悪用しようとするでしょう。……連邦の諸邦に、オーストリアに脅威を感じているのと同様の、十分な恐怖を味あわせるためには、もし誰かが我々を危険に晒すならば、我々はフランスと、そして自由主義とさえ手を結ぶことができるということを示さなければなりません。我々が行儀よく振舞っている限りは、誰も我々を真剣には受け取らないでしょうし、より大きな脅威を感じるところになびくでしょう[47]……。

ここにおいて初めて、ビスマルクはその政治技法の一面を示している。すなわちそれは、危機の只中で恐怖や疑念を煽りたてることで、プロイセンがどのように行動するかを敵対者に分からせないようにし、手段の選択を行うにあたっては完璧な無節操さを発揮するというものである。プロイセンは必要とあれば、どの勢力ともどの国とも同盟することがありうる。原則というよりも手段という性格を帯びたこの技法は、クリミア戦争に始まり権力からの退場に至るまでの彼の外交的アプローチを特徴づけている。

新年が始まって間もなく、オーストリアの外務大臣ブーオルはレオ・トゥーン伯に以下のように書き送った。

もし戦争が起きた場合、プロイセンが我々の側につかない方が私には好ましく思われます。プロイセンと一緒にロシアと戦うことになれば我々は大いに困惑せざるをえません。もしプロイセンがロシアに加担すれば、我々はフランスと結びプロイセンと戦います。そしてシュレージエンを獲得するのです。ザクセンが復興されれば、遂にドイツの平和を手にすることになります。その代価として、フランスは嬉々としてライン地方を手に入れることができます。[48]

一八五五年一月十日、ビスマルクは協議のためにベルリンに呼ばれ、一月十八日までそこに滞在した。フランクフルトでのビスマルクとプロケシュの関係は完全に壊れていた。一八五五年二月二十日、フォン・ブーオル＝シャウエンシュタイン氏はマントイフェルに書簡を送り、プロイセン政府に間もなくプロケシュが召還されること、そしてヨーハン・ベルンハルト・フォン・レヒベルク・ウント・ローテンレーヴェン伯が彼の後任となることを伝えた。ブーオルはこの機会に、フォン・ビスマルク氏の「悪名を轟かせた、特にドイツ以外の国の大使との対談の中でなされた、オーストリアに対する執念深い敵意を示す発言」に鑑みて、彼の配置換えを行うのが「適切」ではないかと尋ねたが、マントイフェルはこの要求を「断固として」拒否した。[49] ビスマルクは兄への書簡の中で、プロケシュに残留してほしい、なぜなら「かように不器用な敵に再び会うことはないでしょう」から、と述べた。[50] オーストリアの同盟にかかわるこの危機の中、ビスマルクは初めて真の外交的勝利を収めた。中小諸邦の間で興奮が増大し、彼はこう書いた。

多かれ少なかれ、彼らの大半はオーストリアの側についてロシアに対して兵を動員したがっており、我々はドイツの国境を防衛するべきだというのです。フランス軍が我々の領域を通って行軍することを、ここでは誰もが当然のことと見なしています。[51]

軍事的動員に関して複雑な交渉が続いた。その規則の煩雑さや、大会議や小会議とはまた別の軍事委員会における票決状況は、こんにちのEUの欧州連合理事会あるいは欧州委員会の議事と同様に、一八五五年当時、外部の人間には理解できないものであったに違いない。一八五五年一月三十日、連邦は軍事動員を求めるプロケシュの動議を拒否し、オーストリアは提案を引っ込めることになった。ビスマルクの反対動議は「中立性」という言葉を使用しており、連邦に軍事動員を求めるオーストリア側のさらなる要求への返答の中で、ビスマルクはこれに同意しつつも、軍事動員は「あらゆる方面」に向けた兵力配備（とりもなおさずフランスに対する動員）でなければならないという条項を追加したが、それは反ロシア的な方向性を取り除き、明確にオーストリア側の意図の裏をかいたものであった。ビスマルクは、当然のごとくオーストリアとイギリスを含め、交戦国となりうるあらゆる国に対して中立の立場を取るという総意を作るために、フランスの占領軍が自分たちの国の境界を越えて進軍してくるのを目の当たりにするのを恐れるドイツの中小諸邦の不安感を利用した。エンゲルベルクは、「プロイセン大使ビスマルクは外交官として一人前以上の仕事を成し遂げたのだった。かれの見習い修業時代は終った」（エンゲルベルク、前掲書、四〇六頁）と結論している。[52]プロケシュは苦々しげにブーオルに書き送っている。

オーストリアはこんにち、連邦から除け者にされたかのようであり、プロイセンのリードの下でオーストリアを飼いならし、交渉に応じるように圧力をかけねばならないのだという大法螺が轟いています。フランスとオーストリアに対抗する方法としての「武装中立」が今や「至高 nil plus ultra」の外交的叡知と称賛され、我々がそのようにして自らを縛り上げる手伝いをしたことが笑いの種となっているのです。[53]

数年後、ビスマルクは個人的な秘書であったクリストフ・ティーデマンに、一八六五年にはこれと正反対のやり方で相手方のオーストリアを出し抜いてやったと語っている。彼は一八六五年にガスタインでオーストリア代表であったブローメ伯爵にカードゲームを挑んだが、そのプレイスタイルが野蛮かつ無謀であったため、ブローメは彼が外交でも同様のやり方を取るものと決め込んでしまった。[54]長年にわたりイギリスの大使として複数のドイツ諸邦の宮廷に接したサー・ロバート・モーリエは、ビスマルクの分裂した自我を克明に書き記している。プロイセン駐在イギリス大使のオード・ラッセルへの手紙において、彼はビスマルクという人物を以下のように表現した。

ビスマルクが、二つの個性からできていることを忘れてはいけません。彼は、最高に大胆な合わせ技（コンビネーション）〔自分の駒を犠牲にして優勢を狙う戦術〕を熟知しており、相応しい合わせ技（コンビネーション）を絶妙の瞬間に見出す最速の目を持った偉大なチェスの棋士であり、ゲームに勝つためには自分の「個人的な敵意」をも含めた一切を犠牲にします。彼のもう一つの個性は、「自分の合わせ技（コンビネーション）以外の」全てを犠牲にする、この上なく奇怪ではあるが強烈な敵意を持つ個性です。(55)

そしてこれらの「合わせ技（コンビネーション）」はフランクフルトで効力を発揮した。ここに至りビスマルクは、レーオポルト・フォン・ゲルラッハにベルリンの政策決定者たちの態度を明確化させるよう勧めた。

この問題に関して、我々が軍隊には軍隊をもって応じるということをフランスが知るべきであるというのは、私には極めて明白かつ単純なものに思われます。これこそがフランスとの面倒事を回避する唯一の道なのです。(56)

クリミア戦争は不名誉な終わり方で決着がつき、ナポレオン三世が一八五六年にパリでの平和会議を呼びかけ、この会議は二月二十四日に開催された。新しい若きツァーリ、アレクサンドル二世が帝位に就いたが、彼はロシアの敗北が個別的というよりも構造的な欠陥の表れであることを理解した。ツァーリズム体制は、改革、近代化、そして成長しつつある教育を受けた中産階級の社会への取り込みを模索した。かくしてクリミア戦争の敗北は一八五六年のロシアに、ちょうど五十年前のイェーナの戦いがプロイセンに与えたのと同じ効果をもたらしたのである。ツァーリは、専制を弱めることなしに愛国心と「インテリジェンス」を国家構造に注入しなければならなかった。農奴は解放されなければならなかった。村落や郡には学校制度が導入され、都市には地方自治のための機構が設置されなければならなかった。改革構想の巨大さとその危険性は、「劣悪な政府にとって最も危険な瞬間は改革を決断した時である」というトクヴィルの賢明な主張が真実であることを裏付けるものであった。[57]それはまた、敗北し国内の諸制度に気を取られているロシアが、大国政治の舞台からしばらくの間退くことをも意味した。クリミア戦争におけるロシアの敗北なしには、ビスマルクが三度の統一戦争を戦うことは決してできなかったであろう。中欧における勢力関係のルールは一七〇〇年以来、（そしてある意味では今なお）不変であった。すなわち、「ロシアが強まればドイツが弱まり、ドイツが強まればロシアが弱まる」。同様に重要なのは、プロイセンが中立的立場に留まり、モスクワとの親密な関係を何とか保つことができたという点である。オーストリアはロシアを「裏切った」のであり、かつての同盟国から何も期待することができなかった。然るべき機会が到来した時、ビスマルクはドイツにおけるオーストリアの権威を破壊するためにロシアの復讐心を利用する方法を知悉していたのである。

もう一つの国際的な出来事が、同じくらい強烈な、しかしそれほど幸福とは言えない影響をビスマルクに与えた。一八五五年九月二十九日〔十月一日の誤りか〕、ヴィクトリア女王は『ハイランドでの我らの日々の記からの断章』の中で、「私たちの愛しいヴィクトリア〔女王の長女〕は本日、十四日以来私たちのもとを訪問していたプロイセンのフリードリヒ・ヴィルヘルム王子と婚約した」と書いた。[58]一八五六年三月、著名なイギリスの急進的政治家リチャード・コブデンは友人に以下のように書き送った。

アメリカ公使のブキャナン氏が……王女の隣に座りました。彼は王女にすっかり魅了され、彼女は自分が出会った内で最も魅力的な女性だと言いました。「生き生きとして快活で、愉快で楽しげで、優れた頭脳と山のごとく大きな心を持っています」[59]、と。

ビスマルクはこのイギリスとの結婚に最初から否定的であった。「慈悲深い女王陛下」のプロイセンの義理の息子は、

イングランドにおいていかなる敬意も得ることはできないでしょう。……他方、我々のところでは、イギリス貴族とギニー貨に対するドイツの「ミヒェル」〔典型的なドイツ人のことを表す呼称〕の愚かな称賛の中に、あるいは議会や新聞、スポーツマン、地主貴族、裁判長のイギリス狂いの中に、イギリスの影響が最も浸透する土壌を見出すことでしょう。ベルリン子は皆、今でも既に、ハートかリヒトヴァルトから来た本物のイギリスの騎手が話しかけてきて、「クイーンズ・イングリッシュ」の粉々の断片の一かけをでもひねり出す機会を与えてくれたならば、興奮してしまうのです。イギリス人が我が国のファースト・レディーになったらどんなにひどいことになるか。[60]

一八五六年、五七年に、もう一つの、そして非常に重要な問題が、ビスマルクと彼の後見人であったゲルラッハ兄弟との間の友誼に緊張をもたらし始めた。ビスマルクはプロイセンの目的を達成する上でのナポレオン三世の利用価値について、真剣かつ全くもって型破りなやり方で考慮し始めた。このようなことを考えること、ましてやゲルラッハ兄弟のどちらかにそれを表明することは、彼らの根本原理への攻撃に等しかった。ナポレオン三世は「革命」を体現する人物であり、隔離されるべきであっても、容認されるべきではなかった。彼の統治は「非正統的」であり、彼は「赤」であり、「僭主」であり、そして「民主主義者」であった。ビスマルクの考えは違っていた。諸々の可能性は様々な力とそれに反発する力についての合理的な計算を通じて予測されうるものである。これを試そうとする

者はゲームのルールや他のプレイヤーの心理、そして自分が駒を何回動かせるのかについて熟知している必要がある。彼が後に述べているところによれば、

私の全生涯は他人の金を使っての高配当のギャンブルに費やされた。私には決して自分の計画がうまくいくかどうかを確実に予期することはできなかった。……政治は報われない務めである、なぜならあらゆる事が運と推量に依拠しているからである。政治を行う者は一連の可能性と不可能性を計算し、この計算の上に独自の計画を打ち立てる。[61]

ビスマルクが一八五〇年代に使い始めた比喩は、運とカードとサイコロを使う類のゲームを経験したことに由来するものであった。[62] 彼が次第に公然と主張するようになったところによれば、政治とは善や悪とも、また徳や悪徳とも関係ないものであった。それは権力と自らの利害にかかわるものであった。ビスマルクと彼の後援者たちとの間で交わされた、ナポレオン三世に対するプロイセンの態度をめぐる書簡のやり取りは、ビスマルクのキャリアの一つの転換点を、そして彼が自身の公的地位を世話してもらったキリスト教的保守主義者たちとの最初の深刻な断絶を示している。一八五六年〔一八五七年の誤り〕の夏、ビスマルクはパリを訪れ、レーオポルト・フォン・ゲルラッハからそのことについて説教をされた。これに対して彼は以下のように応酬した。

あなたは、私がバビロンに行ったと言って私を叱りますが、熱心にルールを学ぼうとしている外交官にこの種の政治的純潔を求めるのはほとんど無茶というものです。……私はチャンスが到来した際には、私がその中で動きまわらねばならない諸々の要素について自分自身の直接的な観

察に基づいて知らねばなりませんでした。あなたには私の政治的な健康度について心配なさる必要はありません。私は実のところあひるのようなもので、羽が水をはじき、肌と心臓の間は遠く隔たっているのです。[63]

一八五七年になるとビスマルクは冗談を言うのを止め、レーオポルト・フォン・ゲルラッハに二通の手紙を送ったが、それらは力と明晰さに満ち成熟したビスマルクの最初の姿を示している。これらの手紙からは、新たな外交手法の出現、——興味深いことに——適当な英語の訳語が存在しない、「レアルポリティーク Realpolitik」として知られるようになるものの誕生を知ることができるのである。ランゲンシャイトの二巻本の独英辞書には「実際的な政治、現実主義の政治」とあるが、これではこの語の真義を完全に捉えてはいない。ビスマルクとレーオポルト・フォン・ゲルラッハの間でその後に行われた手紙のやり取りが、この言葉についてある種の実践的な定義を与えている。すなわち、自分の利害関心に働きかけ、それを満たすことをなせ、というのがその示すところである。ビスマルクはこれらの書簡の全文を、約四十年後に書かれた回顧録で紹介しているが、これは退職後や老年期においてなお彼がそれらを原則と見なし続けていたことを示唆している。手紙の調子は一変した。ビスマルクは見習い徒弟、「外交の小僧っ子」であることを止めたのであり、国際関係のゲームの達人の一人となったのであった。最初の手紙は一八五七年五月二日付けのものである。その中で、ビスマルクは後見人からの自立を宣言した。問題は再び、ナポレオン三世に対してプロイセンがどのような外交的スタンスを採るべきかという問題をめぐるものであった。この手紙は、おそらくは彼がゲルラッハに送ったものの内で最も重要なものであり、ある程度長く引用する価値がある。

あなたは、感銘を受けた人物のために私が自分の原則を犠牲にしようとしているという仮定から始めました。私はこの内の第一の点も第二の点も共に否定します。この人物は私に全く感銘を与えていません。私には他人を賞賛する能力はあまり備わっておらず、むしろ他人の長所よりも弱点を見抜いてしまうというのが私の視力の一つの欠陥なのです。この前の手紙が生き生きとした色彩を帯びているとすれば、それは私がレトリックを用いてあなたに働きかけようとしたからなのだと考えてください。私が犠牲にするであろうとお思いの原則がどのようなものなのかを、あなたの手紙から正しく把握することが私にはできません。……フランスはただ我が祖国の状態に影響を及ぼす限りにおいて、私の興味を引きます。我々はただ現実に存在しているフランスを相手としてのみ政策を決定できます。……私は、外国や個人に対する共感や反感といった感情と、祖国の外交に携わる者としての義務に関する考えとを両立させることはできませんし、それは私個人に関しても他人に関しても同じことです。そのような感情には主君や己の仕える国家への不忠の萌芽が見られます。……我々の内の誰であろうと、チェス盤の一部が自分たち自身の選択によって我々に閉ざされていると考え、あるいは他人がその両腕を我々を不利にするために用いることができるのに我々の方では片方の腕を縛りつけようと考えるのであれば、彼らは我々の親切心を恐怖の念も感謝の情もなく利用するでしょう[64]。

一八五七年五月六日、レーオポルト・フォン・ゲルラッハはいつになく守勢に回った、不安げな調子で返答した。

もし貴君が原則的問題に関して私との同意を残す必要を感じているのであれば、何よりもまずその原則を見つけ出すこと、そして「事実を無視する」とか「フランスを政治的な連携対象から除外する」といった否定的な表現だけで満足しないことが我々の義務となります。……私の政治的原則であり、かつても今もそうあり続けているのは、革命に対する闘争です。貴君は革命の側につかないようにナポレオンを説得しようとはしないでしょう。彼はどこか他のところに陣取ろうとは思わないでしょう、なぜならそこに位置を占めることが彼にはっきりとした優位を与えてくれるからです。かくしてここには共感か反感かといった問いは何ら生じません。このボナパルトの立場は、貴君が「無視」できない「事実」なのです。……貴君は、人びとが我々を信用できないと言いますが、揺れ動く損得観念によってではなく確固たる原則に則って行動する人物だけが信頼に足るのだということは誰も誤認できない事実なのです[65]。

ゲルラッハは、彼にしては異例の長文で体系的に持論を展開した手紙の中で、極めて明確に反論を提示した。政治は原理原則に立脚していなければならない、なぜなら、原理原則こそが同盟や主導権にとって確たる基礎を与えてくれるからである。原則に依る国家が信頼に足る国家である。ビスマルクはさらに長い手紙を一八五七年五月三十日に返した。

革命に対する闘争という原則は私にとっても重要ですが、しかし私はルイ・ナポレオンだけを……革命の代表者と見なすのは過ちであると考えています。……革命の土壌に根を持たない存在がこんにちの政治世界にどれだけあるでしょうか。スペイン、ポルトガル、ブラジル、南北アメリカ大陸の全ての共和国、ベルギー、オランダ、スイス、ギリシャ、スウェーデン、加えて過去一六八八年の名誉革命の意識に立脚しているイギリスを想起していただきたい。……そしての革命の姿が、地獄からもたらされた飲み物を持ったファウストに登場する魔女が言うところの、「このボトルから私は時々、今では全く臭いのない一口を飲む」という、消滅までの時間切れの段階に達していない時点においてでさえ、諸国家は睦み合い触れあうことを控えるような慎み深さを示しはしないものです。クロムウェルは極めて反革命的な勢力から「親愛なる兄弟」と呼ばれましたし、彼らが彼との友好関係を必要とした時にはそれを得ることになりました。極めて尊敬すべきこの勢力は、スペインから独立を承認される以前のネーデルラント連合共和国と同盟しました。オラニエ公ウィレムとイングランドにおける彼の継承者は皆、ステュアート朝がまだ王位を要求している間に我々の先祖によって「正統 koscher」と認められましたし、我々は一七八五年のハーグ条約によってアメリカ合衆国の革命的起源を追認しました。……フランスの政府の現在の形態は恣意的なものではなく、ルイ・ナポレオンが修正したり変更したりできるものではありません。これは彼が所与のものとみなしたものであり、おそらくはフランスを今後長期にわたって統治できる唯一の方法です。それ以外の全ての方法のための基礎は国民性の中に存在しないか、あるいは打ち壊され失われてしまいました。もしアンリ五世が実際にフランス王位に就いたとしても、異なる統治は不可能でしょう。ルイ・ナポレオンは革命的な状況を作ったのではありません。彼は既成の秩序に反旗を翻したのではなくて、無政府状態の渦中から誰のものでもなかった［権力を］釣り上げたのです。もし彼が、その権力を捨てたならばヨーロッパは大いに困惑することとなり、各国は多かれ少なかれこぞって彼にもう一度それを釣り上げるよう懇願することになるでしょう[66]。

一八五七年を通じて、レーオポルト・フォン・ゲルラッハは「私の側には我々の間で悪感情を抱くべき理由はいささかもない」という状態を保とうと努めた。[67] 一八五八年一月〔二月の誤り〕、彼は長文の手紙を悲壮な言葉で締めくくった。「ここに来てほしい。我々は自分たちの立場をはっきりさせる必要が大いにある。古くからの愛をこめて、貴君の友、L・v・G」[68]。一八六〇年五月に彼が以下のような手紙を書くまで、長い空白期間が続いた。

貴君は私から政治的な書簡を受け取って驚くことでしょう。そしてかつての日々のようにサンスーシからであるということにも。……私は物事がかつてのままであるかのようにこの手紙を書きます。……オーストリアに対する厳しい態度を通じて、貴君が法と革命の単純な二者択一から注意をそらすことを自らに許したのは、とりわけ私を暗い気持ちにさせます。貴君はフランスやピエモンテとの同盟という考え、可能性、思考を弄んでいるが、これらは私から遠いところにあるものであり、親愛なるビスマルク、貴君にとってもそうあるべきなのです。私がこの手紙を「徒然なるままに at random」〔原文は英語〕終えることを許してほしい。貴君にまた会えるとは思えないが、変わらぬ誠の愛情をこめて、貴君の旧友、L・v・G。[69]

ビスマルクは一八六〇年五月二日〔と五月四日〕に、老いた師匠にして後援者であった人物に返信を送ったが、これが老人の気分を高揚させることはほとんどなかったであろう。彼は両者の考え方の相違を極めて明確に示してみせた。

あなたは原則的な問題としてボナポルトともカヴールとも関係を持ちたくないと願っていらっしゃいます。私はフランスとサルデーニャを敬遠したいと思っていますが、それは彼らが悪だからではなく、我々の安全についての関心からして、彼らが同盟相手として非常に怪しげだと考えているからです。ひとたびその権力を認められたのであれば、誰がフランスとサルデーニャを統治していようと私にとっては全然重要ではないのですが、これは良し悪しに関係なく事実の問題です。……フランスは同盟関係を持つ可能性のあるあらゆる相手の内で最も問題のある国ですが、同盟を結ぶ可能性は保持しておかねばなりません。なぜなら、誰であれチェス盤の六四の枡目の内の一六が最初から閉ざされているのならば勝負にならないからです。[70]

これがビスマルクが「敬愛する」後見人に書いた最後の手紙であった。レーオポルト・フォン・ゲルラッハは一八六一年一月十日、フリードリヒ・ヴィルヘルム四世の葬儀の際に罹った風邪で死去した。ビスマルクが回顧録に書いたところでは、

さらに、彼は身も心も国王に捧げたのであり、君主が誤っていると思った時でもそうであった。これは、風が強くとても寒い天候の下、頭に何も被らず兜を脇にして国王の亡骸の後に付き従うことで、彼が結局は自らの自由意志で死に至ったとも言える事実から明白であった。主人の亡骸に対する老僕のこの最後の奉仕は、既にかなりまで衰弱していた健康状態を破壊した。彼は丹毒を患って家に帰り、数日後に亡くなった。彼の最期は、昔日のゲルマンの諸侯の従者たちが自発的に主君に従って殉死したことを思い出させた。[71]

自らが立身出世を果たすうえで、特に一八五一年の公使としてのフランクフルトへの赴任に際してはほぼ確実に後押ししてもらった人物へのビスマルクのこの冷淡な告別の辞は、彼に典型的なもので

ある。ゲルラッハは役に立ってくれたが、ビスマルクは回顧録の中でそのことについて言及していない。老ゲルラッハは過去の遺物であった。国王フリードリヒ・ヴィルヘルム四世が脳卒中に倒れてもはや統治の任に当たることができなくなった一八五七年十月以降[72]、ビスマルクにとってレーオポルト・フォン・ゲルラッハがあっという間にいかなる意味においても無用の存在となったと記すのは、あまりにも生々しいことであったのかも知れない。ビスマルクは、彼と、彼の国王との親密さを、首相兼外相のオットー・フォン・マントイフェルの検閲を受けることなしに君主に自分の構想や提案を伝えるために利用した。フリードリヒ・ヴィルヘルム四世は深刻な脳卒中に倒れて一年後の一八五八年十月七日、回復の見込みのないことが明らかになった。彼の弟のプロイセン王太子ヴィルヘルムが摂政になり、いわゆる「新時代」の政府が作られ、保守的な自由主義者たちの「週報党 Wochenblattpartei」が影響力を有するようになり、そしてその中ではビスマルクが毛嫌いしていたローベルト・フォン・デア・ゴルツが主導的役割を果たしていた。レーオポルト・フォン・ゲルラッハはこのことを一八六〇年五月一日の最後の手紙の中でビスマルクに想起させようとしている。

貴君に言いたいことがもう一つあります。貴君は全閣僚に対して完全に一人で対峙しています。この立場では持ちこたえられません。……貴君はR・フォン・デア・ゴルツを信頼できないのでしょうか。「新時代」の後、彼はあけっぴろげに、信頼に足るやり方で私に話しかけてきました。ベルンシュトルフもまた使えるでしょう[73]。

ビスマルクはこの助言を無視した。彼が最も望んでいなかったのは、穏健保守派との同盟であった。彼の心中には、レーオポルト・フォン・ゲルラッハに衝撃を与えたであろう別の同盟があった。

一八五九年夏に国民自由主義者のヴィクトール・ウンルーに述べたように、ビスマルクはボナパルティストのゲームに乗り出そうと考えていた。

プロイセンは完全に孤立しています。しかしプロイセンにとって、もし相手を味方につけて扱う術を知っているのならば、ただ一つだけ同盟相手となりうるものがあります。……それはドイツの民衆です！　私は十年前と同じユンカーです。……しかし、もし実際の状況をはっきりと認めることができないなら、何らの洞察力も理解力も持っていないということになるでしょう。[74]

ビスマルクは、フランスの「大衆」が急進主義にではなく秩序に対して投票し、ルイ・ナポレオン・ボナパルトに圧倒的な票を投じたのを目にしていた。ドイツの民衆は、プロイセンの地位を強化しようというビスマルクの計画にとって、同じ役割を果たしてくれるのではなかろうか。彼は目標に達するために、カマリラを利用したようにナショナリズムを利用しようと目論んだ。彼は以下のような理解に達した。

政治は科学というよりも芸術である。それを授業で教わることはできない。才能こそがその実践に必要なのだ。最良の忠告でさえ、もしその実行が不適切であれば役に立たない。[75]

こうしたこととは別の諸変化がクリミア戦争を背景として発生し、プロイセンを強化することとなった。一八五〇年代前半、プロイセン軍の移動を変革する鉄道敷設の急激な拡大が実現した。一八五〇年代に参謀総長を務めたカール・フリードリヒ・ヴィルヘルム・フォン・ライアー将軍は、作戦に決定的に重要な意味を持つ方針を考案した。すなわち、騎兵や砲兵の利便に応えるような、鉄道車両と駅に関して拘束力をもつ基準が作成され、プロイセンの全ての鉄道会社に対する軍事的規定を記したマニュアルがまとめられたのである。さらに、戦時の輸送は鉄道によることを原則とするように時刻表が調整された。一八五〇年代にはプロイセンがこの計画を全国規模の動員として実際に試すことはなかったが、一八五六年には作戦用の時刻表が出来上がっていた[76]。

一八五七年十月、一八五七年十月二十三日に三ヶ月間の国王代理に任命されていた王太子ヴィルヘルム四世によって一八五七年十月、参謀総長カール・フォン・ライアーが死去し、国王フリードリヒ・ヴィルヘルムはヘルムート・フォン・モルトケを後任に指名したが、これはヴィルヘルムが行った二つの最も重要な人事の内の一つであった。もう一つは一八六二年九月二十二日のビスマルクの首相任命である。モルトケはビスマルクと同様に注目すべき人物であったが、その気質や社会性は完全に正反対であった。彼は一八〇〇年十月二十六日にメクレンブルクのパルヒムに生まれたが、父は財力に乏しく一族の所領を維持できず、結果的にデンマーク軍に勤務することとなった。一家の質素な環境は「モルトケが二人の兄弟、ヴィルヘルムとフリッツと共に、自分たちの希望とは関係なしに軍人になることを強いた[77]」。金銭の不如意は一生涯にわたり相当な吝嗇を続けることをモルトケに強いた。元帥にしてプロイセン史上最も偉大な将軍でありながら、彼は二等車で旅行し、大抵の場合は紙袋に入れたサンドウィッチを持ち歩いていた。一八二二年、彼はデンマーク軍からプロイセン軍に異動し、一八二三年から二六年まで陸軍アカデミーで学んだ。アーデン・バックホルツが書いているように、陸軍アカデミーは新たな将校の育成法である「戦争ゲーム Kriegsspiel」を発展させた。

戦争ゲームは二人のプロイセン将校、ライスヴィッツ兄弟によって一八一〇年から二四年の間に独自に考案された。元々は、一マイルを二六インチとする石膏で作られた地形の模型と陶磁器の駒が使われていたが、後に金属製のシンボル——プロイセン軍は青、敵軍は赤——に改良された。……一連のルール、プレイヤー同士を仲裁する審判——指揮官でもある——、戦争における偶然的要素を成り立たせるためのサイコロといったものが必要である。戦争ゲームは三つないし四つの異なったレベルで行われる。その内の一つは地図や砂盤を囲んで室内で行われる。他の三つは戸外で行われる。[78]

モルトケは同期中の首席で卒業した。彼は常にあらゆる事で難なくトップに立ったが、貧しさゆえ、参謀本部で得た地位を維持することが難しかった。なんとなれば、彼には馬を飼うのに必要な個人的な収入源がなかったのである。結果的に、アルブレヒト・フォン・ローンと同様に、モルトケは地図作成部に所属し、「地形の芸術家」となった。モルトケは、参謀総長カール・フォン・ミュフリング男爵の指揮下で、壮大な地図プロジェクトに参加し、一八二六年から二九年までの三年間、この業務に従事した。

この仕事をするために、彼［モルトケ］は田舎の家庭に同居した。……彼は事実上、古くから続くシュレージエンの貴族の家族の一員となったが、彼らは正午までを「ドレスの着せ替え **grande toilette**」に費やし、いつも自分たちが何を考えているか口にしなかった。彼らは素晴らしい庭園に囲まれた美しい城に住み、フランス風の庭や壁に掛けられた昔の巨匠の絵画を所有していた。モルトケは伯爵夫妻をスケッチし、詩作を行い、様々な隣人たちに会った[79]……。

モルトケは画をよくし、(史料によって言語数は異なるが) 六ヶ国語かあるいは七ヶ国語を話し、完璧なマナーを身につけていた。彼は理想的な廷臣となるために必要なあらゆる優美さと(慎重さを含む) 美徳を備えていた。

一八三三年、彼は遂に参謀本部に参加できるだけの資力を蓄えたが、一八三五年に六ヶ月の旅行を願い出て、バルカン半島を経由してコンスタンティノープルへと向かった。一八三六年、スルタンの大使がプロイセン政府に訓練将校の派遣を要請し、既に現地にいたモルトケがその職務に就くこととなった。彼は軍事顧問としてトルコ軍に三年間勤務し、バルカンと中東地域の各地を周り、一八四一年に回想記を書き、これを上梓してたちまち名をあげた。[80] この著作は『半月の下で』という表題でこんにちまで再版され続けている。一八四二年、彼はイギリス人女性のマリー・バートと結婚したが、子どもをもうけはしなかった。

アーデン・バックホルツが述べているところによると、

数百名の佐官を含むこの世代の面々の中で、モルトケは今や特別な存在となった。彼の同僚には、実戦経験を積んだ者は誰もいなかった。彼以外の誰も軍司令官への助言者として勤務したことがなかったし、オスマン帝国皇帝から星剣勲章を授けられたり、プロイセン国王からプール・ル・メリット勲章を授与された者はいなかった。一般教養層にとって、そのような名声を得た将校は二世代前——諸国民解放戦争の時代——にまで遡るものであった。しかし、彼の名声は平時におけるものであり、こんにちからしてもより重要なのは、彼が王家の注目をも集めたという点である。彼らは自分たちの見出したその人物に驚かされた。彼は非常に聡明な将校であり、優雅で宮廷に通じており、さらには芸術家としての名声を博していた。パトロンとクライアントの関係がはびこっていた上流社会では、こうしたことには黄金のごとき価値があった。彼のその後の三回にわたる任務は三名の王族と親密に日常的に接することを可能にした。すなわち、王の甥で最も軍隊に親近感を持っていたフリードリヒ・カール王子、王の弟のハインリヒ王子、そして王の別の甥であるフリードリヒ・ヴィルヘルム王子のことである。モルトケはこうした王家の人びととうまくやっていった。これは彼に成功をもたらす確たる鍵の一つであった。優雅に服を着て、完璧に調子を整え、彼はどこにでも調和した[81]。

芸術の愛好家としてローマで独身生活を送っていた王弟ハインリヒ王子の副官に抜擢されたことで、モルトケはイタリア語を学び、永遠の都の莫大な宝物とも言うべき建築物を描く機会を得た[82]。モルトケは希少な人材であり、万能の人であった。彼ができないことなど、特に芸術に関しては何もなかったように思われる。こうした任務の中でもとりわけ重要なのは、フリードリヒ・ヴィルヘルム王子の副官となったことである。これによって彼はプロイセン王太子ヴィルヘルムの知己を得た。彼らには沢山の共通点があった。「モルトケと国王ヴィルヘルムは同じタイプの人間であった。すなわち、質実で、単純明快さを好み、穏健で、気取りがなかった。両者は手紙の余白をメモ用に使い、古い衣服を新しいものに取り替えるのを好まなかった[83]」。モルトケはもう一つの資格を有していたが、あらためて言うまでもなく、彼はその資格を保有した最初の人物であった。つまり、彼は教育機関としての参謀本部の産物であった。彼の前任者であるグロルマン、リューレ・フォン・リリエンシュテルン、ミュフリング、クラウゼネック、ライアーはナポレオン世代に属し、参謀本部が一八一七年に正式に組織される以前からの軍歴があった。これに対して、モルトケは今では自分が指揮することとなった組織の出身者であった[84]。

モルトケの冷静で超然とした態度を物語る逸話はその全生涯にわたり、枚挙にいとまがない。一八七〇年七月にホルシュタインは以下のように報告している。

シュティーレ大佐［フリードリヒ・カール王子の参謀長であったグスタフ・フォン・シュティーレ］もまた私に、サー・ウォルター・スコットの小説を手にしてソファに座っているモルトケの姿を見たと語った。大佐はかかる事態にあってそのように読書などしていることに少し意見したが、将軍は穏やかにこう答えた。「なぜいけないのかね。全部用意できている。我々はただボタンを押すだけだよ[85]」。

独仏戦争の間、ユリウス・ヴェルディ・デュ・ヴェルノワ中佐は参謀将校の一人であった。一八七一年一月九日、彼は上司としてのモルトケについての評価を個人的な日記に記した。これは偉大な将軍の個性に関する注目すべき証言である。

モルトケは［……］部下たちとほぼ完全に寝食を共にしており、誰に対しても配慮を欠かさない。今回の戦役を通じて、誰も彼が厳しい言葉を発するのを聞いたことがない。彼はその単純明快で明朗で穏やかなやり方で、我々と一緒にはしゃぎさえする。我々は皆彼の仲間であることに幸福を感じており、彼を完全に愛し崇拝している。しかし我らの小さなサークルの外では、彼に対してはただ一つ、賞賛の感情だけが存在している。誰もが彼を真に理想的な個性だと言っている[86]。

プロイセン軍にとって十九世紀最大の勝利となったセダンの戦いの日の夕べ、国王は最上級の指揮官たちのために晩餐会を催した。当時若き参謀将校であったアルフレート・フォン・ヴァルダーゼー伯爵は、日記に以下のように記録した。

ディナーにはローン、モルトケ、ビスマルクが列席した。王はグラスをかかげ、「余のために剣を鋭く鍛えた者、それを振るった者、そして余の政事を成功に導いた者」の健勝を祈って飲み干した。この台詞はしばしば異なるかたちで引用されてきたが、私はこれこそが王の言葉であると保証する。[87]

一八五八年一月二十五日、プロイセン王太子の息子で王位継承者のフリードリヒ・ヴィルヘルムがイギリス王女ヴィクトリアと聖ジェイムズ宮の王室礼拝堂で結婚した。ビスマルクは未だウィンザーでの式に臨席するほどの地位にはなかったが、王家の婚礼を祝うベルリンでの様々な晩餐会に招待され、友人への手紙の中で「夕方に大掛かりな舞踏晩餐会が開かれたが、非実用的な文官の制服の型と冷えた廊下のせいで胃カタルにかかりました」と記している。[88] 後に見るように、ビスマルクは王宮を病原菌が充満し、隙間風が吹きすさび、尊大な女どもが闊歩する危険な場と見なしていた。若き王女はわずか十七歳であり、容貌はさらに幼く見えた。

ヴァルブルガ・フォン・ホーエンタール伯爵夫人は一八五八年に次のように証言している。

王女は特別に幼く見えました。体中に子どもっぽい丸みがまだ残っており、彼女のことを実際以上に小柄に見せていました。彼女は大陸ではもうだいぶ前に廃れてしまった型のドレスを着ていましたが、それは背中で紐を締めるスタイルの絹のドレスで、プラムの色をしていました。髪は額にかかっていました。その瞳が私には一番印象的でした。黒目は晴れた日の海のような緑色で、白目は普通の人よりずっと明るく、瞳に魅力を与えていました。微笑むと美しい白い歯がこぼれ、近づく人を魅了しました。[89]

一八五八年の間にフリードリヒ・ヴィルヘルム四世は、脳の言語野に損傷を与える脳梗塞を何度か繰り返し、ますます統治の任に堪えられなくなった。一八五八年十月七日、彼は自分の権力を弟ヴィルヘルムに譲り渡し、彼を摂政とした。[90] 王太子は摂政として保守的なマントイフェルを罷免し、新たな内閣をビスマルクが「敵ども」と見なしていた「週報党」のメンバーで構成した。いわゆる「新時代」はプロイセン自由主義者たちから熱心に支持されたが、ビスマルクにとってそれは災厄を招くものであった。ビスマルクの見解では、イギリスの影響と摂政の下でのこの「新時代」はいずれも危険なものであった。プフランツィはこの変化を極めて正確に要約している。「抜け目のない観察者にとっては、この変化はそれほど抜本的なものには見えなかった。ここでは、封建主義的な保守主義者たちに代わって貴族のホイッグ派が権力を手にした[91]」。この評価の妥当性に疑問の余地はない。しかし当時は、ベートマン・ホルヴェークやルードルフ・フォン・アウエルスヴァルト、そしてホーエンツォレルン侯であり首相となったホーエンツォレルン＝ジークマリンゲン家のカール・アントン、さらに一八四八年の自由主義者で新内閣に名を連ねた閣僚たちが、新たな門出を約束しているかのように見えたのであった。ザクセン＝ヴァイマルの公女で、心底からの自由主義者であった摂政妃のアウグスタは「新時代」を歓迎した。摂政は疑念にかられた。「余が群衆から称賛されるようなどんなことをやったというのであろうか」と、彼は苛立ちながら問うた。[92]

「新時代」の内閣は就任間もない時期に一つの変化を生み出した。一八五九年二月二日、新政府は騎士領を所有していたユダヤ人、すなわちブレスラウのユリウス・ジルバーシュタイン氏なる人物に、ブレスラウの地方議会での投票権、つまりまさに一八四七年にビスマルクがユダヤ人への開放を拒むよう尽力し、それに成功を収めたはずの「身分的 ständische」特権を認めたのである。議会において指導的立場にあった貴族たちは抗議し、この決定を受け入れることを拒否した。これらの諸特権をユダヤ人の強奪に抗して護持するためのキャンペーンがその後の二年間吹き荒れた。[93] バークの恐るべき予言が実現し、国土は商品と化し、ユダヤ的金権政治が伝統と名誉を備えた真の代議制に取って代わったのだ、と。

「新時代」はビスマルクと権力との直接的な繋がりの断絶をも意味しており、彼は落胆し、病にかかった。一八五九年二月二十日〔一八五八年の誤り〕、彼はレーオポルト・フォン・ゲルラッハに以下のように書き送った。

外交に関しては何も書くことがありませんし、私は深く失望しています。現在のベルリンがそうであるように、先見も顧慮もなければ、計画も、意思を働かせようという徴候もない時に、完全に無目的で無計画な宮仕えは精神を痛めつけます。私は直接指図されたことをこなし、物事をただ右から左に流す以外に何もしていません[94]……。

彼は自分の健康状態について、兄にこぼした。

働き過ぎで病気になっていたころは、欠くべかざる身体の鍛練にわずかな時間を割くことに幸せを感じていました。こうしたことがないために、私は血行不良、鬱血、風邪の悪寒といった症状に大いに苦しんでいます。[95]

心気症を皮切りに、あらゆる類の病気、そして鬱状態が、決まったようにビスマルクを取り巻く政治的状況の変化に随伴していた。年齢を重ねるほどに、そして——奇妙なことに——栄達を遂げるごとに、これらは悪化していった。

ビスマルクが自らの影響力の低下にやきもきしているころ、アルブレヒト・フォン・ローンは聖ヨハネ騎士団への入団式に招待された。摂政は彼に騎士団のマントと徽章を授け、ローンが妻のアンナに語ったところでは、以下のように話しかけた。

「これは師団長たちと、いつか師団長になるであろう紳士たちの新しいマントなのだよ。(私の手を力強く握りながら)貴君はまだそこに加わっていないが、近い将来その一員となるであろう」[96]、と。この「近い将来」を、私は少なくとも年内のことと理解している。

ローンの出自はごく慎ましやかなもので、恐らくはオランダのブルジョワの家系の出身であった。「デ・ローン」という名字は明らかに貴族のものではなく、彼の父方の祖父はフランクフルトでワイン商を営んでいた。ローン家のオランダの祖先には、「ノア」や「イサーク」といった名を持つ者がかなりいたので、ナチ時代には、彼らは身の危険から自分たちの系譜を改竄したのであった。[97] ローンが一八四六年と四七年に王太子の甥の教育係を務めた後の四八年十一月一日、フォン・ウンルー将軍は彼に、王太子ヴィルヘルムとアウグスタ妃がフォン・ローン少佐を彼らの息子で十七歳のフリードリヒ・ヴィルヘルムの軍事教師に迎えるのを望んでいることを伝えた。フリードリヒ・ヴィルヘルムは王太子夫妻の長子であり、後に皇帝フリードリヒ三世となる。[98] 王室の好意によっていかに短期間でモルトケの地位が変わっていったかについては既に確認した。将軍は少佐にアウグスタ妃からの手紙を手渡したが、その中で彼女は、心の純粋さ、嘘のなさ、そして敬虔さに関しては若い王子にこれ以上何も望むことはないと説明した。しかし、「性格の堅固さと知的な能力、つまりは明敏さと論理性に関しては同程度とは言えません」。彼女は息子に最新の教育を授けたいと願っていた。「彼は現在と未来に属しています。その結果、彼は新しい思想を吸収し、それらを消化することで、自分の時代と人生についての明瞭で生き生きとした認識を、その外部にではなく内部に、そしてそのものにおいて発展させなければなりません」。[99]

この申し出を受け取った五日後、ローンはこの注目に値する手紙に対してこの上なく率直な返信を送った。彼はこう宣言する。

おっしゃるところのこんにち的な見解にはどれ一つ、内的な真実と外的な正当性を認めることはできません。……私は自分のことを年をとり過ぎていますし、偏見に凝り固まっており、時代遅れだと感じております。私に染みついた「反動的本質」は若い御子息にとって有害ではないでしょうか。[100]

慎ましく生活しあまり裕福でもなかった少佐は、華やかな出世へと続く黄金の梯子を降りたが、彼はまた、若い王子が「宮廷とそのあらゆる影響から切り離されるべきである」と妃に提案する大胆さも持ち合わせていた。[101] ある意味では、ローンはその率直さによって自分の栄達の見通しを大きな危険に晒したのであるが、彼とアンナは十二月十日に妃からの手紙を受け取って安心したに違いない。こ

こで妃が記しているところによれば、彼を軍事教師にするという選択が正しかったことは、

あなたの率直で誠実な回答により完全に裏付けられました。……私の息子を宮廷や親元から引き離すという提案に関しては、私たちの見解には相当な逕庭（けいてい）があり、さしあたり近い将来はそのような理由で彼を私たちの元から手離すつもりはありません[102]〔独語版では、ヴィルヘルム王太子がローンに宛てた十二月三十一日の書簡〕。

一月上旬にヴィルヘルム王太子はローンに、陸軍省のフィッシャー中佐が王子の軍事教師に任命されたことを丁重に通知した。王太子は自分自身の遺憾の念を書き加えた。

今日のところは余はただ、自分たちの最初の選択が実現しなかったことをいかに残念に思っているかということを述べ、そして我々の貴君に対する尊敬の念がいかなる点においても変わらないことを保証するのみである。[103]

プロイセン軍がバーデンの革命を鎮圧した一八四九年の間に、フォン・ローン少佐はフォン・ヒルシュフェルト中将の指揮するライン方面軍第一師団の参謀長の任に就いた。全軍の指揮をとったのがプロイセン王太子ヴィルヘルムであったために、ローンは将来の国王との関係を固めることができた。[104] 彼は侍従武官長のフォン・キルシュフェルトやフィッシャー中佐等の数名と共に王太子の周辺グループの一員となった。このグループはプロイセンの政治が目指す方向性に嫌悪を抱いていた。彼らは王太子が当時滞在していたコブレンツの宮殿に集った。[105] 一八五〇年十二月〔独語版では九月〕、フォン・ローンは中佐に昇進し、〔十二月には〕トルンの第三三予備歩兵連隊の指揮官となった。彼の妻が一八五〇年

十二月三十一日に記したように、「この配属［辺鄙なポーランドの小邑の地味な予備連隊の指揮官への配属］は陸軍大臣の一派の敵意の表われです」[106]。彼はこの敵意にもかかわらず、一年後には大佐に昇進し、連隊は幸運にも片田舎のトルンから王太子夫妻のコブレンツの王宮に程近いケルンへと配置換えとなった[107]。プロイセン王太子はそこでしばしば第三三連隊を閲兵し、ローンを定期的に引見した。

コブレンツはフランクフルトから遠くはなかったが、ローン大佐が一八五二年七月十四日の手紙では、冒頭に「名誉ある友人」と書きながら、ドイツ連邦代表としてのビスマルクに自分の上司の将軍がナンシーの要塞にルイ・ナポレオン・ボナパルトを訪問するための段取りを整えてくれるよう依頼した公的な書面の部分では、彼を「名誉ある閣下」と呼んでいることに示されているように、ローンとビスマルクの関係は未だ形式ばった段階に留まっていたものと思われる。彼は、クライスト＝レッツォーやモーリッツ・フォン・ブランケンブルクといった共通の友人たちからの挨拶に話を移し、ご令室がおそらくは一八四七年のヴェネツィアでのことを覚えておいでと思う、と記している[108]。ローンは劣等感を感じなければならなかった。まだ四十歳に達していない若輩のビスマルクが政治の世界で彗星のごとく煌めいていたのに対して、結局のところ、彼は五十歳近くになってなお、あまりぱっとしない連隊の司令官であった。一家は彼の薄給に頼って生活しなければならなかった。一八五七年十一月九日に友人のボン大学教授クレメンス・テオドーア・ペルテスに書いたように、五年後になっても彼の地位はそれほど上がらなかった。「私は実際のところまだ、新兵を獲得するか、内容のない手紙を上から下へ、そして下から上へ送る以上のことをできません」。しかし、彼はベルリンへの旅行と「我が将来の計画」について報告している。注記によると、ドイツ連邦の軍事全権委員としてフランクフルトへ異動する可能性についてビスマルクと書簡のやり取りが行われたことが記されている[109]。

一八五八年六月二十五日、ローンが聖ヨハネ騎士団の騎士に迎えられた翌日、王太子ヴィルヘルムは彼を私的に引見し、軍制改革に関する「構想と計画を書面で」示すよう求めた。摂政はローンに、徴兵と人員配置の手順のより効率的な運営を提案するよう所望した。原則として全ての成人男子が兵役の対象であったが、当時は実際には少数の者が二年間の兵役に就いているだけであった。一八五〇年代には年間約四万人が徴兵されていた。より良い軍隊とは、より多くが徴兵され、よりしっかりとした訓練を受け、より長期にわたって兵役に就いている状態を意味した。それはまた、七年の任期があり、さらに七年間の延長が可能であった地域的な民兵の「ラントヴェーア Landwehr」に、一定の真摯な改革を加えることも意味していた。

一八五八年七月十八日〔独語版では二十二日〕、ローンは『祖国の軍制に関する覚書と草案』を提出した。[110] ローンは、検討の結果を次のように断定的に書き出している。

一．ラントヴェーアは「政治的に間違っている」組織である、なんとなればそれはもはや外国人に感銘を与えるようなものではなく、国内外の政治に対するその意義は疑わしいものだからである。

二．ラントヴェーアは同時に「軍事的に間違っている」組織であり、そして「脆弱な」組織である、なんとなれば以下のものが欠落しているからである。

a）真正の、堅固な軍人的精神

b）信頼できる軍事的組織には不可欠な厳重な規律による制御

したがって、再建は以下のような方法によって行われなければならない。

一．ラントヴェーアと正規軍部隊との確固たる合同の実現
二．適切な指導者が欠落している状態の改善[111]

ローンは三年現役制、そして徴兵数の大規模増員が必須条件であることを主張した。

かつてのラントヴェーアの「第一種」は平時には完全に正規軍部隊に組み込まれなければならない。……もし誰かが望むなら、「ラントヴェーア」という呼び名は維持されるであろう。もちろん、もしその方が望ましいというのであれば、全軍が「ラントヴェーア」と呼称されうる。[112]

最終的にこの計画は、現役三年、後備役五年の通算八年間の従軍義務を負う新兵を毎年六万三〇〇〇人補充することを予定していた。新しいプロイセン軍は、精々のところ約二〇万人の無頓着に徴集された兵士からなっていた目下の緩んだシステムとは異なり、即時に召集可能な完璧に訓練された部隊からなる三〇万人以上の兵力を常時保有することとなっていた。

この計画は、その急激な兵力増強という点においてだけではなく、ローンが完全に否定した二つの主たる原則をラントヴェーアが代表していたという点においても、非常に急進的なものであった。武器携帯の権利は常に自由な人間の証とされてきたものである。この原則に対する信仰は、一七九一年十二月十五日に批准された権利章典〔アメリカ合衆国憲法中の人権保障規定。修正第一条から修正第一〇条にあたる〕に関するアメリカ合衆国憲法の修正第二条に表れているが、それは自由な市民が武器を携行する権利を有することは完全に自明なことであると宣言していた。

自由な国家の安全のために必要なよく統制された民兵、人民が武器を保持し携行する権利は、侵害されるべきではない[113]。

プロイセンは自由な国家ではなかった。そこには市民はおらず、臣民だけがいた。摂政にも彼の軍事的助言者にも、これを変革しようという意図はなかった。かくしてローンは、所属する兵士たちに駐屯地を超越した理念を与えていた「ラントヴェーア」を、「政治的に間違っている」組織と呼んだのである。初めて志願兵の部隊をプロイセン王国軍と共に実戦に投入した一八一三年から一五年の「民衆の決起」に起源を有するという意味でも、それは間違っていたのであった。見栄えのする黒い軍服を着て自由のために戦った英雄的な若者たちの伝説は、本来の軍隊の中では将校となることが叶わない、愛国的解放戦争の分け前を要求するブルジョワ層にとっての慰めとなった。ビスマルクはまさに、この戦争が真の解放戦争であったという思想を拒否した一八四七年のプロイセン連合州議会での最初の演説によって、そのような感情を傷つけて憤激の嵐を巻き起こしたのであった。「自由な」民兵を伝統的なプロイセン軍の「死体のごとき服従 Kadavergehorsam」〔本来はイエズス会の戒律と思われる〕へと組み込むことは、リベラルな中産層の自己イメージ全般に対する攻撃であった。財政上のコストはかさみ、プロイセン下院はこれに同意しそうもなかった。

プロイセンがこのような費用を簡単に捻出することができるのだということは、未だ納税階級の意識に完全には浸透していなかった。一八一九年〔一般的には、ドイツ関税同盟の成立年は一八三四年とされる。しかし、プロイセンは一八一八年の関税法を基に、一九年以来近隣諸邦との関税の合同を推進しており、このことを指すものと思われる〕にプロイセンが創設した関税同盟は、オーストリアを除外した、強力な国内市場となった。一八六〇年代にプロイセンは、関税同盟領域内の銑鉄と石炭の生産量の十分の九、鉄鉱石の産出の三分の二、そして鋼と亜鉛の生産のほぼ全てを占めていた[114]。これほど明確ではないものの少なくとも同程度に重要なのは、一八一五年から六〇年代にかけてプロイセン全体に波及した教育革命である。一八三三年にフランスの教育大臣であったヴィクトル・クーザン〔当時のフランスの教育大臣はギゾー。クーザンが同大臣を務めたのは一八四五―四八年〕はプロイセンを「兵舎と教室の国」と呼んだ。一八四〇年代に有名なアメリカの教育改革者ホーレス・マンはプロイセンの学校を視察し、それらがいかに自由なものであるかを記した。

私は何百もの学校、……何万もの学童を見たが、過ちを犯したがゆえに罰を受ける子どもを一人も見たことがない。私は罰を受けたことで、あるいは罰を受ける恐怖で泣き出す子どもを一人も見たことがない[115]。

一八五〇年のプロイセンにおいて、読む能力と書く能力の双方を含めた識字率は平均して約八五パーセントであった。同時期にフランスでは読解力のみでも六一パーセントに過ぎず、イギリスでは両方の能力で全人口の五二パーセントにしか達していなかった[116]。

教育を授かった労働人口は、科学とテクノロジーを活用し始めた産業に雇用を見出した。プロイセンの大学は科学の先駆者を輩出し、工科大学のシステムは科学の産業への応用を実現しうる技術者の世代を育て上げた。博士号やゼミナール、研究計画を備えたドイツの大学は工科大学と共に、ドイツをヨーロッパにおける主導権争いへとさらに駆り立てた。

一八四八年の革命から一世代の歳月が過ぎた後初めてプロイセンに戻ったフリードリヒ・エンゲルスは、この変化に驚愕した。

プロイセンのライン州やヴェストファーレン、ザクセン王国、上シュレージエン、ベルリン、そして港湾都市を一八四九年以来見ていないものは誰も、一八六四年にそこに昔の面影を認めることができなかった。至るところに機械と蒸気機関が広がっている。まず海岸部での商業活動において、次いで海上交易において蒸気船が帆船に段階的に取って代わった。鉄道は何倍も延長された。ドックヤードや炭鉱、鉄工所で、鈍重なドイツ人がかつてはありえないと考えていた類の活動が広まっている。[117]

アルブレヒト・フォン・ローンが一八五八年七月に摂政のための覚書の草稿に書いたように、プロイセン王国は矛盾を示していた。フリードリヒ大王は未だに模範であった。古風なフリードリヒ大王のごとき絶対王政が、一八五〇年の憲法によって多少修正されながらもその精神に宿っていた。社会が非常に急激な産業化を伴って加速度的に近代化し始めるなかで、プロイセン貴族は未だに軍隊と官僚制において権力を独占していた。これによって、さらなる政治参加と真の議会政治を要求する裕福な中間層と巨大な産業労働者階級の勃興がもたらされた。プロイセンはフリードリヒ大王の軍隊国家であり続けたが、これは巨大な工場や大都市、先進的なテクノロジーを有する国家であった。ローンの軍隊はそのような国家のあり方をいささかも変えるものではなかった。一八六二年にプロイセン軍に入隊した士官候補生の八五パーセントが「古（アルト）プロイセン」の領域の出身であり、七九パーセントが伝統的なプロイセンの家庭（将校、官僚、地主貴族）の出身であった。同時期に将校団の三五パーセントがブルジョワ層であったが、高級将校である大佐と将軍全体の八六パーセントは、貴族層によって揺るぎなく独占されていた。[118] 換言すれば、フリードリヒ大王の貴族たちが未だにプロイセンを統治していたのであるが、しかし彼らの治めるプロイセンは全く別のものになっていた。この矛盾がビスマルクやローン、そしてモルトケの行く末を規定した。ビスマルクの成功とは、それが成功と言えるとするならば、彼がこの矛盾を十九世紀の末まで維持し続けたことによるものなのである。

原注

（1）Dreier website: <http://www.jura.uni-Wuerzburg.de/lehrstuehle/dreier/dokumente_und_entscheidungen/dokumente_am_lehrstuhl/schlussakte_der_wiener_ministerkonferenz_15_mai_1820/>. （2）*Deutsches Staats-wörterbuch*, ed. Johann Caspar Bluntschli and Karl Ludwig Theodor Brater. Published by Expedition des Staats-Wörterbuchs, 1858 Original from the University of Michigan, Digitized 8 May 2006, p. 61. （3）ベルリンのビスマルクからヨハンナ宛ての一八五一年五月三日の書簡、*GW* xiv. 208. （4）ヘートヴィヒ・フォン・ブランケンブルクからヨハンナ・フォン・ビスマルク宛ての一八五一年五月七日〔独語版では三日〕の書簡、Engelberg, i. 369. （5）ビスマルクからヨハンナ宛ての一八五一年五月十四日の書簡、*GW* x. 211. （6）ビスマルクからクライスト＝レツォー宛ての一八五一年七月四日の書簡、Pflanze, i. 51. （7）ベルリンのビスマルクからヨハンナ宛ての一八五一年五月八日〔独語版は七日〕の書簡、*GW* xiv. 208. （8）ビスマルクからヨハンナ宛ての一八五一年五月五日の書簡、*GW* xiv. 209. （9）Engelberg, i. 367. （10）Anthony Trollope, *Barchester Towers*（1857）(London: Penguin Classic, 1994), 188. （11）フェルディナント・ラサールの「一八六三年三月一日の公開回答」, in Oncken, 281. （12）*GW* xiv. 209. （13）ビスマルクからヨハンナ宛ての一八五一年五月十八日の書簡、*GW* xiv. 213. （14）ビスマルクからヴァーゲナー宛ての一八五一年六月五日の書簡、*GW* xiv. 217. （15）Engelberg, i. 386. （16）ビスマルクからレーオポルト・フォン・ゲルラッハ将軍宛ての一八五一年六月二十二日の書簡、*GW* xiv. 219-20. （17）フランクフルトのビスマルクからヨハンナ宛ての一八五一年八月十六日と九月六日の書簡、*GW* xiv. 237, ibid.

240.　（18）フランクフルトのビスマルクから兄宛ての一八五一年九月二十二日の書簡、*GW* xiv. 241.　（19）ビスマルクからレーオポルト・フォン・ゲルラッハ宛ての一八五三年二月二十三日の書簡、*GW* xiv. 292.　（20）ビスマルクからレーオポルト・フォン・ゲルラッハ宛ての一八五二年二月六日の書簡、*GW* xiv. 249-50.
（21）Willms, 97.　（22）Ibid.　（23）Holstein, *Memoirs*, 22-3.　（24）Herman von Petersdorff, 'Georg Freiherr von Vincke', *Allgemeine deutsche Biographie*, vol. xxxix（Leipzig, 1895）, 748.　（25）Ibid. 750.　（26）一八五二年三月二十五日、ビスマルクとフィンケは決闘を行った。ビスマルクから義理の母宛ての一八五二年四月四日の書簡、*GW* xiv. 258.　（27）この諺は、ゲオルク・ブッフマンの *Geflügelte Worte: Der Citatenschatz des deutschen Volkes*, 510–11 によると十六世紀に遡り、皇帝マクシミリアン一世に由来する。　（28）フランクフルトのビスマルクからレーオポルト・フォン・ゲルラッハ将軍宛ての一八五二年八月二日の書簡、*GW* xiv. 275.　（29）フランクフルトのビスマルクから妹宛ての一八五三年十二月二十二日の書簡、*GW* xiv. 336.　（30）Pflanze, i. 86-7.
（31）ビスマルクからレーオポルト・フォン・ゲルラッハ宛ての一八五三年十二月十九日〔独語版では十九－二十日〕の書簡、*GW* xiv. 334.　（32）Engelberg, i. 396.　（33）'Prokesch von Osten, Anton Franz Count（1795-1876）', *Neue deutsche Biographie*, vol. xx（Berlin, 2001）, 739–40.　（34）ビスマルクからマントイフェル宛ての一八五三年二月十二日の書簡、以下からの引用、Engelberg, i. 384.　（35）Ibid. 384.　（36）Gerlach, *Briefe*, 28 Jan. 1853, pp. 33-4.　（37）レーオポルト・フォン・ゲルラッハの一八五三年七月二十七日の日記、Engelberg, i. 403-4.　（38）Willms, 100.　（39）Pflanze, i. 90.　（40）Engelberg, i. 424.　（41）Willms, 100.　（42）フランクフルトのビスマルクからレーオポルト・フォン・ゲルラッハ宛ての一八五四年四月十三日聖木曜日の書簡、*GW* xiv. 352.　（43）ビスマルクから兄宛ての一八五四年五月十日の書簡、*Bismarck Briefe*, No. 144, pp. 174-5.　（44）10 July 1854, ibid., No. 147, p. 177.　（45）Ibid. 179, n. 1.　（46）フランクフルトのビスマルクからレーオポルト・フォン・ゲルラッハ宛ての一八五四年十二月十五日の書簡、*GW* xiv. 374-5.　（47）フランクフルトのビスマルクからレーオポルト・

フォン・ゲルラッハ宛ての一八五四年十二月二十一日の書簡、*GW* xiv. 375.（48）Engelberg, i. 424.（49）*Bismarck Briefe*, 181, n. 1.（50）フランクフルトのビスマルクから兄宛ての一八五五年三月二十六日の書簡、ibid. No. 154, p. 181.（51）ビスマルクからレーオポルト・フォン・ゲルラッハ将軍宛ての一八五五年二月二日の書簡、*GW* xiv. 381.（52）Engelberg, i. 428.（53）Ibid.（54）Tiedemann, 281.（55）Urbach, 61.（56）フランクフルトのビスマルクからレーオポルト・フォン・ゲルラッハ宛ての一八五五年二月十日の書簡、*GW* xiv. 384.（57）<http://www.famousquotesandauthors.com/topics/revolution_and_reform_quotes.html>.（58）*Letters of the Empress Frederick*, 6.（59）Ibid. 7.（60）フランクフルトのビスマルクからレーオポルト・フォン・ゲルラッハ将軍宛ての一八五六年四月八日の書簡、*GW* xiv. 439.（61）Pflanze, i. 81.（62）ベルリンのビスマルクからレーオポルト・フォン・ゲルラッハ宛ての一八六〇年五月二日、四日の書簡、*GW* xiv. 549.（63）フランクフルトのビスマルクからレーオポルト・フォン・ゲルラッハ宛ての一八五七年九月十五日の書簡、*GW* xiv. 415.（64）フランクフルトのビスマルクからレーオポルト・フォン・ゲルラッハ宛ての一八五七年五月二日の書簡、*GW* xiv. 464-8.（65）ゲルラッハからビスマルク宛ての一八五七年五月六日の書簡、*Briefe*, No. 103, pp. 208-13.（66）フランクフルトのビスマルクからレーオポルト・フォン・ゲルラッハ宛ての一八五七年五月三十日の書簡、*GW* xiv. 470.（67）レーオポルト・フォン・ゲルラッハからビスマルク宛ての一八五七年十二月二十二日の書簡、*Briefe*, No. 107, p. 223.（68）Ibid., *Briefe*, 23 Feb. 1858, No. 109, p. 229.（69）Leopold von Gerlach, *Briefe*, No. 110, 1 May 1860, pp. 229-32.（70）ベルリンのビスマルクからレーオポルト・フォン・ゲルラッハ宛ての一八六〇年五月二日、四日の書簡、*GW* xiv. 549.（71）*Bismarck, Man & Statesman*, i. 52-3.（72）デイヴィッド・バークリーはフリードリヒ・ヴィルヘルム四世についての伝記の中で、一八五三年から健忘症と言語障害をきたした国王が統治能力を失っていく様を見事な筆致で描いている。一八五八年十月八日〔一八五七年の誤りか〕、彼はさらなる発作の後に意識を取り戻したが、「彼は民衆や家臣に対して適当な言葉を与えることができない状態のままであった。病状が鎮静化し始めたにもかかわらず、誰もが彼が公務活動を再開するには長い時間がかかることを理解していた」。Barclay, 279.　(73) Leopold von Gerlach, *Briefe*, 1 May 1860, No 110, pp. 231-2.　(74) Pflanze, i. 140.　(75) Ibid. 82.　(76) Klaus-Jürgen Bremm, *Von der Chaussee zur Schiene: Militär und Eisenbahnen in Preußen 1833 bis 1866*, Militärgeschichtliche Studien (Munich: Oldenbourg, 2005).　(77) 'Moltke', *Neue deutsche Biographie*, ed. Historischen Kommission bei der Bayerischen Akademie der Wissenschaften (Berlin: Duncker & Humblot, 1953), xviii. 13.　(78) Bucholz, 33-4.　(79) Ibid. 33.　(80) Molte, *Neue deutsche Biographie*, 14.　(81) Bucholz, 40–1.　(82) Moltke, *NDB* 14-15.　(83) Bucholz, 49.　(84) Walter, 500–15.　(85) 8 July 1870, Holstein, *Memoirs*, 41.　(86) 9 Jan. 1871, Versailles, Verdy du Vernois, *Im grossen Hauptquartier*, 239.　(87) 3 Sept. 1870, Waldersee, 95.　(88) フランクフルトのビスマルクから市参事会員ゲルトナー宛ての一八五八年二月三日〔独語版では五日〕の書簡、*GW* xiv. 484.　(89) Letters of the Empress Frederick, 11.　(90) Kurt Börries, 'Friedrich Wilhelm IV', *Allgemeine deutsche Biographie & Neue deutsche Biographie* (Digitale Register), vol. v (Berlin, 1961), 565.　(91) Otto Pflanze, *Bismarck and the Development of Germany: The Period of Unification*, 1815–1871 (Princeton: Princeton University Press, 1971), 121-2.　(92) Ibid. 134.　(93) Wagner, 293ff.　(94) フランクフルトのビスマルクからレーオポルト・フォン・ゲルラッハ宛ての一八五九年二月二十日の書簡、*GW* xiv. 484.　(95) フランクフルトのビスマルクから兄宛ての一八五八年四月二十九日の書簡、*GW* xiv. 488.　(96) Roon, i. 342.　(97) Walter, 210, n. 81.　(98) Roon, i. 213.　(99) アウグスタ王妃からローン宛ての一八四八年十月二十二日の書簡、ibid. 219.　(100) ローンからアウグスタ王妃宛ての一八四八年十一月六日の書簡、ibid. 225.　(101) Ibid. 226.　(102) アウグスタ王妃からローン少佐宛ての一八四八年十二月十日の書簡、ibid. 231.　(103) ヴィルヘルム王子からローン宛ての一八四九年一月九日の書簡〔独語版では八日〕、ibid. 231.　(104) Ibid. 233-4.　(105) Ibid. 257.　(106) アンナからローン宛ての一八五〇年十二月三十一日の書簡、ibid. 261.　(107)

Ibid. 266–7.
(108)コブレンツのローンからビスマルク宛ての一八五二年七月十四日の書簡、ibid. 267-8.
(109)ローンからペルテス宛ての一八五七年十一月九日の書簡、ibid. 334-5.
(110)Ibid. 343-4.
(111)Ibid. 348.
(112)Ibid. 350-2.
(113)The United States Constitution Online: <http://www.usconstitution.net/const.html#Am2>.
(114)Pflanze, i. 105.
(115)Clark, *Iron Kingdom*, 407.
(116)Richard L. Gawthrop, 'Literacy Drives in Pre-Industrial Germany', in Robert F. Arnove and Harvey J. Graff (eds.), *National Literacy Campaigns: Historical and Comparative Perspectives* (New York: Springer, 1987), 29.
(117)Pflanze, i. 105.
(118)Karl Demeter, *Das Deutsche Heer und seine Offiziere* (Berlin, 1930), 13-29 and 69-95.

第6章 権力

ビスマルクは一八五九年時点の自分の立場に失望していた。彼は首相オットー・フォン・マントイフェル男爵に忠誠心を抱いていなかったが、マントイフェルは彼を厚遇した。今や国王とマントイフェルの両者が、国王は病のゆえ、またマントイフェルは仕事に対する几帳面さのゆえに表舞台から退場した。摂政王太子にフリーハンドを与えるために、マントイフェルと彼の内閣は一斉に辞職届を提出し、摂政はこれを一八五八年十一月六日に受理した。マントイフェルは伯爵の称号を辞退し、自分の所領に引き揚げた。(1)首相と外相の交替に伴い、ビスマルクは自分がサンクトペテルブルクに派遣されるという噂を耳にしたが、これは彼には――全く根拠がないわけではないが――自分を文字通り厳寒の地に放り出す企みのように思われた。ビスマルクは摂政のもとに――A・J・ラッセルの訳による彼自身の表現であるが――「出張り」、王に謁見を求めたが、このような気安さは、ビスマルクの厚かましさ、あるいはプロイセンの君主の敷居の低さを物語るものである。この謁見において、彼は誰も自分の代わりを務めることはできないと抗弁した。彼は八年間にわたりフランクフルトで勤務し、あらゆる重要な人物の知己を得ていた。彼の後継者であるフォン・ウーゼドムは鼻もちのならない妻を有する愚か者であり、さらに言えば「新時代」の内閣自体も見栄えのしないものであった。彼は摂

政に次のように伝えた、

連邦議会での自分の地位について説明した後で、私は一般的状況に話を移し、こう申し上げた。「殿下の閣僚中にはただの一人も知的な政治家はおらず、彼らはどれも凡庸以外の何者でもなく、お粗末な頭脳しか持ち合わせておりません」。

摂政「貴君はボニーンのこともお粗末な頭脳だと思うのか」。

私「決してそのようなことはありません。しかし彼は引き出しの中を整理することができませんし、大臣を務めるなどなおのこと無理です。シュライニッツは廷臣の一人ですが、政治家ではありません」。

摂政（苛立ちながら）「貴君はひょっとすると余のことを怠け者だと思っているのか。余自らが外務大臣と陸軍大臣を務めよと申していると理解した」。

私は許しを乞い、こう申し上げた。「こんにちでは、最も能力のある州知事〔独語版では郡長 Landrat〕でも、知識を持った書記官なしには自分の管轄地域を治めることができませんし、常にそうした存在に依存しているのです。プロイセンの君主制は同様のことをさらに高度な次元で求めています。高い知性を備えた大臣たちなしには、殿下は満足できる成果を得ることがおできにならないでしょう(2)」。

ビスマルクが実際にこうしたことを全て語ったのかどうかを知る術はない。問題の謁見は、ビスマルクが回顧録を書く三十五年前に行われたものである。彼は当時、記録をつけていたであろうか。しかしそうは言っても、この文章にはなお驚嘆を禁じえない。四十三歳の大使が全大臣をこきおろし、何らの咎(とが)めも受けることなしに摂政に無礼をはたらくことができたということは、ビスマルクが自分の思ったことを何でもやり遂げることができ、また実行したということ、あるいはプロイセン宮廷が他の国の君主たちの間ではあり得ないような寛容さを有していたということを示している。このようなことをヴィクトリア女王やナポレオン三世に対して敢えて実行しようとは、誰もしなかったであろう。

当時のビスマルクの記録はもっと控え目なものである。彼は一八五九年一月半ばにヨハンナ〔妹の誤り〕に手紙を送り、自分が摂政王太子の宮廷で丁重な処遇を受けたこと、そしてハンス（・フォン・クライスト＝レッツォー）やオスカー（義弟のフォン・アルニム）、アレクサンダー・フォン・ベーロ＝ホーエンドルフ、モーリッツ・フォン・ブランケンブルク、ヴァーゲナー、エーバーハルト・ツゥ・シュトルベルク伯、ゾムニッツ達と夕食を共にしたことを書いた。おそらく彼は一月二十四日までベルリンに滞在し、フランクフルトでの現職に留まることを認めてくれるよう摂政に懇願した。[3] 下された決定はこれとは異なるものであった。一八五九年一月二十九日、ビスマルクはロシア皇帝アレクサンドル二世の宮廷の公使への赴任を命ぜられた。[4] ビスマルクは相当に陰鬱な気分になって、転任と転居の準備のためにフランクフルトに帰った。

ローンを取り巻く雰囲気もまた険悪であった。彼は、自分よりも十歳年長で、司令官として比較にならないほど輝かしい経歴を有していた新しい陸軍大臣エードゥアルト・フォン・ボニーンの敵意の対象となった。フォン・ボニーンは正規軍とラントヴェーアとの統合に関して独自の構想を持っており、ローンの覚書を評価しなかった。一八五九年一月九日、ローンはアンナに、新大臣はなるべく速やかに自分の計画を葬り去ろうと目論んでいると書いた。[5] 翌日、彼は摂政と夕食したが、その後アウグスタ妃が彼にしばらくの間留まり、軍制改革案と十二月二十二日の会合の内容について報告するよう求めた。

彼女は私の現在の立場について議論し、私を励まそうとした。平常心を失わないようにするべきであり、かくのごとき重要性のある事案は最大の情熱と粘り強さをもって追求されるべきものである、と。……摂政が改革をお命じになればよいのですという私の発言に対して、妃は曖昧な返答をされた。摂政は多くの計画や提案に圧倒されており、説明報告が苛立たしく不愉快なものになって、彼の仕事がより難儀なものになってはいけない、いずれにしても、これを遂行する人がその有用性を確信しているのなら、全ての物事がより良く行われるであろうことは明らかだとおっしゃって、私を放免なさった。[6]

翌日フォン・ボニーン大臣が侮蔑をもって彼を解任し、その計画を破棄した時、平常心を保つのは容易ではなかったに違いない。ローンは腹を立てながらアンナにボニーンの言葉を書き送った。

彼は実際、ただ受け取っただけで読みさえしなかった覚書に割く時間を持たず、その中身を一顧だにしなかった。彼は幼い少年のようにせわしなくまくし立てた。[7]

二日後、摂政は閣議を開き、軍制改革計画を議題として取り上げた。結局のところ、ローンはこの会議への参加を求められ、改革の目的が実現可能かどうかを検討するための委員会の委員長に、内閣の名において自分が任命されたとフォン・ボニーンが説明するのを聞いた。これは喜ぶべきことであったが、ローンは懐疑的であった。彼は、フォン・ボニーンが改革を委員会で葬り去って改革を頓挫させようとしていること、そして「あらゆるこの手の委員会は物事を駄目にする恐れがある」ことを確信していた。[8]

ローンとビスマルクの運命は、実際には世界の全く別のところで決定された。一八五九年一月二十九日、フランスとピエモンテの間の条約が両陣営で批准された。この条約の大部分は、一八五八年にプロンビエールにおいてナポレオン三世とピエモンテ首相カヴール伯の間で交わされた合意に基づいて成文化されたものであった。そこには、オーストリアをイタリアから一掃するためにピエモンテがイタリアで交戦した場合、フランスはオーストリア側の侵攻により同国とピエモンテに味方すること、そしてサヴォイア家の下で北イタリア王国を建設することが定められていた。数日後の一八五九年二月四日、ナポレオン三世は『皇帝ナポレオン三世とイタリア』と題するパンフレットを発行し、その中で、大ナポレオンの甥として自分の先達の足跡に追従するつもりであることを表明した。彼もイタリアを解放し、反動的なハプスブルク帝国の勢力を弱めようとしたのである。世紀半ばのヨーロッパの国際秩序に対するこの大胆な攻撃は、ローンとビスマルクを権力の座へと押し上げ、またドイツまでもが統一されるような状況を作りだす震動を生み出すことになった。

フランクフルトの居宅を引き払い、自らの職をグイード・ウーゼドムに明け渡す準備をした時、ビスマルクが悲観的になったのはゆえないことではなかった。彼はフランクフルトを去る前に、一族の故地であるフランクフルトのロートシルト銀行の長であったマイヤー・カール・フォン・ロートシルト（一八二〇—一八八六）の豪邸での晩餐に招かれた。彼はヨハンナへの手紙の中で、興奮した調子でこの体験について書いている。「夥（おびただ）しい数の金銀のスプーンやフォークを保持する、真に古式ゆかしきユダヤの悪徳商人 Schacherjude」。[9] この晩餐は後々にまで影響を及ぼすことになった。それと言うのも、マイヤー・カールの推薦に基づいて、ビスマルクは、ベルリンの銀行家でロートシルト一族の傘下で自分の銀行を経営していたゲルゾン・ブライヒレーダーを自分の個人的な銀行家に指名し、サンクトペテルブルク駐在中の家計を託したからである。[10] この関係はブライヒレーダーが一八九一年に他界するまで続き、ビスマルクに大金をもたらした。「ビスマルクの銀行家」として知られるようになったことがブライヒレーダーに及ぼした作用を揣摩するのは難しいことではなく、本書でも後に多少詳しく述べることとなろう。

ビスマルクは元々異動を嫌がっていたが、サンクトペテルブルクへの転任に関わる物事が難儀で、また大枚をはたく必要があったことで、この思いはさらに強まった。二月二十五日、ビスマルクはロシアでの前任者であるカール・フォン・ヴェルター男爵（一八〇九―一八二〔一八九四年の誤り〕）に、当然ながらヴェルターが売却することを望んでいたサンクトペテルブルクの邸宅の家具についての手紙を書いた。「妻が到着するまでの六ヶ月間、がらんどうの大きな家で私は何をすればよいのでしょうか」。ビスマルクは最初の数ヶ月をホテルで過ごす決心をした。[11] 兄のベルンハルトに訴えたように、ペテルブルクへの転任は非常に高くついた。なるほど、彼は「通常の環境ならばとても快適に生活できるだけの」三万三〇〇〇ターラーの高給を新たに得たが、ヴェルターはサンクトペテルブルクの公使官邸に家具抜きで六四〇〇ターラーを支払っていた。これはビスマルクがフランクフルトで支払っていた額よりも四五〇〇ターラーも高額であった。外務省は彼に引越し費用として三〇〇〇ターラーを支給すると約束したが、彼はこの補助に加えて、最終的には一万ターラーをポケットマネーから払うことになろうと見積もった。[12]

ビスマルクは一八五九年三月六日にフランクフルトに別れを告げ、数日の滞在で済むだろうと予想しつつベルリンに向かった。十日後、彼はヨハンナに以下のように書き送った。

私はまだ、大いに苛立ちながらここにいます。私には自分が何をすべきか、そして自分の出発について皆にどのように応えるべきかが分かりません。土曜日に出発することに決めましたが、しかし今では、私が預かるべき王太子からツァーリに宛てた手紙があり、それを持っていかなければならないのですが、手紙は翌週まで整わないというのです。[13]

その後、何の前触れもなしに彼は突然出立しなければならなくなった。

私が予想していた通りのことになりました。理由なく十六日間にわたり留め置かれた後で、昨日の五時になってできるだけ早く、遅くとも今晩には出発するべきだということになったのです。そうはしたくなかったので、明日の午後に出発することにしました。[14]

ベルリンからサンクトペテルブルクに至るビスマルクの旅は、彼我の世界の逕庭を再確認させるものである。鉄道が拡大し始めており、旅の最初の段階であるケーニヒスベルクまでは鉄道で行けたとはいえ、その後彼は様々な種類の馬車で、郵便馬車駐留所や馬車停留所を乗り次いで旅しなければならなかった。三月の後半にはバルト海沿岸に大雪が降ったために、ビスマルクは何度も馬車を降りて車を押さなければならなかった。遂にサンクトペテルブルクに到着して、彼はケーニヒスベルクからサンクトペテルブルクまでの疲労困憊しつつも興奮に満ちた一週間——今なら飛行機で一時間で着くのであるが——のことを書いた長い手紙を妹に送った。長めに引用する。

おとついの朝早く、私は当地のデミドフ・ホテルに到着しました。ここで私は体を温めたり乾かしたりしましたが、ここまでたどり着くまでこの作業にずっと骨折ってきました。我々は八日前にケーニヒスベルクを発ったのですが、その時激しい吹雪が始まり、それ以来地表の色を見ることがありませんでした。インスターブルクでもう既に、公用馬車が一マイル進むのに一時間かかっていました。ヴィーアバレンで乗った馬車は悲惨なもので、私の背丈には小さ過ぎたので、エンゲル［従者の名前］の席と交換し、前部にある屋根なしの外部席で次の駅舎までずっと過ごしました。ベンチの背中板の角度がきつく、夜はマイナス一二度まで気温が下がることを別にしても、寝ることはできませんでした。私は、汽車に乗っていた最初で最後の日の夜を除いて、この場所で金曜日から月曜日の夜まで頑張り、コヴノで三時間眠り、駅舎のソファで二時間眠りました。到着した時には、私の肌は幾重も剝がれてしまっていました。激しい雪が轍（わだち）を覆っていたため、この旅は長期に及んだのです。馬車を引く八頭の馬たちがどうしても動けなくなることで、我々は何回も馬車を降りて歩かなければなりませんでした。デュナ川〔ダウガヴァ川〕は凍りついていましたが、半マイル上流に行くと渡河できる場所がありました。ヴィリヤ川〔ネリス川〕では流氷が風に漂っており、ニーメン川〔ネマン川〕は渡河可能でした。郵便馬車が普通は三、四頭の馬を利用するところを八頭か十頭持っていったために、時々馬が足りなくなりました。馬が六頭以下になることは一度もなく、馬車が積載量をオーバーすることもなかったのですが。御者たちが最善を尽くしてくれたので、私は馬を駄目にしてしまいたいという誘惑に抗することができました。なだらかな丘は最悪の障害で、特に丘を下る時には後ろの四頭の馬がお互いに転んで、折り重なってしまいました。ともかくにも、旅路は終わったのであり、今となっては話すのも楽しい。[15]

配属に抵抗を示したにもかかわらず、ビスマルクは実際にはサンクトペテルブルクを大いに満喫し、手紙からは赴任以前にもその後にも見られないような幸福に満ちた豊潤な雰囲気が看取できる。「北のヴェネツィア」のプロムナードや大通りに関する彼の描写は大きな魅力に溢れている。彼はロシア人の奇妙さを観察するのを楽しみ、手紙の中で王宮や庭園、公園、オーロラ、この国の彩りの美しさを延々と綴った。ペテルブルクでの手紙は、休むことを知らない野心的な天才の人生の中の牧歌的な休息を描いている。領事館が置かれていなかったため、一八五九年五月に兄に書いたように、ビスマルクはプロイセン国王の代理として多くのことを担当した。彼の主な仕事はロシア帝国にいる四万人のプロイセン人の保護にあたることであった。「彼ら全員のために、ある時は弁護士になり、またある時は警察官になり、郡長になり、苦情代弁者になります。私は大抵一日に百枚の書類にサインします[16]」。彼は、ロシア外相のゴルチャコフ公爵との手合わせを楽しみ、どれほど小さな機会もそのために活用した。四月二十八日、彼はヨハンナにこう書いている。

今日、私たちは皇帝と共にパレードに加わり、老ホーエンローエ侯爵の埋葬と葬儀を執り行いました。黒い幕を掛けた教会で、誰もいなくなった後で、ゴルチャコフと一緒に死者のしゃれこうべを覆う黒いビロードに座って「政治談義」をしました。これは仕事であり、お喋りではありません。説教者は人の命のはかなさについて賛美歌からの引用（草、風、乾燥）をしましたが、我々は人間が死なないものであるかのごとく計画を立て、筋書きを作りました[17]。

彼は一八五四―五五年のオーストリアの「裏切り」が許されていないことを報告している。

当地でオーストリア人がどれほど低く見られているかは予想だにできないほどのものです。疥(かい)

癬(せん)病みの犬でさえも彼らの与える肉を食べようとはしない。……彼らへの敵意には限りがなく、私の推測を超えています。こちらに到着して初めて、私は戦争が起きると信じるようになりました。ロシア外交全体が、オーストリアの息の根をどうやって止めるかということ以外には何も考えていないのです。温厚で紳士的な皇帝でさえその話になると激昂するし、ダルムシュタット〔ヘッセン大公国〕の公女である皇后と未亡人となった皇太后が、フランツ・ヨーゼフを我が子のように愛していたツァーリの傷心について語る様子には胸を打たれます[18]……。

本人が記しているように、一人の皇族との特別な関係が彼に満足感を与えた。彼は、プロイセン王女シャルロッテにして故フリードリヒ・ヴィルヘルム四世の妹であった故皇帝ニコライ一世の皇后、アレクサンドラ・フョードロヴナからペテルゴーフ宮に招待された。以下はビスマルクの記録である。

私にとって、彼女はその優しさの中に母性のごときものを感じさせる存在であり、子ども時代からずっと知っている人であるかのように話すことができました。……彼女の深い声と正直な笑い声、さらには数時間に及ぶ叱り声でさえもが、私には家庭を思い出させるものでした。私は白いネクタイとモーニングコートを着込み二時間にわたり公式の謁見に臨みましたが、終りに近づくと、彼女は私に別れを言いたくないが、私にはすべきことが沢山あるに違いなかろうとおっしゃいました。私が「少しも」と応えると、彼女は「よろしい、それなら妾(わらわ)が明日出発するまでここに居られよ」と言われました。私はこの誘いを喜んで命令として受け入れました。ここでの時間は喜びに満ちたものであり、ペテルブルクの町は石と舗装で一杯だったからです。一番美しい時期のオリヴァ〔ダンツィヒ(グダンスク)の一地区〕とツォポット〔ソポト。ポンメルン東部の町〕のことを想像してみていただきたい。

テラスや噴水のついた一ダースもの宮殿、その間の池、湖に続く木陰の小道と芝生、こうしたものが一体となった大公園、青空と暖かな太陽、木々の海の向こうにかもめが飛び交い帆船の浮かぶ本当の海、この何十年間、私はこんなに良い気分を感じたことがありません。[19]

この文章の中に、独り身の優しき皇太后の母性と四十四歳の公使である息子との睦み合いを見出すのは深読みに過ぎるであろうか。管見の限り、このような愉悦と幸福の言葉はビスマルクの膨大な書簡中に他にはない。彼は家庭にいるような気分を感じたというが、これは愛だったのであろうか。世代を超えた思いもよらぬ「親和力」という関係は知られていないわけではないが、ここにはそれを見出しうる。七月初頭、彼は皇太后に再び会い、プロイセンで休日を過ごすためにシュテッティン行きの船に乗るところまで随行した。「我々はペテルゴーフのやんごとなきご婦人を船上へとエスコートしたが、制服を着て荷物も持っていなかったので船に飛び乗って、彼女の旅に同行したいという衝動にかられるほど魅力的でした」[20]。ビスマルクの書簡からは全般的に、ロシア皇室が才能あるプロイセン大使に好意を持っていたという印象を受ける。ビスマルクは書簡の中で同僚に、自分が皇族に「ご家族に対する使者としての地位」を許された唯一の外交官であると主張した[21]。

より広域のヨーロッパの状況においては、フランスとオーストリアの戦争を予告する雷鳴がさらに大きくなっていた。一八五九年四月の間に、オーストリアはナポレオン三世とカヴールが仕組んだ罠の中に盲目のまま突入していった。四月二十日、摂政王太子はヨーロッパ全体を巻き込む可能性のある戦争に対処するために、プロイセン軍の三師団と全騎兵の動員を命じた[22]。四月二十三日、オーストリアはピエモンテの武装解除を求める最後通牒をピエモンテ＝サルデーニャに送ったが、ピエモンテ政府は四月二十六日にこれを拒否した[23]。翌日、フランツ・ヨーゼフは御前会議において、「名誉と義務が命ずるところ」と述べて戦争遂行の決定を下した。[24] 皇帝のこの裁定がどのように受け止められたかについては、オード・ラッセルが数年前に母親のウィリアム・ラッセル夫人に送った手紙から窺い知ることができる。

小柄な皇帝は蛮勇と頑迷に満ち満ちています！ 彼は冬場は兵士や将校が大いに嫌がるのに、閲兵――週に一、二回は四時間前に実施が通告されます――をしたがります。陛下は厳しい凍寒の中での閲兵を主張し、――諫言の効果はありませんでした――実施しました。二人の胸甲騎兵が落馬し首の骨を折りました！ 側近たちは皇帝に心痛を与えるのを恐れてこの出来事を隠蔽しました。閲兵の途中で、「まっとうな洗濯用品店の店員 Anständiger Weisswaschwarenhandlungscommis」がこの光景に興奮して、煙草を吸いながら皇帝の前を通り過ぎ、脱帽するのを忘れてしまいました。――彼は拘留され監獄で鞭打ちを受け、二年間の「重懲役刑」の判決を言い渡されました。これはもちろん、人びとの憤激を買いました。[25]

このような無能で専制的な統治者の支配の下で、オーストリアは四月二十九日にピエモンテに対して宣戦したが、この攻撃的な行動がフランスとピエモンテとの同盟の引き金になった。オーストリアはかつて同様の戦争を経験しており、一八四八年にピエモンテを全面的に撃滅していた。しかし、北イタリアのオーストリア軍司令部には、もはやラデツキーとヴィンディシュ＝グレーツはいなかった。新しい軍事的指導部はあまりにも緩慢な進軍を行い、ポー渓谷で激しい雨に捕まった。フランス軍はより小規模ではあったが、鉄道を利用することでオーストリアの予想を上回る速さで進軍した。ジュゼッペ・ガリバルディもまた、ナショナリストたちからなるゲリラを、オーストリア側を悩ませた「アルプス猟兵隊」と呼ばれる機動力の高い部隊に組織した。ナポレオン三世は、オーストリアが――指導的なドイツ国家として――プロイセンやドイツ連邦を味方につける可能性を否定しきれなかったために、迅速に動かなければならなかった。彼は、ロシアが一八五四年に自分たちを裏切ったフランツ・ヨーゼフとその政府を助けるために動くつもりはこれっぽっちもないであろうことを知っていた。五月二十日、フランスの歩兵とサルデーニャの騎兵がオーストリア軍を打ち負かし、オーストリア軍はモンテベッロの近くまで退却し、一週間後にガリバルディの「アルプス猟兵隊」はオーストリア軍をサン・フェルモで破り、コモを解放した。二つの大きく非常に激しい戦闘がその後に続いた。すなわち、六月四日のマジェンタの戦いと、ナポレオン三世率いるフランス・ピエモンテ軍が皇帝フランツ・ヨーゼフ自ら率いるオーストリア軍を打ち破った六月二十一―二十四日のソルフェリーノの戦いである。この戦闘は多くの死傷者を出し、それを目撃したスイス人のアンリ・デュナンを赤十字の創設へと動かすことになった。

この機に乗じて、ハンガリーで革命が起きた。皇帝は反抗的なマジャール人たちを抑圧するにあたって、この非常事態においてロシアとクロアチアの軍事的援助をあてにできないということを知り、和平に訴える以外の選択肢を失った。一八五九年七月十一日、彼はヴェネト地方のヴィッラフランカ・ディ・ヴェローナでナポレオン三世と会見した。イタリア政策を統御できなくなっていたため、当時のナポレオン三世は急いていた。フランスは元々、一八一五年にオーストリアに譲渡された北部イタリアの二州、ロンバルディアとヴェネツィアをオーストリアから奪いイタリアに与える計画であった。戦争の結果、フランスとピエモンテはロンバルディアを得たが、ヴェネツィアはしっかりとオーストリアの手中に残った。[26]

カヴールはナポレオン三世の裏切りに怒り、ピエモンテの首相職を辞任した。イタリア各地の様々な種類のナショナリスト勢力には、諸大国に自分たちの輝かしい革命の性格を決定させるつもりなど全くなかった。ヴィッラフランカの休戦は、ナポレオン三世が悠然と、トスカーナ大公国やパルマ公国、モデナ公国のようなオーストリアの公国を正統な君主の下に戻す立場に立つことを想定していた。しかし、彼にそのような驕り（おご）を許さないほどの早さでドイツ連邦とプロイセンが介入する可能性があった。彼には戦争状態から離脱すること、しかも直ちに離脱する必要があった。

ビスマルクは最初から、オーストリアとフランスの戦争に際してプロイセンは中立を保たなければならないと論じていた。「我々は、我々の強さを、我々に何ももたらすことのない戦争に使い果たすほど豊かではないのです」と彼は主張した。[27] 五月十二日、彼は新たな外務大臣アレクサンダー・フォン・シュライニッツ伯（一八〇七―八五）に長文の報告書を書き、ドイツ連邦は常にプロイセンに対立するに違いないと論じた。それと言うのも、

> 中等諸邦の政策のこの傾向は、方位磁針が一時的に振動した後に安定を示すのと同じような現れ方をするでしょう。なぜなら、それは個別的な環境あるいは各人の恣意的な産物ではなく、小邦の連邦的関係から自然かつ不可欠に導き出される結果であるからです。我々は、所与の連邦の諸規定の中で持続的あるいは満足できるやり方でこれに対処する術を持ちません。……私は我々の連邦との関係の内に、我々が遅かれ早かれ「鉄と火 ferro et igni」をもって鍛え直す必要があるプロイセンの脆弱さを見ています。

「鉄と火」は、より有名な一八六二年九月の最初の首相演説に登場する表現、「血と鉄」の先例である。その意味するところは全く同様である。すなわち、プロイセンは自らの運命を「鉄と火」、すな

わち戦争によって切り開くこととなるであろう。プロイセンは現在のオーストリアが抱える困難を連邦の変革のために利用し、オーストリアとの国境に軍隊を差し向け、フランスとオーストリアの戦争の間、軍事占領をちらつかせて小邦を脅しつけるべきである、と。[28]

一八五九年六月十四日、モルトケは予想外に勃発した問題に対処するために、全師団の司令官と参謀長を招集した。プロイセンの軍事動員が失敗に終わったのである。フランスとオーストリアの休戦の時までに、

プロイセン軍の三分の二が動員され移動を開始していたが、何らかの行動をとる状態にはなかった。何が起こったのか。動員令が出た時、これに応じる用意があったのは、ただ半分の師団だけであった。鉄道による移動は用意されていた。戦争のための物資——弾薬、兵糧、荷車、補給物資——が全ドイツで三つの鉄道路線に沿って集められ、備蓄された。しかし一般の通行が優先された。軍隊はライン川をのろのろと進軍した。……モルトケは茫然自失となった。[29]

参謀本部の全面的な再編成がこの後に続いた。鉄道局が創設され、動員を担当する部門として参謀本部第二部が設置された。

ローンは友人のペルテスへの手紙で以下のように批判している。

我々プロイセン人のプライドはさらなる深い屈辱に晒されています。我々はあまりにも多くのことをし過ぎたせいで、今では何もすることがありません。……そして今や、イギリス抜きでは見返りよりも危険の方が大きいため、我々はこれ以上何もできません。これは恐るべきディレン

マです。過剰な不安と臆病、そして躊躇がその原因です。[30]

この告発には多くの真実が含まれていた。摂政にも外務大臣のフォン・シュライニッツにも、何をすべきかを決定できなかった。ビスマルクは――いつものごとく何の遠慮もなしに――行動的になり、反オーストリアの立場を取るよう、そして、当時イタリアの先例に強く勇気づけられていたドイツ・ナショナリズム運動との提携に基づいて、明確に「ドイツ的な」政策を実行するよう主張した。摂政王太子ヴィルヘルムは、元来のハプスブルク家への忠義心を捨てることができず、この機会を利用してドイツを「創る」決心をすることもできなかった。

前章で確認したように、ビスマルクの政治的影響力の行使の仕方は、国王の侍従武官長レーオポルト・フォン・ゲルラッハに向けて批評的な手紙を書いて、ゲルラッハがビスマルクからの手紙を毎日のティータイムのお喋りの間に国王に伝えてくれるのを期待することであった。ビスマルクはますます影響力を強め、一八五六年には首相のマントイフェルが彼を外務大臣に据えるという案を玩(もてあそ)びさえするようになった。今や国際的な次元において、状況はビスマルクの闘争的な政治スタイルに合致するものとなった。「国家的(ナショナル)」な問題が再び吹き荒れ、政治的ゲームの掛け金は高騰していた。ビスマルクはなおも手紙を書き続けたが、しかし回顧録に記しているように、それらは「全く実りのないものであった……私の労働はただ……私の報告の正確さに対する疑念を生み出しただけであった」[31]。

偶然にも、ビスマルクは〔一八五九年〕七月にドイツに戻ったが、今回は、負傷した膝にロシアの医者が施した処置が原因で実際に病気になったためであった。[32] 彼にはドイツにいる必要があったが、病気がその口実を与えてくれたのである。毒が回った肉体に苦しめられている一方で、怒りが彼の精神を苛んだ。一八五九年八月にベルリンから兄に書き送ったように、「僕は憤怒の只中に我が身を置き、三日間眠れず、まともな食事もできませんでした」[33]。一八五九年の末、ビスマルクはユンカーの旧友であるアレクサンダー・フォン・ベーロ＝ホーエンドルフの農場で養生した。ベーロは、ビスマルクの度を逸した憤怒の情が危険で破壊的な作用を及ぼしていることに気づいて驚いている。一八五九年十二月七日に彼はモーリッツ・フォン・ブランケンブルクに、ビスマルクが敵対者や「極端な思考と感情」に執着するあまり錯乱状態に陥っていると書き送った。これを治療するための方法は至って単純であり、キリスト教的なものであった。「汝の敵を愛せ！」。これこそが、

　彼の病身の暗黒から生じ彼にのしかかっている重圧、そして彼を死へと追いやる驚愕すべき空想や観念 Vorstellungen から解き放たれる最良の「扉」です[34]。

この忠告は道理に適ったものであった。ビスマルクの病んだ魂は解放を求めており、ユンカーの友人たちにとって、解放はいつ何時も忍耐、恩恵、そして神の愛を通じて見出されうるものであった。正しきキリスト教徒になる術を学ばず、謙譲の美徳に理解を示さず、自らの病める身体と病める精神との相互作用をなおのこと理解しなかったことは、ビスマルク——そしてドイツ——にとっての悲劇であった。

　ビスマルクはベルリンで医者から、「自分のいや増す心気症」の原因が、ベルリンでの暮らし、九人の同席者を伴って定期的に行われるディナー、一三人の奉公人、二人の秘書から生じる出費にあるという説明を受けた。彼は、自分が「あちらでもこちらでもむしり取られる状態にある」と感じた[35]。私見では、これは彼が自らについて「心気症」という語を使用した最初であったが、やがて他の人びとも彼についてそう語ることになる。「家庭の喪失」、すなわち安定した家庭生活の欠如は彼に異常な

不安を与えた。

何をもってしてもビスマルクの気質が改善されることはなかった。彼は妹に九月下旬に以下のように書いている。

職人や政治家たちに大声で話しかけるせいでしわがれ声になり、腹立ちと空腹とあまりに沢山の仕事でもう少しで気違いになるところまできています。……左脚はまだ完治しておらず、この脚を使って歩くと腫れ、神経はようやくヨウ素の毒害から回復してかけているところです、ほとんど眠れず……調子が上がらず、病気はさらに悪化しているのだが、そうなる理由が分かりません。[36]

今後も再三にわたって確認されることになるであろうように、「理由」は存在していた。摂政王太子が彼と彼の忠言を拒否したのであった。この後も、君主が不興を示すかあるいは単純に彼に対して十分な注意を払わなかったたびに、ビスマルクは深い失望に陥った。小さな心配りがいつも彼を元気づけることとなったが、この時は、広大なポーランド王領で本格的な狩りをするためにポーランドを訪れたツァーリのお付きを務めるようにとの命令を受けて、その機会が到来した。ビスマルクは上機嫌を取り戻して、十月十九日にワルシャワのワジェンキ宮殿からヨハンナに手紙を書き送った。

日がな一日続く、アレクサンドル二世の「壮麗さ」。……なんとも月並みな表現になるけれども、私はとても元気です。皇帝や彼の取り巻きの人びととの朝食は、ペテルブルクでのように優雅です。様々な人の訪問、陛下とのディナー、夕べの観劇、本当に上質なバレエと美しい女性たちで一杯のボックス席。今、私は素晴らしい睡眠を満喫しています。テーブルの上のお茶を飲んだらすぐに外に出なければいけません。このお茶にあわせて、コーヒーと六個の卵、三種類の肉料理、焼き菓子、そしてボルドー・ワインのボトルまでもが供されます。……とても快適です。[37]

至高の権威から与えられた評価と沢山の食べ物は、ビスマルクの気質に驚くべき効果を与えた。十月二十三日と二十四日、ブレスラウでロシアとプロイセンの君主会談が行われ、摂政王太子はローンに随行を命じた。ローンは同地で、おそらく軍制改革についてであるが、「この件に非常に深い疑念」を有していた「オットー・ビスマルク」と出会った。[38] この書簡は、何が疑念の対象であったのかを明らかにしていないが、数日後に出されたその次の書簡は、ローン個人にとって改革計画全般がいかに望まざるものとなったのかを明らかにしている。

私の関与が、シュタインメッツのように私が敬意を抱き評価している人物をどれほどの嫉妬や誤解へと突き動かしたことか。それは苦痛に満ちた、ほとんど感情的な大騒ぎにまでなった。我々は平和的に別れたが、自分の均衡を取り戻すまで長いこと私の血のたぎりは収まらなかった。[39]

客観的に見て、ローンは困難な立場にあった。彼は陸相の代理として、飛び抜けて年少の将校であったのに委員会の長に就くよう求められたのであるが、それは軍隊組織の中では取るに足らぬ問題ではなかった。最も優れた軍事理論家の一人であり、ナポレオン戦争に従軍した退役将軍のハインリヒ・フォン・ブラント（一七八九―一八六八）は、ローンが抱えていた困難の原因を、同様の事態をこれまでに見たことのある人物の公平な立場から観察した。彼は軍事戦略に関する古典的な研究をものしたが、この書は一八五九年に復刊され、各国語に翻訳された[40]。ブラントの弟子の中で最も才能があり、また最も彼に傾倒していたのが、四十一歳の少佐であり、後にシュライニッツと同様にビスマルクの「敵」の一人となった、アルブレヒト・フォン・シュトシュであった。彼と、彼のかつての上官のフォン・ブラント将軍は、非常に率直で興味を引く私信のやり取りを続けた。フォン・ブラント将軍はシュトシュに一八五九年十月十九日に、軍制改革についてベルリンで耳にしたことを報告した。

それ以外は全てのことが常に混乱しています。軍隊の構成に関する情報の欠如に加えて、その無意味さが明るみになり、巷の議論になっています。今では彼らは、ローンがポーゼンで思いついた計画をさらに検討するために彼を頼みにするようになりました。しかし彼は難問を抱え込んでいます。彼は既存の制度を修復することを期待されていますが、反面では古い仕組みの完全なる解体が本当に必要なのです。今こそ神が彼を救い給わんことを。軍隊は目下のところ、移行段階にあります。私は、軍隊を進軍できるように組織しなければならないとしたら、信じ難いほどの困難が起きるであろうと確信しています[41]。

かくして、陸軍元帥と将軍の全員が参加して、困難に満ちた一連の委員会が開かれた。老「パパ・ヴランゲル」陸軍元帥フリードリヒ・フォン・ヴランゲル伯爵は齢七十五に達していたにもかかわらず、年少の同僚のフォン・ブラントと違い、退役してはいなかった。彼は会議に出席し、十一月四日にローンと非常に感情の込もったやりとり会話を交わし、フォン・ローンが陸軍大臣に任命されることを望んでいると語った。

私が陸軍大臣に就任するべきだ、と。私の性格が堅固であること、彼はそのことに討論の中で気づいたのだと言う。……私こそ軍隊の再編を続行できるただ一人の人物であり、彼は最も切迫した言い方で陛下に私を陸軍大臣に任命するよう促した、等々。[42]

一八五九年十一月二十九日、摂政王太子はアルブレヒト・フォン・ローンを陸軍大臣に任命した。正式な辞令は十二月五日に出された。五十六歳のローンは、プロイセン軍で最年少の中将であった。彼の任命が正式に公表される前の十二月四日、公式の謁見において彼は摂政王太子に、「もっと正しい憲法の香気を帯びた、自分が信を置く有用な人物を探すべきでないのか」再考するよう、緊急に願い出た。フォン・ボニーンは、「人気を取りたがるところと、一回目の陸軍大臣としての任期中（一八五二―五四）に自由主義といちゃついたことによって」、保守派の敵意を買っていた。[43] 新たな役職に就いたローンは、プロイセン邦議会のメンバーたちに好ましからざる第一印象を与え、「硬い鉄板で身をくるんでいるかのように」彼は「厳格」であるとか、「いかめしくおっかない」面構えであるとかいった、異口同音ではあるが、要は「反動的」だという評価を呼び起こした。[44] 彼を柔弱だなどと批判する者は誰もなかった。

ローンのこれとは別の側面は、ボン大学の民法学〔国法学の誤り〕の高名な教授にして一八五五年の内地伝道キリスト教徒連盟の創設者であり、さらに若年労働者たちのためにボンで最初の青少年向け宿泊施設を創設した人物である、友人のクレメンス・テオドーア・ペルテス（一八〇八―八一）〔一八〇九―六七の誤り〕との書簡に明瞭に現れている。[45] 強固なルター主義者であったペルテスは、著しく政治的でもあった。彼はプロイセン社会で名の知れた人物の誰ともほぼよしみを交わしており（ペルテスの一族は有名な出版社を保有していた）、そのキリスト教信仰は決して彼を自分の知己の人間性に対して盲目にはしなかった。ローンとペルテスは、自分たちの人生の向かうところが全く別のものになったとしてもその友情を揺るがせることのないような、親密な絆で結ばれていた。ペルテスはローンより若年であったにもかかわらず、一種の聴罪司祭のごとく振舞い、ローンは彼に自分の思考や疑念を告白した。ペルテスはビスマルクを信用せず、しばしば友のアルブレヒト・フォン・ローンにビスマルクについての警告を発した。一八五九年十二月初頭、ペルテスは注目に値する予言的な手紙を新任の陸軍大臣に送り、あまりにも反動的になり過ぎないように諫言（かんげん）し、『クロイツァイトゥング』の超保守派が彼と彼の陸相就任を利用しようとするであろうことを認識するべきだと助言した。曰く、ローンは自分がただ一時的な任務ではなく歴史的な使命を担っていることを銘記するべきであった。

ドイツの未来の命運を担う国家は、ヨーロッパにおけるその地位、そして自らの国内状況に資する新たな基礎を、貴君によって得るべきなのです。歴史の一片が貴君の手中に委ねられました。貴君は単に現在プロイセン、ドイツ、そしてヨーロッパの眼前に身を晒されているというだけではなく、歴史的人物となったのです。将来プロイセンの歴史に学ぶ者が貴君を見過ごすことはできないでしょう。[46]

ディールク・ヴァルターはプロイセン軍制改革に関する近年の著書の中で、ローンの改革案についての本格的な論究がこれまで一度もなかったと指摘している。[47] それは「神話的」存在となったのであった。歴史家たちは、一八六〇年代以降の軍人たち、そして六〇年代以来の研究者たちが例外なしに重要であると考えてきたがゆえに、この改革を「重要」であると考えている。しかし実際のところは

どうだったのであろうか。ヴァルターが指摘するように、最近年のスタンダードな軍事史であっても、

約二万三〇〇〇人の徴兵割り当ての増員、四九の新連隊の創設、そしてラントヴェーアの陸軍からの除外が、広範囲にわたる本質的な成果を実際に得られたのかを明確にしようと試みることすらせずに、[48]

古いストーリーを踏襲しているのである。

ローンの改革が重要視されることになった理由の一つは、ヴィルヘルム一世がそれを最優先事項に推したからである。一八六〇年一月十二日、摂政は王族たち、そして上級将校たちを前にして異例の講演を行って軍制改革の意義を論じた。レーオポルト・フォン・ゲルラッハは強い印象を受け、この講演に「刮目に値するもの」を見出した。「……私は多くを学んだ。……軍制改革は、その重要性がますます自明のものとなるであろう重大な施策である」[49]。実際に、この改革は国王がアルブレヒト・フォン・ローンを陸相に任命する気になったことで重要なものになり、また、ローンが、ビスマルクを十代の時から知っていて、ビスマルクがいかに優れた才能に恵まれているのかを知っていたがゆえに、極めて意味深いものとなった。ローンは大臣に任命されたその日から、国王にビスマルクを任用するよう何度も薦めた。

第二に、改革は王冠と議会の対立を導き出した。この対立は、全政府機構の完全な機能麻痺の原因となったが、将軍たちにとってそれは一八四八年の革命の第二幕を予感させるものであった。ベルリンの群集から受けた恐怖と革命騒動の記憶——何といってもそれはたかだか十四年前のことであり、宮廷も軍隊も当時のことをよく覚えていた——は、一八五九—六二年の危機の背景として作用した。

この雰囲気の中、ビスマルクの登用を訴えるローンの絶え間ない主張はますます緊急の色を帯び、魅惑的なものになっていった。ビスマルクは軍制改革案とそこから生じた財政の膠着状態のゆえに首相となったのである。ローンはプロイセンの将軍として、また陸相として、国王に謁見を求める前に首相に相談することを定めた一八五二年九月の内閣令に拘束されておらず、この権限を活用した。彼は、他の軍司令官たちと同様に、国王への「直接の上奏」が可能な地位を保有していた。プロイセンの将軍と、彼の指揮官である国王の間に割り込むことのできる障害物は何もなかった。

無論、ローンの改革は軍事的な観点から見ても重要であった。同改革は現役兵力と予備役兵の規模を五〇パーセント以上増大させ、より大規模でより訓練された軍隊を保証した。また、この改革は市民をプロイセン兵にするための三年現役制の導入を規定していた。この問題は一八五九年以来、第一次世界大戦の勃発に至るまで、議会内の反対派を憤激させることとなった。そして、改革は伝統的な民兵の予備役兵を削減したが、これは予備役将校と多数の愛国的市民を激怒させた。さらに、改革は年間の軍事予算を増加させたが、何よりも、この改革は王冠と議会をプロイセンのアイデンティティの核心に関わる問題へと引き込んだ。すなわち、軍隊は王権に従うものなのか、それとも一部の人びとが言うような、議会的軍隊とでも呼びうるようなものなのかという問題へと。

軍制改革は国王の関心を引いたゆえにまた重要であった。ヴィルヘルムは、フリードリヒ大王後のホーエンツォレルン家の君主の中で最も積極的に軍事に関与した。彼は指揮官であるのみならず、用兵全般に一家言を持つ思想家を自任していた。一八三二年、彼は「訓練された農夫を十分な兵士に」改良するためには三年現役制が必要であると主張する覚書を幾つか作成した。兵役の三年目は、非常事態にあっても権威を護持する「軍人精神 Soldatengeist」を涵養するうえで決定的な意味を有したのである。革命的騒乱の波が一八三〇年と三一年にヨーロッパを震撼させたが、そのために王太子の考察はいっそう現実味を帯びた。フリードリヒ・ヴィルヘルム三世治下の陸軍大臣であったカール・ゲオルク・フォン・ハーケに宛てて一八三二年四月九日に書いたところでは、

ヨーロッパの革命的傾向と自由主義的な諸党派は、君主の権力と尊厳を裏書きし、存亡の秋(とき)に君主に安寧を保証するあらゆる支柱を少しずつ引き裂こうとしている。軍隊がこの第一の支柱であることは自明である。真の軍隊精神が軍隊に吹き込まれれば吹き込まれるほど、これが打倒されることはなくなる。規律、盲目の服従、こうしたことは長期にわたる日々の鍛錬をつうじてのみ作り出されるものであり、それゆえに危急の際に君主は自らの軍隊を頼みにすることができるのである。[51]

シュタイン、シャルンホルスト、そしてグナイゼナウの教えは忘れ去られた。軍人王子は、君主としての自らの絶対的権限を維持する唯一の方策として、軍隊が絶対的服従を回復することを望んだ。軍隊が同胞市民たちに発砲しなければならない場合、あれこれ思い煩えばただその遂行能力を低減させるだけである、と。

ヴィルヘルム王子は——純真であったと言ってもよいが——一八六〇年二月にローンが作成した草案を議会に提出した時に受けたような敵意ある反応を予想していなかった。議会の自由主義者たちは恐怖した。議会と代議制諸機構の成長に対する決定的な防波堤たるべき軍隊を創出するための予算は莫大な増加を示していた。穏健自由派が軍事予算の通過に同意した一八六〇年の妥協の後、議会はローンの陸軍増強を容認することをはっきりと拒否し、財政的裏付けを与えるあらゆる手段に反対票を投じた。王冠と議会は主張を戦わせ、どちらも譲ろうとしなかった。

ローンが陸軍大臣の地位を得たのと同じ時期、ビスマルクは何かが起こるのを待っていた。彼はペテルブルクに戻ることも自分の将来についての確たる返答を得ることもできなかった。一八六〇年一月二十一日、シュトゥットガルトに駐在していたプロイセンの外交官、フォン・チョック公使館参事官は、自由主義派の指導者であった歴史学教授マックス・ドゥンカーにこう書き送った。

昨日から、ロンドンのベルンシュトルフの地位を受け継ぐであろうフォン・シュライニッツ氏に代わってフォン・ビスマルク氏が外務大臣になるという噂が広がっています。……ビスマルクの名が不快な響きに聞こえるのはドイツの全政府だけではなく、その名前は――ヒューゲル大臣がかつて私に語ったように――プロイセンとかつての同盟者たちとの間に分裂を生み出す効果を発揮し、のみならずその名は同時に――良きにつけ悪しきにつけ――プロイセンのあらゆる友人たちが心底からの憎悪を抱く原因ともなります[52]……。

ビスマルクは苛立ちと焦燥にかられながら、一八六〇年二月十二日にモーリッツ・フォン・ブランケンブルクに宛てて乱暴で好戦的な手紙を書いた。

ロシアは我々にほとんど譲歩しませんし、イギリスは全くしませんが、オーストリアとウルトラモンタンたち〔カトリック勢力のこと〕は我々をフランス以上に敵視しています。フランスはしばしば不遜の限りを尽くし際限なしに我々の敵であろうとしますが、かの国は少なくとも我々と戦わずとも生きていくことができます。しかし、オーストリアとその同盟者たち――ライヒェンスペルガー[53]〔指導的なカトリックの弁護士、政治家〕――はただ、プロイセンを肥やしにして耕された土地においてのみ花開くことができるのです。ドナウ川沿いのスラヴとローマの混血国家、教皇と皇帝が通う売春宿にしがみつくのは、プロイセンとルター主義信仰に対する、そしてもちろんドイツに対する反逆に他ならず、最も下劣で無防備なライン同盟のごときものなのです。我々がフランスに献上しうる最大のものは幾つかの州であり、しかもそれは一時的なことです。オーストリアに対しては、プロイセン全体が永遠に失われるのです。[54]

二月が三月に変わった。三月は四月になったが、未だビスマルクは自分の主君の決定をベルリンで待ち続けていた。五月七日、彼はベルリンからヨハンナにこう書いた。

私はここに座り、キフホイザーのバルバロッサのように時の流れに忘れ去られています。無駄骨折りの三日間の後、私は遂に、たまたまレーデルン家で晩餐をしていたシュライニッツのところに出向きました。……私は多少さりげない調子で、宙ぶらりんの不安の中をうろつき思い悩む生活を続けるよりも、辞任するつもりだと説明しました。すると彼は、「あと数日の間」落ち着くよう勧めましたが、未決の人事について明言しようとはしませんでした。[55]

ベルリンで無聊をかこつ日々を強いられている間、ビスマルクと、彼の竹馬の友モーリッツ・フォン・ブランケンブルクは、新任の大臣の職務について話し合うために定期的にローンと会った。アルブレヒトの息子にして彼の伝記の作者であるヴァルデマル・フォン・ローンが説明しているところでは、彼の父はビスマルクに助言を求め、ビスマルクが「ローン自身と同様、邦議会における保守党の首魁モーリッツ・フォン・ブランケンブルクと固く結ばれていた」がゆえに、ベルリンにいる時には

「ローンが大臣になった後旧友」と相談する「機会」を持ち続け、そして「三人が交わした長い対話において合意がますます確立されるようになっていった」[56]。陸相となった当初、ローンは、自分の頼みとできるあらゆる助けを必要とした。ローンは、彼をあまりにも反動的であると見なす議会の自由主義者たちから、そして彼をあまりにも弱腰だと考える軍隊内の反動主義者たちからの攻撃に晒されていたからである。その内でも最も手ごわく、また国王と最も深い繋がりを有していたのがエトヴィーン・フォン・マントイフェル将軍であった。

エトヴィーン・フォン・マントイフェル（一八〇九―八五）は、少なくともモルトケやローンと同じ程度には伝記の対象となるに相応しい人物である。マントイフェルは紛れもなく、一九一八年までのプロイセン・ドイツの軍事に関する諸事項を規定した将軍たちの三頭政治を創出した人物であった。ローンやビスマルクとは異なり、マントイフェルは多数の分家を有し数ダースに上る著名な軍人や政治家を先祖に持つ、非常に傑出した一族の出身であった。しかしながら、彼自身の家庭環境は光栄に満ちたものではなかった。彼の属する分家は貧しく、また彼は虚弱体質に苦しめられた。彼は近視であり、その氏姓にもかかわらず、上流のサークルに繋がりをほとんど持たなかった[57]。既に確認したように一八五〇年から「新時代」までプロイセン首相の地位にあった従兄のオットーは、ビスマルクを保護し昇進させた。エトヴィーンには無愛想で寡黙な従兄とは違って役者の才があり、シラーに心酔し、その作品を何千行も諳(そら)んじた。ゴードン・クレイグは彼を「不治のロマンティスト」と評している[58]。彼は度を逸するほど豪奢な近衛竜騎兵の青年将校となり、陸軍アカデミーに通い、様々な部隊の指揮をとって、フリードリヒ・ヴィルヘルム四世やカマリラたちの注目を集めるようになった。一八四八年の間、そしてその後も、国王はこの信頼に足る将校を特殊な外交業務に用いた。一八四〇年代にマントイフェルは高名な歴史家レーオポルト・フォン・ランケ（一七九五―一八八六）の講義を受け、ランケの唱える新しい科学的歴史学の熱心な門徒となった。ランケは後年マントイフェルのことを想起し、こう語っている。「彼は世界中の誰よりも私の著書を理解し、精神的に共感していた」[59]。

一八五七年初めにフリードリヒ・ヴィルヘルム四世が彼を陸軍省の人事局長に任命したことで、マントイフェルはそれまでで最も重要なポストに就くことになった。未だビスマルクが権力を掌握する前に、マントイフェルは人事局を陸軍省から国王の個人的な指揮下に移し、軍事内局長と称することになったのである。これは一八六一年一月十八日のことであり、その際国王ヴィルヘルム一世は「今後、人事、軍務の詳細、諸命令に関わる軍事的指示は大臣の副署を必要としない……という、当時は注目されなかったものの重要な官房令」を発した[60]。軍事内局の局長は、あらゆる階級の将校の任命に際して国王に助言を与えることで、事実上国王のみに責任を負うことになった。三十年後、フォン・シュヴァイニッツ将軍は、マントイフェルの後継者、エミール・フォン・アルベディル将軍がこの権威をほとんど不可視の独裁にまで押し上げた過程を苦々しげに振り返っている。

途方もなく巨大な軍隊の拡張によって、皇帝がかつてのように将校の経歴を把握し人事を正確に知るのが、そして以前のようにそれを賢明かつ正しく調整するのが不可能となった。軍事内局の長は当然のこととして非常に強力になったが、ひとたび彼がビスマルク［マントイフェルはそれをビスマルクの前に行った］の助けを借りて、憲法に忠誠を誓った陸軍大臣から自立した状態になると、アルベディル将軍はこの国で二番目に権力のある人物になった。それというのも、我々が知る人びとの内で、軍隊に勤務する家族を持たない上流階級の一家はほとんどないからであり、かくして皆が人事を司る部局の長であるアルベディル将軍に期待をかけるか、あるいは彼を恐れるかしているのである[61]。

その最も悪い影響は、人事決定の歪みとして現れた。マントイフェルと同等に重要な存在であったモルトケはベーレン通り六六番地に仕事場を有していた。ローンと彼の後継者たちはライプツィヒ通りの陸軍省にいた。対して、マントイフェルは王宮の控えの前に詰めており、宮廷武官である彼は日常の業務として毎日国王に謁見していた。プロイセン王国のような半ば専制的な国家においては、王の傍らに侍っているという事実は他のあらゆる事実に勝るものであった。ローンとモルトケは自分たちの役所に籠っていたが、軍事内局の局長は君主の反応を聞き、王が返書の草案を作成するのを助け、広範な政治的問題に関する国王の反応にそっと手心を加えることができた。最終的に一八八三年三月八日に皇帝がこの部局を省庁の位階一覧から外すまで、軍事内局 Militärkabinett は着実に権力と権威を拡大した。政府の新聞が伝えているところによれば、

軍の位階一覧では、今後は「皇帝・国王陛下の宮廷武官」として軍事内局全体がリストアップされることとし、一方陸軍省の位階一覧には当該の名前は記載せず、単に「軍事内局を参照せよ」と注記される。(62)

マントイフェルは、ドイツの軍部上層にホッブズ流の万人の万人に対する闘争を容赦なく導入するというプロセスを開始したのであり、シュトシュの下で新しい帝国海軍が先行するモデルであるプロイセン陸軍の構造を採用したことで、この混沌状態は海軍司令部においても同じく広まった。かくして、モルトケが一八六六年と七〇年に到達した集約化と効率化は二度と実現しなくなったのであるが、これはマントイフェルの遺産であった。より直接には、陸軍省と議会の対立に関してますます非妥協

的な立場を打ち出すことによって、彼はローンを悩ませた。一八六〇年三月十日、マントイフェルはローンに「軍事内局を、特に現時点で無条件に維持することが必要です」と書いた。[63] 翌日彼は、ローンの抵抗を強めるために再び手紙を書いた。

原則に関する問題が生じた時、世界中が譲歩と妥協を勧め、事態を危機に追い込むことを避けるよう助言した時、そしてあれこれの大臣が自重という規則に従って行動して一時的な非常事態が通り過ぎた時、皆がこう言うのです、「どうやって彼はあんな風に降参できたのだろうか」と。[64]

ローンの計画において約束されていた新しい連隊は、議会が必要な予算を認めるか否かにかかわらず、直ちに創設されるべきであった。一八六〇年五月二十九日、マントイフェルはローンに書簡を送り、この問題に関して彼が——さらに摂政王太子のことも仄めかして——どのような立場に立つのかを完全に明らかにした。

私は、これらの連隊が速やかかつ決定的なかたちで創設されなかった場合には、軍隊の士気と内的な活力が危機に晒され、そして、摂政王太子の立場が危うくなるものと考えます。[65]

反面で、ローン、モルトケ、そして後のビスマルクはいずれも、マントイフェルの援助と支持を必要としていた。彼は手段とスタイルの点では意見を異にしつつも、彼らと目的を共有していた。マントイフェルは摂政王太子がモルトケを参謀総長に任命し、広範な権力を付与する際に重要な役割を演じた。さらにマントイフェルは、一八六〇年代の彼の発言の幾つかが示唆しているほどに反動的な人物ではなかった。一八七九年に皇帝に直々に上奏する立場にあるエルザス総督になった時、彼はエルザス人たちを引き立て励ますために尽力した。彼は望まずしてドイツ臣民となった人びとをその運命と和解させるために苦心した[66]。一八六〇年にローンに対して示したようなマントイフェルの自己顕示は、彼の華美な気質、国王との直接の結びつき、王宮での地位、聡明さと文才、将軍になったがゆえにビスマルクのような単なる文民支配の枠外にいたという事実に起因するものであった。既に一八五七年十二月には早くも、ビスマルクはレーオポルト・フォン・ゲルラッハに、エトヴィーン・フォン・マントイフェルの自分に対する態度に関して不平をこぼしている。マントイフェルの話し方は「教師として児童に訓導を授ける」かのようであり、「エトヴィーンの私に対する言動は……いつも不承認と疑いに満ちていました」。過剰な「へつらい」がエトヴィーンを駄目にしたのであって、「……最近彼は私をできる限り早くベルリンから立ち去らさせねばならない怪しげな政治陰謀家として扱ったのですが、この狂気の伍長、このエトヴィーンの振舞いがあなたの指示によるものではなかったことをあなたに確認していただきたいと思います[67]」。

しかし、これこそは一八五七年末時点での、そしてその後のビスマルクの立場であった。彼は常に招かれてもいないのに王宮に顔を出す「怪しげな政治陰謀家」であり、野心的で小賢しげで移り気な人物で、エトヴィーン・フォン・マントイフェルがあらゆる理由から不信の目を向ける人物だったのである。にもかかわらず、ビスマルクの首相への任命が問題となった時、マントイフェルは彼を誠実に援護した。ローンと同様に彼も、ビスマルクの胸中にあることを軍のために実行してくれる人物は当の本人の他にはいないと考えたからであった。

一八六〇年中は何も起こらず、ビスマルクは何の命令も受けることなくベルリンで無為な日々を送っていた。明らかに摂政王太子は、ビスマルクが「ここに留まって」、そしてひたすらに待つよう指示していたのであった。[68] それは、ビスマルクのような激情型の気質の持ち主には容易に忍従しがたい、しかし摂政王太子にとっては、これは異例とは言えない指示であった。彼は自分の家臣たちに対する純粋な気配りと、自分の長い躊躇が彼らに強いるであろう犠牲への君主らしい無関心とを併せ持った人物であった。「外相ビスマルク」が実現するための第一ラウンドは四ヶ月にわたった。一八六二年に繰り広げられた、「首相ビスマルク」が登場するための次のラウンドはより長期にわたり、より神経をすり減らすものとなるであろうが。当時はまだ、外相職というより小さな褒美であっても、落ち着きのないビスマルクを魅了しており、彼が兄に告白したところでは、もし誰かが「ピストルを胸に突きつけてきたからといって」、外務大臣の職を「拒否するのは臆病者のすること」であった。[69] そして、誰もそのようなことはしなかった。一八六〇年六月初頭、彼はコヴノ〔現リトアニア領カウナス〕からシュレーツァーに電報を送り、一両日中に到着する旨を伝えた。[70] 一見したところではそれは彼の意に適っていた。サンクトペテルブルクに戻った後、彼はフランクフルト時代の部下であった枢密参事官のヴェンツェルに以下のように書き送った。

私は莫大な費用を使って何年もここで暮らすために来たのであり、シュライニッツに勝る上司を望むことなどできません。私は本心から彼につき従い、彼を敬愛してさえいます。彼が私とポストを交換しようなどという願望を抱かないよう真剣に願っています。私には大臣を六ヶ月も続けることはできないでしょう。[71]

ビスマルクが外務大臣や首相になる野心を捨てたとか、公使官邸から望むネヴァ川の景色を楽しみ落ち着いているとかいった話を真に受けることはできない。彼の執念深い仇敵の一人であったバーデン首相〔外相の誤り。ただし、ロッゲンバッハが外相の地位にあったのは一八六一―六五年〕のフランツ・フォン・ロッゲンバッハ男爵は、一八六〇年八月二十五日に自由主義の学者でジャーナリストのマックス・ドゥンカーに手紙を送り、ビスマルクは「民衆を煽動することで出世することを望む原則なきユンカー」以外の何者でもないと書いた。[72]この非難には一理あるが、ビスマルクにはそれ以外の面もあった。彼は想像の中の田園において平和と充足を得られることを本気で求めたが、それが手に入るとそわそわとしだすのであった。彼は友人に対しては乱暴に振舞ったが、兄や妹には非常に心を配った。管見では彼の書いた最も美しいものの一つである妹に宛てた手紙には、ビスマルクのもう一つの側面が表現されている。

私はここで秒刻みの労働に身を裂かれていますが、皇帝陛下のお召しでわずかな自由時間ができたので、君に手紙を書こう。朝食の一服から夕方四時ごろまで習慣的に、全時間は書類や、誰や彼やとの面会によって日々コントロールされており、それから六時まで乗馬をします。夕食後には医者の指示で、大いなる注意を払って、そして真にやむをえない時だけインク入れに近づきます。そうする代わりに私は書類や届いたばかりの新聞に目を通し、深夜近くにベッドに入って、ロシアのプロイセン人が大使に対して行うあらゆる類の奇妙な要求のことを楽しみながら考えます。眠りに落ちる前に、最愛の妹のことを思うのですが、この天使に手紙を書くことが可能になるのは、ツァーリが午後一時に参上するようお命じで、十時の汽車に乗らねばならない時だけなのです。そんなわけで、二時間の余裕ができ、全ての祖母たちの内で最も美しいヴァーゼムスキー侯妃のアパートメントを僕の自由にできるので、君に手紙を書いています。……机から目をそらせば、窓の外には赤や黄色が緑色を凌いでいるカバノキや楓に覆われた眼下の丘を見下ろせる。その後ろには緑の草に覆われた村落があり、その左手には五つの玉葱形のドームを持った教会が立ち、これら全てが茂みや牧草地や森林が果てしなく続く地平線のなかに納まっている。その茶色や灰色の色合いの向こう側のいずこかに、双眼鏡を使えばペテルブルクの聖イサアク大聖堂が見えるでしょう。……一八五九年以来始まった長い放浪の末に、どこかで家族とずっと一緒に暮らしたいという思いを自分の心の慰めとして、全く気乗りしないままに家や暖炉から離れています。[73]

オットー・フォン・ビスマルクの二つの側面はいつでも表面化した。彼は、我が家の静穏がもたらす慰撫を切望する家庭人であり、妹への手紙に「僕の愛しい人」と記す愛すべき兄でありながら、また同時に、頑強で、極めて冷酷な策士として振舞うことができ、いかなる場合でも権力を我がものにしようとした。

ビスマルクが不幸せであることには、当世風の言い方を使えば無給のインターンとしてサンクトペテルブルクの大使館に務めることになった若き日のフリードリヒ・フォン・ホルシュタインも一八六一年一月に気づいた。何年か後になって、彼は自らが崇拝し三十年にわたり仕えた偉大な人物の第一印象を以下のように記した。

私が自己紹介をすると、彼は手を差し伸べ、「ようこそ」と言った。立ち上がった彼は長身で、真っ直ぐに立ち、笑顔はなかったが、その様子は後に彼の家族やその他の世界の人びとに対面した時と同様のものであった。自分のことが知られるのを誰にも許そうとしない人物。……当時、ビスマルクは四十五歳で、髪が少し薄くなり金髪は灰色になりかけで、それほど太ってはおらず、顔色は悪かった。ごくたまに、特別に昵懇な仲間内でお得意の逸話を披露するのを楽しんでいる時でさえ、決して羽目を外すことはなかった。私はビスマルクほど楽しみのない人を知らない。[74]

ビスマルクが人生を「楽しんで」いなかったという評価はおそらくは、ホルシュタイン自身が晩年に「楽しみのない」晩年を送ったという事実、そして彼がかつて崇拝し偶像視していた天才に幻滅を味わったことを反映しているのであろうが、挨拶の際に温かみが感じられなかったことは若い外交官に強い印象を与えたに違いない。

一八六一年一月十八日、下院の承認を受けていない三六の新設の歩兵連隊が、フリードリヒ大王の墓所に軍旗を掲揚した。[75] フォン・アウエルスヴァルト首相はマントイフェルに国王との間の仲介を頼みにいき、マントイフェルから傲慢で挑発的な態度を示された。

私には貴下が何をお望みか分かりません。陛下は私に軍隊の儀礼を執り行うようお命じになりました。自分たちを下院と称してデーンホフ広場の建物〔プロイセン下院のあるハルデンベルク宮のこと〕に居座っている輩どもが恐らくはこの儀式を快く思っていないからといって、私はこの任務を放棄するべきでしょうか。将官として、この連中から指図を受けるよう命じられたなどということは私には一度もありません。[76]

マントイフェルの無礼極まりない態度は、カール・トヴェステンという名の若い自由主義の議員を怒らせた。一八六一年四月、彼は匿名で、『何がなお我々を救いうるか——一つの直言』と題した八八頁のパンフレットを出版した。[77] 彼はマントイフェルを、当人を信用していない軍隊と久しく没交渉の状態にある危険な政治的将軍として個人攻撃した。「我々は、この不健全な人物を不健全な地位から放逐する前にソルフェリーノの戦いのような戦いに敗北しなければならないのであろうか」[78]。マントイフェルはこのパンフレットの著者の名前を明らかにするよう要求し、トヴェステンは自らが著者であることを認めた。その結果、マントイフェルはトヴェステンに決闘を申し込み、一八六一年五月二十七日にこれは実現した。トヴェステンの一撃はマントイフェルを外し、マントイフェルはもしトヴェステンが前言を撤回するならば引き分けにすると提案した。トヴェステンはこれを拒否し、マントイフェルは相手よりもうまく狙いをつけてトヴェステンの右腕を打ち抜いた。マントイフェルが握手を求めると、トヴェステンは左手を差し出すことを詫びてこう言った、「握手が右手ではないことを許してほしいが、しかし貴殿自身がそれを不可能にしたのだ」[79]。この決闘は両者を全国的に有名にし、軍隊と国民の間の問題を、感情的なやり方でもって個人的な次元のものにしてしまったが、それこそがまさにマントイフェルの望んでいたことであった。トヴェステンの激しいスピーチと躍動的な物言いは闘争をさらに煽った。

国王はこの決闘に我を失うほどに打ちのめされた。彼はローンに、「余は厄介事で満たされたバケツだ」と語った。トヴェステン代議士とフォン・マントイフェル軍事内局長の間で繰り広げられた決闘は、法によって禁止された行為であり、国王ヴィルヘルムをしてフォン・マントイフェルを解任させ、軍事法廷への出頭を命じさせるに十分な悪行であった。しかし、何よりひどかったのは、王が個人的に受けた衝撃であった。

まさにこの瞬間にマントイフェルの勤仕を失うというのは、余の眼前からマントイフェルを追い出した民主主義の勝利を意味するし、この事件は余の身近な家族的集団の中に興奮をもたらすに違いない。こういったことを考えると、余は正気を失いかねない。なんとなれば、それは不幸の新たな印を余の政府に刻印するものなのだから。神は余をいずこに導き給うのか[80]。

六月初頭、負傷したトヴェステンを中心とする自由主義左派のグループは新たな政党、ドイツ進歩党を結成した。同党は、国民的(ナショナル)な国家、強力な政府、議会の権威の完全なる確立、そしてゲマインデの自治を主張した。これは、ドイツ史上初の正式な政治綱領であった[81]。この新政党は邦議会において一挙に第一党となった。

この間、ヴィルヘルム一世のプロイセン国王としての戴冠式をめぐってもう一つの議論が巻き起こった。自由主義者たちは、国王が憲法に宣誓するよう主張し、国王はこのような譲歩を認めることを断固として拒否した。彼は封建的な臣従の儀礼を実行しようと目論んだ。この機を捉えてローンが行動を起こした。ビスマルクが権力の座に呼び出される時が到来したと考えたのである。一八六一年六月二十八日、彼はビスマルクに以下のように書かれた電報を送った。「『問答無用 nothing［原文は英語］』Periculum in mora」〔原文は独語の nöthig で、「遅滞なく貴兄の計画した休暇を開始することが必要である」という意味になる〕。遅滞なく貴兄の計画した休暇を開始せよ。火急の時迫る Periculum in mora」この電報はモーリッツ・C・ヘニングとサインされており、ビスマルクはすぐにこれを自分の友人のモーリッツ・カール・ヘニング・フォン・ブランケンブルクからのものであると認識できたことであろう。「火急の時迫る Periculum in mora」のフレーズは、より知られている一八六二年の召喚に際して繰り返されることとなる[82]。

ビスマルクは返答に時間を費やし、七月一日に手紙を書き、二日に一段落を追加し、三日にさらに書き足したうえでイギリス人の特使を使ってベルリンへ送った。彼は自分の計画が認められることを優先し、権力を獲得することを急いてはいなかった。戴冠式はアウエルスヴァルト内閣が倒れるほどに重大なものではなかったし、内政と外政双方における優先順位が、――ビスマルクが一八六一年七月にローンに書き送ったように、対外的には保守的で国内的には自由主義的という――完全に逆転した方向を辿っていた。

良き王党派の有権者たちの集団は戴冠式問題を理解せず、民主主義者たちはこれを歪めようとするでしょう。軍制問題にしっかりと取り組み、この件に関して議会と絶縁し、国王がいかに民の側に立っているかを国民に示すために新たに選挙を実施する方がより良い選択となるでしょう[83]。

この手紙は、一八六三年と六四年に実行されるものとなる政策の明確な輪郭を六一年の夏までにビスマルクが確立したことを示している。すなわち、国内の自由主義に対していかなる譲歩もせず、また選挙の結果がいかに悪かろうとも軍制問題を闘い抜き、そして民衆の期待感を獲得するために積極的な外交政策を展開すること。「我々はほとんどフランス人と同じくらい虚栄心が強いのです。もし外国において尊敬を勝ちえることができると確信すれば、我々は国内において多くのことを容認するでしょう[84]」。ビスマルクはベルリンに赴いたが、シュライニッツは彼にバーデン行きを命じ、一方ローンは別の方面に向かった。彼らに緊急で語り合う必要がどれほどあったとしても、そもそも会うことができず、落ち合う場所を決めることもできなかった。携帯電話は交信をどれほど容易にしたことか！

九月の休日にシュトルプミュンデにおいて、ビスマルクはドイツ問題に関する自らの立場をまとめた文章を、近しい友人であるアレクサンダー・エーヴァルト・フォン・ベーロ＝ホーエンドルフに書き送った。私見では、これは小君主たちの世界に対するビスマルクの侮蔑を最も明瞭に記した文書であり、自身の非常に型破りな保守主義についての最も大胆な宣言である。この文章が、一八五九年にビスマルクが病気に陥った際にその看病にあたり、彼を病から救済する策としてキリスト教的な愛を処方した親愛なる友人に向けて書かれたものであることを再確認しておきたい。そしてこのような献身的な田舎紳士が、ビスマルクの文章から滲み出るシニシズムにいかなる反応を示したかを想像してみたい。

あらゆる国家の保守的利害の連帯というシステムは危険な虚構です。……我々は、ドイツの諸侯の全くもって非歴史的で神も法も顧慮しない主権の詐欺を、プロイセン保守派の最愛の恋人にしようなどというところに達しているのです。我々の政府は実際には国内では自由主義的ですが、外交においては正統主義者です。我々は我々自身の君主の主権よりもずっと粘り強く他国の君主たちの主権を擁護しており、ナポレオンによってでっち上げられ、メッテルニヒによって認められたちっぽけな諸邦に関しては情緒的な気分を強め、現行の狂ったような連邦体制が存続する限りはプロイセンとドイツの独立を脅かしているあらゆる危険に対して盲目的ですが、結局のところこの連邦体制は危険で革命的な分離主義者たちの運動のための温床であり貯蔵センターであるのに他ならないのです。……加えて私には、連邦のレベルであれ関税同盟のレベルであれ、国民的議会というアイデアを恥ずべきものとして忌避する理由が見当たりません。ドイツのどの邦においても機動していて、我々プロイセンの保守主義者にとって不可欠となっている制度を革命的発明と呼ぶことはできないはずなのです[85]。

この手の「レアルポリティーク」は、個人的な利害にではなく信仰に基づいた保守主義者であった敬虔なキリスト教徒たちとは相容れないものであった。ビスマルクは、説得可能であろうとなかろうと、あらゆる人に対して自分の見解を吹聴するのをもはや躊躇しなかった。

ビスマルクが「主権の詐欺」を糾弾している間に、国王は封建的な儀式を取り止め、さらなる摩擦を生むことなしに一八六一年十月十八日にケーニヒスベルクで戴冠を済ました。ビスマルクは王の臣下として式に招待されたが、この儀式が自分の健康をどれほど蝕んだかについて、妹にいかにも彼らしい手紙を書いた。

日に三度の着替えと、どの広間にもどの廊下にも吹きつける隙間風が僕の四肢全体にまだ影響を与えています。十八日には、王宮の戸外の庭園で私は体調維持の予防策に分厚い軍服を身につけ、これと比べればベルンハルトのやつなど単なる毛の房といった具合のかつらを被りました。二時間も何も被らずにいれば健康に悪影響があったことでしょう。[86]

臣従の儀式に関する譲歩は、プロイセンの有権者各層の意向に影響を及ぼしはしなかった。一八六一年十二月六日、プロイセンの有権者たちは三五二名の議員を選出したが、その内の一〇四名はドイツ進歩党に属し、同党は第一党に留まり、四八名はその他の自由派〔中央左派〕、そして九一名は「立憲派」（アウエルスヴァルト政府を支援する穏健自由主義者たち）であった。換言すれば、新たな下院の六九パーセントが自由主義陣営に属したのであり、その内の最も急進的な一派が最大の勢力となったのである。ビスマルクの仲間の保守主義者たちは四七名からわずか一四名に縮小し、統治階級たるユンカーたちの党派は惨めな弱小勢力に転落した。[87]

一八六二年四月三日、エトヴィーン・フォン・マントイフェルはローンに手紙を書き、その中で嬉々として革命の恐怖を呼び起こしてみせた。

私は手中に武器も握らずに得られるような闘争の成果というものを知りません、そして我々は闘争の最中にいるのです。陛下の治世の間に、陛下の個人的地位に恥辱をもたらすことなしに三年現役制を諦めることがどうしてできましょうか。……軍隊は理解できないでしょう。国王への信頼が緩み、軍隊内部における状況は予測不可能なものとなるでしょう。……我々は血まみれの生首を目にすることになるでしょうし、そして「その時には」選挙の結果も望ましいものになるでしょう。[88]

自由主義のジャーナリストであったマックス・ドゥンカーは、この状況を説明するのに『旧約聖書』の詩篇第四二編を取り上げた。「涸れた谷に鹿が水を求めるように、軍隊は騒乱を求めている」、と（新共同訳『旧約聖書』詩篇四二―二）。[89]

この過熱した雰囲気の中、王国の有権者たちは一八六二年五月六日に投票所に向かった。五月十八日に、選挙の二つの段階が終了し〔プロイセンの三級選挙制では投票は二次にわたって行われた〕、国王の政府は隠しようのない大敗を喫した。自由主義左派は一八六一年に比べて二九議席〔三三議席の誤り〕を増やして一三三名となり、いわゆる議会政党として、下院における最大の議員団を形成した。他の自由主義勢力は議員数を四八から九六に倍増させ、「新時代」を支えてきた「立憲派」は九一議席から一九議席に縮小した。こうした数字は、政治の中心が左派へと移行したことを明確に示すものであった。自由主義左派は今や議席の六五パーセントを制御し、国王の支持者たちはわずか一一議席にまで萎（しぼ）んだ。[90]

プロイセンは革命前夜の状況を迎えたのであろうか。これは偉大な「何も転換しなかった転換点」〔A・J・P・テイラーの表現〕だったのであろうか。これには「否」という答えを出すだけの十分な根拠がある。構造的な諸要素は、革命を恐れる理由など何もなかったことを示唆しているのである。投票結果を確認してみよう。一八五〇年の憲法改正によって導入された三級選挙制は奇妙な選挙システムを創出した。第一等級は納税者中の上位五パーセント、第二等級はそれに続く一三パーセント、第三等級は残りの八一パーセントの人びとからなっていた。同選挙は普通選挙ではあったが、非常に不平等な政治参加のシステムであり、目論見どおり裕福な階層に有利な仕組みになっていた。一八六一年十二月六日の選挙戦を例にとれば、各等級の有権者数と全投票者に占める割合は上の表の通りとなる。[91] この選挙制度によって下層階級に与えられた政治力の割り当ては、プロイセンの選挙における投票にあっては最も豊かな人びとが最も大きな影響力を行使しえたことを示している。納税は、選挙区においてごくわずかな数の人びとだけが第一等級で投票できることを保証する基礎となっていた。ある選挙区内で誰もそれだけの税金を納めていないために、第一等級の投票者が全く存在しないこともしばしばあった。一方、複雑な二段階の選挙システム（投票者は「選挙人 Wahlmänner」に投票し、その後投票人が議員候補に投票した）と、一票の重みの意図的な操作が、民衆の政治参加を不可能にしていた。第三等級の投票率はいつも低く、大抵の場合は二〇パーセントをかなり下回った。したがって、「憲法紛争期 Konfliktzeit」の激しい選挙戦は、ただ第一等級と第二等級の有権者だけを興奮させるものだったのである。ドイツ進歩党はマントイフェルを脅かすかのように見えたが、同党が代弁していたのは、王宮の前の路上にギロチンを設置することなど望みそうもない、教養と財産を保有するブルジョワ層であった。

表:
プロイセン三級選挙制の
等級別有権者数(1861年)

等級	有権者数	割合
第一階級	159,200	4.7%
第二階級	453,737	13.5%
第三階級	2,750,000	81.8%

こうしたことは、自由主義者は決して革命劇を上演しようとはしなかったし、軍事予算を管理する権限が下院に付与されるまで税金の支払いを拒むといった納税拒否のごとき消極的な抵抗すらしようとしなかったことで今では自明のものと

なっている。とは言え、納税拒否はこの間に、議会を無視した治世を行おうとした反動的なヘッセン＝カッセル選帝侯を交渉のテーブルに着かせていた。進歩党の人びとがアジテーションを続けたところで、最終的に民衆を路上へと駆り立てるような事態が起こることはありえないと誰に確信できたであろうか。マントイフェルと上級将校の内の強硬派の一部は、「血まみれの生首」というシナリオが絶対王政の復活と憲法の廃止、選挙活動の抑圧、そして実質的な軍事独裁を生み出す口実となることを望んでいた。国王もローンもそのような結果を望んではいなかった。実際、ローンは長期にわたり、譲歩も辞さない構えであり、それがマントイフェルの不満の種となっていた。

一八六一年のように国王はビスマルクのことを考慮に入れ始め、ビスマルクは一八六二年四月に協議のためサンクトペテルブルクからベルリンに召喚された。彼はローンに手紙を書き、パリかロンドンへの異動を話し合うためにすぐにベルリンに到着するだろうと記した[92]。数日後、彼はフランクフルト時代の部下の一人に、まだ次のポストが不確かなので、これをはっきりとさせるためにベルリンに向かうと書き送った。「つまりは、私は行き先が分からないままに旅をする」こととなり、突然の通知でロシアで使っている家具や、不要となった持ち物を売り払わねばならず、間違いなく相当な金を損することになるであろう、と[93]。ベルリンに到着すると、彼は、お定まりの特有の状況に直面した。国王は心を決めかねていたのである。一八六二年五月十七日にヨハンナに書いたように、「私たちの未来はこれまでと同様に不確かです。ベルリンが表舞台となったが［大臣職のこと］、私はそうなるように行動することもそれに反対する行動をとることもなく、パリ行きが承認されたならへべれけになるまで飲むつもりです[94]」。既に確認したように、ビスマルクはいつもヨハンナに自分が一番望む地位を敬遠したと語っていたが、別の史料からすると、ビスマルクが首相になるために宮廷で必死に策謀をめぐらせたことは明らかである。一八六二年五月、ローンは、「ビスマルクは国王に何回も長時間拝謁した。数名の大臣たちと共に彼は長時間議論し、毎日陸軍省に出向いた。この新参者は大臣の座に就くことがすぐにも予想されると信じていた」とノートに記録している。[95]

内閣が危機の只中にあった一八六二年五月二十一日、ローンの友人のクレメンス・テオドーア・ペルテスは、最高位、あるいはそれに準じる地位への就任が現実となる寸前のビスマルクについて、非常に重要な評価を記した。

ビスマルク゠シェーンハウゼンは多分に道徳的な勇気を持っている。決然たる精神が、あらゆる演説の情熱的な声音から窺える。彼は周囲の人びとを意のままに動かすことができる。過去に政治的訓練をしたことがなく、政治的教育を受けたこともないにもかかわらず、である。……彼は矛盾した性格の持ち主だ。プットカマー家の出身である彼の妻は根っからの厳格なルター派で、タッデン゠トリーグラフと知り合いだが、彼を深く尊敬している。ビスマルクにも断固たるルター主義の趣があるものの、しかし怪しいところもある。彼は我を忘れることがあり、容易に共感や反感に動かされがちだ。……彼は根っから正直で率直であるが、その政策は不道徳だ。彼は生まれながらの容赦のない性格で、復讐心が強いが、宗教的な感受性や性格上の高潔さがそれを抑制し続けている。[96]

ペルテスはこの短い素描の中で、ビスマルクの根深い二面性とその性質の内側にある甚だしい矛盾を捉えている。私は、「根っから正直で率直」であるという評価がビスマルクに当てはまるかどうかには疑問を感じている。我々は、彼が両親にいつも嘘をついたことを彼自身の記録から知っているし、彼がヨハンナに定期的に嘘をついていたことも確認しているが、また彼のキリスト教信仰がその復讐心に対してごくわずかなりとも抑止力となったことを示す証左を知らない。フォン・ベーロは、ビスマルクの心中のキリスト教的な愛がいかに微細であったかを明らかにしている。ただしペルテスは、ビスマルクが権力の座にあった時代を特徴づける内的な葛藤を非常に正確に予示していた。同時代人たちは、その人物の諸々の特徴の中でも後年の観察者が大抵は見逃すであろう側面を直感的に見抜くものなのである。

一八六二年五月二十三日、ビスマルクは自分の異動先がパリになるだろうと妻に知らせた。

> しかし背景には未だ影が残っています。私はほとんど内閣に捕えられかけたので、できるだけ早く逃げるつもりです。……多分彼らは私がその視界から消えるやいなや、別の首相を見つけ出すでしょう。(97)

二日後、彼は妻と兄に、「ここの誰もが僕を当地に留めようと心に決めています」と、そしてもしパリに行ったとしても短期間のことになるだろうと書いた。(98) 五月三十日に彼はパリに到着し、一八六二年六月二日にローンへの手紙の中で「私は当地に無事到着し、無人の納屋に住みついた鼠のように生活しています」と書いた。彼は、自分は国王が他の首相を見つけることを望んでいるし、無任所大臣の職を受けるつもりはないと主張した。なんとなれば、

> そのような地位は非現実的です。何も言わずにあらゆる負担を負わねばならず、何も頼まれることもないのにあらゆることで不評を買い、何かを本当に言うべきところで全員から叱りつけられるだけだからです。(99)

ローンは二日後に返信を送り、「私は昨日、機会を捉えて首相問題を有力な方面に向けて取り上げたのですが、貴君に対する共通の好意と、これまた共通の逡巡とを確認しました。今では誰が救い手となってくれるのでしょうか。どういう結末になるのでしょうか」と応えた。[100] ローンは、一八六二年五月十九日に初めて召集された下院の膠着状態をつぶさに記した。政府に味方する多数派が形成されさえすれば民主派を統制下におけようが、それを期待することは相変わらずできなかった。

「私の持論を言えば、この状況下では、現在の政府が仕事場に留まった方がよいかもしれません[101]」。ビスマルクは数日後に返答を送った。「休養中なので私がいかなる対抗手段も画策もできないことは確実です。……私は何もしません[102]」。

六月末にはローンは絶望的な気分に陥った。彼はこの状況について友人ビスマルクに説明し、感情を爆発させた。

もっと勇気を！　国外においても国内においても、もっと活力ある行動を！　この退屈なイフラント〔アウグスト・ヴィルヘルム・イフラント August Wilhelm Iffland（一七五九―一八一八）、ドイツの劇作家、俳優〕のホームドラマの世界にもっと行動が持ち込まれなければならない。そのために貴君はかけがえのない存在なのです。……どうすればプロイセンの没落を防ぐことが可能なのでしょうか。――そしてそれにもかかわらず、我々は最後の血の一滴が無くなるまで戦わなければならないのです。持ち手がない刀身だけのナイフによってそれができるでしょうか。今や貴君はロンドンだかヴィシーだかトルヴィルだかに向かい、私はいつどこで貴君がこの手紙を受け取ることになるのかを知る由もありません[103]……。

実際に、ローンが書いたように、ビスマルクはロンドンに到着し、彼はここに七月四日まで滞在した。ビスマルクがロシア大使ブルンノフの邸宅でベンジャミン・ディズレーリに会ったのはこの滞在中のことであった。ディズレーリは小説家にして伊達者で、優れた雄弁家であり、機知と政治的能力においてビスマルクと互角に渡り合うことのできた唯一の同時代人であった。これは、この二人の注目すべき人物の最初の出会いであった。当時、既に庶民院のリーダーであり、ダービー卿の内閣で一八五二年に蔵相に就任していたディズレーリは、長期にわたる野党としての時期を経験しているところであった。彼は国務を離れていたこの時期に保守党における影響力を確立し、同党は一八六八年に彼を首相の座に就かせることになった。ディズレーリは、驚くほど明け透けに表明されたビスマルクの政治的意図に関する発言を次のように記録している。

私はすぐにプロイセン政府の指揮に着手することを強いられることになるでしょう。私は最初に、下院の支持があろうとなかろうと軍隊の再編に取り組むことになるでしょう。……軍隊が敬意を呼び起こすような状態になったらすぐに、私は最初にして最善の口実を捉えてオーストリアに宣戦布告し、ドイツ連邦の議会を解散し、小邦を屈服させ、プロイセンの主導の下でのドイツの国家的(ナショナル)な統一を実現するつもりです。私がここに参上したのは、女王陛下の大臣がたにこのことをお伝えするためなのです。

ディズレーリは、自邸に戻るオーストリア大使〔ザクセン公使の誤り〕のフリードリヒ・フィッツトゥーム・フォン・エックシュテット伯と帰路を共にした。別れ際にディズレーリはフィッツトゥームにこう語った。「あの男にご用心なさい。彼は有言実行の士です」。確かに彼は公言したことを実行したのであった。[104]

七月五日、ビスマルクはパリに帰り、何通ものローンからの手紙が自分を待っていたことを知った。彼はロンドンの印象を手短に報告した。「ちょうど今ロンドンから帰ってきましたが、当地の人びとはプロイセンよりも中国やトルコについて沢山のことを知っていました。……もし私がもっと長くここで生活しようとするなら、妻や馬や召使たちと腰を落ち着けなければなりません。私はもはや昼食をとれるのか、とれるとしてどこでとれるのかが分かりません……」。[105] それから彼は妻に宛てて、パリの大使公邸は「ひどい状態」だと書き、そこをより住みやすくするための方策を提案した。[106] ローンへの七月十五日の手紙において説明されているように、自らの将来についての計画は典型的なビスマルク流であった。「私はベルリンに居座って国王に圧力をかけたりしないつもりですし、ベルリンに立ち寄るといつまでとも知れず宿屋に足止めされる恐れがあるので、家にも帰らないつもりです……」。

ローンもまた休息を必要としていた。ベルリンを発つ直前、彼は当時の自分の政治的立場に関する長い説明を親友のペルテスに書き送った。

私には、私のことをわずかながら恐れている頑強で毒々しい敵と、私の弱さをわずかながら称賛することを好む温かな友人たちとがいます。一部の上流社会では私は「獣 la bête」であり、他のところでは「窮余の一策 pis-aller」であり、建物を支える最後の頼みの釘なのです。私の重要性が私自身の能力を超えて成長しているという見方をすれば、私は共に高貴な伯爵のストラフォードとラトゥールの歴史を学ぶ喜びを得るための静寂のひと時が必要だと感じています。両人は、私の方が彼らよりも立派な君主に仕えているという違いはあるにせよ、私のように自らの君主の大義に身を捧げる情熱を持っていました。この結果、私が何年か前に自分で言った「私は首を絞められて死ぬだろう」という予言もまた、信憑性を帯びるところとなりました。[107]

実際に、ローンは老年に至って喘息の悪化に苦しんだので、最終的に「首を絞められて死んだ」とも言えるであろう。

ビスマルクは休暇に逃げ込み、単身で南仏に向かった。彼は一八六二年七月二十七日から二十九日までボルドーに滞在し、八月一日にサン・セバスチャンに向かい、八月四日にはビアリッツに到着したが、ヨハンナへの手紙に書いたように、そこではホテルから「白い波頭が見事な崖の狭間を灯台に向かって打ち寄せる青い海の魅惑的な景色」を眺めることができた。[108] 彼はその後の二週間、オルロフ公爵夫妻と一緒に海と太陽を楽しみながら散歩した。オルロフ家はロシアの大貴族の中でも最大の一族であった。夫のニコライ〔ニコライ・アレクセイヴィチ・オルロフ公爵 Nikolay Alexeyevich Orlov（一八二七—八五）〕はハンサムで魅力的であったが、クリミア戦争で片目を失い、手に大けがを負ったために身体が不自由であった。彼の妻は、さらに高位でさらに豊かな一族であるトルベツコイ公爵家の出身であった。彼女はビスマルクに初めて出会った時二十二歳であったが、これはビスマルクと初めて邂逅した時のマリー・フォン・タッデンとほぼ同じ年齢であった。マリーの時と同様に、ビスマルクが公爵夫人との、つまりは若い既婚女性との禁じられた恋に落ちたことにほとんど疑問の余地がないように思われる。彼らは一緒に散歩し、海水浴をし、陽光の中で寝そべり、本の貸し借りをし、そしてビスマルクは生きる喜びを回復した。ヨハンナに書いたところでは、

私の隣に世界で一番魅力的な女性がいます、彼女のことをよく知れば君も必ず夢中になるでしょう、彼女は少しだけマリー・フォン・タッデンに似ており、ナディにも少し似ているが、彼女

にしかない個性を備えており、楽しく、賢く、可愛らしい。……君たち二人が一緒になったら、私がこんなに舞い上がっていることを許してくれるに違いない。……私はあきれるほど元気で、とても幸せなので、愛している人たちから遠く離れていることができます。[109]

彼は妹にも同様の調子の手紙を書き、「こうしたことが時折、ヨハンナを傷つけることなしに、どれほど私を突き動かすかを知っているでしょう」と告白した。[110] ビスマルクがカタリーナをマリーと比較した時、ヨハンナは何を感じたであろうか。

カタリーナの心中いかばかりであったのかは分からない。第二次世界大戦の最中に祖母とビスマルクとの間で交わされた書簡集を出版した彼女の孫は、礼節に抵触することを避けようとして、このやり取りが全く無害なものであったとした。ビスマルクは彼女を「カティー」と呼び、彼女は彼を「小父様」と呼んだが、何にせよ彼は彼女の二十五歳年上であった。揣摩するところ、彼女はこの人物の磁力と魅力に捕えられたものの、その返礼に恋に落ちたわけでは全くなかった。ビスマルクはビアリッツの牧歌的な環境を離れたが、彼の人生において最も厳しく、消耗する時期であったその後の何年かの間、書簡のやり取りは続いた。三年後、プロイセン首相になっていたビスマルクは家族を伴って一八六五年九月後半にビアリッツのオテル・ルーロープを訪れ、一八六二年の高揚を取り戻そうとしたが、この時彼らは突然の、そして――ビスマルクにとっては――辛い別れを迎えることになった。彼は「カティー」に手紙を書き、自分がそこに行くつもりだと知らせた。彼らが到着した日は終日雨が降っていた。カティーは姿を現わさず、何の知らせもよこさなかった。彼女は約束を忘れており、彼女と彼女の夫はイギリスで休暇を過ごすことに決めていたのであった。一八六五年十月三日、彼女は詫び状を書いた。「親愛なる小父様、私に何とおっしゃるでしょうか。私は悪い子です、私は申し上げたことを守りませんでした。今回は、悲しいことですが、私たちは愛すべきビアリッツを捨てなければいけないのです[111]……」。ビスマルクは返信を送るのに二週間を費やしたが、苦々しさを隠すことができなかった。この返信は形式ばった文体で始まっている。

親愛なるカタリーナ、

貴女が「いたずらっ子 méchante enfant」の域を超えたいたずらを私にしたのは本当です。それは完全に大人の仕業で、マナー違反でした。……貴女が私に計画の変更を知らせてくれたなら、大きな救いを与えてくれたことになったでしょう。……これが、貴女が沈黙によってもたらした「いたずら mischief」［原文は英語］について包み隠さず書くために、知人が出発するまで待った理由です。……人生の小さな徴候が大きな意味を持つことになる状況において、哀れな小父さんがいかにあっという間に忘れ去られていくかを知るのはとてもつらいことでしたが、私は既に自分の人生の行路を随分先まで歩んできており、もうほとんどチャンスは残されていないのです[112]……。

手紙はここで突然終わっており、真偽のほどは知れないが、編者の説明ではこの先の部分は失われている。おそらくは、その後に続く文章があまりに赤裸々であったために、オルロフ公がこれを処分したものと思われる。この文章は、いかに深くビスマルクが傷ついたかを十分に示している。自分の半分の年齢の女性に恋した五十に届かんとする男性は愚かに見えるかもしれないが、敢えて言えば、拒否されたことの痛みはそれ以上に痛切であったに違いない。美しい女性の愛に対するこの恋慕の情は偉大なビスマルクの肖像の一部を形成しており、そしてそれは決して瑣末なものではない。

パリへの帰路の途上にあった一八六二年九月にトゥールーズにおいて、ビスマルクは八月三十一日付けのローンからの長い手紙を受け取ったが、その中でローンは目下の状況とビスマルク内閣の即時成立を望んでいることについて詳述していた。

親愛なるB！　貴君は多かれ少なかれ、なぜ私がこれまで返答しなかったのか推測できるだろうと思います。私は、即刻の解決をもたらすような状況が訪れるのをいつも望んでいました。……貴君も同意してくれると推察しますが、これまで避けてきたことながら、貴君が暫定的に、大臣職に就いていない状態で政府の長に任命されるのを受けるよう助言したいと思います。他に道はありません！　もし貴君が絶対に嫌だというのであれば、私を拒否し、沈黙するよう命じてください。私は七日に王に個人的に謁見します。……貴君には反駁する時間があります。……国内情勢の破局は今のところは起きないでしょうが、春には起こるでしょう、そしてそれまで貴君はそこに身を置かなければなりません。[113]

九月十二日、ビスマルクはトゥールーズから返信を送り、自分の目下の状況が堪え難いものになっていると伝えた。もし彼が冬までに送り先が分からなかったならば、彼の所有物はヨーロッパ中に散逸し、その大半はサンクトペテルブルクで凍りついていたことであろう。彼は、不確かな状態が再び起こらないのならば、何事も受け入れようという境地に達した。「もし貴君がこの件かあるいはそれ以外にでも確かなことを保証してくれるのであれば、私は貴君の肖像画に天使の羽を書き足しましょう[114]」、と。

一八六二年九月十七日、ローンは下院において和解の姿勢を示す演説を行った。政府は、「紛争」

と呼ばれるような事態をいかなる方法においても目論んではこなかったのであって、むしろその反対に、未解決の問題が解決され同意に到達することを望んできたのだ、と。[115] 回顧録においてビスマルクは以下のように記している。

パリで私は以下の電報を受け取ったが、それは既に打ち合わせてあった合図であった。

ベルリン、九月十八日
火急の時迫る、急がれたし。
モーリッツの叔父、
ヘニング。[116]

この文面は、既に確認したように、ビスマルクを公職に引き立てようとしたローンのかつての企てに際しても使用されたものであり、効力を発揮した。一八六二年九月二十二日、ローンはバーベルスベルク城に参内し、下院が三〇八対一一で一八六二年補正予算を承認したこと、しかし予算の一部に組み込まれていた軍隊の全般的な改革は二七三対六八で否決されたことを報告した。ホーエンローエやハイト、ベルンシュトルフからは既に辞任届が提出されていた。国王はローンの助言を求めた。ローンはこう応えた。「陛下、ビスマルクをご召還ください」。国王はこれに対して、「彼はそれを望まないであろうし、今は引き受けないであろう。それに、彼はここにいないのであるから何も彼と話せない」と切り返した。[117] ローンは「彼はここにおります。彼は陛下のご命令に喜んで従うでしょう」と食い下がった。[118] ビスマルクは九月二十日にベルリンに到着していた。以下は、その後に起きたことについての本人の説明である。彼は、王太子に呼ばれた。現下の状況をどのように捉えているのかという問いかけに対して、私はただ非常に慎重な返答しかできなかったが、それは、二、三週間前からドイツ語の新聞を読んでいなかったからである。……私の謁見が実際にどのような印象を生んだのかは、「彼もまた良くない。彼が既に余の息子に会いに行ったことは知っておろう」と国王が言われたというローンの説明から直ちに分かった。私にはこの発言の意味がすぐには見当つかなかった。退位の考えをお持ちだった国王が、私がそのことを知っているか、あるいはそう推測して彼の後継者との関係を良好なものにしようとしていると考えておられたとは知らなかったからである。(119)

国王は疑念を抱いていたにもかかわらず、ビスマルクを引見した。以下は、この時の様子についてのビスマルクの記録である。

九月二十二日にバーベルスベルクに招かれたが、陛下が以下のような表現を使って状況を規定されたことで、私にもようやく事情が飲み込めた。「もし神と我が良心、そして我が臣民たちに対する責務に応えうるようなやり方で物事をなしえないのであれば、余は統治を行わないであろう。しかし、もし現在の議会における多数派の意思に則って統治を行うことになるのであれば、そのような統治は不可能であるし、そして、自らと余とを議会多数派に対して屈服させることとなく余の政府を運営する用意のある大臣たちをもはや見出すこともできない。余はそれゆえ我が王冠を脱ぐ決心をし、先ほど言った動機に基づく退位宣言文を既に考えてある」。国王は私にテーブルに置かれた直筆の文書をお示しになったが、既にそこにサインがあったかどうかは定かではない。陛下は、意に沿う大臣なしには統治ができないと繰り返して話を締めくくった。

私は陛下に、五月以来入閣の覚悟をお伝えしてきたと返答した。私はローンが私と共に陛下のお側に控えるつもりであることを確信しており、他のメンバーは私が任命されることで辞職を余儀なくされると感じるかもしれないものの、組閣には成功するであろうことを疑わなかった。しばらく熟考し議論した後で、国王は私に、軍隊の再編を実行するために大臣になる準備があるかどうかをお尋ねになった。私が同意を示すと、陛下はさらに、議会の多数派と彼らの決議に抗してそれを断行するかどうかをお尋ねになった。私がそうする意志があると答えると、陛下は遂にこう宣告された、「それでは、貴君の助けを借りて闘いの継続を試みることが余の義務だ、余は退位しない」。私は彼がテーブルに載っていた文書を破棄されたのか、あるいはそれを「御文庫に in rei memoriam」保存されたのかどうかは知る由もない。[120]

ビスマルクを首相に任命すると決定したことで、国王ヴィルヘルムは確実に家族内に揉め事を抱え込むことになった。王太子妃は王妃が絶望と不幸を味わうことになろうと記録している。一八六二年九月二十三日付けの日記において、彼女は「可哀想な母君！　天敵の首相就任がどれほど彼女を苦しめることか」と記した。[121] 既に七月に、王妃アウグスタは自分の立場を包み隠さず明らかにしていた。

連邦議会への使節として、v・B氏は親プロイセン的な諸邦政府に常に不信の念を抱かせ、反プロイセン的な王家には、ドイツにおけるプロイセンの地位に不相応な、脅威を与える大国としてのプロイセンを印象づけるような政治的見解のみを振りかざしました。[122]

王妃と首相との間の格闘が始まった。この場合、帝国議会の哀れな速記録係とは違い、王妃の憎悪はビスマルクの異常な想像が生んだ虚構ではなかった。彼女は実際に彼の敵であり、彼を排除するためにはできる限りのありとあらゆることを実行した。

一八六二年九月二十四日、ブライヒレーダーはジェイムズ・ド・ロチルド〔ヤーコプ・フォン・ロートシルト〕男爵に以下のような手紙を書いた。

私たちは内閣の危機の真只中にいます。フォン・ビスマルク＝シェーンハウゼン氏は首相として新内閣の組閣に全力を注いでいます。ローンは陸軍大臣に残留しますが、これは十分に、議会と王冠の対立が内閣の改造によって克服されないであろうことの証左となっています。……完全に反動的な内閣が成立するように思われます。[123]

そのような予想はビスマルクの友人たちをすら不安にさせたが、その不安は別の理由によるものであった。ビスマルクがベルリンに召還されたというニュースは直ちに広まった。九月二十日、ビスマルクの謁見の前に、ルートヴィヒ・フォン・ゲルラッハはクライスト＝レツォーにこう書いた。

オーストリアあるいはフランスとの関係においてだけではなく、神が定め給うた戒律への態度においても、私のビスマルクに対する留保は大きなものですが、私には敢えて彼に反抗しようという気はありません。――なぜなら、私は彼以上のことをやれるであろう人物を知らないからです。

もし彼も失敗するのであれば、我々は神の手に全てを委ねます。ローンの政治的魂であるモーリッツをベルリンに呼ぶつもりはありませんか。ビスマルクのためにもなるのでは。[124]

ハンス・フォン・クライストは九月二十二日に、この友人と会ったと返答した。「ビスマルクは元気でユーモアに溢れていました。彼が公教要理(カテキズム)の真理を疑っていると考えるとしたら、我々は彼に不当な扱いを与えることになるのだと思います[125]」。

いよいよ公職に就いたビスマルクは、自分の仕事を整えなければならなかった。彼はフランクフルトのヴェンツェルに、フランクフルトでの自分のかつての料理人のリーペがベルリンに来ることを望んでいるかどうか打診してほしいと頼んだ。最初にすべきことが最初にビスマルクの脳裏に浮かんだのである。それから彼はヴェンツェルに、ベルンシュトルフ伯爵が十月七日から十日の間のどこかでロンドンのプロイセン大使館に赴任すること、そしてビスマルクが外務大臣に就任することを知らせた。[126]

同じ日〔九月二十八日〕にシュトシュ少佐は、自由主義者でコーブルクの裁判官であった友人のオットー・フォン・ホルツェンドルフに手紙を送り、今や危機が本当に切実なものになっていると書いた。

国王の退位の噂はますます現実味を帯びていますが、それが政治的に正しい行動ではないと誰に分かるでしょうか。もし国王が根負けして進歩党が勝利したら、我々は理論的な革命や些細なことにこだわる教条主義、そして非現実的な野心に満ちた民主主義の潮(うしお)に巻き込まれることになるでしょう。王太子は御父上の気持ちを変えるためにあらゆる手を尽くしました。私の将軍〔ハインリヒ・フォン・ブラントのこと〕は、軍隊問題に関しては何事も起こり得ない、なぜなら彼らが助言者としている年配の紳士たちの社会では上流社会の人士が聞きたくないことを言わないように配慮するであろうから、と言っています。マントイフェルは人形たちを呼び集め、それに役割を振り当てる役割を果たしています。[127]

シュトシュは、新首相オットー・フォン・ビスマルクの衝撃が周囲に与える波紋を考慮に入れるべきだったであろう。「人形たちを呼び集め」る役割を務めたのはマントイフェルではなく、ビスマルクであった。この間にビスマルクは、反抗的な精神でこり固まった下院に対峙しなければならなかった。二十九日に彼は予算案を完全に撤回したが、それは数知れぬ挑発の最初の行動であった。次に彼は、首相として初めて公の場に姿を現し、まさしく抵抗勢力の牙城であった下院の予算委員会で行う演説を準備した。この演説は彼が行ったものの中で最もよく知られるようになり、彼の首相としての議会における初登場を示すものとなった。以下はその最も有名な一節である。

プロイセンは、既に何度も取り逃がした好機を捕まるために力を蓄え、そして維持しなければなりません。ヴィーンの諸条約により定められたプロイセンの国境は、健全な国家の存続にとって好ましいものではありません。現下の大問題が決せられるのは、演説や多数決によってではなく――これこそが一八四八年と四九年の大きな間違いだったのですが――まさに血と鉄によってなのであります。[128]

注意深い読者――少数にせよ、そのような読者がいてくれることを願うのだが――であれば、この文章に驚かないであろう。何年にもわたり、ビスマルクはあらゆる種類、あらゆる立場の聞き手に、多かれ少なかれ同様のことを語ってきた。一八六二年五月、彼は外務大臣のフォン・シュライニッツに対して全く同様の主張を展開していたし、「鉄と血」ではないものの、「鉄と火 ferro et igni」という、ほぼ同様の表現を用いてさえいた。確かに、ラテン語とドイツ語の違いはあるし、私信と下院の委員会での公的な証言とは違う。しかし、変わったのはビスマルクでも彼の思想でもなく、周囲の状況であった。今回ばかりは、ビスマルクは自らの重要性を過小評価したのである。

彼が委員会での審議という、相対的に制限された場において、かくのごとき戦術を使うのを決心したことに疑問の余地はない。彼は——滅多にない過ちであるが——自分に対する「無責任な乱暴者という古い評判」を過小評価した。下院と国内の自由主義者たちは、国王がビスマルクを任命したのは、挑発をもって議会にますます愚行を犯させ、遂にはビスマルクの人形使いであるフォン・マントイフェルが国王に戒厳令を布告させ、議会を停止させようとするためだと信じた。軍隊がベルリンを占拠し、国王の軍隊による独裁が実現するであろう、と。ナポレオン三世は一八五一年十二月二日にまさにそれを何らの抵抗を受けることなく実行したのであるが、フランスにおける革命と混乱の伝統はプロイセンの比ではなかった。トヴェステンのような人びとの過熱気味の想像の中では、極めて悪名高く、執念深く、旧習を墨守するばかりのオットー・フォン・ビスマルクのごとき反動主義者が首相に任命されたことは、このようにしか説明できないものであった。歴史に鑑みて物事を考えようとする人びとはまた、一八六二年のプロイセン国王によるビスマルクの任命を、一八二九年のフランス王家のブルボン家による、当時選択しえた内で最も非妥協的な超保守主義者であったジュール・ポリニャック公の任命に比した。シャルル十世はポリニャックの任命をフランスにおける立憲君主制の終焉を示すシグナルとして利用し、この動きには一八三〇年の革命という激動が続いた。プロイセンでも同じ筋書きが展開することになるのではなかろうかと思われた。

ビスマルクの首相としての初めての演説であった「鉄血」演説は、容易に彼の最後の演説ともなりえたのであり、あるいはほとんどそうなりかけた。国内の事情通は衝撃を受け、瞋恚に燃えた。自由主義右派の著名な歴史家ハインリヒ・フォン・トライチュケは、義弟に以下のように書き送った。

君も知っているとおり、僕はプロイセンを強く愛している。だが、このビスマルクのごとき浅薄な田舎ユンカーが、「鉄と血」でドイツを屈服させるなどと大言壮語しているのを聞くと、ただただ無稽さだけが陳腐さを上まわっているように思えるのだ。(129)

（ガル、前掲書、三二六頁）

実際のところを窺い知るよすがはほとんど残っていないが、国王ヴィルヘルムがベルリンでの激務の後に休養したバーデン・バーデンの湯治場において、あるいは王の朝食の食卓において、そしても し年取った国王夫婦がなおもベッドを共にしていたとすれば王の寝室において、最も重要な反応が巻き起こったに違いない。何にしても、未婚者には、どの場合においても繰り返されていたはずのアウグスタ王妃の「私は言ったはずです！」という台詞の衝撃を理解することは難しいであろう。彼女が、自分の夫である君主に、ビスマルクを信用するべきではないと警告しなかったであろうか。あるいは、バーデン大公やザクセン国王やその他の親愛なる親類たちも警告しなかったであろうか、等々。そして効き目が表れた。国王はわずかな平穏と静謐を手に入れるために屈服した。そう、ベルリンに行ってビスマルクと決着をつけよう、そう、彼を首にしよう、と。

王家の会話に関する記録がない代りに、我々はビスマルクの小説家としての優れた一面を、次に起こった出来事についての彼の記録の中に見出すことができる。彼は、いつもと同じく、過ちを犯したこと、ましてや演説が大失敗であったことを認めないように細心の注意を払った。ビスマルクには国王に緊急で面会しなければならないことが分かっていたので、国王の乗った列車をベルリンに到着する前に停車させるという、前例のない、一か八かの行動をとった。以下の証言を読むにあたっては懐疑的になる必要がある。

官吏たちの素っ気ない返答から、国王が普通の一等客車のどこに乗っておられるのかを見つけ出すのは一苦労であった。妃との付き合いがその後にもたらした効果は明らかに国王を意気消沈させるものであり、国王が不在の間に起きた出来事について語る許可を求めると、国王は以下のような言葉でもって私の話を遮った。「余はこれらのこと全てがどういう結果に終わるのかを完全に見通すことができる。かの場所で、オペラハウスの前で、余の部屋の窓の下で、彼らは貴君の首を切り、その後少ししたら余の首も切ることであろう」。私の推測では、そして後に複数の証言によって確認されたことだが、バーデンに滞在している間に国王は様々なかたちでポリニャックやストラフォード、そしてルイ十六世の物語を吹き込まれて影響を受けていたのであった。国王が沈黙し、私は短く応じた。「その後はどうなりますか、陛下 Et après, Sire ?」と。国王は「もちろん、その後は Après、我々は死んでいるに違いない」と答えた。「その通りです」、と私は続けた、「我々は死んでいるでしょう。しかし誰もが遅かれ早かれ死ななければなりません、そしてこれ以上名誉あるやり方で滅びることが我々にできるでしょうか。我が国王の大義のために戦う私と、神の恩寵による王としての権利をご自身の血で証された陛下。……陛下は闘い続けねばなりません。降伏することはできません。陛下は御身が血を流す危険に晒されようとも、圧迫を加えようとするいかなる企てに対しても立ち向かい、前進されねばならないのです」。

このような調子で私が話を続けると、国王は次第に生気を帯び始め、王国と祖国のために戦う指揮官の役割を引き受け始めた。[130]

危機は過ぎ去り、ビスマルクは公職に留まった——かろうじて。二日後、サンクトペテルブルクでのビスマルクのかつての筆頭書記官であったクルト・フォン・シュレーツァーが彼に会いに来た。フォン・シュレーツァーはサンクトペテルブルクでビスマルクと衝突したが、最終的には何とか彼と折り合うようになっていた。シュレーツァーは、友人への手紙に書いたように、ビスマルクの本性をはなから見抜いていた。「彼は政治に生きている。あらゆることが彼の内で渦巻いており、他人から認められ地位を得るために頑張っている」[131]。二人は夕食に出かけたが、シュレーツァーが記録では、この夕べはとても楽しいものとなった。

我々は、彼の本来の軽口がさらに軽くなるまで、シャンペンをしこたま飲んだ。彼は皆の目を欺いたことにご満悦だった。ある部分では彼自身により、またある部分では他の人びとにより、彼は二年間の任期を王に認めさせようと努めている。上院においては、彼は自分が計画している反動策を真っ黒なものとして描いているので、上院議員たちは、必要とあらば実行すると彼が言っている条件に不安を抱くようになっている。下院の紳士たちの前では、彼は一時は非常に不遜な様子で姿を現すが、しかしその次には調停を望んでいることを仄めかす。さらに、彼はドイツ諸邦の各内閣に対しては、国王が自分の新首相のカヴール主義を抑え込むのにひどく手を焼いていると信じ込ませようと企んでいる。これまでのところ、人びとが彼の精神と輝きに魅せられていることは否定できない。大した男だ C'est un homme ![132]

シュレーツァーの記録に登場するビスマルクは、揺るぎない自信に満ち溢れた人物として振舞い、幕ごとに様々に変貌する役どころを演じている。しかし彼には、自分がいかにあれやこれやの人をたばかっているのかという真実を打ち明けることのできる聴衆――シュレーツァーやディズレーリ、そしてその他の機知と諧謔（かいぎゃく）に富む人びと――が必要であった。虚偽と正直さ、親切さと復讐心、ガルガンチュアのようなエネルギーと心気症という弱点、愛嬌と冷たいよそよそしさ、明け透けさと欺瞞、ビスマルクはこれら全ての矛盾を備えていたが、一つの特性だけは決して変わらなかった。ビスマルクに間違ったことを言ったり間違ったことを行ったりしたと見なされた者は、戸外の闇の中で最後を迎えることになったのである。ウィットに溢れ魅力的であったクルト・フォン・シュレーツァーは、「パシャ」についてあまりも語り過ぎたコメントを一つしたことで、荷造りもままならない内に、（確かにシベリアではなかったが）ローマの公使館書記官としてベルリンの外へ移転させられる羽目になった。シュレーツァーは無念さを滲ませてこう記した。「タンホイザーの第二幕の最後の場面のごとく、オットーは歌う、『ローマへ行け、汝罪びとよ』と」[133]。

原注

（1）Wolfgang Wippermann, 'Otto von Manteuffel', *Allgemeine deutsche Biographie*, vol. xx（Leipzig, 1884）, 270-1. <http://mdz10.bib-bvb.de/~db/bsb00008378/images/index.html>. （2）*Bismarck, Man & Statesman*, i. 232. （3）ベルリンのビスマルクからヨハンナ〔独語版では妹〕宛ての一八五九年一月十五日の書簡、*GW* xiv. 496. （4）Otto Count Stolberg-Wernigerode, 'Bismarck', *Neue deutsche Biographie*, vol. ii（Berlin, 1955）, 270. <http://mdz10.bib-bvb.de/~db/0001/bsb00016318/images/index.html?id=00016318&fi p=81.129.122.54&no=19&seite=297>. （5）ローン

からアンナ宛ての一八五九年一月九日の書簡、Roon, i. 360. （6）ローンからアンナ宛ての一八五九年一月十日の書簡、ibid. 361-2. （7）ローンからアンナ宛ての一八五九年一月十一日の書簡、ibid. 362. （8）Roon, ibid. 363-4. （9）Stern, 14-15. （10）Ibid. 17. （11）フランクフルトのビスマルクからゲオルク・フォン・ヴェルター〔カール・フォン・ヴェルテルンの誤り〕男爵宛ての一八五九年二月二十五日の書簡、*GW* xiv. 501. （12）フランクフルトのビスマルクから兄宛ての一八五九年三月三日の書簡、*GW* xiv. 502. （13）ビスマルクからヨハンナ宛ての一八五九年三月二十二日の書簡、*GW* xiv. 504. （14）ベルリンのビスマルクからヨハンナ宛ての一八五九年三月十七日の書簡、*GW* xiv. 506. （15）ペテルブルクのビスマルクから妹宛ての一八五九年三月十九日、三十一日の書簡、*Bismarck Briefe*, No. 210, pp. 253-4. （16）ペテルブルクのビスマルクから兄宛ての一八五九年五月八日の書簡、*GW* xiv. 519. （17）ペテルブルクのビスマルクからヨハンナ宛ての一八五九年四月二十八日の書簡、*GW* xiv. 515. （18）サンクトペテルブルクのビスマルクからヨハンナ宛ての一八五九年四月四日の書簡、*GW* xiv. 511. （19）ペテルゴーフのビスマルクからヨハンナ宛ての一八五九年六月二十八日の書簡、*GW* xiv. 529. （20）ペテルブルクのビスマルクからヨハンナ宛ての一八五九年七月二日の書簡、*GW* xiv. 533. （21）ペテルブルクのビスマルクからオットー・フォン・ヴェンツェル宛ての一八五九年七月一日の書簡、*GW* xiv. 531-2. （22）Roon, i. 372. （23）Kenney, *Ideology and Foreign Policy*, 36. （24）Beller, 69. （25）オード・ラッセルからウィリアム夫人宛ての一八五二年三月二十三日宛ての書簡、Urbach, 28. （26）'Villafranca, Conference of', *Encyclopædia Britannica* Online（2008）. <http://proxy.library.upenn.edu:3225/eb/article-9075366>. （27）ペテルブルクのビスマルクから兄宛ての一八五九年五月八日の書簡、*GW* xiv. 519. （28）ペテルブルクのビスマルクからシュライニッツ宛ての一八五九年五月十二日の書簡、*GW* iii. 35 ff. （29）Bucholz, 66-7. （30）ローンからペルテス宛ての一八五九年六月十五日の書簡、Roon, i. 375. （31）*Bismarck, Man & Statesman*, i. 251. （32）Engelberg, i. 477. （33）ベルリンのビスマルクから兄宛ての一八五九年八月三日の書簡、*GW* xiv. 536. （34）

Pflanze, ii. 58.〔独語版では、アレクサンダー・フォン・ベーロ＝ホーエンドルフからモーリッツ・フォン・ブランケンブルク宛ての一八五九年十二月七日の書簡、in: *Neue Briefe von und über Bismarck*〕　(35)サンクトペテルブルクのビスマルクから兄宛ての一八六〇年七月十五日の書簡、*GW* xiv. 556.　(36)ベルリンのビスマルクから妹宛ての一八五九年九月二十四日の書簡、*GW* xiv. 538.　(37)ワジェンキ宮のビスマルクからヨハンナ宛ての一八五九年十月十九日の書簡、*GW* xiv. 541.　(38)ローンからアンナ宛ての一八五九年十月二十四日の書簡、Roon, i. 388.　(39)ローンからアンナ宛ての一八五九年十月二十八日の書簡、ibid. 389-90.　(40)Heinz Kraft, 'August Heinrich von Brandt', *Neue deutsche Biographie*, vol. ii (Berlin, 1955), 531.　(41)ベルリンのハインリヒ・フォン・ブラント将軍からアルブレヒト・フォン・シュトシュ少佐宛ての一八五九年十月十九日の書簡、Stosch, 48.　(42)ローンからアンナ宛ての一八五九年十一月四日の書簡、Roon, i. 391.　(43)Ibid. 402-5.　(44)Pflanze, ii. 10.　(45)'Clemens Theodor Perthes', *Neue deutsche Biographie*, vol. xx (Berlin, 2001), 202.　(46)ペルテスからローン宛ての一八五九年十二月四日の書簡、Roon, i. 409.　(47)Walter, 32.「もう一度、繰り返したい。ローンの改革に関する研究はない」。　(48)Ibid. 25-6.　(49)Ibid. 33.　(50)Karl Georg Albrecht Ernst von Hake (1768-1835), *Allgemeine deutsche Biographie*, vol. x (Leipzig, 1879), 394-6. ハーケは「ナポレオン」世代に属し、二度にわたり陸相を務めた。『ドイツ人名事典』は彼について以下のように述べている。「高位の政治家でも、陸軍元帥でも、また組織の天才でもなかったが、堅実な人物でありたゆまず任務に努め、誠意と有用な奉仕をもって祖国に奉じた」。ibid. 396.　(51)Walter, 341.　(52)Duncker, 183.　(53)'August Reichensperger, (1808–1895)', *Allgemeine deutsche Biographie & Neue deutsche Biographie* (Digitale Register), vol. xxi (Berlin, 2003), 309-10.　(54)ビスマルクからモーリッツ宛ての一八六〇年二月十二日の書簡、Pflanze, i. 143, n. 39.　(55)ベルリンのビスマルクからヨハンナ宛ての五月七日の書簡、*GW* xiv. 551.　(56)Roon, ii. 19-20.　(57)Bernhard von Poten, 'Edwin Freiherr von Manteuffel', *Allgemeine deutsche Biographie & Neue deutsche Biographie* (Digitale Register), vol. iii, Nachträge bis 1899 (Leipzig, 1906), 178.　(58)Craig, 'Portrait of a Political

General', 2.　(59) Ibid. 2, n. 4.　(60) Ibid. 32.　(61) Schweinitz, 214-16.　(62) *PC* 21/11, 14 Mar. 1883, p. 4. <http://amtspresse.staatsbibliothek-berlin.de/vollanzeige.php?file=9838247%2F1883%2F1883-03-14.xml&s=4>.　(63) Craig, 'Portrait of a Political General', 32, n. 108.　(64) Ibid. 11-12.　(65) Ibid. 12.　(66) Stefan Hartmann, 'Manteuffel', *Neue deutsche Biographie*, vol. xvi (Berlin, 1990), 88.　(67)フランクフルトのビスマルクからレーオポルト・フォン・ゲルラッハ宛ての一八五七年十二月十九日の書簡, *GW* xiv. 481.　(68)ベルリンのビスマルクから兄宛ての一八六〇年五月十二日の書簡, *GW* xiv. 553.　(69) Ibid.　(70)シュレーツァーから兄弟宛ての一八六〇年六月二日の書簡, Schlözer, 149.　(71)ベテルブルクのビスマルクから枢密参事官ヴェンツェル宛ての一八六〇年六月十六日の書簡, *GW* xiv. 554-5.　(72) Engelberg, i. 529.　(73)ツァールスコエ＝セロのビスマルクから妹宛ての一八六〇年十月四日の書簡, *GW* xiv. 562-3.　(74) Holstein, *Memoirs*, 4-6.　(75) Pflanze, i. 173.　(76) Craig, 'Portrait of a Political General', 13.　(77) Hermann von Petersdorff, 'Twesten' (1820-70), *Allgemeine deutsche Biographie*, vol. xxxix (Leipzig, 1895), 35.　(78) Ibid. 35 and Pflanze, i. 171.　(79) Von Petersdorff, 'Twesten', 35-6.　(80) Roon, ii. 21.　(81) <http://www.dhm.de/lemo/html/kaiser reich/innenpolitik/fortschrittspartei/index.html>　(82) Roon, ii. 50.　(83)ビスマルクからローン宛ての一八六一年七月一日—三日〔独語版では二日〕の書簡, Roon, ii. 29-32.　(84) Ibid. 30.　(85)シュトルプミュンデのビスマルクからアレクサンダー・エーヴァルト・フォン・ベーロ＝ホーエンドルフ（一八〇〇—八一〔一八〇一—八二の誤り〕）宛ての一八六一年九月十八日の書簡, *GW* xiv. 578.　(86)ペテルブルクのビスマルクから妹のマルヴィーネ宛ての一八六一年十一月八日の書簡, *Bismarck Briefe*, No. 258, p. 322.　(87) 'Sitzverteilung in der Zweiten Kammer des Landtags 1848-1870', *Wahlen in Deutschland bis 1918: Landtage Königreich Preußen.* <http://www.wahlen-indeutschland.de/klPreussen.htm>.　(88) Craig, 'Portrait of a Political General', 19.　(89) Craig, *The Politics*, 137.　(90) 'Sitzverteilung in der Zweiten Kammer des Landtags 1848–1870', *Wahlen in Deutschland bis 1918: Landtage Königreich Preußen.* <http://www.wahlen-indeutschland.de/

klPreussen.htm>.　(91)'Urwählerstatistik 1849–1913, Preussen', *Wahlen in Deutschland bis 1918 Landtage Königreich Preußen*. <http://www.wahlen-in-deutschland.de/klPreussen.htm>.　(92)ビスマルクからローン宛ての一八六二年四月十二日の書簡、Roon, ii. 79-80.　(93)ビスマルクからフォン・ヴェンツェル宛ての一八六二年四月十九日の書簡、*Bismarck Briefe*, No. 264, pp. 330-1.　(94)ビスマルクからヨハンナ宛ての一八六二年五月十七日の書簡、*Bismarck Briefe*, No. 265, 332.　(95)Roon, ii. 86.　(96)一八六二年五月二十一日付けの未刊行のメモ、以下からの引用、Schoeps, 235.　(97)ビスマルクからヨハンナ宛ての一八六二年五月二十三日の書簡、*Bismarck Briefe*, No. 266, 332.　(98)ベルリンのビスマルクからヨハンナ宛ての一八六二年五月二十五日の書簡、*Bismarck Briefe*, No. 268 p. 334; ビスマルクから兄宛ての一八六二年五月二十五日の書簡、No. 267, ibid. 333.　(99)Roon, ii. 92.　(100)ローンからビスマルク宛ての一八六二年六月四日の書簡、ibid. 93.　(101)Ibid. 94.　(102)パリのビスマルクからローン宛ての一八六二年六月八日の書簡、ibid. 97.　(103)ベルリンのローンからビスマルク宛ての一八六二年六月二十六日の書簡、ibid. 99.　(104)Moneypenny and Buckle, ii. 765.　(105)パリのビスマルクからローン宛ての一八六二年七月五日の書簡、Roon, ii. 101.　(106)ビスマルクからヨハンナ宛ての一八六二年七月十四日の書簡、*Bismarck Briefe*, No. 279, 345-6.　(107)ローンからペルテス宛ての一八六二年七月六日〔独語版では十六日〕の書簡、Roon, ii. 106-7.　(108)Orloff, 38.　(109)Ibid. 56-7.　(110)Ibid. 57.　(111)Ibid. 88.　(112)ビアリッツのビスマルクからカタリーナ・オルロフ宛ての一八六五年十月二十一日の書簡、No. 5, ibid. 113.　(113)ツィンマーハウゼンのローンからビスマルク宛ての一八六二年八月二十九日〔三十一日の誤り〕の書簡、Roon, ii. 109.　(114)トゥールーズのビスマルクからローン宛ての一八六二年九月十二日の書簡、*Bismarck Briefe*, No. 290, 361.　(115)Roon, ii. 115.　(116)*Bismarck, Man & Statesman*, i. 293.　(117)Roon, ii. 120-1. 以下も参照、Pflanze, i. 180.　(118)*Bismarck, Man & Statesman*, i. 294.　(119)Ibid.　(120)*Bismarck, Man & Statesman*, i. 295.　(121)Crown Prince's diary, Schoeps, 31.　(122)Engelberg, i. 518.　(123)Stern, 28.　(124)Petersdorff, 338.

（125）クライスト＝レツォーからルートヴィヒ・フォン・ゲルラッハ宛ての一八六二年九月二十二日の書簡、ibid. 340.（126）ビスマルクからフォン・ヴェンツェル宛ての一八六二年九月二十八日の書簡、*Bismarck Briefe*, No. 281, p. 363.（127）マクデブルクのシュトシュからフォン・ホルツェンドルフ宛ての一八六二年九月二十八日の書簡、Stosch, 52.（128）一八六二年九月三十日のプロイセン下院の予算委員会におけるビスマルクの「鉄血演説」、Pflanze, i. 183-4.（129）Gall, *The White Revolutionary*, i. 206.（130）*Bismarck, Man & Statesman*, i. 313-14.（131）Schoeps, 105.（132）Kurd von Schlözer, 3 Oct. 1862, Pflanze, i. 179.（133）Schoeps, 105.

第7章

「私は全員を打ちのめした！ 全員を！」

一八六二年六月、オットー・フォン・ビスマルクはベンジャミン・ディズレーリとロシア大使ブルンノフ男爵、そしてオーストリア〔ザクセンの誤り〕公使フィッツトゥームにロンドンのロシア大使公邸で、自分が権力を獲得したあかつきに何をしようと考えているかを語った。九年後のほぼ同じ日に、ヴュルテンベルク首相〔駐プロイセン公使の誤り〕の妻であったヒルデガルト・フーゴ・フォン・シュピッツェンベルク男爵夫人は戦勝パレードがベルリンを闊歩するのを見た。オットー・フォン・ビスマルクは、一八六二年にロンドンの大使公邸の応接室で驚き訝る聴衆に臆面もなく約束した以上のことを達成したのである。

この九年間、そしてこの「革命」は、過去二世紀の間にあらゆる指導者が実現したものの内で最も偉大な外交上、政治上の成果であった。なんとなれば、ビスマルクはこれら全てを、ただ一人の兵士に命令を下すことも、巨大な議会多数派を支配することも、大衆運動の助けを借りることも、それまで政府を担った経験もなしに、そして自らの名前と評判に対する国民的な嫌悪に対峙しながら達成したからである。類まれなる政治的天稟によるこの偉業は、相矛盾する幾つかの気性の組み合わせの上に成り立っており、そこでは、粗暴でありながら気のおけない率直さや、秘密に徹する人物の策略や詐術が混交していた。彼は完璧な自信をもって自らの役割を演じたが、そこには怒りや不安、疾患、心気症、そして不合理さが混入していたのである。

彼は、自らの力——国王ヴィルヘルム一世を操り、父子の間、夫婦の間、義理の父娘の間に入り込むことで王家を中立化させる、ラッセルがいみじくも「悪魔的な」力と呼んだ能力——を他者に顕示するような統治システムを創出した。彼は、相互の尊敬に基づく友好関係へと徐々に達したモルトケを除いては、どの将軍からも掣肘(せいちゅう)を加えられることがなかった。彼はドイツ諸邦の君主の権力を弱体化し、破壊し、自分の都合によって由緒ある王国を含む幾つかの邦を廃止した。彼は「隣接する」大国の全て——ツァーリの帝国、ナポレオンのフランス、そしてイギリス——を、自らによる支配の実現を容認するか、あるいはナポレオン三世が愚かにも選択したように破滅に直面しなければならなくなるに至るまで、ドイツの内戦の外側に止めようと腐心した。彼は、革命勢力や、自らと権威を競うことになりかねない危険な社会主義者のラサールと交渉した時のように、自分の意図に適合する場合には民主主義を利用した。彼は君主が家臣に示すがごとき侮蔑をもって閣僚を完全に支配し、彼らが不要になるやいなや中傷した。彼は議会の各政党を、その内で最も強力な政党でさえをも出し抜き、自分を権力の座に押し上げてくれた『クロイツツァイトゥング』派の全員を裏切った。一八七〇年までには、最も近しい友人であったローンやモーリッツ・フォン・ブランケンブルク、ハンス・フォン・クライストでさえもが、自分たちは悪魔的人物が権力を掌中に収めるのを助けてしまったということを理解するに至った。

一八六四年には早くも、クレメンス・テオドーア・ペルテスがローンへの手紙の中で、ビスマルクが何らの原理原則も持っていないことを警告した。ペルテスは、『クロイツツァイトゥング』や『北ドイツ一般新聞』のやり方に強く反対した。これらの新聞は、君主たちと、その君主たちを——実際には正当な根拠がないわけではないのですが——法的な主権保持者と見なす全ての人びととを、嘲りと侮辱と軽蔑の塚の下に埋葬しました。『クロイツァイトゥング』は、正統な資格を持つ人びとが気に食わないからという理由で、骨の髄からの革命家のごとくあらゆる正義を認めようとせず、『北ドイツ一般新聞』は、四月十六日から始まった、明らかに半ば官許のお墨付きがついた一連の記事において、革命の根本原則である「普通選挙 suffrage universel」を宣言しています。[1]

ローンは自分が何をしたのかを悟り、敢えてプロイセン王冠を人民主権の高揚から護持しようとした。七月二十七日に彼が友人に送った返書については本書の第一章で既に言及したが、これは再読に値する。

Bは特別な人物であり、私は彼をしっかりと援助することができますし、しっかりと支援し、あれやこれやの場合に非を正すこともできますが、彼の代りを務めることはできません。確かに、彼は私なしではこんにちの地位にいないでしょうし、それは歴史的な事実ではあるのですが、それにもかかわらず彼は彼自身なのです。……諸力の織りなす平行四辺形を対角から、つまり既に起こった物事から適切に構成すること、そして誰も正確に把握できないが確かに作用している諸力の正体と程度を見極めること、あらゆるものを組み合わせてこれらのことを確認するのは歴史的な天才のなせる技なのです。[2]

ビスマルクの最初の策略は――彼はローンには何度か、フォン・シュレーツァーにはシャンペンを飲みながらこれを吐露したのであるが――「国王に〔兵役の〕二年現役制を認めさせること」であった[3]。純この手口でいったん膠着状態が解消されると、彼はすぐに計画をさらに推し進めることができた。純粋に軍事的な側面からすれば、三年現役制の要求に何ら必然性はなく、一五人の将軍たちからなる委員会（ここにはモルトケも加わっていた）は一八六二年四月に、二年半あるいは二年間への短縮も容認できることを認めた[4]。十月十日、ローンは、三年目の兵役義務の金納による免除を意味することになる提案を出した。このようなやり方で得られた金は志願兵を引きつける一助となるであろう。この構想はまた、将来の軍隊の規模を人口の一パーセントに落ち着かせ、兵士一人当たりにかかる費用を一定額に固定するものでもあった[5]。このような法案が提出されていたならば、実質的に、徴集兵の平等という問題に関して自由主義者たちを分裂させ、また将来的に兵員数と彼らを維持する費用とを固定化することで議会の権限を制限するところとなっていたであろう。

一八六二年十一月九日〔独語版では一八六三年〕、アードルフ・フォン・クライスト伯爵（一七九三―一八六六）はビスマルクの友人のハンス・フォン・クライスト＝レツォーに手紙を書き、警鐘を鳴らした。

この四日間、下院に対する調停と譲歩が模索されているという奇妙な噂がめぐっています。三年現役制が残りの軍隊再編を認める代償として五年間で消滅することを約束しようとしているというのです。ハイトが調停案を計画していると言われています。〔……〕……貴君はオットーに有益な働きかけをできる唯一の人物です。〔……〕貴君は軽率な判断を防ぐために、あらかじめここにいなければ「なりません must」〔原文は英語〕、後からでは遅きに失することになるでしょう[6]。

アウグスト伯〔アードルフ・フォン・クライストのこと〕の心配は杞憂に終わった。この計画は頓挫したのである。国民皆兵の原則に抵触することから、ヴィルヘルム一世はこの案を嫌がり、国王との近しい関係ゆえに常に軍隊に関して最終的な発言権を有していたマントイフェルは、王冠の統帥権を制限するものであるためにこれを拒否した。マントイフェルがローンに語ったように、「ゲームは最後まで行わねばならなかったのであった。[7] 下院もまた、この案を一五〇対一七で拒否した。いかなる手段をとるのにも躊躇を感じなかったビスマルクは、マントイフェルよりも非妥協的になることでこの将軍の裏をかかねばならなかった。彼はあらゆる譲歩の提案を取り下げ、鉄の拳による統治の準備をした。[8] 彼は官吏に対する攻撃をもって行動を開始した。ドイツにおける官吏は、英語圏のそれよりも広範な領域にわたっている。すなわち、裁判官、陪席判事、試補、大学教授、ギムナジウム教師、そして全ての地方行政機関に勤める人びと、さらには各種の専売事業で働く人びともまた、中央省庁で働く人びとと同様に官吏に属したのである。ビスマルクがロイス侯ハインリヒ七世に十一月二十三日に書いたように、そこには彼が圧力を加えることのできる、大抵は自由主義的な有権者が大量に存在していた。

国内問題においては、我々はあらゆる種類の官吏に厳しい攻撃を断行するつもりです。……私は議会は寛大に扱いますが、官吏は何としても規律へ引き戻すつもりです。[9]

一八六二年十二月十日、内務大臣のフリッツ・オイレンブルク伯爵はプロイセンの全官吏に向けて重要な命令を出した。

「憲法の定める王の権利を守る支柱たるべき」……「全官庁の精神と意思、断固たる決意と行動力の一致が生れる」ことが必要である。それゆえに王の官吏たちは、「その身分の付与する勢力を、政府の見解および意思に反する政治運動促進のために悪用」してはならない、というわけだった。[10]

（エンゲルベルク、前掲書、五〇〇頁）

ビスマルクが一八六二年九月二十三日に就任した地位は首相職であった。この地位は、一八四八年の革命の混乱と、立法府と協調できる内閣が突然必要になったことから、一八四九年三月に登場した。[11] ヘルマ・ブルンクはプロイセンの国家省庁に関する研究で、一八六二年になってもなお、各大臣の権限と責務についても、また全体としての内閣についても明確な憲法上の基礎が確立されていなかったことを明らかにしている。このような機関は一八五〇年の憲法においては想定されていなかった。ビスマルクの前任者であるオットー・フォン・マントイフェルが強引に創出した、なんぴとも反対しえないような権力は、首相が大臣中の首位であることを定めた一八五二年九月八日の官房令に依拠していた。憲政史に関する大著の著者であるエルンスト・フーバーは、大臣たちが、首相に通知することなく直接国王に謁見することを禁じたこの官房令が、プロイセンの首相職をイギリスのそれに類似したものにしたと論じている。[12] しかし他方では、全大臣は国王の僕に留めおかれ、同官房令は国王が大臣たちに相談するのを妨げなかった。ビスマルクが一八五二年の官房令は王の干渉を禁じていることを強調したにもかかわらず、皇帝ヴィルヘルム二世は一八九〇年にその権限を行使し、ビスマルクを辞職に追い込んだ。一八六二年九月二十四日には、ビスマルクはただ姿を現し、議長席に座り、自分の就任の背景を説明しただけであった。議事録が記しているところでは、本日の閣議においては、国務大臣フォン・ビスマルク＝シェーンハウゼンが議長席に着いた。彼は自分が国務大臣に指名されるに至った経緯を説明し、そしてまたフォン・ベルンシュトルフとフォン・デア・ハイトの両国務大臣の辞任を遺憾に思うと述べた。[13]

これはビスマルクの選んだ内閣ではなかった。なんとなれば、大臣の指名権は国王の特権に留まっていたからである。やがて増大していったビスマルクの諸事に対する支配力は彼に影響力を付与したが、国務大臣の任免権を統御する権限は与えてくれなかったのである。

ビスマルクは十月七日に妻に手紙を送り、自分が「店のウィンドーの中でのような生活」になかなか慣れないでいること、それは「かなり不快なことであり、毎日感じの良いローン家で食事をとっています」と書いた。[14] おそらく、新しい首相は護衛役をつけずに、自分の臨時のオフィスからローンのアパートメントまで毎晩歩いていたのであろう。プフランツィは、公務に就いた新首相を取り巻いていた質素な環境を描写している。

一八六二年、彼は外務省があったヴィルヘルム通り七六番地の小さな二階建ての建物に引越した。十八世紀初頭に私邸として建てられたその建物は、内装と外観のいずれをとってもヴィルヘルム通りで最も見栄えのしないものであった。ビスマルクはしばしばその質素さを笑いの種にしたが、何の変更も加えさせなかった。一階には外務省の補佐官や事務官たちが使用するオフィスと小部屋があり、二階には大臣の執務室と応接室、そしてビスマルク一家の居住するプライベートな一画があった。建物の裏手には広々とした私用の庭園があり、古木が影を落とすこの庭を宰相はしばしば散歩した。訪問者は応接室の質素な様に驚かされた。「ケルベロスのごとき振舞い

Cerebus demeanour」をする制服姿のポーターが門柱に立っているでもなかった。「訪問者は一般人の家でやるのと全く同じように自分で呼び鈴を鳴らさなければならなかった」。控えの間には、外交官や大臣たちが好む類の金や銀で飾り立てた従僕はいなかった。ビスマルクは質素であまり家具のない、マホガニー製の大きな机が占拠している中規模の執務室で訪問者を迎えた。「フランスのどんな県知事もこんなに簡素な環境に満足しなかったであろう[15]」。

この控え目さ、ひけらかしと無縁な様子は生涯にわたってビスマルク家を特徴づけていた。訪問客は、一家の暮らしぶりの質素さや飾り気のなさを信じることができなかった。顕示と所有はビスマルクにとって何ら重要でなかった。彼は一生を通じて金銭の不安を抱き続けたが、自分にはできる限り少額の金しか使わなかった。ヨハンナはこのピューリタン的な態度を共有していた。ホルシュタインが冷淡に語ったように、「生涯自分で料理していたように見えるにもかかわらず、ビスマルク夫人［ヨハンナ］は料理の仕方について、あるいは何にせよディナー・パーティーのやり方について、ごくわずかなアイデアすら持ち合わせていらっしゃらなかった[16]」。

外務省に勤務していたイマヌエル・ヘーゲルは、上司としてのビスマルクの第一印象を以下のように想起している。

彼が就任した時、我々は全員、彼が我々は買収されているのか、さもなくば誰か他の人物の影響下にあるのではないかと勘ぐりながら、自分たちを不信の眼で見ているという印象を受けた。官房書記として働く我々が皆誠実な人間であり良きプロイセン人であると彼がいったん納得すると、我々は彼から信頼を寄せられることになった。とは言え、我々は彼の意のままになる単なる道具に過ぎなかった。心地よい信頼関係が感じられるような余地はなかった。……口頭での報告のために入室する時はいつでも、私は何らかの予期せざることに対応するために、自分の機知の全てをしっかりとかき集めた。彼に対面する時には、くだけていたり自己満足に満ちた雰囲気は不適切であり、こうした態度をとれば無視されるか、報告を聞き流される危険があった。[17]

この点も長年にわたって変わらなかった。ビスマルクは猛烈に働き、部下たちにも全く同じだけのことを求めた。どの事務官にもスタッフにも彼から感謝を期待することはできなかったし、感謝を受けた人物もほとんどいなかった。一八八四年、ロータール・ブーハーは、「私は今まで二十年間彼の下で働いてきたが、彼が私の書いたもの（新聞記事）を良いと言ってくれたことは、未だにたった一度（憲法紛争の最中）しかない。私はそれよりも良いものを何度も書いているはずなのだが」と苦々しげに述べた。[18]しかしビスマルクのこのような遇し方にもかかわらず、アルブレヒト・フォン・シュトシュが外務大臣を初めて訪問した後に友人のフォン・ノルマンに書いたように、直属の部下たちは彼を崇拝した。

私は午前十一時から十二時の間に到着しました。私は彼がまだ寝ていると言われました。彼は朝まで徹夜で仕事をしていたのです。外務省の諸氏は、信者が預言者のことを語る時のように、自分たちの上司について畏敬の念を込めて語ります。それは極めて奇妙に聞こえます。一時間後、彼は私に面会してくれました。彼はガウンを着ていましたが、私が来たと聞くと、この上なく丁寧で魅力的なやり方で迎え入れてくれました。[19]

ビスマルクは内閣の同僚たちに対してもこれ以上に優しかったわけではなかった。回顧録において彼は、自分の最初の内閣のメンバーたちに一つの章を丸ごと捧げたが、閣僚たちのほぼ誰もが彼の嘲弄を避けられなかった。十四年以上にわたって彼に仕えたフリッツ・ツゥ・オイレンブルク伯爵（一八一五—八一）は辛うじて、その中では最良の評価を得た。

オイレンブルクは怠惰で歓楽を好むが、反面では賢明で気さくであり、内務大臣として攻撃の矢面に立つことを求められた時には、自己防衛の必要と、自分が受けた攻撃に応酬しようという気持ちが彼を行動に駆り立てた。……仕事に取り組んでいる時は、私に対する嫉妬と短気が少しもないわけではないが、有能な助手であり、常によく躾けられた紳士である。常日頃以上の持続力、自己否定、激しい努力を求められたら、彼は神経障害に陥っていただろう。[20]

オイレンブルクに不運をもたらした彼の性格のもう一つの側面は、ユダヤ人の自由主義者たちに寛容であったことであった。一八六三年三月一日にビスマルクが憤然としてローンに書き送ったところでは〔独語版では、ローンがビスマルクに送った書簡となっている〕、オイレンブルクは、

退路を断つことを望んでいません。……ノアやヴォルフスハイムやヤコービ〔典型的なユダヤ人の姓名〕やその他の悪漢どもは、割礼していようとなかろうと彼を裏切り見殺しにするでしょう。貴君と私とボーデルシュヴィングはこの取引に最も深く巻き込まれていますが、不能が原因の失態に苦しむぐらいなら、私は生き続けたいとは思わないでしょう。[21]

他の面々は酷評しか得られなかった。商務大臣のイッツェンプリッツ（ハインリヒ・フリードリヒ・アウグスト・フォン・イッツェンプリッツ伯爵〔一七九九―一八八三〕）は「不適格で……活力に欠けていた」。十年にわたり閣僚を務めた農務大臣のフォン・ゼルヒョウ（ヴェルナー・ルードルフ・エルトマン・フォン・ゼルヒョウ〔一八〇六―八四〕）は、「任務が求めるものに応えられない」と評された。文部大臣のハインリヒ・フォン・ミューラー（一八一三―七四）は「賢く、自分の都合のよい時は愛想のいい妻の活力と、彼女が素人のくせにあれやこれやの問題に口出しするのに左右されている。そして、法務大臣のレーオポルト・ツァ・リッペ=ビースターフェルト=ヴァイセンフェルト伯爵（一八一五―八九）と彼の「優越感に満ちた傲慢な雰囲気は……議会において同僚たちへの攻撃の材料を提供した」[22]。ビスマルクは、一八六六年に一八〇度の方向転換を行い、自由主義者たちと和解した際に、「紛争」内閣の内で最も反動的であった（これにはそれなりの意味がある！）ツァ・リッペ伯を下院の自由主義者たちに犠牲として供したという事実を省いている。ツァ・リッペ伯爵は解任されたことに不満を感じ、残りの生涯をビスマルクに対する最も執念深い敵の一人として生きることに費やした。どれだけ有能であったところで、ビスマルクのために働いた閣僚は皆、等し並みに「使い捨て」というラベルを貼りつけられた協力者の一群に属していたのである。

外交においては、ビスマルクは一八六二年十二月四日にオーストリア公使のカーロイ伯に面会した。回顧録に記されているところでは、

私は、〔……〕打ち解けた関係にあったカーロイ伯に手の内を見せた。私は彼にこう言った、「我々の関係は今よりも良くなるか悪くなるかのどちらかでしょう。私には、その改善に共同で取り組もうという用意があります。もしあなたの拒否によってこの話が流れた場合、我々がドイツ連邦

の友好的な物言いに拘束を受けることに甘んじるなどと考えないでいただきたい。あなた方は我々をヨーロッパの大国の一つとして扱わなければならなくなるでしょう[23]」。

オーストリアの外務省では誰も、ビスマルクから強迫と甘言の不愉快なごたまぜ以上のものを受け取るなどと思っていなかったし、当然のように誰も彼を信用していなかった。

一八六三年一月十四日、下院の新会期が始まり、ビスマルクは劇的な対決と挑発の政治戦術を続けた。何らの憲法上の手順も踏まずに統治をしているという自由主義の批判を、彼は退けた。

憲法が諸権利として諸君に付与するものを何でも、諸君は完全に受け取ることでしょう。それを越えて諸君が要求するものについては、我々は拒否することでしょう。……プロイセンの君主制は未だその使命を全うしていません。それは諸君の憲法的構造の中で純粋に装飾を目的とした宝石になる段階にはきていませんし、議会制的統治のメカニズムの中に死せる一片の部品として組み込まれる時期には達していないのです[24]。

彼は、王冠と議会が対立した場合――それは憲法上の「隙間」になっているのであるが――、決定権は王冠の側にあると通告した。かくして国王は、たとえ立法府がそのような行動を承認することを拒否したとしても、政府の業務を遂行し、税金を徴収して歳出を行う完全な権限を有していると見なされたである。「憲法の穴理論」、あるいはドイツ語で「隙間理論 Lückentheorie」と呼ばれることになったこの理論は、ほぼ完全に非立法的な行動を推し進めるための自信をビスマルクに与えた。

一週間後、彼はウーゼドムにプロイセン政府が「ドイツ議会」を望んでいると告知する宣言を読ませることで、ドイツ連邦の「小会議」を驚かせた。

ドイツ国民は、連邦各邦の人口に応じてその民衆により直接的に選ばれた代議制機関にのみ、諸問題全般の決定に影響を及ぼす適切な機関を見出すことができるであろう。[25]

この時初めて、ビスマルクは諸侯に対する武器としての「民衆」に手を伸ばしたのであるが、それはまさに、ビスマルクが固定的な原則論から完全に自由であることで、敵対者たちには与えられていない柔軟性をどれほど有しているかを示すものであった。ドイツの小邦は普通選挙を、それが自らの正統性に痛打を加えるものであるがゆえに何よりも恐れた。政治に口出しするようになった民衆が、ロイス兄系やシュヴァルツブルク＝ゾンダースハウゼンの主権の保持を声高に叫ぶことはないであろう。これらの諸邦に対しては、大方の点において、彼らはあからさまな敵意を示さないまでも無関心であった。カトリックのバイエルンやザクセン王国のような堅固な邦でさえ、ドイツ民衆が要求する国家統一に抗することは容易でなかったであろう。レーオポルト・フォン・ゲルラッハとの書簡の中に既に確認したように、ビスマルクは「民衆」を、自由主義的な中流層の見かけ倒しや格下の諸侯の厚かましさに背を向けて国王に投票するよう説得しうると考えていた。

しかし、彼の任期中の最初の国際的危機の原因を作ったのは、別の民衆であった。一八六三年一月二十一日、ロシア領ポーランドにおいてロシアの支配に対する反乱が勃発した。プロイセン国王治下のポーランド人たちが平静を保っていたにもかかわらず、ビスマルクは直ちにプロイセン領ポーランドに駐留する四個師団に出動を要請した。ロシアという舞台とその役者たちとを身をもって知っていたビスマルクはまた、かの国の宮廷の「改革」派がポーランドに立憲的諸権利を与えようとしていることも理解していた。彼が記したところでは、反動主義者たちを強化し、ロシア帝国が「ポーランド人や親ポーランド的なロシア人、そして最終的にはおそらくフランス人の中に見出すことができるであろう我々の敵たちの掌中に落ち」ることを確実に防ぐのは、「単純な常識」であった[26]。プロイセンと同様にポーランドの歴史的な領域のかなりの部分を統治するオーストリアは、イギリスとフランスがポーランドのための新たな憲法上の改革を提案するのに加わった。反オーストリア的な計算からこれに対抗しようとしたビスマルクは、直ちにツァーリの宮廷の主戦論者を支援する行動を起こし、ポーランドの反乱に対する共同行動に関する合意を結ぶためにフォン・アルヴェンスレーベン将軍を派遣した。二月八日、アルヴェンスレーベンとツァーリは、両国がポーランド人武装部隊を追撃する場合に互いの国境を越えることを認めた軍事協定に調印した。アルヴェンスレーベンが自らの権限を逸脱したのかどうかは確証できなかったが、ビスマルクにとってそれは問題ではなかった。彼が記しているところでは、

グスタフ・フォン・アルヴェンスレーベン将軍によって一八六三年二月に締結された軍事協定の中に示されたプロイセンの政策は、軍事的という以上に外交的な重要性を有した。それは、ロシアの内閣においてプロイセン寄りの政策がポーランド寄りの政策に勝利したことを意味した。後者の政策を支持する人びとの代表は、ゴルチャコフ、コンスタンチン大公〔コンスタンチン・ニコラエヴィチ Konstantin Nikolayevich, Константин Николаевич（一八二七―九二）、ロシア大公。ニコライ一世の次男、一八六二―六三年にポーランド総督に就任〕、ヴィエロポルスキ〔アレクサンデル・ヴィエロポルスキ Aleksander Wielopolski（一八〇三―七七）、ポーランドの貴族、政治家〕といった有力者たちであった[27]。

この協定の批准を妨害するために西欧列強がプロイセン政府に圧力をかけたことも、協定が効力を

発しなかったことも問題ではなかった。プフランツィは、協定の締結がナポレオン三世を彼の王朝がポーランド独立に対して繰り返してきた歴史的な関与とロシアとの同盟の必要性の間の板挟みから免れさせたゆえに、これはビスマルクの「数少ない判断ミス」であり、「ひどい過ち」であったと論じている。[28] 私見では、これは、プロイセンとオーストリアの関係の総決算に際してロシアが中立の立場を守ってくれることを確かにするために支払わなければならなかった、ささやかな代償であった。ロシア宮廷の反動派に対するビスマルクの即時の支援には、ポリニャックの再来という名声を得るというもう一つの価値ある側面もあった。

一八六三年一月二十七日、後にビスマルクの最も近しい協力者の一人となり、またこの偉大な人物についての最も鋭敏な観察者の一人となったローベルト・ルーチウス・フォン・バルハウゼン（一八三五―一九一四）は、プロイセン下院での論戦に出席し、新首相の第一印象を次のように記している。

彼は未だ文民の格好をしており、その豊かな口髭はなお、薄い頭髪と同じく赤味がかったブロンドをしていた。長身で肩幅の広いその姿は首相のテーブルにあって力強く印象的に見え、一方で立ち居振舞いや演説のある種の無頓着な様子にはどこか挑発的なところがあった。彼は右手を明るい色調のズボンのポケットに入れており、これはハイデルベルクの決闘団体の「決闘介添人」を思い出させた。彼は当時既に、言い淀みそうになりながらも適切な表現を探し出す確かなやり方を身につけており、いつも一番鋭い表現を見つけ、激しく衝突するような反論で応じる巧みさを示した。私には彼は非常に「ユンカー的」に見え、ぶっきらぼうで失礼な態度、とりわけ興奮した敵対者たちに悪意を浴びせかける慇懃無礼な態度は昔の学生団体の学生のようだった。嵐のような会期の中で、彼は国家が必要とあらば予算なしで存続することになるし、また存続しうるという考えを開陳した。それは議員たちの怒りを買い、反対派のリーダーで、がっしりしたむしろ農夫のような体格をして、礼儀正しい人物と見えた、シュヴェリーン＝プッツァー伯は、「権力が正義に優越する」という原則を主張していると言ってビスマルクを非難した。[29]

こうした態度と物腰は騒ぎを引き起こしたが、これは、議員たちを軽蔑をもって遇し、ポケットから新聞を取り出した一八四七年の連合州議会での処女演説以来、ビスマルクに典型的なものであった。「紛争内閣」は完璧な「紛争首相」を得たのであり、より正確に言えば、ビスマルクはこの役割を板についた機知でもって演じたのである。アルヴェンスレーベン協定に対する擁護は――この協定はヨーロッパ中の自由主義者によって遍く非難されたものであったが――彼の厚かましさを最もよく示している。

先の発言者（ハインリヒ・フォン・ジーベル）は、私が今日は普段ほどの確信ある態度を示しもせずに自分の見解を弁護していると主張しました。もしこの意見が、私が何らかのかたちで自分の意見に疑問を感じているという意味で広まっていくとすれば、まことに遺憾なことであると申さざるをえません。以下のことをお伝えしないわけにはいきません、すなわち、私は四日間病気でしたが、今日は主治医の意思に反して諸君の前に参上しました、なぜなら、この討議がもたらす喜びから身を引くことなど耐えられないからです（笑い声）。……私は何度か、新聞が新しい、これまで知られていなかった驚くべき話を報じる時に、大抵の場合、「周知のように」これこれなのであるという文句を加える傾向があることに気づきました。先の発言者が、この協定に関するヨーロッパの意見は完全に一致していると発言した時、彼はこれと同様の立場に立っていたのだと私は信じます。何ら知りもしないことについて、ヨーロッパの意見が一致しうるはずはないのです。[30]

三月末にはビスマルク政権は六ヶ月を生き延び、彼に関する意見も固まり始めた。ルートヴィヒ・フォン・ゲルラッハはビスマルクのパフォーマンスを安堵をもって歓迎した。彼がハンス・フォン・クライストに書いたところでは、

我々はこれまでかくのごとき人物を頂点に戴いたことがあったでしょうか。ビスマルクは私の期待を上回っています。かくも落ち着いた堅固さを期待してはいませんでした〔……〕。ゆえに、ビスマルクよ、永遠なれ！〔原文は英語〕我々を取り囲む全てに抗して[31]！

公務の最初の半年間についてのビスマルク自身の反応は、ゲッティンゲン時代の旧友のジョン・モトリーへの手紙に表れている。四八回目の誕生日の一八六三年四月一日〔四月十七日の誤りか〕、彼はモトリーに以下のように書き送った。

私は、熟年になって、議会を相手とする首相のような無意味な職業に就くことを強いられるだろうとは夢にも思わなかった。公使としてなら、公僕ではあるものの、私は自分が紳士だという感覚を維持することができた。……大臣としての私はヘイロタイ〔古代スパルタの奴隷〕のようなものだ。議員たちは全般的に見て間抜けではない。彼らを間抜けと呼ぶのは的確な表現ではない。この人びとを個々に見てみると、部分的には非常に抜け目がないし、大抵は教養を有し、正式なドイツの

大学文化を身につけている。……彼らは個別には知的であるにもかかわらず、「群れ in corpore」を作るやいなや、集団的に愚劣になる［以下は英語で続けられている］。僕のペンのインクの滴は、君に少なくとも、僕が独りになった時にはすぐに君のことを考えるということを示しているだろう。僕はフリードリヒ通りの古びたロギエール家の傍を通り過ぎる時にはいつも窓を見上げる。あの窓は、ヤンキー風の座り方をしている紳士が壁から伸ばした両足に履いている赤いスリッパで飾られていたものだった。頭は下の方で見えなかった。すると僕は、「僕らがやんちゃだった古き良きコロニー時代」の記憶を思い出して満足する。哀れなフレッシュ（ヘルマン・カイザーリング伯爵）は娘と一緒に旅行している。僕は今彼らがどこにいるのか知らない。僕の家内は君が親切にも覚えおいてくれたことに感謝している。子どもたちもだ。……〔以下は再び独語〕君の手書きの文字は鳥の足跡のように見えるがちゃんと読める。僕のもそうだろうか。(32)

モトリーはこの間にヴィーン駐在アメリカ大使に就任し、一八六三年五月末に、将来のベルリン駐在イギリス大使となるオード・ラッセルの海千山千の母親であるウィリアム・ラッセル夫人に、大学時代の旧友について次のように書き送った。

私は目下のところ、ベルリンの王冠と議会の間で始まった喧嘩を観察することに大きな関心をもっています。ところで、ビスマルク・シェーンハウゼンは私の最も古くからの、そして最も親密な友人の一人です。我々は二年間ほぼずっと同じ部屋で一緒に過ごしました――共に「髭のない若者たち juvenes imberbes」だった幾年も前から、我々は親交を温めてきました。彼は途轍もない才能とこの上なく揺るぎない勇気を持った人物です。彼は今のイギリスの新聞で最もののしられている人物だろうと思いますが、それだけいっそう私は彼を好ましく思っています。あなたが読んだあらゆるくだらない言葉を信じないでください。彼は率直な「反動主義者 reactionaire」であり、そのことは何ら隠し立てしていません。イギリスの場合がどうであるかは別として、プロイセン的な形式では下院の多数派が政府ではないという国王の見解を彼は支持しているのです。……私は個人的には根っからの自由主義者ですが、軍事主義的な君主制国家であることはプロイセンの存続のための必要条件なのだということ、そしてそうでなくなればプロイセンは何ものでもなくなってしまうことを確信しています。専制君主であれば、ビスマルクに共感を抱くに決まっています[33]。

内閣では、ビスマルクはプロイセンにおいて出版の自由を制限する出版条例の草案を作成したが、これがしっかりと機能する方法を見つけ出せずにいた。憲法の第二七条は検閲を禁じ表現の自由を保証していたが、抜け道となる条項が存在していた。すなわち、「出版の自由に関するあらゆるその他の制限は、立法的な手段においてのみ設けられうる」という条文がそれであり、また、あらゆる印刷媒体に対する認可と統制の権限を政府に付与する一八五一年の出版法が存在していた。一八六三年六月一日、国王は反体制的な出版物を官僚的な指示によって沈黙させ、裁判所に訴える道をふさぐ出版条例に署名した。かくして、ただ内閣に対してのみ異議を申し立てることが許されることになった[34]。

王太子フリードリヒ・ヴィルヘルムはしばらく前から、ビスマルクが王国の立憲的構造を捻じ曲げようとしていることに気づき始めていた。出版条例が決定的な一撃となった。彼はダンツィヒを訪問することになっており、そしてその機会に憲法の侵害に対する自らの懸念を表明する決心をした。国王は王太子を迎え入れ、王太子の訪問が必ずしも楽しいだけで終わらないであろうことに遺憾の意を表したが、王太子はこれに対して以下のように応えた。

私もまた、政府と国民の間に分裂が生じている時に自分がここに来なければならないことを残念に思っています。もっとも、こうした事態になったことに私自身少なからず驚いているのです。この事態をもたらした議論について、私は何も知りません。私は欠席しておりました。私は、この結果を生み出した審議に参加しておりませんでした。しかし我々は皆、そしてとりわけ私は、陛下の気高く父のごとき御意向と寛大な御心を知る者であり、我々は皆、私が申すように、陛下の笏の下でプロイセンが、天意の指し示す未来へと着実に進歩し続けていくであろうことを確信しています。[35]

国王は激怒した。ビスマルクの出版条例を承認したことによって自分自身が実際に憲法に違反したのではないかと不安に思っていたために、なおのこと彼の怒りが増幅されたことは疑いえない。彼は王太子を反逆罪のかどで捕えるつもりだと述べたが、国王親子の間の戦いの中で自分の構想の全体が揺さぶられると考えて神経質になっていたビスマルクが、そのような行動をとらないように懇々と説得して、ようやく実行を見合わせた。

王太子妃は数日後に母親である〔イギリスの〕ヴィクトリア女王に手紙を書き、自身の憤懣（ふんまん）を吐露した。

私は五日に、フリッツ〔王太子のこと〕が国王に二回手紙を差し上げたとお伝えしましたが、一通目の手紙で彼は、もし出版の自由を除去する狙いから憲法が曲解された場合に、どのような結果となるかについて警告を発しました。国王は何らの変更もお示しにならず、とてもご立腹されたご様子の返書をフリッツにお送りになられました。そこでフリッツは四日にビスマルクに抗議の手紙を送り、即時の返答を望んでいることを伝えました。「ビスマルクは回答しませんでした」。……政府のやり口、彼らのフリッツに対する応対は私の「独立不羈（ふき）」の感情全てを奮起させました。人びとが奴隷ではなく、そのような扱いを受けることに甘んじるには有能に過ぎるイギリスに生まれたことを神に感謝します[36]。

闘争を継続すれば、フリッツが勝利し国王は退位したかもしれない。しかしそれは、妻から圧力をかけられていたとはいえ、王位に関する認識を父と概（おおむ）ね共有していたプロイセン王太子には過分な要求というものであった。

国王は既に、かねてから計画されていたオーストリア皇帝とのバート・ガスタインでの会談に気後れを感じている様子であった。一八六三年七月初旬のカールスバートからの手紙でローンに語ったように、ビスマルクは休暇を望んでいたが、「しかし国王は、私が出かけるかもしれないという暗示を耳に入れるのを完全に拒否しましたし、私は彼を動揺させることを望んではいません。彼は皇帝が到着する時はいつ何時でも私がここにいることを望んでいましたが、私との接触が西欧列強を不安にさせ、自由主義者たちを侮辱するのを恐れているのです[37]」。この間にビスマルクは妻への手紙の中で、「まるで日本人であるかのようにまじまじと見つめられ……全般的な悪感情の対象になっているのには飽き飽きしました」と記している[38]。ビスマルクであっても、自分が国民的な不人気の的となっていることを心愉しからず感じていたのである。七月二十四日、彼はバート・ガスタインのホテルに移ったが、八月二日にはそこにオーストリア皇帝フランツ・ヨーゼフが不愉快な予想外の知らせと共に到着した。ポーランドをめぐってロシアの面子を失わせるのにオーストリアが「成功」したことは、一八四八年の元革命家であったが今ではハプスブルク帝国の「国務大臣」を務めていたアントン・リッター・フォン・シュメルリング（一八〇五―九三）を勇気づけ、彼はオーストリア主導の下でのドイツの自発的統一の予備的段階として、ドイツ連邦改革を提案した。一八六三年八月三日、国王ヴィルヘルムがバーデン・バーデンに逗留している間に、皇帝フランツ・ヨーゼフはドイツ諸侯を、ドイツ連邦の中心都市であったフランクフルト・アム・マインで二週間後に開催される諸侯会議に招いた。[39] これは、ビスマルクの計画にとってこの上なく深刻な挑戦のように思えた。皇帝の下位にあるプロイセン国王が、自らの封建的主君にあたる皇帝フランツ・ヨーゼフからの召喚を受けたのである。他の全てのドイツの国王たちは会議への出席に同意した。どうしてヴィルヘルムにそれを回避できたであろうか。この問題は、国王とビスマルクとの絶対的に避けられない個人的衝突を生み出す最初の契機となった。以下はこの衝突に関する彼の説明である。

一八六三年八月二日、ガスタインで私はアッヒェ川の深い谷間の近くにあるシュヴァルツェンベルク庭園の樅の木の下に座っていた。私の頭上にはシジュウカラの巣があり、私は時計を手に持って鳥が一分間に雛たちにイナゴやその他の昆虫を運んでくる回数を測った。……ガスタインからバーデンへの旅の途中にヴィルトバートでお会いしたエリーザベト王太后［死去したフリードリヒ・ヴィルヘルム四世の妃］は、私を伴ってフランクフルトに行こうとなさった。私は応えた。「もし国王が決定を変更なさらないのであれば、私はそこに行き、陸下の仕事を果たしましょう、しかし私は大臣としてはベルリンに戻らないでしょう」。この見通しは王太后を混乱させたようで、彼女は私の見解に異議を唱えるのを止めた。〔……〕国王にフランクフルトに出向かないように決心させるのは簡単な仕事ではなかった。この目的を果たすために、ヴィルトバートからバーデンへの道中、小さなオープン式の馬車の中で、召使いたちがいたのでフランス語で、私は力を尽くしてドイツ問題について論じた。バーデンに着くまでに、私は主君を説得したと思った。しかしそこには、諸侯全員から再度のフランクフルトへの招待（八月十九日）を委託されたザクセンの国王が待っていた。我が主君は、この招待に抗うのが容易だとはお考えにならなかった。彼は何度も何度も熟考した。「三十の諸侯たち、そして一人の国王がメッセーシを持ってきたのだ！」。しかも我が主君はザクセン国王を敬愛していたので、彼は他の諸侯の誰よりもそのようなメッセージを伝えるのに適任であった。夜の十二時になってようやく、私はザクセン国王に拒否を伝える書状に国王のサインを貰うことに成功した。主君のもとから退出する時には、彼と私は共に、この神経を使う状況に体調を崩し、疲れ切っていた。そしてその後のザクセン首相フォン・ボイストとの口頭でのやり取りは、明らかにこの興奮状態を反映したものであった。しかし危機は克服されたのであった。[40]

国王の魂をめぐる一八六三年八月のこの時の格闘が、ビスマルクのその後のキャリアを可能にしたのである。彼はプロイセン国王に、長きにわたる王族の一員としての性質の全てが彼に受け入れるよう命じていた招待を拒否するよう、王を「説得し」、あるいは「強いた」。両者が対決の最中に経験した強烈な感情、そしてその後に流した涙と味わった疲労感は、父と息子の間の葛藤とどこか似た深い格闘がフランクフルト諸侯会議をめぐって国王とビスマルクと間で繰り広げられたことを示唆している。国王は心底から、この御し難いビスマルクが自分にとって重要であると感じたに違いなく、ゆえにビスマルクは勝利した。王はビスマルクなしでは何もできなかった。ビスマルクは、ある意味では、王太子のフリードリヒ・ヴィルヘルムがイギリスから来た妻の影響でますます遠のいていった「良き息子」の役割を演じたかのように思われる。二人の息子たちが父親に認めてもらおうとして結んだ一種の愛情の三角関係が、ビスマルクの経歴全体の中でも最も重要な成果と言える、この一八六三年八月におけるプロイセン国王の意向に対する彼の意思の勝利を説明するものではなかろうか。もしこの時失敗していたならば、エリーザベト王太后に説明したように、彼は首相の座に留まることはできなかった。この重大な対決において、ドイツの最終的な命運は官職や軍隊の命令や威信にではなく、ビスマルクの「至高なる自我」の謎に満ちた力に委ねられていたのである。トライチュケが言うところの「浅薄な田舎ユンカー」は国王に対して自我の力を発揮し、それは一八六三年八月に、そして二十五年後にその時にはドイツ皇帝にしてプロイセン国王となっていたヴィルヘルム一世が死去した日まで作用を及ぼし続けた。この力がいかにして効果を得たのかについての私の説明は、読者を納得させるものではないかもしれない。しかしながら、何らかの謎めいた個人的な力が王に対して作用したことは否定できない。そして、王が諸侯会議への参加を義務と感じることでこの時ビスマルクが辞職していたならば、ドイツと世界の歴史は異なる方向に向かったであろう。これもまた否定できないのである。

一八六三年八月二十九日〔二十八日の誤り〕、彼はヨハンナへの手紙の中で国王が「陰謀」に包囲されたと書き、さらに以下のように付け加えた。

> 私はある種の陰謀か何かで新たな内閣が組閣されることを望んでいます。そうなれば、私は誇りをもってこのとめどもないインクの流れに背を向け、田舎の静寂へと引っ込むことができるでしょう。この休息のない生活は耐え難いものです。十週間にわたり私は旅宿での書類仕事の他に何もしていません。(41)

この表現にもまた、ビスマルクの感情の一形式が浮き彫りにされている。自分の意志に「老紳士」を従わせようと精神力を振り絞った後で、彼は苛立ち、消耗し、落胆した。このパターンの規則性――国王との感情的な危機、恐るべき格闘、そして成功を収めた後に続く絶望や辞職の脅し、あるいは田舎での平穏な生活への夢想――は、一八八八年三月に国王が死ぬまで続くこととなる、ある種の深層心理に根差した行動様式が二人の人物の間で作り出されたことを示している。奇妙なことは、毎回国王が心底から、ビスマルクが辞職しようとしており、自分を「見捨てる」つもりだと信じきっていたことである。

フランクフルトに参集した諸侯たちはプロイセンからの返答を強く望み、一八六三年九月一日、二四名の諸侯たちがヴィルヘルム一世に自分たちのドイツ連邦の改革計画に参加するよう求める書簡を送付した。極めて適切にも国王はこれを内閣に渡し、ビスマルクは一八六三年九月十五日に一連の条件を列挙した返答を送ったが、その中でも最も際立っていたのが議会制度の改革に関するものであった。すなわち、

全国民の直接参加から生じる真の国民的議会（が設置されなければならない）。そのような代議制度だけが、ドイツ全体に益することのない犠牲を払わずにすむという保証をプロイセンに与えてくれるであろう。連邦の諸領域に関して人為的に考案されたいかなる機構も、王朝的で分邦主義な利害による策動と反発を排除することはできない。これに対抗して矯正しうる手段は、国民的な議会に見出されなければならない[42]。

しドイツ民衆による普通選挙制という脅しがオーストリアの構想を頓挫させることになった。もし国民（ネイション）が政治的に発言し始めれば、連邦を構成する小邦の権力は命脈を絶たれることになるであろうし、これに加えて、ハプスブルク国家における普通選挙制は、帝国の支配下にある諸民族に政治参加と自治をめぐって戦うための力を授けることになるであろう。オーストリア政府は十九世紀には何としても普通選挙制度を受け入れることができなかったし、実際にそうしなかった。ここにおいて我々は再び、ビスマルクの戦術的な抜け目のなさを確認しうる。民衆を諸侯に、諸民族をハプスブルク君主国に対峙させることで、彼はプロイセン――それはとりもなおさずビスマルク当人のことに他ならないのであるが――を目的を達成するための完璧な作用点に据えたのである。もし諸侯がこれに同調するならば、民衆は彼らを脅かすことを控えたであろうし、諸侯がそうしなければ民衆はさらに彼らを脅かしたであろう。

彼はまた、カリスマ的で衆目を集める存在であったフェルディナント・ラサール（一八二五―六四）のリーダーシップの下で展開しつつあった新たな労働者階級の運動に突如として関心を抱くようになった際にも、やはりこの技術を用いた。資本の所有者であり、アダム・スミスの弟子であり、ドイツ人が「マンチェスター主義 Manchestertum」と呼んでいた理念を信奉する自由主義的な市民層こそは、ビスマルクがプロイセン議会で直面した障害の元凶であった。「国民（ネイション）」がドイツ諸侯を無力化できるというのであれば、組織された労働者層は自由主義的な中産層を出し抜けるであろう、これこそは古典的なビスマルクの二者択一的な戦略であった。ラサールはビスマルクにとってうってつけの人物であった。なぜなら、彼には宣伝の才能があり、その演技がかった身振り手振りは、プロイセン中の他の誰にも真似できないものであったからである。ヘルマン・オンケンはラサールの伝記の中で、ビスマルクとラサールの盟約の論理的根拠は、自由貿易と「マンチェスター主義」とを教条主義的に信奉している共通の敵——進歩党——にあったと見なしている。「ビスマルクにとって、もし進歩党が民衆の、とりわけ社会的下層の人びとの支持を失うならば、それ以上に望ましいことはなかった。……したがって、政府は戦術的な理由からこの運動〔ラサールの社会主義運動〕を受け入れることにやぶさかではなかったし、原則的に言っても決してその主張の全てに反対していたわけではなかった」[43]。

一八六三年五月十一日、ビスマルクはラサールに以下のような手紙を送った。「労働者階級の状況とその問題に関する現今の議論と関連して、私は独立した立場からの意見を考慮に加えることを望んでいます。それゆえこの問題に関するあなたの見解を喜んで伺いたいと思っています」。このメッセージは、ビスマルクの依頼を受けて両者の会談を設定するよう指示されていた作家のコンラート・ツィーテルマン（一八一四—八九）によって届けられた。ラサールはこの申し出を受け入れ、最初の会談は四八時間以内に実現した[44]。翌日、この光栄に浴したラサールはビスマルクに協力する立場に宗旨変えをした。彼は同志に、「ビスマルクへの悪態や中傷に誤導されてしまうような労働者たちは、それほど値打ちのある連中ではありません。こうした労働者たちはとんでもない間抜けに違いないのです」と書き送った[45]。反動的ユンカーと派手好きなユダヤ人煽動家との新たな協力関係は、十九世紀において最もドラマティックな二人の人物を結びつけた。

ラサールの物語には平凡な歴史家の想像力では捉えきれないところがある。こんにちでは忘れ去られてしまったものの存命中はトロロープやディケンズと同じくらい著名であった小説家のジョージ・メレディス〔George Meredith（一八二八—一九〇九）、イギリスの小説家〕は、自らの最も成功した小説の一つである『悲劇的なコメディアンたち——よく知られたある物語の研究』をラサールの物語に充てているが[46]、命を失う決闘をもって終わった狂気じみた色恋沙汰のことだけに話が集中してしまっている。ニール・ロバーツによると、「ラサールに関する一つの記事以外には、メレディスはこの件について何らの調査もしていないようである」[47]。綿密な調査の代わりに彼が唯一利用したのは、決闘が行われた原因となった女性、ヘレーネ・フォン・ラコヴィッツァによる、『フェルディナント・ラサールと私の関係』と題された回想録であった。他方で、この小説にはラサールのまっとうな伝記に登場する彼の幾つかの発言がそのまま使われており、それゆえメレディスは歴史的資料を利用していたことを隠したのかもしれない。

実際のストーリーは、メレディスがヴィクトリア朝喜劇風の作品で想像したよりも遥かに狂気じみていた。メレディスは、小説の中では十七歳の妖婦クロティルデ・フォン・リュディガーとして登場するヘレーネにラサールが心酔していたという描写に終始しており、ビスマルクの下で大使を務めたパウル・フォン・ハッツフェルト＝ヴィルデンブルクの母親でラサールよりも二十歳年長であったゾフィー・フォン・ハッツフェルト＝ヴィルデンブルク伯爵夫人（一八〇五―八一）とラサールとの不倫関係に関する実際の話に、これを組み込んでいる。ラサールをモデルとしている小説中の人物アルヴァンはクロティルデに、ゾフィーとの関係は男女のものではないと告げる。「心の問題に限っていえば、我々は正反対です[48]」。フォン・ハッツフェルト＝トラッヘンブルク家の公女として生まれたゾフィーは、ハッツフェルト一族の「伯爵」系の子孫であるエトムント・フォン・ハッツフェルト＝ヴィルデンブルク伯爵との結婚を強いられるが、彼はゾフィーを虐待し苛む[49]。サディスティックな夫が彼女を軟禁しているのを知った時、いかにもドン・キホーテ風であるが、二十三歳のフェルディナント・ラサールはロマンティックな魂の奥底から発する義憤により、ハッツフェルト伯爵夫人の名誉を守るために行動を起こすことを決心した。一八四八年八月十一日、ラサールはケルンの陪審法廷で、ハッツフェルト伯爵から金庫を盗んだ窃盗の共犯者として告訴された。この窃盗はラサールにとって、ハッツフェルト伯爵を世論という法廷の前で「裁く」のに必要な口実を得るためのものであった。この裁判と三六回（！）に及ぶその後の裁判沙汰、そして残りの生涯にわたって、ラサールは情熱的な個性を発揮し、自分の理念を広めるために被告席を役者が舞台を使うがごとく利用した。彼はそのロマンに満ちた才能をもって、法廷でゾフィー・フォン・ハッツフェルト伯爵夫人の名誉を擁護した。

この家族は沈黙していましたが、我々は男たちがだんまりを決め込む時には悪事が露見するということを知っています。あらゆる人間の権利が蹂躙される時、血縁の紐帯さえもが沈黙し、寄る辺なき存在が本来の保護者に見捨てられる時、そのような存在にとっての最初にして最後の関係が、人類の別の人物の内に立ち上がる権利を得るのです。[50]

ラサールはその後エトムント伯爵に決闘を申し込んだが、彼は「この愚かなユダヤ人の小僧」を黙殺した。[51] ラサールは筋書き通りに当然のこととして監獄に入ったが、一八五四年に伯爵が巨額の金を伯爵夫人に支払ったことで道義的な勝利を得た。ラサールが親からの仕送りを用いて伯爵夫人の支出を賄ったので、彼女はこれに対して、もし彼が勝利した場合には毎年四〇〇〇ターラーを支払うことを定めた同意書に承諾した。[52] 二人は風変わりな連れ合いとして生活を共にした。ラサールはゾフィーと話し合い、彼女の承諾を得たうえで、際限もなく情事を続けた。一八六二年に彼とロータール・ブーハーがロンドンにマルクス詣でをした時には、ドイツ屈指の大貴族との色恋沙汰がラサールの名を広めていた。マルクスはエンゲルスに宛ててその事を書き、「一定の品位を保つために、私の妻は釘づけされたり溶接されたりしていないものなら何でも質屋に持っていかなければならなかった。……かくして、彼［ラサールのこと］は最も偉大な学究の徒、最も深遠なる思想家、最も明敏な研究者等々であるのみならず、ドン・ファンにして革命の枢機卿リシュリューであることが確認された」と評した。[53] このようなラサールに対する反応からは、多少なりともマルクスの嫉妬を看取できるのではなかろうか。

慎ましいブルジョワのユダヤ人商人の一家であったラサールの家族には、十代の時から彼を御することができなかった。十四歳の時、彼は自分には偉大な将来があると確信した。

私は自らが現存するユダヤ人の内でも最高の一人であると信じる〔……〕。ブルワー〔エドワード・ジョージ・アール・リットン・ブルワー＝リットン Edward George Earle Lytton Bulwer-Lytton, 1st Baron Lytton（一八〇三―七三）、イギリスの小説家、劇作家、政治家。初代リットン男爵〕の『レイラ』に出てくるユダヤ人のように、私はユダヤ人を彼らを取り巻く現在の陰鬱たる状況から引き離すためなら生命を危機に晒すことができる。私は彼らを再び尊敬に値する人びとにするためなら、断頭台からも逃げないだろう。子ども時代の夢に執着するとすれば、ユダヤ人を独立させるために彼らの先頭に立ち武器を手にするというのが、私の望むところである。(54)

ユダヤ人を救済する代わりに彼はヘーゲルに帰依し、勉学のためにベルリンに出て、そこで彼特有の誇大妄想を文章に綴った。「ここには僕にとって何ら新しい側面はない。僕は現代の精神の最高段階に到達してしまったのであり、この枠組みのなかではただ量的に成長することしかできない」(55)。ヘーゲルはあらゆる真実を詳らかにし、彼に「全てを、すなわち、明瞭さ、意味内容についての自己意識、人間ただ精神の絶対的な力、人倫の客観的本質を」与えてくれた。(56) アルクサンダー・フォン・フンボルトが「神童 Wunderkind」と呼んだほどであるから、彼は驚嘆に値する学生であったに違いない。(57)

イタリア統一の過程で一連の劇的な冒険行為をはたらき、ガリバルディとの親密な交友関係を結んだ後、ラサールは一八六二年一月にベルリンに戻った。同地で彼は社会主義の革命家のロータール・ブーハー（一八一七―九二）と会い、ドイツをガリバルディ的なやり方で改変できるかどうかという問題を議論した。ブーハーは否定的であった。

君が提案するあらゆる手段はまたもや単に政治的、法的なものに過ぎず、古い基礎の上に立脚しており、ただブルジョワをさらに創出するだけと言えるようなものです。そしてこれらの新しい所有関係、比喩的な言い方をすれば所有の化学的な特性の変化を通してではなくて、人間が入れ替わる点だけで新しいと言えるような所有関係は、ただ絶え間ない戦争、ちっぽけな少数派のテロリズムによってのみ維持できるのです。[58]

ラサールとブーハーは、工業化の進行と新たな階級としてのプロレタリアートの登場とが含意するものを検討する、一種のシンク・タンクを創出した。ラサールは人目を引く派手な演説キャンペーンを展開し、自分が逮捕されるように仕向けて、ハッツフェルトの時と同様に公開の場に自らを晒した。ブーハーは、自分の新しいパートナーの理論面での健全さに疑念を抱いた。後年にブーハーが立場を替え、ビスマルクの最も近しい協力者、ジャーナリズムに関する補佐役となった時にビスマルクに書いたように、ラサールのヘーゲル主義は彼を誤てる方向へと導いた。

この間違いは私にとって目新しいものではありませんでした。私は別のヘーゲル主義者たちにもこの誤謬を見出したことがありますが、これはヘーゲル主義哲学の基本要素によって説明できるものです。よく知られるように、この哲学は、純粋な思考（これは代数と似ています）における構想の展開と、自然の形勢や歴史的出来事（これは一定の数値に基づく計算と同様のものです）との間の平行性、あるいは一致を明らかにしようと努力しているのです。[59]

この間にラサールは、例えば「こんにちの歴史的段階と労働者階級 Arbeiterstand の理念との特別な関係について」と題してオラーニエンブルクの手工業労働者協会で行った演説などにおいて、自由主義を排撃した。

もし我々が平等で、平等に知力を備え、平等に教育を受けており、そして平等に豊かならば、この理念は包括的で道徳的なものと考えられるでしょう、しかし我々は平等ではないし平等になることもできないので、この理念は不十分なものであり、結果的には底知れぬ不道徳と搾取に辿りつくのです。……諸君は今まさに作られんとしている教会の礎です。……科学的知識の高みから、我々は日々の暮らしの混乱に満ちた下界よりも先に、早朝の新たな日の出を拝むことができます。諸君は山上から日の出を見たことがおありか。紫色だった空の部分がゆっくりと色を帯び、遥か彼方の地平線が赤く染まり、新たな光の到来を告げる。霧や雲は散り散りになり、丸くなったり、夜明けの赤い色に抗ってたなびいたりして、陽光を一時的に覆い隠す。しかし地球上のどんな力にもこの悠然として雄大な日の出を妨げることはできず、一時間後には太陽があらゆるものを明らかにし、明るく照らし、天空を温める。日々、自然のドラマが繰り広げられるこの一時間に相当するのは、世界史上における夜明けという、これよりも遥かに印象的なドラマの起きる十年、あるいは二十年なのです[60]。

数日後、ラサールはベルリンの地区市民集会で「憲法の本質に関して」と題する演説を行った。彼の論ずるところによれば、憲法を規定しているものは文書ではなく、所与の国家に現実に存在する権力関係である。したがって、一八五〇年の憲法で、三級選挙法、そして軍隊の分離独立を定めた特別条項第四七条と第一〇八条とは、プロイセン社会の現実を反映するものであった。

諸侯は諸君よりも遥かに優遇されています。諸侯の従僕は、民衆の従僕がしばしばそうであるほどには良き語り手ではありません、しかし彼らは何が本当に問題なのかを嗅ぎとる本能を備えた実践的な人びとです。……憲法はそもそも法の問題ではなく、権力の問題です。成文憲法は社会の中の現実の力関係を表現しているからこそ価値があり存続するのです[61]。

ラサールの思想は異様な興奮を巻き起こした。一八六二年九月十二日、アルブレヒト・フォン・ローン将軍はプロイセン下院でラサールについて言及した。「彼の歴史分析によると、歴史の内実の主たる部分は国家間のみならず国家内の物事によって構成されており、様々な個々の要素の間の権力闘争と権力の拡大以外の何物でもないというのです[62]」。一八六二年十一月には、ベルリンでのラサール派の労働者集会における演説者の一人であったカール・アイヒラーが、ビスマルクは労働者の側に立っているという主張を行った。この集会は、ライプツィヒで労働者会議を開催することを圧倒的多数で可決した[63]。一八六二年十一月十九日、ラサールは「今何を?」と題する演説をして、その中で下院に対して、ビスマルクが彼らの憲法上の権限を回復するまで休会するという決議を採択するよう迫った[64]。

これらの二つのテーマ――自由主義という幻想と、権力の表現としての憲法という現実――は、これまでにビスマルクの中に何度も見てきたのと同様のリアリズムを示している。ラサールはビスマルクに欠けていた長所を一つ有していた。彼はおそらくはプロイセン史において最初のカリスマ的な大衆演説家であり、また同時にこの上なく熱狂的で激情的な人物であり、情熱に満ちた比喩やイメージ、そしてドイツにとって不幸なことにロマンティックな情事に自己を爆発させたのである。見事な大衆講演のキャンペーンや、警察との衝突と劇的な逮捕の最中に、彼はゾフィー・ハッツフェルトに手紙を書いた。

僕の妹は僕を結婚させたがっています。候補の女性は可愛らしく、良家の出で、生き生きとして元気で、社交界で自分の責任を十分に果たしていくことができます、しかし僕は彼女の教育がどれほど深いものなのか分かりません。……僕は彼女に夢中です。彼女は素敵な体つきをしています。彼女は機知に富み一緒にいると楽しく、心から（荒々しくではなく）僕を愛しています〔原史料ではこの一文は末尾に位置する〕。……僕に慎重な態度をとらせているのは金銭の問題です。もし、そしてこれはありそうなことですが、ガス会社からの収入が途絶えると僕の一八七〇年の収入は大体一五〇〇ターラーか、あるいは母が亡くなったとして二五〇〇ターラーくらいにしかならず、僕は妻子を悲惨な経済状況の中で養うしかなくなります(65)。

一八六三年五月、ラサールは「全ドイツ労働者協会」を結成し、その年の大半を各地の加盟組織を回る多忙な旅行に費やした。そこで彼は、頑固なドイツの労働者という、どちらかと言えば懐疑的な聴衆を前に迫真の演説を行った。ビスマルクがラサールに接触し、自分のもとを訪ねるよう求めたのはこの時期のことであった。一八六四年までビスマルクとラサールは定期的に会談していたものと思われる。一八六四年一月十三日、ラサールはビスマルクにこう書き送っている。

閣下、私は何にもまして、投票権が全てのドイツ人に与えられるべきであると心にお留めになるよう昨日閣下にお勧めするのを忘れていたことに、自責の念を抱かねばなりません。〔これは〕権力〔を増大するための〕の計り知れない手段であり、ドイツの真の「道徳的な」征服です〔「道徳的征服」は摂政就任時にヴィルヘルムが表明した言葉〕！　選挙の技術について申せば、昨日から私はフランスの選挙制度に関する法制史を通覧してみたのですが、役に立つ材料はあまり見出せませんでした。私はさらに思案を重ね、今では閣下に票の分裂と分散化を阻止するための魔法のレシピをお渡しすることができる立場にあります。〔……〕私は閣下から一晩のお誘いをいただけるのを待っています。私が晩にお話しさせていただくことを強くお願い申し上げるのは、その方が邪魔が入らないと考えるからです。私には選挙の技術について閣下に申し上げたいことがいろいろとあるのですが、申し上げたいことは他にも多々ありますし、状況の緊急性に鑑みますと、忌憚なく徹底して議論することがどうしても必要と愚考する次第です。[66]

一八六四年一月十六日の土曜日、ラサールは再びビスマルクに手紙を送った。

私は望んでいなかったのですが、外的な諸事件が強い圧力を及ぼしていますので、結果的に強く迫るような振舞いに出ることをどうぞお許しください。私は水曜日に、お望みの「魔法のレシピ」――最も包括的な効力を持つ「魔法のレシピ」――を見つけたという手紙をさし上げました。我々の次の会談後に遂に決定的な決断が下されるでしょうし、私の信じるところでは、そのような決断はもはや遅滞を許されないのであり、明日（日曜日の八時半）、閣下のもとにお伺いさせていただきたいと思っています。閣下がこの時間は都合が悪いようでしたら、直ちに別の時間をご指定いただきますようお願い申し上げます。[67]

一八六四年三月十二日には、ラサールはこの考えを公に表明し始めた。彼は大逆罪の容疑で逮捕されていた。彼は、普通選挙制を導入しようとするビスマルクの願望に言及することで自己を弁護した。

私は憲法を転覆させたいと望んでいますが、それだけでなく、憲法は恐らくは一年、あるいはそれ以内に転覆されるでしょうし、私がそうしていることでしょう。……私はそれゆえに皆さんにこの神聖な場所から、フォン・ビスマルク氏がロバート・ピールの役割を果たし、普通・直接選挙を導入し終えるまでに一年とかからないであろうことを明言するのです。[68]

かつてない勢威と影響力を身につけた絶頂期に、ラサールは若いローマ・カトリック教徒の娘、ヘレーネ・フォン・ラコヴィッツァとのこの上なく酔狂なロマンスに巻き込まれ、このロマンスはラサールがその鼻もちならない態度によって引き起こした全く無意味な決闘をもって終った。一八六四年八月五日、ラサールは友人にこう書き送った。「これだけは分かっている。僕はヘレーネを僕のものにしなければならない。――ヘレーネを再び自分のものにすることを思う時、労働者協会も政治も科学も監獄も、僕の心中で全てが色あせて見える」[69]。決闘は一八六四年八月二十九日〔独語版では二十八日〕に行われ、フェルディナント・ラサールはこの時の傷が原因で一八六四年八月三十一日に死亡した。既に見たようにラサールを軽蔑と羨望のないまぜになった思いで遇し、個人的な書簡で彼を「イッィー男爵」〔「イッィー」はユダヤ的な姓〕と呼んだマルクスは、エンゲルスに非公式な追悼文を書き送った。「これは、軽薄さと感傷的な気質、ユダヤ性と騎士的振舞いが混在するラサールにのみ起こりうる出来事であり、このような混合状態は完全に彼独特のものだ[70]」。

しかしこの一件にはそれ以上の問題があった。ドイツの労働者運動を考察する真摯な研究者たちはこの一世紀半の間、マルクスに取って代わりうる存在としてのラサールについて、たとえ異端的であったにしても様々な考察を展開してきた。ラサールはマルクスには欠けている資質――大衆のカリスマ的なリーダーとしての素養――を有しており、彼の理念は権力と国家という、マルクスの経済・社会モデルがほとんど完全に看過している二つのカテゴリーを中心に据えていた。〔マルクスにとって〕国家とそこでの行為者は単なる上部構造に属する要素に過ぎなかった。マルクスは『資本論』の一八六七年版の序文において以下のことを明らかにしている。

> 起りうる誤解を避けるために一言しておく。私は、資本家や土地所有者の姿を決してバラ色の光で描いていない。しかしながら、ここでは、個人は、経済的範疇の人格化であり、一定の階級関係と利害の担い手であるかぎりにおいてのみ、問題となるのである。私の立場は、経済的な社会構造の発展を自然史的過程として理解しようとするものであった、決して個人を社会的諸関係に責任あるものとしようとするのではない[71]。
>
> （向坂逸郎訳『資本論』岩波書店、第一巻、一九六四年、一八頁）

このような理論的立場は、ドイツの労働運動と人類の歴史に有害な結果をもたらした。それは巨大なドイツ社会民主党を、彼らにも他の誰にも統御できないような経済的諸力によって歴史が規定されているという見解へと導いた。彼らは、マルクスの法則が資本主義はその「内的矛盾」の結果、自らを破壊せざるをえないことを示しているがゆえに、革命を唱えた。一九一二年にはビスマルク帝国において最大の政党となったドイツ社会民主党 Sozialdemokratische Partei Deutschlands は、ラサールが一八六二年の講演ではっきりと見極めていた事実——政治的制度が重要であり、憲法は権力関係に依拠しており、そして人間の意思が物事を変えうるのだという事実——に対処するだけの戦略を持ち合わせていなかったのである。

ラサールはビスマルク当人の人生において独特な役割を担った。ラサールは、ビスマルクが自らのキャリアを通じて最後まで敬意を持ち続けた唯一の人物であり続けた。一八七八年にビスマルクが社会民主党に対する弾圧立法を企図した時、ラサールの亡霊が彼に取り憑かんとして蘇った。一八七八年七月、『ベルリーナー・フライエ・プレッセ』は二週間にわたり毎日、ブーハーからラサールに送られた書簡を公表した。これらはほぼ間違いなく、ビスマルクを困惑させて彼が実現を目論んでいる反社会主義立法を阻止する目的で、ゾフィー・ハッツフェルト伯爵夫人が同新聞の編集者レーオポルト・シャピラに渡したものであった。帝国議会では、SPD〔社会民主党〕議員団のリーダーであったアウグスト・ベーベルが隠れ社会主義者としてのビスマルクの暗い過去を攻め立てようとしたが、帝国宰相から驚くべき返答を受け取った。ビスマルクは全く明け透けに、自分がラサールとの秘密の交渉に取り組んでいたことを認め、——同時代人に対するビスマルクの評価としては私が知るものの中では他に例をみない——以下のような説明を自ら進んで付け加えた[72]。

彼の言動は、特に一個人としての私を魅了しました。彼は私が知る内でも最も聡明で最も魅力溢れる人士の一人でした。彼はまことに野心的な人物でした。……ラサールはエネルギッシュでウィットに富んだ男で、彼との対話は非常に有益でした。我々の対話は何時間にもわたりましたが、私はいつも別れを惜しみました[73]……。

ラサールに向けられた好意に満ちたこの異例の賛辞は、ビスマルクの反ユダヤ主義の深さが果たしてどれほどのものであったのかという疑問を呼び起こす。彼のラサールに対する敬意、ルートヴィヒ・バンベルガーとの交友関係、そしてエードゥアルト・ジムゾンへの称賛から、我々はビスマルクの愛憎についての他のあらゆる側面と同様に、一般論をもってしては彼の移ろいがちな好悪の情を正しく判断できないということを推測し得る。確かに彼は、この時代に流布していた因襲的な反ユダヤ主義を自分が所属する階級と共有していたが、カトリックや社会主義者に対してと同様に、ユダヤ人に対するビスマルクの態度は、彼が彼らをどれだけ興味深いと見なしていたか、あるいはどれだけ有用と考えていたかに左右されていた。彼はラスカーやヴィントホルストを憎悪したが、それは彼らの内の一方がユダヤ人で、もう一方がカトリックであったからというよりも、彼らがビスマルクとの闘争を成功裏に進め、天敵となったからであった。

ビスマルクのラサールとの関係にはもう一つの遺産があったが、それはラサールとの秘密の会合と同じく驚愕に値するものであった。ジャーナリストにして社会主義の理論家であり、革命家でもあったロータール・ブーハーが鞍替えしたのである。ラサールにとって命取りとなった決闘が行われる二週間前の一八六四年八月十五日、ブーハーは彼に以下のようなニュースを書き送った。

私はもっと望ましい結果を期待できたのかもしれないのですが、ややこしく、また書き記すのをはばかられるような理由から、別のポストを、それもできるだけ早く探すことを決心しました。……八日間で全てが決着しました。[74]

ロータール・ブーハーは一八六三年一月一日以来、ヴォルフ通信社に雇われていたが、給料が低く不満を感じていた。クリストフ・シュトゥットは、ブーハーがいかにしてビスマルクのために働くようになったのかについて様々な解釈を提示している。その内の一つにローベルト・フォン・コイデルの証言があり、彼はこれこそが真実だと請け合っている。コイデルによると、ビスマルクはブーハーが自分のために働く可能性について、以下のように語った。

我々は皆、水を使って調理をするが〔我々は皆同じようなもの、という意〕、起こったこと、そしてこれから起きることの大半が新聞に載る。たとえ彼が狂信的な民主主義者として我々のところにやってきて、回虫のように国家機構に入り込みあちこちをうごめいて食いちぎり破壊しようとしても、彼は自分が破壊されるだけだということをすぐに理解するようになるだろう。可能性は残しておこう。〔……〕彼がそのような背信者だとは私は思わない。その信仰を問うことなく彼と話してほしい。私が関心をもっているのは彼が来るのか来ないのかという点だけだ[75]。

アルトゥール・フォン・ブラウアー（カール・ルートヴィヒ・ヴィルヘルム・アルトゥール・フォン・ブラウアー〔一八四五―一九二六〕、バーデンの外交官兼政治家、ビスマルクの下でも働いた[76]）は、コイデルが自分でこれを考えつくことができたとは見ていない。保守的な内閣へのかつての革命家の起用という驚くべき発想は、ブラウアーの意見では、「コイデルのような人物よりもむしろビスマルクの方が考えつきそうなことに思える」。最後の例は、有罪判決を受けた革命家が弁護士資格を回復するチャンスがあるかどうかを尋ねるためにブーハーの友人が内相のオイレンブルク伯爵に接触し、オイレンブルクがビスマルクに打診したところ、ビスマルクは「彼は法の実務から遠ざかっており、外務省でなら彼を使えるかもしれない」と回答した、というものである。[77]ビスマルクはしばらくの間この人事を秘密にし続け、国王を含む多くの人びとが強い衝撃を受けた。ブーハーはビスマルクにこう書いている。「閣下は私の決して撤回されることのない国民的(ナショナル)な立場をご存知でした。閣下はこう応えられました、私は貴君の国民的な立場を知り過ぎるほど知っているが、私は自分の政策が成果を得るためにそれを必要としているのであり、ただ貴君の国民的な努力の精神に添う仕事を実行することだけを貴君に求めるでしょう、と」[78]。

ブーハーは一八六四年から死に至るまで、ビスマルクの部下として欠かせない存在となった。ホルシュタインは独仏戦争の間、ブーハーと同じ職場で働いた時のことを想起している。

ビスマルクは、宮廷におけるブーハーの地位が低いことが自分にとって有利に働くと見ていた。なぜなら、自分を雇っているのがビスマルクだけだとブーハーが理解しているのを知っていたからである。このため、ビスマルク侯は彼を道具と見なし、あらゆる類の機密事項や個人的な件を実行するのに利用した。……ブーハーがきちんと仕事をしていないと考えた時、彼はただブーハーを非難するか、あるいは他の人に向けて彼を批判した。ビスマルクは、しばしばアベケン〔ハインリヒ・アベケン Heinrich Johann Wilhelm Rudolf Abeken（一八〇九―七二）、外交官、福音主義の神学者であり、ビスマルクの部下〕に対してしたように、ブーハーの個性や特異性をもの笑いの種にしたりはしなかった。……その発育不全の身体、異常に醜い顔、不健康な顔色に加え、彼は一方では臆病で、また一方では気難しく、社会不適応が理由で心を閉ざした人びとに特有の寡黙さを備えていた。これは、異性に対する強い関心と結びついていたが、そのために彼は何時間も惨めな時を過ごしたに違いなかった。……それはヴェルサイユのヴィラ・ジュセに置かれた広いオフィスで最後の数週間を過ごした時のことだった。私はブーハーとヴァーゲナーの間に座っていた。彼らは、片や納税を拒否した人物と、片や『クロイツツァイトゥング』の創刊者であり、お互いに短い単語だけで会話をしていた。ブーハーは私に、一八四八年冬に逃亡を余儀なくされた時に、電報であちこちに送付された自分の逮捕状にサインしたのがヴァーゲナーだったと打ち明けた。ブーハーが逃げおおせたのは全くのところ、電報の仕組みが当時は機能していなかったという事実によるものであった。[79]

一八六三年八月後半に、国王とビスマルクはもう一度「紛争選挙」を行って自由主義者たちと対決することを決心し、一八六三年九月二日に下院が解散された。王太子は選挙と弾圧政策との双方に反対した。彼はそのことを告げるために九月初頭にビスマルクに書簡を送り、両者は会見したが、ビスマルクは回顧録に以下のように書いている。

私は彼に、なぜ政府に対してそんなにも距離を置こうとするのかと尋ねた。数年の内に彼は政府の主人となるだろうというのに。そしてもし彼の原則が我々のものと異なるのなら、彼は反対派に回るよりも、むしろ徐々に移行していくための努力を払うべきであろう、と。この提案を彼は断固として拒絶したが、明らかに私が彼の下でも仕えるための道を整えておこうと考えているのだと疑っていた。この拒絶はオリンポスの神々のごとく見下すような敵意の表現を伴っていた。こんにちに至るまで私はそれを忘れたことがない。現在でも私はまだ眼前に、横にそむけられた頭や紅潮した顔、左の肩越しに見やった視線を思い描くことができる。私は癇癪を抑え、自分の発言はカルロスとアルヴァ（第二幕第五場）〔ヴェルディの歌劇『ドン・カルロ』に登場するフエリペ二世の息子ドン・カルロとアルヴァ公のこと〕のことを考え、王家を思う気持ち、つまり父上との親密な関係を回復してほしいという願いからなされたものであると弁じた。……私は、私がいつの日にか彼の大臣になりたいと目論んでいるという考えを捨て去ってほしいと願った。私は決してそうはならないであろう、と。彼の立腹はそれが始まった時と同様に突然収まり、彼は親しげな調子で会話を締めくくった[80]。

官吏に対する弾圧は今や軍隊にまで及んだ。国王は「陸軍と海軍の選挙へのさらなる参加は憲法の精神と意図に矛盾している。余はそれゆえにこれを不適切であると考える」とする訓令を出した[81]。十月七日、ビスマルクは、官吏の選挙参加を制限する別の指令を公にした。この王令は、創刊されたばかりの政府新聞である『プロヴィンツィアール・コレスポンデンツ』に掲載された。

法的な規定によれば、文武双方のあらゆる官吏は、臣民が国王に対して負う一般的な義務に加えて、公務に含まれる特別な業務の他に、国王に対して特別な忠誠と服従を示す義務を負っている。もし彼らが、国王によって組閣され国王の名の下に活動する政府を見下し、掣肘を加え、あるいは転覆しようとする方向を明言し、それを目指している政党の政治行動に加わるならば、いかにしてそのような特別な忠誠や服従と両立させることができるだろうか。義務に対するかくのごとき明白な裏切り行為が、秩序ある公務の執行完全に両立しえないことは、最も単純な知性しか持たない者にも分かるはずである[82]。

十月二十日と二十八日に下院の一次選挙と二次選挙が実施された。ヴァーゲナーとブランケンブルクが、かつてクライストの選挙区であったポンメルンのベルガルト選挙区から選出された。『プロヴィンツィアール・コレスポンデンツ』は喜びを表明している。

先の議会に属していた一一人の保守派の小集団は四倍に強化され、新たな保守派議員の中には、国王に忠誠を誓う彼らの内でも最も良質で闘争的な指導者を何名か見出すことができる。[83]

実際の結果はビスマルク内閣の勝利とは言い難いものであった。左派への重心の移行が一八六二年の選挙と同様に継続した。進歩党は前回の一三五議席に対して一四一議席を獲得した。他の自由主義派は九六議席から一〇六議席に増大し、一八五八年に最大の派閥であった「新時代」の自由主義者たちからなる「立憲派」は完全に消滅した。保守派はこの時、一一議席から三五議席になった。[84]

十一月六日、ハンス・フォン・クライスト＝レツォーは聖書から友人を励ます一節を取り上げて書き送った。彼は以下のように書いた。

私は昨日、黙示録の二―二七〔二―二六、二七の誤り〕を読みました。「勝利を得る者に、わたしの業を終わりまで守り続ける者に、わたしは、諸国の民の上に立つ権威を授けよう。彼は鉄の杖をもって彼らを治める、土の器を打ち砕くように」（新共同訳『旧約聖書』黙示録二―二六、二七）

ビスマルクはこの手紙の余白にこう書き記した、「ああ、ハンスはいつも神の雷を手にして怒っている」。[85]

一八六三年十一月九日、ヴィルヘルム一世は妥協を排した開院勅語をもって議会を開会した。国王は、ただ「軍隊の現在の構成の維持を保証し確かなものとするのに必要な予算法に対してのみ余の同意」を与えることを明らかにした。[86] 上院である貴族院は国王の演説を歓迎した。上院は七二対八で、ハンス・フォン・クライストが草案を作成した国王への上奏文を可決した。この上奏文は以下のことを高らかに宣言していた。

陛下の政府は、政府に付託された疑義の余地のない義務を果たしました。政府は、我々の憲法の礎たる国王の権力を維持し、憲法や現存する法制度に対していかなる種類の違反を犯すこともなく、さらには国家予算もない状態の下で、反逆を働くことなしにはひっくり返すことのできない軍隊の再編を断行することで、幸福にも危険を回避したのです。[87]

自由主義者たちに対して何らかの譲歩を行う意思があることの証として、政府は出版条例を廃止し、両院はこれを歓迎したが、同条例の廃止にあたって政府は、「六月一日の条例は、公共の安寧を護持し、異常な緊急事態を鎮めるためには何としても必要なものであったし、また同時に完全に憲法に適っていたという不変の信念」を繰り返した。[88] 手詰まり状態が続いたのである。

この状態は、結局はプロイセンの外の出来事によって打ち崩された。一八六三年十一月十五日、デンマーク国王フレゼリク七世が跡継ぎのない状態で死去し、このデンマークの継承危機が、国外での成功によって国内の政敵を出し抜くために必要な好機をビスマルクに与えることになった。十一月十八日、新しいデンマーク国王クリスチャン九世が、シュレースヴィヒをデンマーク王国に編入することを明記した憲法に署名した。ここに至って遂に、ビスマルクの切望していた対外危機が生じた。一八六二年末、彼はデンマーク問題に関して、宛先人は不明であるが長文の手紙を書いている。

デンマーク問題がただ我々の望むような戦争という方策によってのみ解決されることは確かで

す。そのような戦争の口実はいつでも見つけることができます。……我々には、戦争によってもたらされる断絶状態の一つの結果としてロンドン議定書を否認できるようにならなければ、オーストリアと共にロンドン議定書に調印したという不利な立場から抜け出すことができません。……［プロイセンには］連邦において我々に反対票を投じる新しい大公を据えるためにシュレースヴィヒ゠ホルシュタインにおいて……戦争をすべき理由はありません。なんとなれば、彼は我々が併合を狙っていると恐れるだろうし、登位に際してプロイセンに助けられたことへの感謝の気持ちを忘れ、その政府はオーストリアの陰謀の対象に喜んでなろうとするからです。[89]

彼が最初に打った手は、継承権とシュレースヴィヒ、ホルシュタイン両公国の地位についてのこれまでの諸合意を遵守するという言質（げんち）をオーストリアから取ることを含んでいた。一八六三年十一月二十八日、プロイセンとオーストリアはデンマークの行動を拒否し、一八五一年と五二年の条約を自分たちの干渉の法的根拠として引用した共同声明をデンマーク政府に送付した。[90]

シュレースヴィヒ゠ホルシュタイン問題は複雑だと評される。パーマストン卿は「たった三人の人物だけがシュレースヴィヒ゠ホルシュタイン問題を理解できる。一人は死んで、一人は気が狂い、そして三人目のことは忘れてしまった」と述べたと言われる。これはいかにもパーマストンらしい誇張である。状況は実際には至って明瞭であった。デンマークは絶対王政の伝統に立脚した王国であり、その継承権は女子にも付与されえた。シュレースヴィヒとホルシュタインという二つの歴史的な公国は、男子の継承者のみの継承権を認めるサリカ法典を墨守していた。これに加えて、実際にはホルシュタインがドイツ連邦に所属していたのにシュレースヴィヒはそうではなく、またその結果としてデンマーク国王がホルシュタイン公の資格によってドイツ連邦の一員であったにもかかわらず、両公国は「永遠に不可分 Up ewig ungedeelt」と表現されるように、歴史的に一心同体の関係にあった。一八四八年の革命によってデンマークに立憲制が導入されると、国王フレゼリク七世は両公国が新しい王国に編入されるであろうことを発表した。フランクフルトの革命議会は、ドイツの民族的(ナショナル)な領域を護持することに力を注いだが、戦争が勃発するとその大半はプロイセンの軍隊によって遂行され、プロイセンは再び正気を取り戻すと一方的に戦争を放棄したのである。デンマーク問題の再来はビスマルクにとって全くもって好都合なものであった。なぜなら、クリストファー・クラークが書いたように、

近代の問題と前近代の問題が絡み合っていたからである。それは一方で、十七世紀や十八世紀の危機の多くと同様に、男子の継承者がいない王の死によって引き起こされた古風な王朝の危機であった。この意味では、我々は一八六四年の紛争を「デンマーク継承戦争」と呼べるかもしれない。他方で、まさしく大衆運動としてのナショナリズムがその役割を果たしたために、シュレースヴィヒ＝ホルシュタインは大戦争の発火点となった。[91]

シュレースヴィヒ＝ホルシュタイン危機はこのような複雑な要素の組み合わせを内包しており、それはビスマルクに多数の二者択一的な選択肢を行使する余地を与えた。それらの選択肢とは、デンマーク・ナショナリズム対ドイツ・ナショナリズム、王朝政治対民衆政治、プロイセン対オーストリア、プロイセン対ドイツ連邦、国王の政府対議会といったものであり、こうした問題は、諸列強が演じた役割のゆえに最終的には国際的な次元にまで至った。一八五二年、ロンドンで開かれた国際会議はオーストリア、プロイセン両国がデンマーク王国の「一体性」を承認することを定め、デンマーク

はその見返りに両公国を併合したり、あるいはそのような方向に向かう行動を起こさないことに同意した。[92] 諸列強は、デンマークのフレゼリク七世が嗣子を残さずに死去した場合、デンマーク王国「並びに」両公国の継承権がその権利を有するグリュックスブルク家のクリスチャンに譲られることを確認し、その結果彼はシュレースヴィヒとホルシュタインの「両方」を継承することになった。サリカ法典に基づく両公国の継承者であるアウグステンブルク公はこの議定書に調印したが、決して自分の権利を永久に放棄したわけではなかった。[93] かくして、フレゼリク七世が一八六三年三月に憲法の新たな改正を表明すると危機の再燃が危惧されるようになったが、今回はデンマーク側はより良い結果を期待していた。ヨーロッパの外交官たちはポーランド危機に注意を向けており、デンマーク政府はロンドン議定書を取り消すうえで十分な援助をあてにできると考えていた。フレゼリクの突然の死がこの問題を先鋭化させた。

一八六三年十二月初頭、プロイセン国王は御前会議（クロンラート）を召集した。これは、国王によって主宰され、王太子も同席する閣僚会議であった。ビスマルクの回顧録によると、彼はプロイセンの政策上の目標がプロイセンによる両公国の合併にあることを明確にした。「私が話している間、王太子は私の正気を疑うかのように天に向かって手を挙げた。同僚たちは黙ったままであった」。[94] 国王はこの構想に困惑して、「余はホルシュタインに何の権利も持たない」と繰り返し述べた。ビスマルクは「王のものの見方には、彼の妻の影響とベートマン・ホルヴェーク一味の働きかけとを通じた、俗っぽい自由主義が染みついていた」と苦々しげに述べている。[95] これは、国王の極めて保守的で正統主義的な立場を極めて理不尽に描写したものであった。国王はまさしくこの立場を表明していたのである。彼は両公国に対して支配者としての権力を有していなかったし、要求もしなかったのであり、したがって、両公国を自分の王国に結びつける正統な方法は一切なかった。ビスマルクは国王に反発し、すぐに王家の内であらゆる悪意に満ちた力を体現していた女性である王妃アウグスタにその責めを負わせた。

いつものことであるが、ビスマルクは第二の戦略を胸中に秘めていた。一八五九年五月十七日にオーストリアの外相となっていたレヒベルク男爵〔伯爵の誤り〕は、フランクフルト諸侯会議の失敗の後、憤激しつつも、「プロイセンと理解し合うことは中小諸邦にとってよりもオーストリアにとっての方が容易であると述べて(96)」、プロイセンに対抗するのではなく協調する決心をした。ビスマルクはフランクフルトでレヒベルクと激しく衝突し、両者はある時には決闘するために森へ行きかけたことさえあった。レヒベルクの気性は話題の種になっており、怒りっぽく激情型の性格を意味する「引っ掻きブラシ Kratzbürste」として広く知られていたが、ビスマルクは彼に適応していった。「全体とすればレヒベルクはそれほど悪い男ではない。あまりにも暴力的ですぐに爆発する、興奮しがちな赤味がかったブロンドの類だとはいえ、少なくとも個人的には正直だ(97)」。政敵に対するレヒベルクの評価は低かった。「新時代」内閣が崩壊するかのように見えた時には、レヒベルクは次のように語った。「もし内閣の改造があるならば、ジャケットを脱ぎバリケードによじ登ることのできる男、恐るべきビスマルクにお鉢が回ってくるだろう(98)」。彼らの関係がどのようなものであろうと、レヒベルクはメッテルニヒの下で学び、つまり守旧的で保守的な外交政策を学んだがゆえに、ビスマルクの目的に完璧に奉仕した。レヒベルクは当時オーストリア・プロイセンによる二重のドイツ支配を良しとしていたために、ロンドン議定書の調印国としての二大国がデンマークに議定書の文面を厳守するよう主張すべきであるというビスマルクの提案に当然のごとく同意した。現時点では、併合が後に続くことになる攻撃性むき出しの政策を是認するつもりが国王ヴィルヘルム一世にない以上、ビスマルクとしては、アウグステンブルク公の世子〔アウグステンブルク公クリスチャン・アウグスト二世の息子のフレゼリク・クリスチャン・アウグスト。一八六三年十一月十七日からシュレースヴィヒ＝ホルシュタイン公フリードリヒ八世を名乗った〕を支持する国民的（ナショナル）な熱狂の波に乗ろうとする中小諸邦によるドイツ問題の解決を確実に阻止する必要があった。

十二月七日に連邦議会は一八五二年のロンドン議定書を遵守させるためにデンマークに対して軍事行動を取るという連邦の「執行」を一票差で可決したが、これはビスマルクの目論見に見事に合致するものであった。原則的に三つの選択肢があった。その内で最良のものは、プロイセンによる両公国の併合であった。次に容認できるのは、デンマークとの同君連合の継続による両公国の現状維持であったが、その理由は、ビスマルクがこの状況においては常に揉め事を煽ることができると知っていたからであった。最悪なのは、アウグステンブルク公に肩入れする連邦と中小諸邦に利するかたちで勝利し、プロイセンに対する反対票を常に投じかねない中規模国家をもう一つ増やすことであった。一八六六年の秋にビスマルクはこの内の最初の選択肢を実現することになるが、それはまた、彼が自分の「最も誇るべき成果」と呼んだものでもあった。これに対して、一八六四年の戦争が終結した時点では、彼は「この件は、この世で一番狡猾な人間くらいに狡猾にはなれるが、それでもいつ何時子どものように暗闇の中に踏み込んでしまうか分からないということを教えてくれた」と述懐している。[99]

ビスマルクがこの偉大な成果を挙げるに際して採った戦術は、常に選択肢の組み合わせを掻きまわして、誰かと誰かを対抗させるという、これまでに確認したやり方と同様のものであった。レヒベルクとカーロイは、ビスマルクにロンドン議定書を尊重すると確約するよう求めたが、ビスマルクは、王妃と宮廷内の自由主義的な側近たちの悪影響の下にあるプロイセン国王が、両公国の統治者を詐称するアウグステンブルク公の世子を感情的に支援する方向に傾いていると、実情そのままに説明できた。哀れな外務大臣に何ができようか、と。

ドイツ連邦はザクセンとハノーファーの軍隊にホルシュタインへの進軍を要請し、その結果、プロイセンとオーストリアの軍隊もまた国境を越えた。この期間はビスマルクの神経に大きな緊張を強いた。彼には軍隊を制御することも、その司令官たちの気紛れを統御することもできなかった。一月十二日、ビスマルクはローンに手紙を送り、非常に神経質な様子で、確実な軍事行動を求めた。彼はオーストリア軍がプロイセン軍よりも前にアイダー川に辿りつくかもしれないことを心配していた。「それは陛下には受け入れ難いものとなるでしょう。あるいは指令が既に出されているのでしょうか。もしそうだとすれば、貴君に言うことは何もありませんし、これまでに費やしたインクを回収することになるでしょう[100]」。

ビスマルクは自分が板挟みになっていることを自覚した。彼は、対デンマーク政策を実行する前に克服すべき国内の危機と、ロンドン議定書の調印国として完全な介入権を有する英仏露が自分のささやかな戦争に干渉してくることを妨げなければならないという国際的な難事を抱えていた。彼がこの時期のことを自らの傑作と見なすようになったのは、当時の彼が直面していた困難が極めて複雑なものだったからである。それをできる限り整理してみよう。国内問題に関しては、彼は議会と行き詰まり状態に陥っており、法的な手続きによって戦争の費用を決定することが、全く無理ではないにせよ困難と思われていた。一月十五日、ビスマルクは下院に対して、自分は法に則って予算を対デンマーク戦争のために使用することを望んでいるが、「しかしもしそれらが拒否された場合は、自分はそれらを見出すことのできるところであればどこからでもそれらを手に入れるだろう」と述べた[101]。対外問題においては、彼はオーストリアを統制下に置き続けなければならなかった。翌日の一八六四年一月十六日、ビスマルクとカーロイ伯爵は、オーストリア・プロイセンの共同作戦をシュレースヴィヒに拡大することを定めた文書に調印した。ビスマルクは明らかに、ローンがペルテスに一八六四年一月十七日に説明したように、できることならば砲撃戦に突入することを意図していた。「我々が明示的にそれを反故にしなくとも、一発目の砲撃があらゆる条約を打ち破るのです。戦勝後の和平交渉は新しい関係をもたらします[102]」。

国王と宮廷、王族、多数のその関係者たち、そしてハンサムな三十四歳の君侯であったアウグステンブルク公子の持つ魅力は、ビスマルクの計画にとって克服不可能にも思える障害を生み出した。一八六三年十一月十九日、クリスチャン九世のシュレースヴィヒについての布告への返答として、アウグステンブルク家の公子はシュレースヴィヒ＝ホルシュタイン公フリードリヒ八世として即位することを宣言し、ドイツの世論の大きな支持を得た。状況を悪くしたのは、彼の妻のアーデルハイト・ツゥ・ホーエンローエ＝ランゲンブルク（一八三五―一九〇〇）がヴィクトリア女王の姪であり、ゆえに王太子妃ヴィクトリアの従姉妹だという事実であった。ビスマルクはさらに、自らを文民の余所者として扱う、意のままにならない将軍たちを相手にしなければならなかった。ビスマルクがそのような余所者であったことに間違いはなかった。

対外的には、ビスマルクは諸列強が自分の計画の遂行を確実に許すようにしなければならなかった。ナポレオン三世は支援を与える代償として、例えばライン左岸のプロイセン領の割譲を強要しようと試みたが、ビスマルクはイギリスとの同盟へと皇帝を向かわせることとなしにこうした要求を拒否しなければならなかった。ロンドンの自由主義的な政府は当然のごとく小国デンマークに同情し、出版条例を制定するようなプロイセンの反動政治家に深い不信の念を抱いていた。イギリスの外務大臣はホイッグの首魁ジョン・ラッセル卿であったが、ジョン・プレストが『新オックスフォード・ナショナル人名事典』に書いたように、彼は「学者肌の政治家」であった[103]。ジョン卿は、自分とは全くタイプの違う、強力で騒々しい行動主義者の首相パーマストン卿に仕えていた。「パーマストンは、デンマーク危機が起こった時、イギリスの内閣は一致した政策を示すことができなかった。デンマークを励まして自分たちが孤立することはないだろうと信じ込ませたが、内閣は武力介入を裁可することを拒否した」[104]。フランスの外務大臣がこれに驚くことはなかったであろう。彼は一八六三年末、イギリスの公使に「ポーランドの問題のおかげで、遠くで戦争が起きた時にはイギリスを頼りにすることはできないということが明らかになりました」と語っていた[105]。

一八六四年一月十六日、オーストリアとプロイセンの両政府はデンマークの外務大臣フォン・クヴェーゼに、一八六三年十一月十八日の憲法を受け入れないという両国の決断を明記した共同通牒を送付した。すなわち、この憲法の公布によって、

デンマーク政府は一八五二年に保証された義務に明らかに違反した。……上記の両国は、両国がこれら一連の過程で果たした役割の結果として、自らと連邦議会とに対して……この状況が続くことを許さないという義務を負っている。……もしもデンマーク政府がこの呼びかけに応じないのであれば、上記の両国は原状回復のために用いうる手段を行使せざるをえなくなるであろう[106]。

マイケル・エンブレが書いているように、「デンマーク側はかくして、自分たちが十分な備えをしておらず、その結果について完全に誤った憶測を抱いていた危機に、突入していったのである」。一月二十日、陸軍元帥ヴランゲルが同盟軍の指揮を委ねられ、アイダー川へと向かってホルシュタインを進軍した。デンマーク側は「純粋なナショナリズムによって盲目になって」ビスマルクの手中に陥ることとなったのである[107]。

ビスマルクはまだ、自分の政策が実現するのかどうかに確信をもてず、一八六四年一月二十一日、御前会議の直前にローンに手紙を送り、国王が家族の圧力に屈し、フリードリヒ八世を支持するので

はないかという不安を書き綴った。

王は、会議の前に伺候して言うべきことを相談するよう命じられました。私にはさして言うべきことはありません。一つには昨夜ほとんど一睡もせず消耗しきっているからですが、もう一つには、陛下が、ヨーロッパと断交しオルミュッツ以上の恐るべき事態を経験するリスクを冒してでも、民主主義とヴュルツブルク派に屈し、アウグステンブルク〔フリードリヒ八世〕に肩入れして新しい中規模邦を一つ作りだそうとしていることが結局はある程度明らかになった今……何を言ったらよいのかさっぱり分からないからです。[108]

一月二十五日、国王は一八六四年予算とシュレースヴィヒ＝ホルシュタインでの軍事行動のための一二〇〇万ターラーの借入を可決することを拒否した下院を解散した。少なくともそのような成果をビスマルクは挙げたことになる。

ビスマルクが直面した次の困難は将軍たちを相手とするものであった。ビスマルクは、ロンドン議定書を厳格に遵守すること、そしてオーストリア軍と歩調を合わせて進軍することを約束して、英仏両国に対して自らの立場を弁護していた。これは同時に、プロイセンの将軍たちが当初望んでいたよりもずっと緩慢に行動しなければならなくなることをも意味していた。彼らの内でも最も非妥協的であったのは、ベルリン市民から「パパ・ヴランゲル」と呼ばれていた陸軍元帥フォン・ヴランゲル伯であった。一八六四年一月、ヴランゲルは八十歳の誕生日の三ヶ月前であったが、シュレースヴィヒのプロイセン軍を指揮していた。年齢がその年季の入った短気を鎮めることはなかった。国王の命令を経て伝わったビスマルクによる抑制の求めはヴランゲルを激怒させ、ビスマルクが回顧録に記しているように、彼はビスマルクに癇癪を爆発させた。

私の旧友の陸軍元帥ヴランゲルは国王に、私へのこの上なく荒々しい侮辱を包み隠すことなく書いた電報を、暗号を用いずに送りつけた。その中で彼は、私、［そして］絞首台がお似合いの外交官たちに言及し、罵詈雑言を並べ立てた。しかし私は当時、いささかもオーストリア軍の進軍に先んじて進まぬよう、とりわけオーストリア軍が意に反して我々の意図のままに引っ張られているという印象を与えぬよう、国王を説得することに成功した。[109]

一つの小さな出来事が、最初の勝利の直前までビスマルクの実際の地位がいかに脆弱なものであったのかを示している。ビスマルクは、全く当然のことであるが、陸軍元帥ヴランゲルの率いる司令部の中で自分の代理となる外交官を必要とし、大使のエミール・フォン・ヴァーグナーをこの任にあたらせた。ビスマルクがヴァーグナーの秘書として仕えるよう派遣したホルシュタインは、自らの回顧録においてこう追想している。

ヴァーグナーが陸軍元帥に報告しに行くと、彼はとても落ち込んで戻って来た。彼が説明した状況は以下のようなものだった。陸軍元帥は王子たちや堂々たる幕僚たち全員に取り巻かれながら彼を引見した。ヴァーグナーが自己紹介すると元帥はこう応じた。「明日我々は本営をハーダースレーベンに移すが、貴君はここに留まるべきだ――貴君ら外交官は軍隊の本営では場違いなのだよ。もっとも、貴君が私に報告書を書いて送ってくるのはかまわんよ、坊や」。この処遇をもって彼は退散させられた。

ビスマルクは、その後国王を説得してヴランゲルの考えを変えさせ、ヴァーグナーは本営に呼ばれた。「ヴァーグナーは晴れやかな顔をして帰って来た。『陸軍元帥は魅力的な人物だ。私は最初は彼のそういう一面が分からなかった。彼は私のすぐ傍まで真直ぐにやってきてこう言った、〈おお坊や、一体どこにいたんだい。私は君をもう逃がさんよ！〉』国王の譴責（けんせき）が効き目を発揮したのだ[110]」。効き目はあったものの、ビスマルクは余分な緊張と神経の消耗を強いられた。ここにおいてまたもや、戦争を遂行しなければならない人びとに命令を下すことができなくても、プロイセンの指導部に自分の意思を押しつけることに成功するという、ビスマルク特有の流儀が確認できるのである。

ビスマルクにとって幸運であったのは、陸軍大臣のアルブレヒト・フォン・ローンが躊躇せずに友を支持してくれたことであった。これに対してビスマルクは、しばしば「自分の意見は一少佐の見解」であると断わりつつも軍事的な示唆を与えるほどにローンを信頼した[111]。ローンとビスマルクの互いの信頼関係は、複雑で対抗しあう諸力に晒されていたビスマルクの不安定な状況にあって、唯一計算可能なものであったに相違ない。ビスマルクはローンを必要としたが、それは、文民である彼には一度戦闘が始まると諸々の出来事がどのような方向に進むかについて何の力も行使できないからであった。ローンにはビスマルクにできないことができた。高級将校にして陸軍大臣として、ローンは閣僚の内で一八五二年九月八日の官房令に拘束されない唯一の人物であり、いつでも国王に謁見を申し入れることができた。ローンの「直属的立場 Immediatstellung」、すなわち求めれば自分の指揮官である国王に面会できるという権限は、ビスマルクが指揮系統に介入するための唯一の手段であった。この段階では、彼はまだ偉大なビスマルクにはなっていなかったし、それどころか肩書き上は「一少佐」以上の存在ではなかった。ローンが揺らぎなく信頼でき、国王にいつでも接触できたという事実こそ、ビスマルクがその上で働かねばならない、目に見えない土台を形成していたのであった。

戦闘は、プロイセン軍がシュレースヴィヒの境界を越えた一八六四年二月一日に始まった。陸軍元帥ヴランゲルは、シュレースヴィヒ公国の住民に対する声明文を発し、「我々は諸君の諸権利を守るために来た。諸君の諸権利はデンマークとシュレースヴィヒとの共通憲法によって侵害されたのである」と宣言した。[112] この時点ではプロイセン軍に運が向いていた。二月四日の朝は非常に寒く、シュライ湾と周辺の沼地の水が凍りついたが、これはダネヴィアケの防衛線が凍結部から攻撃に晒されることを意味した。普墺両軍は二月初頭にダネヴィアケを攻撃し、デンマーク軍は夜を徹して吹雪の中を退却することを余儀なくされた。デンマーク軍はユトランドへ、そして東シュレースヴィヒのデュベル要塞へと川を渡って撤退した。本格的な戦闘なしでデンマーク軍が退却したのは国民的(ナショナル)な恥辱であったが、各々デンマーク軍のほぼ二倍の兵力を擁する普墺両国の遠征軍が勝利したというわけでもなかった。二月十八日、プロイセン軍は——おそらくは誤って——シュレースヴィヒの境界を越えてデンマーク領内に侵入し、コリングの町を占領した。ビスマルクはこの侵攻を戦争における軍事的緊張を高めるために利用することを望んだが、オーストリア軍はシュレースヴィヒとデンマーク本国の境界に留まった。結果的に、プロイセン軍とオーストリア軍はシュレースヴィヒの大半を激しい戦闘なしに占領したが、それから何をすべきだったのであろうか。ローンとモルトケは共に国王に対して、軍隊の勝利が政治的にいかに重要となるのかを語った。

「この戦役において、陛下は、国内外で得られた敬意を失わないためだけではなく、我々が多くの困難に対して超然としていられる程度にまでこの敬意を高めるために、相当な規模の成功を勝ち取らなければなりません」。さらにモルトケはこう付け加えた、「現在の戦況においてプロイセン軍の栄光以上に重要な目標はありません」[113]〔独語版によれば、モルトケではなく、マントイフェルの言葉。ただし、出典はモルトケの回顧録〕。

一週間後、オーストリアとプロイセンはデンマーク領内へと戦線を進めることに合意し、一八六四年三月十一日に、一八五二年の条約がもはや両国を拘束しないと通告した。デンマークへの侵攻は戦局を拡大し列強の干渉を招くものであったため、この時期に緊張はさらに高まり、列強の干渉を招くことになった。イギリス政府は干渉について討議したものの、その実行にはためらった。フランスに対してはビスマルクは強硬路線を採った。もしフランスが容喙すれば、プロイセンはユトランドでの作戦を完全に停止し、オーストリアと共にフランスに対して共同してこの戦線を張るであろう、と。「［フランスが］険しい顔色 faccia feroce を示した瞬間から、我々はオーストリアと協調してやっていかねばなりません」[114]。

イギリス政府は、一八五一年と五二年の条約の批准国を、六二年四月二十日からロンドンで開催される会議に招待した。これはビスマルクにかかる圧力を増大させ、彼の神経を痛めつけた。プロイセン軍が何らかの軍事的勝利を得ない限り、同会議に派遣されたプロイセン代表団は自分たちの望む政策を諸列強から引き出すだけの影響力を得ることができなかったであろう。幸運にも、プロイセンの全将軍が、軍隊は勝利を必要としていることを認めた。四月十八日、プロイセンの四六個中隊からなる歩兵部隊がデュベルの防衛線に攻勢をしかけ、六時間にわたる激しい戦闘の末にシュレースヴィヒにおけるデンマーク軍の主要な防衛拠点を奪取した[115]。一八六四年四月二十四日、ロンドン会議が始まった。デュベルの勝利により、プロイセンの兵士たちは決定的な既成事実を作り上げた。ビスマルクは今や併合に向かって、プロイセンの行動の自由に対する制限を解除し始めた。オーストリアとプロイセンの代表団はもはやロンドン議定書に拘束されていないと考えていると会議に通知し、両公国をただ同君連合によってデンマーク王冠に結びつけることになるような憲法の改正を提起した。オーストリアが失望したことに、デンマーク側はこの妥協案を頑強に拒否した。この間の一八六四年五月十二日に正式な休戦となった。全部隊はこの時点で駐留していた場所に留まることを義務づけられた。

この当時のビスマルクの本当の姿勢は、かつてのアーヘン時代の上司であったアードルフ・ハインリヒ・フォン・アルニム＝ボイツェンブルク伯爵への私信から見て取れる。この書簡の中で彼はアルニムに、デンマークに対して国民的（ナショナル）な民衆感情を利用しようと目論んでいると語っている。

> 現下の状況から見ると、吠え声をあげたがっているあらゆる犬たちをデンマークに対してけしかけるのが会議での我々の目的に適合するように思われます（この猟犬の譬（たと）えをお許しいただきたい）。この吠え声をあげる群れは一団となって、外国人たちが再び両公国をデンマークの下に置くことを不可能にするという効果を発揮することでしょう。〔……〕両公国は従来、ドイツの家族の中で誕生日の少年という役どころを演じており、彼らの特殊利害の祭壇に我々が喜んで身を捧げるという考えに慣れっこになっていました。……議会の上奏文はこのいかさま行為に対して効果があるでしょう。……私にとってプロイセンによる併合は至高にして最も不可欠な目的というわけではありませんが、一番納得できる結果となるでしょう[116]。

閣僚としての経歴全体の中でも最も困難な時期の真只中にあって、ビスマルクは一八六四年五月二十三日にモトリーに英語で手紙を書く時間を割いた。

親愛なるジャック、

悪魔のように冷たいじゃないか、僕に手紙もよこさないで一体何をしていたんだい。……古い友だちを忘れないでほしい、そのご婦人たちのこともね。僕の家内はほとんど僕と同じくらい熱心に、君に会うか、少なくともできるだけ早く君の手書きの言葉を見たいと願っている。元気で、そして訪ねてくるか手紙を書くかしてくれたまえ！ 君のフォン・ビスマルク Sei gut und komme oder schreibe! Dein v. Bismarck.(117)

モトリーは友人が国際的危機の最中に手紙を書いてきたことに驚き、四日後にこう返した。

親愛なる旧友ビスマルク、君からの便りをまた再び受け取ったのはとても大きな喜びです。僕が君に手紙を送らなかったのは、ただ遠慮していたからです。君の時間はシュレースヴィヒ＝ホルシュタインのことにほとんど取られているだろうから、大したことのない、僕からの手紙など読む時間はなかろうと思っていたのです。(118)

戦争の最中に旧友の邪魔をすることをモトリーがためらったのは全くもって道理に適ったことであったが、なぜビスマルクは彼に手紙を書いたのであろうか。なぜビスマルクは友人から助けと励ましを得ようとしたのであろうか。ここには、何かしら謎めいた、そして意味深いものがある。ビスマルクは心底からモトリーを愛しており、自分の世界史的な重要性が初めて示された瞬間にあって、彼はモトリーに接触したのであった。

もう一つのささやかなエピソードは、プロイセンの内部状況の中でビスマルクが果たした役割について重要なことを物語っている。彼は国王の臣下であり、シュレースヴィヒ＝ホルシュタイン危機の最中においてなお主人たる国王の指図に従って動かなければならなかった。モトリーに手紙を書いたのと同じ日に、彼は従兄弟のテオドーア・フォン・ビスマルク＝ボーレン伯に手紙を書き、国王が自分に押しつけた仕事を全うするのに手を貸してくれるよう頼んだ。国王は八十歳になった陸軍元帥フォン・ヴランゲルが第一線から退いたのに際して、その記念として恩賜金で、シュトラールズント県グライフスヴァルト郡の行政区に属するヴランゲルスブルクの農場を彼のために購入することを望んだ。常に倹約家であった国王が適正な費用を支払うことを望んだため、ビスマルクはこの県に住んでいたテオドーアに農場の相場について慎重に問い合わせるよう、そしてもし入札が行われた場合には仲介人として行動してくれるよう、いささか困惑気味に依頼したのである。ビスマルクが釈明しているところによると、「陛下への奉仕に関わることのようなことであなたを煩わせるのを許してください、しかし他に手立てがないのです」[119]。諸列強の要求のぶつかり合いの挟間に捕われ、連邦の解体とドイツにおけるプロイセンの覇権の確立を目論み、ナショナリストの情念を除去するか少なくとも封じ込め、休戦状態がいつまでもつか分からないという、最初の深刻で大きな試練に直面したオットー・フォン・ビスマルクは、こうした重大な問題を熟慮するのを一時中断して、ヴランゲルへの贈り物も購入しなければならなかった。このような事柄に関してもビスマルクは決していい加減な対応をしなかった。どれほど厄介なものに思えたところで、彼は模範的な効率の良さをもって、仕事の大小を問わず、王の求めに応じたのである。

モーリッツ・フォン・ブランケンブルクに一八六四年五月二十四日に書いた手紙の中で、ローンは王国において二番目に事情通の人物の目に当時の状況がどのように映ったのか、要約している。

年老いた我が神経を静めるためにこの夏私に何かできるかどうかは、パム卿［パーマストンのこと」とルイ・ナポレオンとその他の何人かの高位のごろつきどもにかかっています。もし我々が再び打って出るのなら、私には逃げ出すことはほぼできません。……全ては、ヴィーンがアウグステンブルク家よりもむしろ我々に両公国を与えることを望むかどうかにかかっています。デンマークからの分離についてもはや疑問の余地はないからです。[120]

レヒベルクはまさにこのディレンマに直面した。デンマーク側は、デンマーク王冠の下での二つの公国の「同君連合」という普墺両国の提案を頑固に拒否した。かくしてレヒベルクは、ローンが輪郭を示した「アウグステンブルク家よりもむしろ我々［プロイセン］に両公国を与える」かどうかという選択に向かい合うことになった。五月二十八日、レヒベルクは突如としてアウグステンブルク家を選ぶことを決意し、オーストリアとプロイセンの代表団はロンドン会議において両公国のデンマークからの「完全分離」と、「ドイツの見解では」最も正統な継承権を有するアウグステンブルク公爵の下での「両公国の単一の国家への連合」に対する支持を表明した。[121]

これは、既に確認したように、ビスマルクにとって最も望ましくない選択肢であったが、彼は既にプロイセンの立場について、――［アウグステンブルク家の］フリードリヒ公爵［フリードリヒ八世］の要求や一族としての結びつきにいかに配慮していたとしても――結局はプロイセンの軍人でありプロイセンの統治者であった国王やプロイセン王太子と一緒になって考えを巡らせていた。国王ヴィルヘルムとフリードリヒ公爵の間で書簡が交わされた後で、王太子は一八六四年二月二十六日に、プロイセンがフリードリヒ八世に対して平和協定で提示する一連の要求の草案を作成した。

レンツブルクを連邦の要塞とし、キールをプロイセンの海軍基地とし、関税同盟に加入し、二つの海〔北海とバルト海のこと〕の間に運河を建設し、陸海軍に関する協定をプロイセンと結ぶこと。[122]

このような条件の下にあっては、フリードリヒ八世はプロイセンが軍事的に管理する地域の名ばかりの統治者となったであろう。王太子は、フリードリヒ八世が最終的にはこれらを受け入れると確信していた。この推量の当否を確かめるために、ビスマルクは公爵〔フリードリヒ八世〕をベルリンでの会見に招いた。

ビスマルクが公爵との交渉を準備していた間、軍の時計の針が回り始め、一八六四年五月二十九日にローンはビスマルクに対して、「自分〔ビスマルク〕が相手としている真の友〔ローン〕は、まさにその特性のゆえに不和と対立を表面化させることを役割としているのだ」ということを思い出させようとする手紙を、詫びの言葉と共に書き送った。[123] ローンは、休戦状態が長引いて、その結果、力で得たものが失われようとしていることに軍が苛立っているという報告書を添えた。

もし政府が主として民衆の武装化した部分に依拠しているのであれば——我が国の場合はそうなのですが——、そのような政府がすることとしないことについて軍が意見を述べるのは筋違いとは言えないでしょう。したがって、もし両公国が共に併合されないのならば、どちらか一方の併合が不可欠です。もしどちらも実現しないのならば、プロイセンの現政府は不名誉な結末を迎えることとなるでしょう。[124]

一八六四年五月三十一日、フリードリヒ公爵がビスマルクとの会見のためにベルリンに到着し、ローンはフォン・ブランケンブルクへの手紙の中で、ビスマルクがロンドンで譲歩し過ぎたのではないかという懸念を表明した。

> 遺憾なことですが、私はオットーがロンドンであまりにも多くの譲歩をし、別の方向に向かったのではという恐れを抱いています。私は全ヨーロッパ的戦争といった幻影を信じていないので、彼にはそのような譲歩をする必要はなかったのだと思います[125]。

ビスマルクはシュレースヴィヒ＝ホルシュタイン公を一八六四年六月一日の午後九時に迎え、会談は三時間に及んだ。回顧録に書いているように、「フリードリヒ公爵には同意の用意があるだろうという王太子殿下の希望的観測を、私は正当なものとは思わなかった」[126]。ビスマルクは明らかに最大限の強硬な主張を行い、真夜中ごろになって公爵は、プロイセンは名目上はともかくとして少なくとも事実上シュレースヴィヒを自国のものにすることを決定して、それを阻止するために自力ではほとんど何もできないのであるから、突きつけられた条件を承認しようと拒否しようとさしたる違いはないのだということを理解した。王太子が提案した条件に加えて、ビスマルクは（興味深いことに回顧録には書かれていない）、プロイセンは「政府が保守的体制に基づいている保証」を求めるという、自分自身の発案による幾つかの条件を追加した[127]。この条件を呑めば、公国領をその君主に対して反抗的にさせ、ドイツの自由主義者やナショナリストの公爵への支持は失われたであろう。フリードリヒ公爵はそのような条件は拒否せざるをえないと考え、実際にそのようにした[128]。ビスマルクはこの時、第二の選択肢を排除したのである。

一年後にザクセン王国の首相フォン・ボイスト男爵に自慢したところによれば、ビスマルクはアウグステンブルクという雄牛を犂に「繋ぎとめた」。「この犂が動き始めるやいなや、私は雄牛から手を離したのです」[129]。実際のところは、ビスマルクはその種のことを実行したわけではなかった。オーストリアがアウグステンブルクなる解決策をゲームに持ち込み、そしてフリードリヒ公爵はビスマルクの術中に陥ったのである。もしもフリードリヒ公爵がプロイセンの条件を呑んでいたならば、ひとたび権力を握った後で自分の好きなことを何でも宣言することができたであろうし、ドイツで最も憎まれている人物にドイツ・ナショナリズムや自由主義的議会主義を対抗させることもできたであろう。しかしそうする代わりに、この君主は真夜中にビスマルクのもとを立ち去る際に弱々しくこう言った、「またお会いすることになりましょう、と。……［その後］セダンの戦いの翌日まで彼と会うことはなかった……」[130]。ビスマルクはゲームを完璧に、そして彼一流のやり方で遂行したのである。アウグステンブルクなる選択肢を選ぶというオーストリアの突然の決定には、彼ほど熟達した賭博師でなければ狼狽させられたであろう。ビスマルクはオーストリアと歩調を合わせるためにこの変転を受け入れる一方で、国王、王太子、そして将軍たちが勝利の果実を望んでおり、恐るべきアウグスタでさえもこれを阻止できないということを確かめた。次に彼は、プロイセンの要求を拒否しなければならなくなるような状況に公爵を追いやった。もし公爵がプロイセン側を裏切る意図を持ちながらも、突きつけられた条件を受け入れるほど狡猾であった場合、ビスマルクにいかなる選択肢があったのかは知り得ないが、おそらく彼はその場合にも何らかの選択肢を見出したであろう。公国には多くのプロイセン軍が駐屯していた。官吏たちはプロイセンの法規や通貨等を導入し始めていた。公爵の拒否はビスマルクの悩みを大幅に取り除いてくれたのである。

アウグステンブルクという雄牛が草原から排除されたことにより、第三の、つまりビスマルクが望んでいた選択肢が残った。すなわち両公国の併合である。レヒベルクが切り札を出してきたことで、彼はこの目標の達成に近づいた。フリードリヒ八世の頑迷さはアウグステンブルクの擁立という解決策を選択できないことを意味するものであり、かくして一八六四年六月二十六日に休戦が期限切れになると戦闘が再開された。デンマークを支援すると約束していたイギリス政府は何もしなかった。野党を代表して発言したディズレーリは自由党政権に嘲笑を浴びせた。

我々にできる最善のことは、高貴な御方に対してそれは我々の政策ではないと説明することです。我々なら、脅すような態度を取っておきながら行動を起こすのを拒否したりはしないでしょう。我々なら、同盟相手を我々が満たしてやることのできない望みでもって誘惑したりはしないでしょう。……我が国は同盟者を持たないとかの国に告げ、そしてイギリスは決して単独では行動できないと宣言するべきです。[131]

戦闘の再開は新たな国内危機の原因となった。六月十二日、対デンマーク戦争の戦費について協議するための御前会議が関係者全員の出席のもとで開催された。カール・フォン・ボーデルシュヴィング男爵（一八〇〇―七三）は一八六二年から七〇年まで「紛争内閣」の蔵相としてビスマルクに仕えたが、彼はビスマルクが軽蔑していた一群の大臣たちの一人であり、ビスマルクはボーデルシュヴィングを心底から嫌っていた。ヘルマ・ブルンクの表現を借りれば、ボーデルシュヴィングは「いつも慎重な態度をとって憲法上、法制上の規制にがんじがらめにされていた」[132]。ローンはモーリッツ・フォン・ブランケンブルクへの手紙の中でより具体的に、「ビスマルクの神経症的な性急さと、ボーデルシュヴィングの官僚的な精密さと心配性のゆえに、両者間の不一致が一切消えることは間違いなくありえないことです」と述べている[133]。いずれにせよ、ビスマルクは絶望的なほどに性急であった。ゲームはこの上なくデリケートな局面を迎えた。一八六四年六月十二日〔独語版では十三日〕の御前会議においてボーデルシュヴィングは、一八六四年五月の終わりまでに一七〇〇万ターラーが支出されており、一八六三年の予算の余りの五三〇万ターラーと国庫に預金されている一六〇〇万ターラーでこれを補塡すると報告した。さらなる金が入り用となったが、国庫の残金はわずかであった。ビスマルクは、議会の承認なしの借入れを主張したが、ボーデルシュヴィングや他の大臣たちは、それは一八五〇年の憲法と一八二〇年のフリードリヒ・ヴィルヘルム三世の国債法に対する違反行為に相当すると考えた。彼らが宣告したところによれば、「陛下の大臣たちが憲法の護持を誓約したことに自分たちが拘束されていると考えなければならない以上、議会の承認なしで国債を発行するというのはこの拘束とは相容れ得ない」[134]のであった。ローンは、「緊急を要する事態にあって、そして戦争を続けるために、憲法第六三条と第一〇三条によって国債は下院の承認なしであっても一時的な使用を目的として合憲的に法的な効力を伴って発行できる」と猛烈に反論した。[135]たとえこの主張が受け入れられたところで、怪しげな憲法解釈に基づいて発行されたプロイセン王国の債券を投資家たちが購入するかどうかは全くもって定かではなかった。何らの行動を取ることもできないまま、一八六四年七月〔独語版では六月〕十七日に国王は追加の支出を拒否した下院を解散した。

例年どおり、夏が来るヨーロッパの王族は恒例の湯治のために都を離れた。王族たちが休暇中に大仕事の決定的瞬間を待っている間、ビスマルクは移動生活を続けた。このシーズンは一八六四年六月十九日に国王とビスマルクがカールスバートに着いた時に始まり、フランツ・ヨーゼフ、レヒベルクとの首脳会談が一八六四年六月二十四日まで続いた。その翌日にはロンドン会議が両公国の将来について何の決定も下すことなしに閉会した。フランス公使が軽蔑を込めて「彼らは勢いよく後退した」[136]と記したように、イギリスは同盟国たるデンマークを助けるための行動を何らとらなかった。六月二十七日、ビスマルクは妹に「政治的な物事はとてもうまく進んでいるので私は神経質になってしまいます。これが続いてくれればと pourvu que cela dure。今日のニュースによると、イギリスは平和に留まるつもりです」と書き送った。[137] 実際に、彼は途方もない大成功を収め、そしてそのことを理解していた。

かくして、ジグソーパズルの各ピースが正しい場所にはまり続けるかのごとくに事態が進んだ。七月八日、新デンマーク政府は降伏し、講和を求めた。一週間後、フォン・ローンはビスマルクに、もし占領されたデンマークの島々が返還される方向で交渉が進むのであれば、その代償として「両公国の普墺両国への完全な割譲が認められるべきです」と警告した。[138] 和平交渉はヴィーンで開催されることになり、この日ビスマルクは会議の場へと出発したが、「とても興奮した彼［国王］は私が辞去する際に感謝の意をお示しになり、神の御加護がプロイセンを祝福することとで実現した完璧な勝利のことで私を賞賛された。この幸運が離れていかないように！」と記している。[139] デンマークの和平交渉代表団が到着する前にレヒベルクと協議するために、ビスマルクはヴィーンに早めに到着した。[140] ヴィーンに着いた日の翌日の晩に、彼はモトリーとその家族を訪ねる時間を得た。メアリ・モトリーはこの忘れ難い夕べについて、長文の手紙を娘に書き送った。

お父さんは階段のところで彼の抱擁を受けました、それから彼は、私たちがボウディッチ夫妻と一緒にいた「青い部屋」に入ってきて、私と心のこもった握手を三度しました。私はものの三分で、生まれた時から彼を知っているような気分になり、すぐに深い親愛の情を感じました、この気持ちは彼をさらに知っても減じることのないものです。彼はお父さんが持っている写真や幾つかの諷刺画のままの姿で、とても背が高く恰幅が良いのですが、少しも肥満な様子ではなく、とても奇麗な手をした、がっしりとした男性です。彼は心身共に素晴らしい成り立ちをしており、五十歳そこらの中年というよりも二十五歳の青年のように夢中で食べ、飲み、仕事をするのです。彼は、もちろん、時間がある時はいつでも私たちに会いに来ると言い、あなたのお父さんに家族 **en famille** だけでの食事に招待してくれるよう頼みました。そうすれば、心置きなく昔のことを一緒に語り明かすことができるだろう、と。それで、翌々日の火曜日五時に会食をする約束をしました。……ビスマルクさんがお父さんに愛情の込もった感情表現をするのを見たら、私と同じようにあなたも喜んだことでしょう。[14]

長めの引用をしたのは、この書簡がビスマルクが同時代人たちに対して発揮した特別な磁力について証言しているからである。実際のところ、彼らはビスマルクに夢中になり、その魅力と才気に、そして当然のごとく、その温かさに眩惑されていた。ホルシュタインが描いた、冷たく面白みのないビスマルク像の反面で、彼には温かで、愉快で、人懐こい側面もあったし、この有頂天の手紙が示しているように、彼の注目すべき個性の神秘に接近することなしにはその生涯を理解することはできないのである。

ビスマルクがヴィーンでレヒベルクと交渉していたのと同じ時期に、ディズレーリは友人のロシア公使ブルンノフと長い散歩をしながらビスマルクの成功について語り合った。

ブルンノフの考えでは、彼ほどに環境に恵まれた人物はこれまで存在しなかったということだった。イギリスに気分を害したために行動を控えたフランス、無力な状態にあったイギリス政府、利害対立のゆえに混乱したロシア、初めて真剣にプロイセンと共に行動することを望んだオーストリア、そして惰弱で騎士的な性格の国王と、ドイツの熱狂。

「ビスマルクは見事賭けに勝ちました」と私は言った。「彼は巧みな賭けをしましたが、最も奇妙なことは彼が最悪の馬に賭けていたことです。プロイセンは底の抜けた状態の国なので、私の見るところ、六ヶ月も本気で戦争を続けることはできなかったでしょう[142]」。

一八六四年八月末のシェーンブルン宮殿での交渉は互いに矛盾した一連の証言を残したが、それはあたかも、ファミリー・ゲームの「モノポリー」で、プレイヤー同士がトラファルガー広場を手に入れるために相手が自分に何を与えてくれるのかといった駆け引きをしながら対決する様を彷彿とさせる。レヒベルクは、ビスマルクが両公国を望んでいることを完全に分かっており、そしてビスマルクの方は、ミラノが交換可能な代償になりうるかもしれないとレヒベルクが考えるように仕向けた。八月二十四日の朝、レヒベルクは参集した君主や臣下たちに対して、プフランツィが記しているところでは「不愉快な厳密さをもって」、そのような領土交換についての草案を提出した。そこでフランツ・ヨーゼフが、ヴィルヘルムに両公国を併合しようと意図しているのかをぶっきらぼうに尋ねると、多少の躊躇の後、ヴィルヘルムは単刀直入な問いかけにまごつきながらも、「余は両公国に対して何らの権利も持っておらず、したがって両公国に関していかなる要求もできない」と答えた[143]。同年にこれに先立って開かれた御前会議において、彼は全く同じ回答を行ってビスマルクを苛立たせていたのであるが。

一八六四年九月七日、ゲルゾン・ブライヒレーダーはジェイムズ・ド・ロチルド男爵に宛てた書簡で、ビスマルクが普墺関係について自分に語った内容を報告した。ビスマルクとブライヒレーダーの間では、ロートシルト一族がその内容をフランス当局に伝えるであろうことを見通していたものと思われる。

> オーストリアとの強固な親密さはもう限界に達しており、今後は冷却化するでしょう。〔……〕シュレースヴィヒの将来は今なお厚いベールに覆われたままです。信頼できる消息筋は依然として、我々がフランスとの了解に達しなければならず、またシュレースヴィヒ＝ホルシュタインをプロイセンに確保しなければならないとしています。ロシアは反対しないでしょうし、オーストリアとイギリスは不満かもしれませんが、沈黙を保つでしょう。目下のところこのような考えは、王太子妃に影響されてアウグステンブルク公〔フリードリヒ八世〕の方に傾いている君主の意向によって阻まれています。(144)

一八六四年の夏、フランスは自国とプロイセン支配下のドイツ関税同盟との間で自由貿易領域を設定するための交渉を開始した。ここに至ってレヒベルクは再び、中欧の関税連合こそが既存のプロイセン優位の共同市場を自然に拡張したものになると示唆した。プロイセンの議会と内閣、そしてドイツの中小諸邦は、フランスとの条約を選択したが、それはプロイセンとの協調を掲げるレヒベルクの政策の全体を掘り崩すものであった。

ビスマルクは激怒した。彼は、妻の一族の農場であるラインフェルトから一八六四年九月二十二日にローンに手紙を書いた。

> 枢密顧問官のリューマチが、通商省と大蔵省を悩ませてきましたが、効き目のある湿布を未だに見つけ出せていません。この紳士連は、何の利ももたらさない不必要で無礼な振舞いで我々とオーストリア及びバイエルンとの関係を悪化させることによって、自分たちが現在の政府を厄介

な目に会わせていることを、完璧に分かっているのです。[145]

ビスマルクの不安にもかかわらず、その後すぐにヴィーン条約が調印されたが、その主要な条文である第三条は以下のように表明している。

デンマーク国王陛下はシュレースヴィヒ公国とホルシュタイン公国及びラウエンブルク公国とに対する権限をオーストリア皇帝陛下とプロイセン国王陛下に移譲する。[146]

状況は再びビスマルクの手中に握られた。プロイセンは今や実質的にシュレースヴィヒを併合しており、オーストリアは自らの国境から何百キロも離れ、全く無用な土地であるホルシュタインに駐留軍を置くことになった。この間にヴィーンではレヒベルクが権力の座から滑り落ち、皇帝は、威勢のよい派手な騎兵将軍アレクサンダー・フォン・メンスドルフ＝プユイ伯爵（一八一三―七一）を後任に任命した。メッテルニヒの下で修業した経歴を持つレヒベルクは、様々な欠点があったと言え、外交的な駆け引きを心得ていた。非常に裕福であったメンスドルフは、母親のザクセン＝コーブルク公妃ゾフィーを通じてイギリスの王家と非常に強い繋がりを有していたものの、外務大臣のポストに相応しい資質を完全に欠いていた。加えて、職務中の彼は気概を失い、「宮廷のサークルの間で右顧左眄する人物の典型」になった。[147]いずれにせよ、この無能で、愛嬌はあるが怠惰な人物は、外交史において最も偉大な競技者を相手にセンターコートで勝負しなければならなかったのである。十九世紀のオーストリアの無能を記した記録の中でも、彼の任命ほどに愚鈍な一章は他にほとんど例を見ない。

ビスマルクはメンスドルフの経験不足を利用して、両公国で面倒を引き起こした。デンマークとの戦闘のために連邦が北方に派兵したザクセンとハノーファーの部隊が未だに駐留していた。ビスマルクはこれらを追い出す決心を固め、ごく短期間の通告によってシュレースヴィヒからの撤退を要求した。ドイツ連邦が味わったこの屈辱は、オーストリアを厄介な立場に追い込んだ。彼らは、連邦を弱体化するのではなく強化することを必要としていたのである。ビスマルクは計画遂行のためにメンスドルフの協力を得ることに成功して、両国は一八六四年十一月十四日に連邦軍の撤退を求める共同覚書を交付し、撤退は実行された[148]。十二月七日、対デンマーク戦争を戦ったプロイセン軍がベルリンに凱旋し、これはビスマルクが勝ち得た偉業を祝う最初の公的な催しとなった[149]。

一八六五年初頭の数週間の内に、オーストリアとプロイセンの間に臨界点に達するがごとき緊張がもたらされた。メンスドルフは、ビスマルクにプロイセンの意図を示すよう圧力をかけ続け、二月にビスマルクはいわゆる「二月要求」を表明した。これによれば、両公国の陸海軍はプロイセンに吸収されることとなっていた。また、官吏はプロイセン国王に宣誓しなければならなかった。沿岸部の要塞と、両公国にまたがる運河建設の権限がプロイセンに委譲され、プロイセンの駐留軍は残留するものとされた。そして、両公国は未だハプスブルク帝国を除外していた関税同盟に加盟しなければならなかった。オーストリア側は驚愕した。皇帝はこれを「全くもって受け入れられないもの」と断じた[150]。

二月から夏まで両国はそれぞれに行動し、また相手の行動に、対抗措置をとった。プロイセンの総督はシュレースヴィヒをプロイセンの一州として扱い始めたが、対してオーストリアは、ホルシュタインをアウグステンブルク公に返還する提案をバイエルンに発議させるという方法をもって対抗し、この提案は九対六票で採択された[151]。一八六五年三月の早い段階で、ブライヒレーダーはオーストリアのユダヤ人銀行家モーリッツ・リッター・フォン・ゴルトシュミット（一八〇三—一八八）と、プロイセンのためにシュレースヴィヒとホルシュタインにおけるオーストリアの権利を買い取るための交渉を秘密裡に開始した。三月八日、ゴルトシュミットはブライヒレーダーにこう書いた。「金で解決するというのはあまり名誉なことではないのですから、これに対する多大な反発を克服するためには、相当な金額を覚悟しなければならないでしょう[152]」。

「二月要求」と八月のバート・ガスタインでの普墺両国の新協定調印との間のこの特別な時期は、ビスマルクの長きにわたる経歴の中でもとりわけ、歴史学者たちによる議論の対象となった。「シェーブルンのシステム」（オーストリアとプロイセンとが連帯して共同でドイツをコントロールする）と、センは不可避の普墺間の戦争によってオーストリアの覇権を打破することでのみ繁栄できるという宣言との間に見られる、ビスマルクの政策の隠しようもない揺らぎをどのように理解するべきであろうか。最も著名なドイツ史家たちの間でも見解の一致が得られることはなかった。彼らの内の幾人かにとっては、比類なき才能の持ち主であるビスマルクは——天才として——次に何をしなければならないのかを熟知していたのであり、ただ表面上は揺らいだかのように見えたのに過ぎなかった。彼は短期的な戦術を変えたが、長期的な戦略を変えたのではなかった。また別の歴史家たちは、ビスマルクは本当は平和を望んでいたが、それが彼の手から逃げたのだと論じた。当時の国際情勢はオーストリアに対して攻撃的な動きをとるのに都合の良いものであった。イギリスは自由党政権の下でデンマークを守るために介入することを望まず、また介入できないことを露呈した。ナポレオン三世はメキシコに帝国を創建しようという馬鹿げた試みに深入りし、帝政ロシアは一八六一年の農奴解放に起因する社会的騒乱に手一杯であった。ドイツの内戦にこれらの諸列強がくちばしを挟むことはほぼ間違いなくありえなかった。しかしそれでもビスマルクは逡巡しているように見えたのである。

国王はオーストリアの振舞いに憤りを感じ始めていた。四月二十五日、彼はローンに手紙を送り、プロイセン駐屯部隊の削減を含む、キールに関する妥協を求めるオーストリアの覚書をビスマルクに見せられたと伝えた。「余はそのようなことをする気にはなれない、なんとなれば、オーストリアに何らかの譲歩をすれば、新たな忘恩と偽りに直面させられることになるからである」[153]。マントイフェルもまた、内閣の行動に警告の念を強め、五月初頭に国王にこう書いた。

プロイセンを統治し決定を下すのは王なのでしょうか、それとも大臣たちなのでしょうか。……陛下の大臣たちは忠誠心に満ち、国王に身を捧げていますが、しかしながら彼らは今では下院の雰囲気の中でのみ生きています。私見を述べさせていただくならば、陛下は会議を開かれずに、首相のビスマルクに手紙を送り、こうおっしゃるべきです。「この提案を読んだが、政府はこれに同意しないと余は決めた」と[154]。

国王はこの助言を退け、一八六五年五月二十九日に御前会議を開催し、その場において、両公国の併合は「ほぼ一致」して「国民（ネイション）」から求められているものであると初めて明言した。「現在の政府の下でプロイセンが偉大になることを望まない民主主義だけがこの要求に反対している」[155]。国王が両公国を併合するという自らの決心を表明した後、ビスマルクはオーストリアとの関係についての見通しの概略を示した。遅かれ早かれ戦争が起きるであろう。目下の国際状況は望ましいものである。それにもかかわらず、最も賢明な進路は、「二月要求」から最も激しい反発を受けた二つの点を除去することであった。すなわちそれは、〔プロイセン国王への〕忠誠を宣誓すること、そしてプロイセンの軍隊と両公国の軍隊とが「合同」するという二点である。[156] この会議の後、自分が耳にしたことに強い危機感を募らせたマントイフェルはローンに書簡を送った。

閣下がビスマルクを注視し続け、然るべき距離を彼との間に保たれることを、誠心誠意をもってお願いいたします。私はこのような性急なやり口を恐れています。そうしたやり方を選ぶべきではありません。私は再度閣下に、細心の注意をもって見守られるようお願いいたします。これは高額がかかった賭けであり、国家が賭けの対象となっているのです。[157]

文字通り「性急な」という表現が相応しいその人が、ビスマルクによって警戒心を呼び覚まされたのだとすれば、これは刺激的な会議であったに違いない。しかしビスマルクが実際に述べたことは性急と呼べるようなものだったのであろうか。彼は「二月要求」をより口当たりの良いものに修正したのであった。彼は幾つかの異なる行動指針を提案したのであり、そのいずれかを選択したのではなかったようであった。

問題は金銭であった。下院の会期は一月に始まったが、対デンマーク戦争における予想外の勝利が明らかになり、ビスマルクへの自由主義者たちの敵意が弱まっていった中、下院はなお国家予算の承認権をめぐる要求を取り下げはしなかった。六月十九日、新たな御前会議において、この膠着状態の打開に向けていかなる戦略を採るべきかが議論された。議事録によればビスマルクは以下のように発言した。

長きにわたり、現行の憲法をもってしてはプロイセンはいかなる期間であろうと統治されえないというのが彼の信念であった。……［彼は］複雑な国際情勢が生み出しうる機会［に言及し］、然るべき市場操作によって、現在の金融市場の動向をオーストリアの公債にとって悪化させるのが望ましいであろうと述べた。[158]

利用可能な資金源が幾つかあった。政府は下院の承認なしに公債を発行できた。ビスマルクは一八六五年七月五日に内務大臣のフリッツ・オイレンブルクに手紙を書き、国王が「市場操作の必要性について私と同様の」確信を得るようになり、「彼は憲法の制約から自分が自由だと感じています。彼は今日私に、君主制の維持という義務が憲法に対する義務以上に強く自分を拘束しているのだと話しました」と述べた。[159] これと同じ日に内閣は、立法府ではなく国王によって承認された、艦隊のための細目を含んだ予算を官報に発表した。これは、政令による国王統治にほぼ等しいものであった。[160] これを先例として、政令によって公債を発行することは可能であったかもしれないが、これは債券市場には望ましいことではなかったであろう。金利がその報いとして高騰しかねなかったし、売れ行きが不振になるかもしれなかった。

大蔵大臣のフォン・ボーデルシュヴィングの「屁理屈」と指導力の欠如に憤慨し、ビスマルクは非公式に、極めて異例なことであるが、別の資金調達策を見つけ出す目的でアウグスト・フォン・デア・ハイト（一八〇一―七四）に打診した。フォン・デア・ハイトはボーデルシュヴィングに欠けていた資質を完璧に備えていた。すなわち、彼には一族の銀行である「ハイト・ケルステン・ウント・ゼーネ銀行」の共同経営者としての民間銀行での実務的な経験や、ブランデンブルク伯の内閣やマントイフェル内閣での商務大臣としての長い在職経験があり、自由主義的な人物ではあったが王家と極めて良好な関係にあり、そして「彼の個人的な指導力の結果として国有鉄道の発達を実現していた。

一八六〇年までにプロイセンの鉄道の半分が国有化されていた」。[161] 六月二十二日、フォン・デア・ハイトはビスマルクへの手紙において自分の考える資金調達策を説明した。

流動的な相当の金額を、一時借入金としての実際の国債、あるいはその売却なしに調達することが問題なのだとしますと、直ちに換金可能な資産に不足はないでしょう。鉄道株を相当に保有するよう、すなわちケルン―ミンデン、バイエルン―マルク、上シュレージエン、シュタールグルト―ポーゼンの各鉄道の国家保有株に注目されるようお勧めします。加えて、ケルン―ミンデン鉄道の保証準備積立金の保有分もあります。これは、必要な時に売却するか抵当に入れることができるものです。さらに、おそらくザールブリュッケン鉱山や上シュレージエン鉱山の納税猶予分もあります。[162]

フォン・デア・ハイトは、これらの国家資産を運用すれば、評判の悪い増税に頼ることなしに政府の求める資金を調達できると考えた。これこそは、ビスマルクの求めていた案であった。オーストリアに対する一八六六年の勝利の後、ビスマルクが「紛争大臣」の悪評を返上し、鈍重なボーデルシュヴィングを更迭して、アウグスト・フォン・デア・ハイトが大蔵大臣に就任したことは驚くにあたらない。ビスマルクは彼を「金持ち親父」と呼んだが、この場合それは親愛の情をこめた表現であった。

このプロテスタントの銀行家は、有効な策を思いついた。ビスマルクのユダヤ人銀行家であるブライヒレーダーとロートシルト、そしてザル・オッペンハイム銀行の人びとは、彼ら独自のアイデアを有していた。彼らもまた、ケルン―ミンデン鉄道株の処分売却という手を思いついたが、最終的にはプロイセン・ゼーハンドルングに目を向けた。歴史の皮肉であるが、この銀行は一八五一年にビスマルクが下院の財務委員会の報告者として「国家の銀行」になるのに助力したものであった。[163]「プロイセン・ゼーハンドルング Preussische Seehandlung」はフリードリヒ大王の下で設立され、一八二〇年〔代〕に独立の機構として王権に直属することになった。[164] 株式会社が未だ政府の個別の認可を必要とした時代にあって、国営銀行は金融業務において非常に重要な機関となった。ブライヒレーダーやロートシルトたちのグループは、ゼーハンドルングを利用するために様々な計画を立てた。例えば、市場でのその売却や、ヴィーン条約の結果としてデンマーク政府から得られるであろう賠償金をあてにした借り入れ、資産の一部の売却、銀行株の売却や債券の発行による金の調達、といった案である。

ビスマルクは、一八六五年七月三日にカールスバートからローンに送った手紙の中で複数の選択肢を提示した。それによれば、金融市場の操作は平和的な側面を持つように思われた。「我々がなすべきは、自分たち自身の金融市場操作によってオーストリアの操作を防ぎ、その結果として平和の維持を確かなものにすることです」。彼は、ゼーハンドルングが、国家が必要とする時に必要とする額を供給することでその要求をそのまま受け入れるべきではなかろうかと問い、同時に預金利息を上げれば、流動資本が流入してくる門戸を開いて債務を補塡できるよう主張した。そしてさらに、イッツェンプリッツ伯が調査中のケルン―ミンデン鉄道という、もう一つの選択肢があった。「もし二つの操作のいずれもが失調に終わった時は、憲法上の問題があるとはいえ直接の借り入れを行うという方策しか残っていません」。[165]

上述の証言からビスマルクの意図を忖度するのは容易ではないが、幸運なことに、彼の意図を多少なりとも明らかにするためのさらなる証拠を集めることはできる。皇帝ヴィルヘルム二世の伝記作家であるジョン・レール教授は一九六〇年代後半に、オイレンブルク一族の末裔の所有するヘルテフェルト邸においてフリッツ・オイレンブルク宛の書簡を三束発見した。それらの内の一つには、これまで知られていなかったビスマルクからの直筆の手紙が六二通含まれており、その内の一一通はまさにビスマルクの意図が最も議論されてきた時期である一八六五年六月二十七日から八月十八日の間に書かれたものであった。[166] これらの書簡は、ビスマルクがオーストリアとの戦争を遂行するための資金を幾つかの財源から調達する可能性を有しており、ゼーハンドルングの資産を担保とした借入れについてほぼ合意していたことを示している。これらの書簡はそれだけでは彼の意図をより明確にするものではないが、それはビスマルクが常に多くの選択肢を保持し続けていたことによるものではなかろうか。

ビスマルクはカールスバートに到着し、オーストリア側と会談したが、「ここの天候と同様の冷たい歓待」を受け、七月四日にオイレンブルクに、「オーストリアとの関係は良くない状態にあります。ホルシュタインからの国王へのあらゆる軍事報告によれば、軍隊の状況が新聞や巷のまやかしのゆえに耐え難いものになっています」と書き送った。[167] プロイセンとオーストリアの緊張が高まっている間に、ブライヒレーダーはパリのロチルド〔ロートシルト〕家と、同家がコンソーシアムを組んでゼーハンドルングに戦争遂行のために必要な金を貸し、プロイセンの債券に対する利子よりも一パーセント低い利率のゼーハンドルング債券を担保とするという協定を結んだ。ビスマルクがオイレンブルクに書いたところによれば、

当座は我々は平価の四・五パーセントを得ますが、戦争が目前に迫っている時期には我々はあわよくば九〇パーセントを得ているでしょう。ゆえに我々にはこれ以上の好機を望むことはできません。……ブライヒレーダーは私に、ロートシルトがそっくりそのまま問題を引き受けてくれて、十日間の内に国庫に銀が入るだろうと語りました。[168]

実際には、交渉は思わぬ障害に突き当たった。カール・マイヤー・フォン・ロートシルトはゼーハンドルング総裁のオットー・フォン・カンプハウゼン（一八一二―九六）に[169]、額面の九八パーセントもしくは九九パーセントで未発行の債券を九〇〇万ターラー購入すると申し出たが、カンプハウゼンが額面どおりの一〇〇パーセントでの購入を主張したのである[170]。マージンは少ないように見えるかもしれないが、多額の債券に対する一パーセントか二パーセントの「配当」は、この取引による利益に相当な違いをもたらした。ビスマルクは「もっと早く金を手に入れられなかった」ことを大いに残念がり、「……決裂が金よりも早く訪れるのなら、我々は多くのものを失う」と述べた[171]。ここにおいて再び、我々はビスマルクが「[オーストリアとの]決裂が……金よりも早く訪れる」可能性を考慮していたことを確認するのであるが、換言すれば、彼は好機が訪れたと見えた時には行動を起こしうるということを知っていたのである。

結局、予想していなかったところから必要以上の金がもたらされた。一八四二年に設立されたケルン―ミンデン鉄道会社は、株券と、三十年後に鉄道が政府のものになるという約束と引き換えにプロイセン大蔵省から融資を受けていた。同鉄道の経営陣は政府の保有株を買い上げようと試みてきたが実を結ばず、何度も拒否されてきた。一八六五年の夏は彼らにチャンスを与えた。経営者たちは国の所有株が戻ってくることを望み、ビスマルクの政府は緊急の資金を必要としていた。著名なケルンの私立銀行の一族の出身であるダーゴベルト・フォン・オッペンハイム男爵（一八〇九―八九）が同鉄道の社長となると[172]、彼は一八六五年夏に政府と接触した。彼は経営陣を代表して、自社株に一〇〇〇万ターラーを支払うことを政府に対して申し出、国家の要求権の全てを買い戻すつもりがあると示唆した。大蔵省は最終的に、株に関して一三〇〇万ターラー、国家の要求権に関して一五〇〇万ターラーを会社から絞り取った。合計額は二八八二万八五〇〇ターラーに達し、七月十八日に結ばれ八月十日に認証されたこの協定は、八月二十八日に同社により、九月十三日に国王により承認された。ジェイムズ・M・ブローフィが説明しているように、「一八六五年に三回にわたって、大蔵省の官僚たちは、議会の承認を得ずに保証積立金の中の株券を売却する取引に調印することの違法性を指摘したが、しかしそのような法的な考慮は無視されてしまった。ビスマルクは今や――いつになるかは定かでないが――自分の戦争のための資金が銀行に入金されることを知った。会社にとって、これは『まさに救いに他ならない』ものであった[173]」。

七月二十七日、ブローメ伯を長とするオーストリア代表団が、シュレースヴィヒとホルシュタインの両公国について新たな合意を得る交渉をするためにバート・ガスタインに到着した。グスタフ・フォン・ブローメ伯（一八二九―一九〇六）はハノーファーでプロテスタントとして生まれたが、一八五三年にカトリックに改宗した。彼はビスマルクを「ひどく過小評価していた」と伝記作家は述べているが[174]、ビスマルクの方ではブローメを「策略やからくりをあれこれと弄して時代錯誤のビザンツ的、イエズス会的な交渉のやり方をする」間抜けと見なしていた[175]。ビスマルクはある晩ブローメとトランプ・ゲームをしたが、数年後に秘書のティーデマンに語ったところでは、それは乱暴な遊び方をして彼を怯えさせるためであった[176]。ビスマルク自身はモーリッツ・フォン・ブランケンブルクに、オーストリア側は和平に傾いており、国王はおそらくザルツブルクで皇帝と会見するであろうと報告した。「それまでに私はあれこれと手はずを整えていかねばなりません。これから先は我々は雑なことはできません」〔ビスマルクからモーリッツ・フォン・ブランケンブルク宛ての一八六五年八月一日の書簡〕、と。しかしオイレンブルクに対しては、彼はもっと率直にこう書いた。

国王がここにいる限り、そして我々が金融操作を終了しない限り、私は我慢できる程度に物事を中空で停滞させ続けることでよしとしなければなりません。なぜなら我々がシュレースヴィヒ＝ホルシュタインで動きだした瞬間に、ボールが転がり始め、証券相場が下落するからです。[177]

ビスマルクはこの時までに、もし自分が必要とすれば戦争のための資金を調達できることを知っていたが、そのための手筈（てはず）は完全には整っていなかった。八月一日にローンからモーリッツ・フォン・ブランケンブルクに送られた手紙は、ビスマルクの意図に関するそのような解釈を裏付けるものである。

そこには、我々に外交上のフリーハンドを与えてくれるのに十分な、そして必要とあらば全軍を動員して全作戦を賄うのに十分な金があります。……この金はいったいどこから生まれたのでしょう。それは憲法に抵触することなしに、主としてケルン―ミンデン鉄道との協定を通じて生まれたのであり、ボーデルシュヴィングも私もこの協定は極めて有利なものと思っています。[178]

新しい指示を得るためにヴィーンに行っていたブローメは、新たな提案を持参して八月一日に帰ってきたが、この案は実のところビスマルクが既に彼に示唆していたものであった。すなわち、プロイセンによるシュレースヴィヒの、そしてオーストリアによるホルシュタインの統治というかたちでの、普墺両国による両公国の分割という案である。オーストリア側は「統治」という表現を忌避し、「管理」という言葉にトーンを弱めた。ラウエンブルクは公然とプロイセンに売り飛ばされる予定であった。ビスマルクはこの提案に同意し、ブローメは最終的な協議のためにヴィーンに帰った。八月十日、ビスマルクはオイレンブルクへの手紙において、できるだけゆっくりと事を運ばなければならないと書いた。「我々には金を捻出しフランスを確保するための時間が必要となるでしょう。……［我々は］何とか耐えられる一時しのぎの状態にいます……当面のところは我々は、戦争によって走らされることなく、名誉をもって生きることができるのです……」。彼はオイレンブルクに、「もし彼が管理している私の口座の一定部分がまだ有価証券に投資されるのであれば、それについては私は当地では何も知り得ないけれども、戦争に対する早計な不安からそれらを引き出すようなことは決してしないように」とブライヒレーダーに伝えるよう頼んだ。(179) この間に、ベルリンに駐在していたオーストリアの外交官が金融操作に気づき、ヴィーンのメンスドルフにこう書き送った。

これらの金融操作は……経済的な観点からではなく、ただ緊急の政治的必要によってのみ正当化され得るものであり、議会がこれを承認するかどうか［は怪しいところです］。……［プロイセンは］このような、およそ戦争を予想している場合においてのみ用立てられるような重要な資金の供給［を確保しました］(180)。

八月十四日、ビスマルクとブローメは〔バート・ガスタインで〕協定に署名し、〔八月二十日に〕ザルツブルクの大司教館で正式に調印がなされた。(181) 正式な調印の数日前に、ビスマルクは秘密事項に対する日頃からの明け透けな態度で、この協定の要点をオイレンブルクに語った。

シュレースヴィヒではそれゆえ九月一日から我々が単独で主権者として統治を行います。誰も我々を再び追い出すことはできないでしょうし、オーストリアは我々にホルシュタインを売却するつもりのように見え始めています。どのみち我々が同公国を獲得するであろうという点について、私はもはや疑念を抱いていません。[182]

畢竟（ひっきょう）するところ、オーストリア側には平和を求める以外の選択肢はなかった。オーストリアの政治状況は悪化しており、一八六五年九月二十日、皇帝フランツ・ヨーゼフは憲法を取り消したが、これが八〇〇〇万グルデンの負債を補塡する方法を見つけ出すのをさらに困難にした。一八六五年の夏から秋にかけて、パリやロンドンに駐在するオーストリアの外交官たちは、ロートシルト一族から多額の財政赤字を埋め合わせるための融資を引き出そうと躍起になっていた。ロートシルト一族が債券発行を引き受けるシンジケートの結成に少しも乗り気でないことが分かり、最終的にはナポレオン三世当人の介入によって、フランスの大銀行からなるコンソーシアムが一八六五年十一月二十七日にパリの株式取引所で九〇〇〇万グルデンの起債を行った。債券は初日で売り切れたが、その理由は配当が九パーセントに上ったためであり、これはオーストリアの信用が脆弱なものだという証であった。ヴィーンへの九〇〇〇万グルデンの融資に対する返済額は一億五七〇〇万グルデンに達し、投資家がこれを六九パーセントの額〔独語版では六九〇〇万グルデン〕で購入したのに対して、オーストリアはたった六一・二五パーセント相当の金〔独語版では六二二五万グルデン〕しか受け取ることができなかった。銀行は二八五〇万グルデンの利益を得た。[183] オーストリア帝国の公債は「サブ・プライム」と呼べよう。

この間、中規模諸邦は自己満足とないまぜになった警戒心を持って、この展開を観察していた。一八六五年の夏、『ブーディッシン新聞』は、ザクセンが「大国主義」に巻き込まれることに注意するよう警告した。

我々は、プロイセンもオーストリアも享受していない類の憲法に則った生活を送っている。その結果、国王と民衆の協調が国政を担っている。我々は繁栄、安い税金、健全な財政状態を享受している。……高度な政治的、文化的到達点がここではおろそかにされていないのである。[184]

同紙によれば、ザクセンは自分たち自身の仕事に気を配るべきであり、普墺間の戦争から距離をとるべきなのであった。さらにまた、王国も含めた中等諸邦を単なるドイツ帝国の一州に貶（おとし）める可能性のある、ドイツの民族的（ナショナル）な国家の創出への熱狂が高揚することにも注意を払うべきだとされた。

シュレースヴィヒの人びとには、このように安逸に満ちた自己満足を享受することはできなかった。プロイセンとオーストリアの間の合意によって、彼らの公国はプロイセンが統治するところとなった。シュレースヴィヒの獲得により、この地域を新たに統治する総督を任命する必要が生じると、ビスマルクはエトヴィーン・フォン・マントイフェル将軍の名を挙げた。国王は一八六五年八月二十四日に彼を任命した。こうして積年の問題が幸福な解決をみた。この強い影響力をもつ将軍は国王の控えの間から遠く離れたキールに滞在することになったが、彼のエゴは副王的な新たな地位に満足するであろうと思われた。友人に書き送ったように、シュトシュにはこの人選が理解できなかった。「どうして彼らがマントイフェルをシュレースヴィヒに送れるのか分かりません。彼は常にただ国王からの命のみに従っており、内閣からの指示には決して従わないでしょう……」[185]。ビスマルクは、国王が自分の進言によって命令を発している以上、このことについてほとんど心配していなかったし、実際国王はそうしていた。一八六五年九月十六日、国王はビスマルクに伯爵の位を授けた。[186]

ビスマルクがオーストリアと交渉している間、モルトケは完全なる成功とは言えなかった対デンマーク戦争から教訓を引き出し始めていた。プロイセン軍は一般に喧伝されたほどの成果を挙げていなかった。デンマーク軍は塹壕と要塞施設を非常に効果的に活用したし、火砲を集中したことでプロイセン軍とオーストリア軍は多数の死傷者を出した。「大砲が七キロ先まで砲弾を飛ばし、歩兵のライフル銃が千歩先の敵を倒すことができるようになったのであるから、戦闘の最中に敵の中心から側面へと部隊を移動させることはますます困難となった」[187]。モルトケはまた、近代的な軍隊の規模では、兵力の集中という伝統的なナポレオン方式が、間違いなく軍隊の交通渋滞とも言うべき壊滅的状況をもたらすと確信するようになった。一八五〇年代を通じて参謀本部と鉄道はますます密接に協力するようになり、軍隊は戦時に好都合な移動手段をあてにできた[188]。鉄道に対する軍隊の統制が段階的に拡大されたことにより、モルトケはこれまでとは全く異なる移動のタイム・スケジュール、そしてその結果としてこれまでとは全く異なる部隊配置を基本にして物事を考えることができた。「分離進軍、集中攻撃 getrennt marschieren, gemeinsam schlagen」というスローガンがモルトケの大胆な革新――部隊を分散して展開し、戦闘の際に一カ所に合流させる――と結びつけられるようになった。壮大で包括的な軍隊の移動が可能となったのであり、その一つの実例が一八六六年の最大の勝利をもたらすこととなった。軍事問題に造詣の深い国王は、モルトケの実験に、ビスマルクに対して与えたのと同程度の権限を与えたが、十九世紀における最も偉大な外交家と最も偉大な戦略家が同じ君主、同じ国家に仕えたというのは注目に値する事実である。さらに付け加えれば、ビスマルクにとってドイツ統一の達成のために欠くことのできなかった二人の将軍、ローンとモルトケの出自はプロイセンの本流からは外れており、モルトケはデンマークに、ローンはさらに遠く離れたオランダにそのルーツを有していた。そして両者には共に個人的な資産も大農場もなかった。

九月後半、毎年恒例の、御前での軍事演習が行われた。シュトシュ少佐は友人への手紙の中で、国王は効率的な軍隊の展開に非常に満足していたと書いた。彼は、ビスマルクと王太子の間で交わされたシュレースヴィヒ゠ホルシュタインの見通しに関する会話を可能な限り忠実に再現して、記録している。

王太子「貴君は両国の併合を望むか」

ビスマルク「もし可能であればもちろんです、しかし両国をめぐってヨーロッパ規模の戦争が起こることは望んでおりません」

王太子「それでは、もしそのような兆しがみえたならばどうするか」

ビスマルク「それならば、二月要求の立場に留まります」

王太子「それでは、もしそれが受け入れられなかったらばどうするか」

ビスマルク「プロイセンはこれに関していかなる戦争も恐れる必要はありません。二月要求は我々の最後通牒なのですから」

王太子「それなら、フリードリヒ公爵の身にはどのようなことが起こるか」

ビスマルク「それはカードの出方次第です」

シュトシュはこう続けている、「最終的にこの会話は非常に険悪な雰囲気になっていった。……ビスマルクの冷酷さは貴人の間に多くの敵を作り、敵の数は増えていく一方だ[189]」。

軍事演習の直後、ビスマルクは家族と共にビアリッツでの休暇に向かった。一八六五年十月四日と十一日、ビスマルクはビアリッツでナポレオン三世と会見したが、彼らが実際に何を語り合ったかは明らかにされていない。ビスマルクはおそらく自分がフランスを選択する可能性を残しておき、ガスタイン条約が不安定なものであることを仄めかしたのであろう。ワウロとアイクは、ビスマルクはナポレオンが普墺戦争で中立の立場を守ってくれる場合にはルクセンブルクを代償として提供するともちかけたのだと論じている。プフランツィはその可能性を否定している。彼が皇帝にどのようなことを約束したのか、それは我々には知りようがない。[190]

新たな一八六六年の年頭、ビスマルクは初期の後見人の一人であったエルンスト・ルートヴィヒ・フォン・ゲルラッハの訪問を受けた。この件については、ゲルラッハの日記に記録がある。対面は不穏な雰囲気のものになった。苦痛を伴ったこの面会は、ゲルラッハ兄弟やその他の多くの人びとが若き日のビスマルクのなかに見出したと思っていた厳格なキリスト教的倫理という偽装を彼がかなぐり捨てたことをゲルラッハに示す結果になった。[191] ペルテスもまた、ビスマルクはシニカルで何も信じておらず、冷徹で計算高い合理主義者であったと結論している。二つの戦争を仕掛け、ドイツの諸侯の主権を踏みにじり、普通選挙制度というかたちの「革命」を引き起こし、ローマ・カトリック教会に対する戦いを宣言し、世俗的な結婚・離婚制度や学校監督制度をユンカー的敬虔の本拠地へ導入したその後の十年間は、ビスマルクが当然のごとく何らの宗教的な咎めも感じていなかったことを明らかにしているように思われるが、しかし――いつものように――ビスマルクを特定の範疇に単純に分類することはできない。彼は宗教的、信仰的な書物をベッドの脇に置いていたし、無信仰であることを強く否定した。彼は自分が達成した巨大な成果を、しばしば神の御業と見なした。とはいえ、彼がゲルラッハ兄弟流の新敬虔主義的なプロテスタント信仰を放棄したことは否定できない。

一八六六年二月十九日、新たなイギリス公使ロフタス卿が国王ヴィルヘルム一世に信任状を提出した。オーガスタ・ウィリアム・フレデリック・スペンサー・ロフタス卿（一八一七―一九〇四）は、『オックスフォード・ナショナル人名事典』によれば、「有能というよりは平均的な能力の外交官であり、その力量を多少逸脱するような昇進を果たした」が、彼はディズレーリが評したような「ばかばかしい」人物でも「性悪」な人物でもなかった[192]。彼はビスマルクとうまく付き合い、新たな地位を全うするために他のドイツ諸邦の宮廷でそれまでに積んだ貴重な経験を活用した。彼はビスマルクの信頼を得て、その年の後半に幾つかのドラマティックな瞬間の証言者となった。大抵の評者が用いなかったような表現でプロイセンの宮廷を説明しているがゆえに、彼の回顧録には長めに引用する価値のある一節が含まれている。

プロイセンほどに素晴らしいやり方で維持されており、余所者が丁重かつ温かくもてなされる宮廷はない。ヨーロッパの王族のメンバーは誰でも、ベルリンに到着すると王宮Schlossに泊めてもらい、滞在中は王室の馬車と従者を意のままに使うことができる。宮廷の全費用――王族の扶持や、王国全体に散らばっていていつでも使用可能な状態に保たれている沢山の宮殿や邸宅の維持費――は君主によって賄われ、相当な規模の王領(「国王世襲領 Kronfideicommis」と呼ばれる)からの収入によって支払われる。これらの収入は完全に君主の管理下にあり、議会から独立している。王室の全員が、国王から下賜される「恩賜金」を王領から、議会の採決あるいは承認に左右されることなしに受け取る[193]。

ロフタスは、オーストリアとプロイセンの間の緊張が高まり始めたころにベルリンに到着した。一八六六年二月二十八日、国王は御前会議を開催した。軍事、政治、そして外交の各部門の責任者たちが全員召集され、マントイフェルはシュレースヴィヒ総督としてこの会議に参加した[194]。官報の『プロヴィンツィアール・コレスポンデンツ』は、この会議とその後に行われた国王と参謀総長の間での会議について報じたが、攻撃的な意図がこの会合の背後にあるという噂は否定した。そこでは、「ヴィーンのオーストリア人の一部で古くからの嫉妬心が拡大しており、プロイセン政府は将来自らの利益について考慮するのを余儀なくされることとなろう」と論じられていた[195]。御前会議において、ビスマルクは「対外的に力強い外観を呈し、プロイセンに名誉を与える戦争を企てれば、国内の対立の解消に有益な効果をもたらすであろう」と表明した[196]。モルトケはオーストリア軍のボヘミアへの移動について報告し、ヴェネツィアに駐屯しているオーストリアの軍隊が「未だに戦争を覚悟する段階にないこと……そして軍馬の購入の兆しがないこと」を強調した。一八六六年には一二万頭の軍馬が活用されたが、初期の動員は軍馬の大規模な購入と共に開始されていた。一八七〇年の普仏戦争においては、二五万頭がプロイセンにより、また三〇万頭以上がフランスによって軍用に供された。かくして一八六六年の初頭に、モルトケは安心してオーストリアが軍事動員を未だ開始していないとみなすことができたのである[197]。

一八六六年三月七日、イギリスの外務大臣クラレンドン卿は大いに慨嘆しつつ、ロフタスにこう書き送った。

> 合理性、礼儀、そして人道といったもの全ての名の下で戦争を正当化できるものが、プロイセンの側に何かあると言えるでしょうか。プロイセンには自らの領土拡大の野心を弁護することなどとてもできませんし、オーストリア当局によるホルシュタインの統治が「開戦事由 casus belli」を形成する要因の一つだなどと本気に言うことはできません。ベルンシュトルフがちょうど私に、ホルシュタインでガーブレンツ将軍によって許可が出されたことと、オーストリアが煽って書かれた新聞の敵意に満ちた記事とがプロイセンにとって耐えられない状態を作り出していると語っ

たのだけれども[198]……。

ビスマルクでさえも、この段階では戦争に至る理由が何も見つからないことを認めていた。この場合にも、オーストリア外相のメンスドルフ伯が驚くべき無能さを発揮して、プロイセンに些細な正当化の口実を与えてくれることが必要だったであろうが、彼は未だ何らの行動もとらなかった。事情に通じていたメンスドルフの義理の妹でガブリエレ・ハッツフェルト伯爵夫人は、ビスマルクは単なるプロイセン近衛連隊の一少尉に過ぎないと嘲笑し、さらにこう書き加えている。

こちらでは、ビスマルクは単なる気違いで、国内外の諸問題で完全に八方塞がりの状態にあり、それらの問題のせいで正気を失い、そこから逃げ出し、自らの地位を維持するために「どんな対価を払ってでも à tout prix」戦争をしようと望んでいるという見解で一致しています[199]。

ビスマルクの友人のローンでさえ、ビスマルクの心身の健康状態を心配し始めていた。一八六六年三月二十六日、彼はモーリッツ・フォン・ブンランケンブルクに陰鬱な手紙を送っている。

こちらの状況は良くありません。我々の友人オットー・ビスマルクは昼夜を問わず非常に困難な状態に直面しており、神経をすり減らしています。……一昨日に彼は激しい胃痙攣に苦しみ、そのため昨日は意気消沈し、——明らかに些細な事柄で——苛立っていたので、今日も心配せずにおれません。私は何がかかっているのか知っているのですから。……完全に自由闊達な思考は、不調の胃腸や過敏な神経とはうまく結びつかないものです[200]。

時と共に様々な症例を示したこれらの症状は、もう一つの点でビスマルクを特異な存在たらしめるパターンが始まったことを明らかにしている。十九世紀、そして二十世紀のいかなる政治家も、オットー・フォン・ビスマルクほどに頻繁かつ公然と、そして劇的に病を患いはしなかった。ビスマルクは自らの苦痛や様々な病状を誰にでも吹聴した。彼は一八六〇年代から辞職に至るまで、声高に慎みもなく、確かにある意味ではその通りではあったが、公務のもたらす苛立ちが自分の健康と気質を蝕んだのだと不平を唱え続けた。彼の巨大な権力意思が、自分を妨害する他者——味方であれ敵であれ——に対する怒りの感情と結びついて、文字通り彼を病気にしたのであり、彼自身そのことに気づいていた。しかし彼の活動が置かれた状況そのものが、当人に他に選択する余地を与えてくれなかったのである。宮廷内の敵対者、とりわけ王妃や王太子、王太子妃は、彼に対抗し、彼と国王の関係を弱体化させ疎遠にさせるためにあらゆる手を使った。自分には改心させることも取り除くこともできない「殿上人たち」への無力さと結びついた怒りが、彼の心の平穏と身体の健康に害をなした。彼は心身の痛みを抱えた人に特有の強迫観念をもって彼らを憎悪したが、権力を放棄する以外に、彼がこの苦悩から逃げおおせる術はなかったであろう。しかし、これは決してできないことであった。ローンは、彼の身近にいた人びとの誰しもが確認していたように、ビスマルクの理不尽さや短気や不寛容がいや増していることに気づいたが、彼の旧友フォン・ベーロのような多くの人びとは、この病の原因が肉体にではなく精神にあることを理解していた。

冗談で言われるように、「偏執狂だからといって、その人物に人びとが従わないとは限らない」。一八六〇年代半ばには、ビスマルクは自分に対する陰謀がより明確なかたちをとり始めたのではないかという疑念——これは正しかったのであるが——にかられた。アウグスタ王妃は当時、かつてのバーデン首相〔外相の誤り〕の、フランツ・フォン・ロッゲンバッハ男爵（一八二五―一九〇七）から定期的に国内外の政治情勢に関する報告を受け取っていた。ハンサムで上品なロッゲンバッハは、一八六一年に三十六歳でバーデン大公国の首相〔外相〕になるという輝かしい経歴の持ち主であった。彼は自分にとって深刻な脅威となる以前からビスマルクのことを嫌っていた。一八六五年五月、ロッゲンバッハはビスマルクのシュレースヴィヒ＝ホルシュタイン政策に対する抗議として、突如として辞意を表明した。当時王妃の個人的な「影の政府」の一員となっていたアルブレヒト・フォン・シュトシュ少佐は、友人のオットー・フォン・ホルツェンドルフに手紙を送り、この辞任が残念でならないと書いた。

バーデンからの君のニュースは私にはとても興味深いものです。ロッゲンバッハは政界において彗星のごとき存在でした。彼がその大胆な計画を実現する前に放棄してしまったことで私は悲嘆にくれています。[201]

一八六五年の夏以降、ロッゲンバッハはアウグスタ王妃に、練達のドイツの外交官、そして大臣としての経験と権威に裏打ちされた長文の覚書を提出し始めた。ロッゲンバッハが辞任後に王妃やフォン・シュトシュと取り交わした刊行書簡集は四五三頁に及ぶ。[202] ビスマルクの回顧録にはロッゲンバッハは常に陰謀の源の一つとして登場するが、実際その通りであった。彼以外にも、穏健な立憲自由主義者たちがプロイセン王太子夫妻やバーデン大公、そしてザクセン＝コーブルク公の宮廷と緊密な関係を保っていた。[203] フォン・シュトシュ将軍はこのサークルに属する、数少ない自由主義的なプロイセンの将軍であった。ビスマルクには疑念を抱くだけの根拠があったのである。

プロイセン国王と大臣たちはオーストリアとの戦争を選択し、一八六六年三月二十七日月曜日に御前会議が開かれた。その場において、国王は部分的な動員と予備役兵の召集とを命じることに同意した。ローンは「ビスマルクの神経症的な苛立ち」が全てをぶち壊してしまうのではないかと不安を感じていた[204]。翌日、ローンの予想を裏付けるかのように、ビスマルクは苛々した調子でローンに「明日国王が決定的な命令を発することが極めて望ましいと思われます。聖木曜日〔復活祭の前の木曜日。この年は三月二十日にあたる〕に彼はそのような気分にはなれないでしょう。貴君は明日彼に会うことと思います。我々が一緒に彼と会うように設定できないでしょうか」と書き送った。ローンはビスマルクの要望に応え、かくして一八六六年の復活祭の直前の水曜日にあたる三月二十九日、国王は命令に署名した[205]。モルトケは静かに行動に移った。彼は自分の動員計画がこの二年間に大きく前進したことを知っており、四月五日にローンを安心させた。

オーストリア側が――もし十分な時間が彼らに与えられれば――我々が召集できるのと同規模の部隊を戦地で擁するということは何ら目新しいことではありません。私はあらゆる会議でこの事を明らかにしてきました。部隊の絶対数が問題なのではなく、双方が自軍を効果的に展開できる時間が大局的には肝要なのです。なかんずくこのような理由から、私の報告の末尾に掲げた表がはっきりと目で見ることができるかたちで示しているように、我々が主導権を取るか、あるいは少なくともオーストリアと同時に軍事動員をすれば、まるまる三週間は有利な立場に立てるでしょう[206]。

四月十四日、モルトケは国王に次の段階についての報告をした。彼の作戦は鉄道の効果的な利用を土台としていた。「プロイセンの三つの軍団は当時、――紙の上では――まさしく三つの主要な、そして六つの二次的な鉄道に完全にまたがって展開していた。エルベ軍はベルリン―ドレスデン―フリートラント鉄道によって、第一軍はフランクフルト―ゲーリッツ―リーグニッツ線、そして第二軍はシュテッティン―ブレスラウ―ラムガシュッツ―レッヒェンバッハ―フランケンシュタイン鉄道とブリーク―ナイセ鉄道によって移動する……要するに、実際に戦闘が行われる七五日前には、モルトケは戦争全体のシナリオを後に実際に展開したのと同様に想定していたのである」[207]。

王太子は不安にかられ、フォン・シュヴァイニッツ将軍に手紙を書いた。

国王は戦争を望まれていませんが、この数ヶ月の間にビスマルクが物事をねじ曲げたために老王はますます過敏になり、遂にはビスマルクが彼を遥か彼方まで導いたため、彼には我々に開戦を約束する以外に何もできなくなっています。この戦争はヨーロッパに混乱を招くことになります。国王のために物事を操るビスマルクの才能は大いに称賛されるべきものです。彼の底なしの浅薄さと海賊のごとき政策の表現として、ある種のドイツ改革案が、おそらくは全ドイツ規模での議会に関する提案付きでカーペットに投げ出されることでしょうが、彼はまた、我が国の中では議会と衝突しているのです！ これはとんでもない皮肉であり、失敗するのは目に見えています。このような人物の場合にはどんなことも起こりうるのです[208]。

オーストリアは確かにこの意見に同意したことであろう。彼らはドイツ問題に対して神経質になっており、バート・ガスタインでビスマルクの相手を務め、当時はバイエルン駐在オーストリア大使の地位にあったブローメ伯が、四月七日にヴィーンの国務長官職（ホーフラート）にあった宮廷顧問官のルートヴィヒ・フォン・ビーゲレーベンに宛てて記したところによれば、世論の動向に注意する者であれば私と同様に、「連邦改革」という言葉が人びとをむやみやたらと熱狂させ、アウグステンブルクへの関心やホルシュタインの独立を背後に押しやってしまったという見方に同意するでしょう。連邦改革にしがみつくのは、臆病で不安に駆られた連中です。バイエルンの保守主義者たちが連邦改革にしがみつくのは、バイエルンを大国にしてくれると思っているからです。連邦改革が「民主主義」の心を捕えるのは、連邦改革と言えば国会のことだと思っているからです。[209]

ビスマルクの意図についての王太子の推測は正しかったし、ブローメは「民主主義」の目論むところを正確に評価した。しかしながら二人の内のどちらにも、この二つが結びついているということが分かっていなかった。四月九日、アイクが「ドイツ連邦規約違反」と表現しているプロイセンとイタリアの同盟が締結された。[210] この条約に従えば、九十日以内に戦争が始まった場合、イタリア王国はオーストリア帝国に対して宣戦するよう義務づけられており、ビスマルクは間違いなくこのような事態が起きることを狙っていた。翌日、さらに大きな衝撃がもたらされた。一八六六年四月八日、ドイツ連邦においてプロイセン公使がドイツの歴史全体を変えるような動議を提出した。その長い経歴の中でビスマルクが行った数々の眩惑に満ちた行動の内でも、この時の行為が最も重要なものの一つであることに疑問の余地はない。一八六六年四月十一日に明らかにされた公式の発表は以下のようなものであった。

プロイセン政府は連邦議会において最も重要な行動を起こした。プロイセンは以下のような動議を提出した。すなわち、ドイツ諸邦政府による連邦規約の改革の提案を受理し協議するために、直接・普通選挙権によって選出される議会を追って定められる日に招集することを決議するべきであり、こうした議会が開会されるまでの間に諸邦政府の合意によりそのような提議が作成されるべきである。[211]

王太子の予測は正しかった。もっとも、ビスマルクは本当に「全ドイツ規模の議会に関する提案をカーペットの上に投げ出した」が、王太子でさえも民主的な選挙による議会を予期してはいなかった。ビスマルクは、十一の民族集団とナショナリズムの脅威の高まりを抱えていたハプスブルク国家には、同様のやり方で競い合うことなど決してできないということを知ったうえで、オーストリアとドイツ連邦に属する諸邦を出し抜くために、民主主義の力を呼び起こしたのである。一八六六年、ビスマルクはハプスブルク国家に向けて、吸血鬼に対する十字架のごとく民主主義を振りかざしたのであるが、ドラキュラがルーマニアの伯爵であり、その居城がハンガリー統治下のルーマニアという普通選挙制の適用されていない地域にあったことを思えば、このイメージはあながち不適切なものでもなかろう。

ドイツの世論はビスマルクの行動に混乱した。自由主義的な『ケルニッシェ・ツァイトゥング』は、「メフィストフェレスが説教壇に登り福音を説いたとて、誰がこの説教者に感銘を受けるだろうか」と評した。[212] ザクセン駐在オーストリア公使はザクセン首相ボイストの見解を報告した。

ザクセン首相の情報では、ドイツ国会というプロイセンの提案は当地ドレスデンではこれまでのところ嘲笑の的になっているだけで、そのようなものをこともあろうにビスマルク伯爵から拝受するというのは笑い話だと見なされています。ただし、ザクセン住民の大半の有する空疎なドイツ主義的意見を考慮すると、今のこの陽気な気分が遠からずもっと真剣なものに転換することがないとは、誰にも保証できないでしょう。[213]

最も大きな衝撃を受けたのは、ビスマルクのかつての後見人や支援者、キリスト教への信仰厚い保守主義者、『クロイツツァイトゥング』の読者、彼の隣人、友人、親類たちであった。アードルフ・フォン・クライスト伯にとっては心の底から信じ難いことであった。ルートヴィヒ・フォン・ゲルラッハへの手紙の中で、彼は自らの恐怖について語った。

ビスマルクによって引き起こされた最近のおかしな状況をどうお考えですか。人民主権を呼び起こし、憲法制定議会を作るとは！　全くもってこれを上回る破廉恥はありません。オーストリアの言い分は正当であり、一八六三年のかつての提案を持ち出し、遍く賞賛を集めています。後生ですからベルリンに来てください。あなたは今でも彼に影響を及ぼすことのできる、あるいは少なくとも彼が聞く耳を持つ唯一の人物です。今や我々の同盟者はあらゆる意味での革命です。我々は完全に茫然自失の状態にあります。私は絶望しています。[214]

数日後の一八六六年四月十四日、フリードリヒ・ヴィルヘルム四世の末弟のアルブレヒト王子（一八〇九―七二）もまたゲルラッハに手紙を書いたが、こちらからは、より逡巡している様子が看取できる。

ビスマルクの構想が何を目的にしているのか私には分かりません。第一に、彼はこれまでのシステムを完全に拒否しています。諸侯会議のようなかたちの壮大なスローガンを掲げることが目的だとは思えません、あれはオーストリアをさらにいっそう挑発するためのものなのでしょうか。……しかし、理解できないからといってビスマルクを疑いはしません、私は待ちます。それにしても、貴君はどう考えますか。[215]

「小ハンス」はなおも旧友の肩をもち、四月十六日にキーコーの農場からゲルラッハにこう書き送った。

あなたがアードルフ〔・フォン・クライスト〕の短兵急な非難からビスマルクを擁護されたことに感謝します。憲法制定議会の類は問題になりえません。確かにあの件が残っています。つまり、普通選挙権が。しかしそれ以外に何があるというのでしょう。……彼について判断するためには全体的な状況を知らねばならず、我々は皆文句を言ったり批判したりする代わりに、信用しなければなりません。……哀れなビスマルクが成功を収めるのを神が許し給い、彼の行く末を照らし、我々に平穏を与え給わんことを。もしそれが維持され得ないのであれば、名誉ある平和を通じて彼の試みが全て実現されることで、神が彼の良心を浄化されんことを。[216]

『クロイツツァイトゥング』派のメンバーたちには、ハンス・フォン・クライストがゲルラッハに促した、神を信じオットーを信じるという、諦念に満ちた敬虔を受け入れることができなかった。大半の人びとは既に忍耐の限界に達していた。五月二日、ルートヴィヒ・ゲルラッハのかつての門下生の一人で当時はプロイセン宗教・教育・医務省（文部省）の高級官僚であった枢密顧問官のJ・ビンデヴァルトは、極右派の見識豊かな知的指導者として当時なお公的な立場にあったルートヴィヒ・フォン・ゲルラッハに手紙を書き送った。

私はもうじっとしていられません、リーダーのフォン・クライストとボイトナーに相談したうえで、『クロイツツァイトゥング』に介入してくださるようお願いします、我々の見解では、連邦改革計画に潜む危険と異論が意識されるべきであり、少なくとも、敵対者をまごつかせる目的を持った外交的行動以上に重要な原則が維持されるべきなのです。提案された議会とその選挙システムよりも私が愕然とするのは、提案の仕方、この件をいかに、どこから持ち出したのかということの方です。議会という装置なしにはこんにちいかなる政治家も仕事ができませんが、議会は憲法制定議会になる必要はありませんし、またそうなるべきでもないのです。国内では議会を鞭で扱い、そして議会との混乱のせいでクーデタ寸前のところにあるというのに、議会というアイデアをドイツへ投げつけるとは[217]！

二日後の五月四日、アルベルト王子はルートヴィヒ・フォン・ゲルラッハに再び手紙を書き、将官として部分動員の情報を得たと語った。政治に関して彼は以下のように書いている。

私はビスマルク伯に会うことも話すこともできませんでした。彼は未だに調子が優れず、一度か二度しか外出していません。……連邦改革に関する各紙の社説を読んでもまだ私は釈然としません。これに関しては非常に強い疑問が残っているのですが、私はビスマルクを絶対的に信頼しているので、これは彼の長きにわたりよく考え抜かれた計画の一部をなしており、その場限りの思いつきでも政治的チェス遊びの一手でもないのだと推測しています。[218]

年長世代の王族がビスマルクをかくも正確に評価しているのは興味深い。注意深い読者は、一八五七年の有名な書簡のやり取りの中で、ビスマルクがかつてのレーオポルト・フォン・ゲルラッハ将軍に対して、ナポレオン三世について語るのに用いた力強い言葉を想起するかもしれない。ビスマルクは、民主主義と保守主義とは両立しうると見なしており、普通選挙権を、自らの目的を達成するためにあらゆる物事、あらゆる人びとを利用したのと同じように利用しようと目論んでいた。それはルートヴィヒ・フォン・ゲルラッハには全然理解できないことであった。彼は五月五日に、『クロイツツァイトゥング』紙上に「戦争と連邦改革」と題した論文を発表した。

神の掟は政治の領域では適用されないなどという、恐るべき誤った信念に陥らないように注意すべきである。正義こそ王国の礎なり Justitia fundamentum regnorum。……ドイツにおいてその力を拡張せよというプロイセンに下された正当な使命は、ドイツにおいてその力を維持しようとするオーストリアの同様に正当な要求と同格で対峙している。〔……〕もしプロイセンがそこになく、あるいはオーストリアがそこになければ、ドイツはもはやドイツではない。……弓箭(きゅうせん)の響き喧(かまびす)しい只中にあって、プロイセンは連邦における普通選挙の要求を持ち出した。普通選挙は政治的破産を意味する——法と政治思想とが生き生きとした関係を持つ代わりに、具体的な人格の代わりに、我々は単なる数字と足し算とを手にすることになるのだ。[219]

ビスマルクはルートヴィヒ・フォン・ゲルラッハが公の場でおおっぴらに自分を批判したことを決

して許さなかった。しかし、これはビスマルクの心の平穏を乱した。彼は後年の会話の中でゲルラッハについて再び触れ、彼を嘲笑することとなった。原則を重んじる人物であったゲルラッハは、ビスマルクを批判し続けたことで許されざる大罪を犯したと見なされ、それゆえに変人として片づけられねばならなかった。一八七三年、ビスマルクはルーチウス・フォン・バルハウゼンに以下のように説明した。

ゲルラッハは全くもって悲観的になり、何に対しても文句ばかり言っている。曰く、フリードリヒ二世は「偉大」ではなく、その治世はひどい失敗と過ちばかりだった等々。[220] 彼は一八〇六年〔プロイセンがナポレオン軍に敗北した年〕を賞賛しているが、それは誰もそんなことをしないからだ。

あるオーストリア外交官はビスマルクの戦略について苦々しげに述懐している。

我々は、愛国心や名誉心、法の原則、活力、勇気、決断、不羈の意識といった高貴な感情に訴えかけました。[221] 彼は、強欲や臆病、混乱、怠惰、優柔不断、狭量といった人間の低級な動機を当てにしました。

こうした卑陋(ひろう)な動機の一覧は、ドイツ諸邦の立ち居振舞いを完璧に描き出している。彼らは躊躇し、策を弄し、離合集散を繰り返した。最終的に五月九日に、連邦議会は九対五で、プロイセンに軍事動員の理由を説明することを要求するザクセンの動議を採択した。

連邦議会は、適切な声明を通じて連邦規約の第一一条（これによれば、連邦のメンバーは互いに戦争を遂行してはならず、係争の解決を連邦議会に委ねるべきであった）を改めて確認するよう要求するために、遅滞なくプロイセン王国政府に接触することに同意する。[222]

オーストリアは、イタリア戦線においてはビスマルクのイタリアとの同盟によって、ドイツにおいては民衆との同盟によって出し抜かれた。西方では、ナポレオン三世は、どう行動すべきか決定を下すことも、助言者たちの一致した見解を取り付けることもできなかった。プロイセンとイタリアに加勢するべきか。ライン地方のドイツ領土を中立の代償としてプロイセンから奪取するべきか。勢力の均衡を維持するためにオーストリアを支援するべきか。ビスマルクは釣り糸にかかった大魚のごとく彼を弄び、彼を釣り上げては、解き放った。もちろん、彼には領土を譲渡するつもりがあったが、国王はどうだったであろうか。これが難問であり、こうしたことはさらに続いた。結局、一八六六年五月二十四日、ナポレオン三世は――強欲と不安との狭間に捕われて――フランス、イギリス、ロシアの名においてパリでドイツの二大国間を調停するための会議を開催することを呼びかけた。一八六六年五月二十六日〔独語版では二十五日〕、アルブレヒト・フォン・シュトシュは王太子指揮下の第二軍の参謀次長として、国王やモルトケ、ローン、ビスマルク、そしてあらゆる上級司令官や参謀長たちとともに拡大軍事会議に参加した。妻への手紙の中で彼は、王が歔欷（きょき）し動揺しながらも、依然として平和の維持を心にかけていたと述べている。

ビスマルクは、戦争がプロイセンの領土を決定的なかたちでまとめ上げることになると仄めかした。これをきっかけとして、王太子が領土併合を意図しているのかと尋ねた。彼はそういう話は聞いていなかったからだ。国王はご立腹のご様子で、今のところ戦争はまだ問題になっていないのだし、ましてドイツ諸侯の退位についてはなおさらだとお答えになった。王は平和を望んでおられる。……最も明確で鋭い態度をとったのはビスマルクだった。私は、国王がもっと戦争を望むように働きかけるために彼があらゆる状況を引き起こしたのだと納得するようになった。……会議は三時間にわたり、我々が退出する時に王太子はこうおっしゃった、「我々はこれまで自分たちが知っていた以上のことを知ったわけではない。国王は〔戦争を〕望んでいない。ビスマルクは望んでいる」。[223]

五月三十日、ビスマルクは、パリ駐在の公使ローベルト・フォン・デア・ゴルツに手紙を書いた。

私は国内のあらゆる騒擾と反発を、〔……〕完全に表面的なもので、上流ブルジョワ層によってかき回され、非現実的な約束によって大衆の中で生み出されたものと見なしています。決定的な瞬間には大衆は、その時に自由主義的な方向と保守的な方向のどちらをとっているかに関係なく、君主制に味方するものです。[224]

ビスマルクがフランス皇帝を敢えて困らせるのは避けようとしたために、プロイセン政府はナポレオンが呼びかけたパリ会議への招待を受諾した。シュトシュは妻に宛てて、ビスマルクはすぐに「パリの会議に向けて」出発するであろう、「彼が不在になれば彼は国王に対する影響力を失い、日々その数を増している敵対者たちが確かな地歩を得るであろうから、人びとはこれが決定的な意味を持つと考えている」と書いた。[225] この時点で、メンスドルフは自らの犯した二度の深刻な過ちの内の一度目を犯した。メンスドルフは柔軟なビスマルクとは違い、ヴィーンの立場が議論の俎上に乗せられるかもしれず、またイタリアにおけるオーストリア領については交渉の余地がないという理由で、パリの会議への参加を拒否したのである。協議という選択肢は消え失せた。

一八六六年六月二日、国王ヴィルヘルム一世は彼の治世の中で最も重要な決定の一つを下した。彼は参謀総長ヘルムート・フォン・モルトケが正式にプロイセン軍の指揮を執り、国王の名の下に命令を出す権限を与えられると宣告した。これは、国王が戦場において軍隊を指揮するというフリードリヒ大王以来の伝統を破棄するものであり、戦時における全軍の作戦行動と平時における戦争準備を統率する権限をモルトケに付与するものであった。[226] モルトケの、雌伏し些事に砕身した日々はかくして報われたのである。参謀本部は二十四時間にわたり作戦のために動き続ける時計となり、全司令官が軍事動員の第一日目から戦争日誌を作成するようにと命じられた。[227] 六月五日から六日までに、プロイセンの――約三三万人の――兵員の国境への配備が完了した。[228] しかしまだ戦争は起こらなかったし、開戦する適当な口実もなかった。

この時点で、メンスドルフ伯爵はご丁寧にも第二の致命的な過ちを犯した。オーストリアは連邦議会に紛争への介入を求め、決定権をその手に委ねてしまったのである。オーストリアはさらに、ホルシュタイン総督に同公国の身分制議会を召集するよう命じた。このような行動によって、オーストリアは一方的にバート・ガスタイン条約を破棄し、ビスマルクに官報で以下のように宣言するチャンスを与えてしまった。

> 連邦に対して出されたこの宣言によって、また近い将来におけるホルシュタインの身分制議会召集を通じて、オーストリアはシュレースヴィヒ＝ホルシュタインの共同統治者としてのプロイ

セン国王の主権に疑義を唱え、脅かした。……我が国の政府は、我が国の権利を守るために全力を尽くして条約違反に対処するであろう。[229]

プロイセンとオーストリアは今や戦争に向かって動いていった。六月九日、ビスマルクはザクセン＝コーブルク＝ゴータ公に手紙を送り、ただ「暴力を用いる行動」のみがドイツ問題を解決するであろうと書いた。[230] 翌十日、彼はオーストリアを除外し普通選挙権に立脚した下院を有するかたちとなったドイツ諸邦の、新たな連邦規約の文面を公表した。バイエルンとプロイセンはこの新たなドイツ国家の軍事的な指揮権を分有することになっており、[231] そして十一日に彼はハインリヒ・フォン・トライチュケに、戦争前夜に国民に向けて発する国王の声明の草稿の作成を依頼した。[232] ハインリヒ・フォン・トライチュケ（一八三四―九六）はドイツの教授たちの中で一種の偶像（アイドル）になっていた。彼は大学の講堂を常に聴衆で一杯にした。彼は公の場で群衆に演説した。彼は戯曲を書き、詩を詠じ、文芸評論をものし、近代のドイツの歴史について講じた。彼の妹は、兄を学問界のマルティン・ルターになぞらえた。一八六三年〔一八六四年の誤り〕、彼はビスマルク的立場を取る『連邦国家と単一国家』と題するパンフレットを刊行した。それによれば小邦は全て不正な被造物であり、「有機的」といった語でこれらを正当化することは無意味であった。「我々は、『有機的』なる言葉は政治においては思想が途絶した時に登場するものであることを知っている。……ドイツとオーストリアとの不自然な紐帯が持続する限り、どのようなドイツ連邦の改革も空しいかけ声に過ぎないであろう[233]」。彼はビスマルクが転向させた数少ないドイツ自由主義者たちの一群に属していた。〔一八六六年六月に〕彼が述べたところによれば、

私はプロイセンがここ数十年来得た内で最も重要な外務大臣が、同時にドイツにおいて最も嫌

悪されているのを恐るべきことだと感じる。私をいっそう悲嘆にくれさせるのは、これまでプロイセン政府によって連邦の改革に関して提案されてきた中でも最も有望な改革案が、国民のかくも侮蔑に満ちた冷淡さに直面しなければならなかったことである。[234]

しかし実際にビスマルクに会ってみて、トライチュケはショックを受けた。会見の後、彼は以下のように述べた。「この世における道徳的な諸力について彼は全く考慮しようとしない」[235]。いわゆる中等諸邦は、独立を簡単に放棄しようとはしなかった。一八六〇年代中葉に当時はまだ君主の王宮を擁していたドレスデンを訪れたフランスのある旅行者は、君主制の自尊心に満ちた誇示の仕方に驚いている。

二〇個の様々な標識が、宮殿に近づいていることを常に意識させた。……近くを通りすがる将校たちは腰にサーベルを着けていた。……そして元気の良い兵士たちの部隊がいつも制服に身を包んで行ったり来たりしている。……王冠はうっかりするとイメージが網膜に焼きついてしまうほどだ。[236]

ハノーファー、ザクセン、そしてヴュルテンベルクの三王朝には、ホーエンツォレルン家と比肩しても見劣りしないだけの来歴があったし、それを意識的に誇示した。ビスマルクは――非常に数少ない誤算の一つであるが――これらの王政の力とそれに対する臣下たちの忠誠心を過大評価していた。諸侯が自分たちの主権をどれだけ簡単に放棄するかということを知っていたならば（ハノーファーは頑固な例外であったが）、彼は決して普通選挙権を導入しようとは思わなかったであろう。多くの歴史家が主張するように、民衆が参加を求められたのは、ビスマルクがある種の「白色革命」を構想していたためでも、あるいはボナパルティスト的な衝動に突き動かされたためでもなかったのであり、ひとえに諸侯とのバランスをとりつつプロイセン国王の絶対的な権力を保持するためであった。一八八〇年代の終わりには、民衆が唯々諾々と権力に従う農民ではなくて、カトリックの支持者や社会民主主義の支持者であることが判明したことで、ビスマルクは普通選挙権の廃止を画策するようになった。ビスマルクは、「ひじょうによろこばしいはじまりをもった、ひじょうに賞賛すべき計画が、しばしば、恥ずべき、かなしむべき、結末をもつ」というバークの洞察の犠牲者となったのである。

開戦に向けた最初の行動は一八六六年六月十日に起こされた。オーストリアが一方的にバート・ガスタイン条約に違反したため、遂にプロイセンはホルシュタインとシュレースヴィヒの主権を統合する正当な権利を得た。フォン・マントイフェル中将はホルシュタインの住民に対して、「脅威に晒されている国王陛下の権限を保護するため、私はホルシュタイン公国における最高指揮権を掌握せざるをえない」という宣言を布告した[237]。プロイセン軍はオーストリア旅団に対して数の上で圧倒的に優勢であり、オーストリアのホルシュタイン総督であった中将のルートヴィヒ・フォン・ガーブレンツ男爵(一八一四―七四)は自軍に撤退命令を出した。マントイフェル将軍はオーストリア軍が誇り高く太鼓を打ち鳴らし、旗を掲げながら撤退することを許可した。この状況に直面したビスマルクは、この時も悪名高い憤怒の発作を起こしたが、さなきだにただ一人のプロイセン兵にも命令を出すことはできず、ましてやエトヴィーン・フォン・マントイフェル将軍のように軍人として自分よりも高位にある派手な人物に対してはなおのことであった。彼は強い言葉でマントイフェルに対する不満を述べ立て、マントイフェルもまた同様に強い言葉で応酬した。エーリヒ・アイクはビスマルクがその時とった行動について、以下のように述べている。

「貴殿は暴力的な行動は精神を困惑させると言いました。私は貴殿に『デヴェリュー』（イタリアの音楽家ガエターノ・ドニゼッティ（一七九七―一八四八）のオペラ作品『ロベルト・デヴェリュー』のこと）の台詞を用いて、『友よ、今こそ騒ぐ時だ』とお答えしたいと思います。この手紙の性急な調子をお許しください、しかし貴殿の今朝の電報は私の神経を麻痺させましたし、この手紙にはそれが反映されているのです。慌ただしくも、しかし古き友情を込めて、貴殿のビスマルクより」。便箋にペンを走らせる間、彼は、自分の心情をさらに正確に表現しているシラーの『ヴァレンシュタインの死』の何行かに思い至った。彼は自分のもとにその本を持ってくるよう命じた。彼は公然たる反逆の道しか残されていない決定的な瞬間を描いた箇所でその詩句を見出し、署名の下に以下のように記した。

わしはいまこの剣を抜いたが、それは、躊躇の挙句の、心が揺れ動いた末の決断だった。わしにまだ選択の自由があったればこそ、嫌々ながらそうしたのだった。だがな、やむを得ざる事態が起こったいまこそ、わしはわし自身のこの首と命を賭けて戦うぞ。

（ヴァレンシュタイン退場。一同それに続く）

シラー『ヴァレンシュタイン』第三部、第三幕、第十場[238]
（濱川祥枝訳、岩波文庫、二〇〇三年、三六一、三六二頁）

ビスマルクに対して批判的な読者でさえ、この手紙には圧倒される思いを禁じえないであろう。彼以外のいかなる政治家に、これほどの危機的な瞬間にこれほどの視野を持った手紙を書くことができたであろうか。[239]

確かにビスマルクのこの手紙は印象的であるが、私はチャーチルであれば容易にこれと同様のことができたのではないかと推察する。アイクがその途轍もない学識にもかかわらず見逃しているのは、当時の状況にあってビスマルクの立場がいかに貧弱なものであったかという点である。彼にはマントイフェルに何らかの指示を下すことができず、ただマントイフェルを持ち上げ、説得し、お気に入りの劇作家を用いて口説くことしかできなかった。自分のキャリアの中でも最も絶望的な瞬間に、単独では力及ばず、同盟相手はただシラーのみであった偉大なビスマルクのことを想像されたい。普段のビスマルクと同様、このエピソードには自身をドラマ仕立てにしようとする傾向が入り込んでいるが、実際にマントイフェルは王に従ったのであって、ビスマルクに従ったのではなかったのである。

六月十四日、フランクフルトの〔ドイツ連邦議会への〕プロイセン代表は、連邦規約が踏みにじられたと宣言し、翌日にはプロイセンの公使たちがハノーファー、ドレスデン、そしてヘッセン＝カッセルの各政府に最後通牒を突きつけたが、この通牒では深夜十二時までに返答すること、プロイセンの提案を完全に受け入れることが要求されていた。[240] ドイツは圧倒的に反プロイセン的感情に傾いていた。キューベック男爵〔アロイス・キューベック・フォン・キューバウ Alois Freiherr Kübeck von Kübau（一八一八―七三）、オーストリアの外交官〕はメンスドルフに手紙を書き、オーストリア軍部隊がフランクフルトを離れた時、市民たちが「『オーストリアに万歳三唱！　オーストリア軍に勝利を！』と叫び、これに対して、プロイセンが派遣していた部隊は早朝に儀礼を執り行うこともなくフランクフルトを離れました」と報告した。[241]

六月十五日の深夜、ロフタス卿は自分が高揚した劇の一幕の中にいることに気づいた。

六月十五日の夜、私はビスマルク伯と一緒にいた。我々は遅くなるまで庭園を歩いたり腰かけたりしていたが、驚いたことにそうこうしている内に十二時になってしまった。ビスマルクは懐中時計を取り出してこう言った、「この瞬間に我々の軍隊がハノーファーやザクセンやヘッセン＝カッセル選帝侯国に進軍しています。この戦いは非常に厳しいものになるでしょう。プロイセンは敗れるかもしれない、しかしいずれにせよ、プロイセンは勇敢で名誉あるやり方で戦うことでしょう。もし我々が敗れたならば」、ビスマルク伯は言った、「私がここに戻ってくることはないでしょう。私は最後の突撃で死ぬでしょう。誰しも一度しか死ぬことができませんし、敗れるくらいなら死んだ方がましなのです」と。[242]

この発言は上辺のものであったかもしれないし、芝居がかったものであったかもしれないが、しかしビスマルクには神経質になるだけの理由があった。情報に通じた軍事専門家の見解ではオーストリアの勝利が予想されていたし、何人かの著名な軍事史家たちは実際にそうなったはずだと説得力をもって論じている。モルトケは静かな自信を抱いていたが、それでもなお彼にもまた不安を覚えるだけの理由があった。彼は、ハノーファーとヘッセンの軍事力に対処するために西部方面に兵力を割かねばならず、東部方面には三つの軍団を振り分けたが、その内の一つによってザクセンを征圧し、他の二つはオーストリア軍の包囲を実現し自らの計画を勝利に導くためにオーストリア領に進軍しなければならなかった。彼の軍隊の指揮官たちには、質において逕庭があり、国王からの評価もまちまちであった。幸運にも、二人の王族の指揮官、すなわち王の甥のフリードリヒ・カール王子と王太子フリードリヒは実戦の中で傑出した指揮官であることを証明した。オーストリア軍も同様の問題を抱えていたが、こちらは不幸なことに反対の結果を迎えることになった。ボヘミアのオーストリア「北方軍」の最高指揮官で、「ソルフェリーノの獅子」の異名を持つルートヴィヒ・フォン・ベネデク陸軍元帥

（一八〇四―八一）は、一八五九年の戦争で信用を得たオーストリアの数少ない司令官の一人として、その大胆さによって名声を博していた。「ただベネデクという名前だけで、右に左に痛撃を浴びせながら迅速に戦場に現れるという意味になる」とモルトケは述べた。[243] ベネデクが実際にそのように行動しプロイセンの縦隊を一つずつ捕まえていたならば、結果は違ったものになっていたであろう。しかし、軍団長としては能力を発揮したベネデクは、全軍を指揮する能力には欠けることを露呈し、幾つかの決定的な時点で躊躇を示した。モルトケは、国王のお気に入りであるという理由で凡庸なエードゥアルト・フォーゲル・フォン・ファルケンシュタインを西部方面軍の指揮官に据えた、ボヘミアには有能な指揮官を抱えていた。フランツ・ヨーゼフは、風采の上がらない近眼のアルブレヒト大公にオーストリアの「南方軍」の指揮を託した。彼は傑出した多才な指揮官であることを証明した。練達の参謀長で有能なブルジョワ出身の将校であったフランツ・ヨーンの助けを借りて、アルブレヒト大公はイタリア軍に勝利を収めた。[244]

モルトケはさらに、自力をもってしてはいかんともし難い脅威に直面した。それはコミュニケーションの問題であった。鉄道は大量の兵員の移動を可能にし、電信はそうした移動を統制することを極めて容易にした。実際に戦略的な動員は非常に大きく改善されたが、一度鉄道の始点から離れ、何より戦闘状態に入れば、司令官たちには互いに連絡を取り合う術がなかった。モルトケはしばしば自分の部隊の位置を見失い、それを確認することもできなくなった。我々は携帯電話の時代の恩恵にどっぷりと浴しているあまり、十九世紀の大半の時期においてコミュニケーションを取り合うことがいかに難しかったのかを忘れがちである。

〔オーストリア側の〕「軍備は諸悪の根源であった」とフランク・ツィンマーは主張している。プロイセンの「短針銃」はオーストリアの「ローレンツ銃」よりも格段に優れていた。

オーストリア軍が旧式のモデルに望みをかけたことは、軍事産業の歴史上最も破滅的な誤算の一つに挙げられる。……プロイセン式は文句なしに最良であった。奇妙なことに、その利点はオーストリアの眼には怪しげなものに映り、これを採用しない理由となった。皇帝フランツ・ヨーゼフと多数の将校たちは[245]、その迅速な火力の使用によって一般の兵士が弾薬を無駄使いすることになると考えたのである。

ゴードン・クレイグは、「ドライゼ銃 Zündnagelgewehr」……［は］一分間に五発を発射することができ、七〇〇歩先の標的に対する命中率は四三パーセントに達した元込め銃［である］」と補足し、さらに、〔その威力が示された〕「オーストリア歩兵 Landser の手紙に書かれていた『親愛なるペッピ、僕はもう君に会えないだろう、プロイセン兵の銃撃で皆死んでいく』といった悲しげな叫び」を引用している[246]。主要な戦闘において、オーストリア軍はプロイセン軍の三倍の死者を出した。銃剣突撃を中心としたオーストリアの作戦は、プロイセン第一軍〔第二軍の誤り〕の参謀長のフォン・ブルーメンタール将軍が「我々はただ哀れな愚か者たちを撃ち殺したのみだった」と述懐したがごとき状況を確たるものにしただけであった[247]。

ビスマルクとモルトケは共に絶望的な気分に陥っていた。プロイセンの将軍たちは危機感のない状態で自分たちの仕事を実行した。ビスマルクは激怒しながら六月十七日にローンに尋ねた、「マントイフェルは何らかの軍事的命令によってハールブルクにくぎ付けになっているのですか。私は、彼が飛んで来ることを望んでいます[248]」。フォーゲル・フォン・ファルケンシュタインはもっとひどかった。彼は快適なゲッティンゲンのホテル・ツァ・クローネに居を構え、小規模で十分に組織されていないハノーファー軍を片づけるのに無駄な時間を費やしているようであった。彼は奇矯な人物として知られており、かつて盆に載せないで水を持ってきた兵士を軍法会議にかけたことがあった。[249] モルトケは自らの計画がプロイセン軍を恐ろしく無防備な状態にしてしまうことを悟ったが、それは比較的小規模の部隊を何百キロにもわたり配置することになったからであり、「数珠つなぎになったビーズ」という批判を受けた。[250]

戦争後にシュトシュは、多くの指揮官が年をとり過ぎており、機転に欠けていることに不平を鳴らしたが、参謀本部は、

> 生き生きとして、行動的で、そしてこれこそが最良の点であるが、形式的な手続きではなく実質にこだわった。フォン・モルトケ将軍は将軍たちの内でも最も才能豊かで明敏な思考の持ち主の一人であり、大局的な作戦指揮を執る傾向があった。……伝わっている話では、ケーニヒグレーツでの一番の難局に際して、誰かがモルトケに退却についてどのような決心をしているのかを尋ねたが、モルトケはこれに応えて、「ここで問題なのはプロイセンの全未来であり、退却はありえないでしょう」と語ったということだ。[251]

もし、兵力のコンパクトな配備という点では優位にあったベネデクが、エルベ軍や第二軍と合流する前の第一軍のみに対して攻撃を開始していたならば、〔モルトケの〕あらゆる計画が瓦解したであろう。もし、ハノーファー軍とザクセン軍がもっと執拗に戦っていれば、フォーゲル指揮下の西部方面軍や、ワウロの説明では「プロイセン一の凡庸な将軍の座をファルケンシュタインと争っていた」エーバーハルト・ヘルヴァルト・フォン・ビッテンフェルト指揮下のエルベ軍は、他の二つの部隊と合流すべ

き時間に戦地に到着できなかったであろう。[252] 六月二十八日、フォーゲル・フォン・ファルケンシュタイン将軍とマイン方面軍は、ランゲンザルツァでハノーファー軍を打ち破り、ハノーファーは降伏した。最初の敗北は、フランツ・ヨーゼフにその大臣たちの顔ぶれを替えるよう迫った。六月三十日、新たに「三伯爵」――ベルクレディ、エステルハーズィ、そしてメンスドルフ――の政府がヴィーンで組閣され、断固として戦争を継続することを確認した。

六月三十日、国王はボヘミアのイチーンの大本営に移った。そこでモルトケが見出したのは、三つの軍団全てがベネデクの北方軍との接触を完全に失っており、北方軍がどこにいるのか分からなくなっているという状況であった。フランスの公使が戦闘行動の停止を求める要求を持参して大本営に到着することが予想されていたため、時間切れが迫りつつあった。長距離にわたる行軍と雨が、進軍しつつあったプロイセン軍を消耗させ、士気に悪影響を与えた。一八六六年七月三日の大会戦は、ボヘミアの都市でエルベ川上流のケーニヒグレーツ（現在はチェコ共和国のフラデツ・クラーロヴェー）の北西にあるサドヴァ村で戦われた。この戦いはプロイセンのエルベ軍と第一軍とによる攻撃をもって始まった。[253] 王太子の率いる第二軍は未だ戦場に到着しておらず、包囲網を完成させることができなかった。午前十一時半に、ベネデクはエルベ川に沿ってプロイセンの精強な部隊（王太子の率いる第二軍）が観測されたという情報を得た。オーストリア第四軍団の臨時司令官であった副元帥のアントン・フォン・モリナリ男爵は、プロイセン軍の左翼が丸腰の間に攻撃する許可を求めた。「私はプロイセン軍の最左翼の前に陣取っていた。決定的な攻撃を加えれば敵の左翼を粉砕しえたであろうし、我々は勝利への道を歩むことになったであろう」。[254] ツィンマーは、ベネデクは攻撃を意図していたものの、型通りの正面攻撃を仕掛けることだけを考えていたと見ている。決定的な瞬間は取り逃され、午後の早い時点で王太子の第二軍が「複雑な地形と霧に助けられ、短針銃と砲兵を有効活用することで、短時間の内にオーストリア軍の側面を撃破した。……全てが迅速に進行したため、ベネデクは初めは報告を信じられず、報告に来た将校に『ナンセンスだ、そんなたわけたことをぬかすな』と言い返した。これは一八六六年七月三日の午後三時のことであった[255]」。

午後遅くに、第一軍の司令官であったフリードリヒ・カール王子は、唐突に休戦協定を申し入れにやって来たオーストリアの副元帥フォン・ガーブレンツに対面し驚いた。「しかしなぜに貴殿は休戦を求めてくるのでしょうか。貴殿の軍隊がそれを必要としているのですか」。この問いかけにガーブレンツはこう返答した。「我が皇帝には残された軍隊はありません。軍隊は壊滅したのも同然です[256]」。フリードリヒ・カールは日記に以下のように書いている。「ガーブレンツとの会見で、私は初めて敗北の規模と勝利の大きさをはっきりと悟った」。第一軍はこの戦闘において一番負担のかかる役割を担っていたが、フリードリヒ・カール王子は後に何がプロイセンに勝利をもたらしたのかを振り返り、それは確かな信頼に足る平凡さであったと結論している。

我々の良く鍛練され、良く潤滑油を差してある機構においては、誰もがどの部分を担当すべきかを自覚しており、その各担当部署で平凡な人びとですら自らの仕事を全うする用意が完璧にできていて（というのは、それは平凡さを計算に入れたものだったからである）、そしてそのことが勝利を得る方法を我々に教えてくれたのである。確かに軍隊の再編だけがこの成果に寄与したわけではないが、当時それはこの機構を完成させるために必要なものだった。言葉の適切な意味において、非凡な天才たちが出現したわけではなかったのである[257]。

換言すれば、プロイセン軍は相対的にオーストリア軍よりも近代的で官僚制的な態度で戦争に向かったのである。戦争ゲームや理論、繰り返される訓練等に費やされた年月はその報いを得た――もっとも、かろうじてではあったが。ベネデクがモリナリにプロイセン軍の左翼を午前十一時半に攻撃させ、自身の部隊のいた斜め方面から彼らに対して豊富な予備兵力を投入していたなら、よく訓練されており能率的であるといった長所を有していたプロイセン軍も、オーストリア軍が午後にそうなったように急速に崩壊していたであろうし、ヨーロッパのその後の歴史全体が全く異なったものになっていたであろう。

ビスマルク当人が示した反応は彼の面目を保つだけのものであった。

彼は自分がそれだけの金を持ってもいないのに百万ドルを賭けてカード遊びに興じているように感じていた。この賭けに勝った今、彼は高揚感を覚えるよりも憂鬱な気分になった。そして死傷者に満ちた戦場を馬で回って検分しながら、もし自分の一番年長の息子がそこに横たわっていたとしたらどう感じるだろうかと考えた[258]。

当時将官に昇進したばかりで、第二軍の参謀次長を務めていたシュトシュは[259]、フォン・ガーブレンツ副元帥が休戦協定を求めるために到着した時のことを記録している。休戦の条件に、ビスマルクはオーストリアのドイツからの除外と、完全なる統一への第一段階として、プロテスタントが多い北ドイツ諸邦の統合とを要求した。ザクセン王以外には、どの君主も退位させられないはずであった。ヘッセンとハノーファーは、プロイセンの東部と西部の諸州の必要不可欠な繋がりを保証するために縮小される必要があった。王太子は、第二軍の将校たちと共にビスマルクをディナーに招いたが、シュトシュはその時の印象を記している。

私が社交的な場でビスマルクに個人的に会ったのはこれが初めてであったが、彼からほとんど圧倒されるような印象を受けたことを進んで告白する。彼が述べた見解の明晰さと壮大さに私は至福の喜びを受けた。彼はあらゆる方面において確固として生気があり、どんな考えを述べる時にも一つの世界を開示してみせた。[260]

幸運な偶然の一致であるが、プロイセンの有権者たちはケーニヒグレーツ＝サドヴァの戦いと全く同じ日に投票所に出向き、官報の『プロヴィンツィアール・コレスポンデンツ』が嬉々として報じているように、「進歩党の支配は打ち破られた。この政党は、下院における多数の議席を、より穏健で、部分的には保守的で部分的には自由主義的な、しかし断固として愛国的な気概に満ちた議員たちに譲り渡すことになった」。進歩党の議員団は一四三名から八三名〔独語版では一四一名から六一名〕に減少し、保守党は三八議席から一二三議席〔独語版では三四議席から一三六議席〕に躍進し、中央左派は一一〇議席から六五議席〔独語版では一〇五議席から八七議席〕に縮小した。[261] ルードルフ・バンベルガーが弟のルートヴィヒに語った洞察によれば、「成功がどういう効果を及ぼすのかを観察するのは興味深いことだ。十日前には、思慮深い一部の人びとを除けば、プロイセンの友人は誰もいなかった。こんにちでは違う」。[262] ビスマルクはまさしくディズレーリに説明したやり方で、——外交と内政という——二つの戦線で勝利を収めた。対外的勝利は国内の敵対者を叩きのめした。二十四時間の内に、ビスマルクは天才的政治家「ビスマルク」になったのである。

次の一手は、彼が「天才的政治家」の称号に値することを示すものであった。彼は領土併合やヴィーンでの戦勝パレードを行わずに、オーストリアとの和平を実現した。一個人としても外交家としても、当時は彼にとって最も輝かしい時期であった。勝利の六日後に妻に書き送ったところでは、我々が過分な要求を持ち出さず、世界を征服したなどと思い込まなければ、これまでの苦労に報いるだけの講和を達成できるでしょう。しかし、我々はすぐに落ち込んでしまうのと同じくらいすぐに酔っぱらって我を忘れてしまう国民であり、私には泡立つ酒に水をかけ、我々は単独でヨーロッパで暮らしているのではなく、他の三つの隣国と共存しているのだということを人びとに思い出させなければならないという、有り難くない仕事があるのです。[263]

シュトシュが、個人的な秘書として王太子に影響力を有していたカール・フォン・ノルマン（一八二七―一八八）に報告しているところによると、シュトシュが王太子の代理としてビスマルクに会いに来た時、ビスマルクは全く同じことを語った。

まず初めに彼は、オーストリアをドイツから除外することが問題なのであって、さらなる損害を与えたり、あるいは領土を放棄させるといったことは起こってはならない、なんとなれば、後に我々はオーストリアの力を我々自身のために必要とすることになるであろうから、と説明しました。……彼は私に、輝かしい軍事的勝利が外交活動のための最善の土台を作り上げるのを知るのはどれほど素晴らしいことであるか、納得させてくれました。万事が至って順調に運んでいます。[264]

モルトケはこれに完全に同調し、妻への手紙に「もし回避できるのなら、成し遂げた成果を再び危険に晒すようなことは全く望んでいません。もし我々が復讐を求めないで我々自身の優位に注目するのなら、私が望んでいることが実現できるはずです」と書いた。[265] 第二軍の参謀長の伯爵レーオンハルト・フォン・ブルーメンタール将軍も、全く同じ考えであった。

和平交渉は順調に進行している。もし国王が面倒なことを言い出さなければ、既に講和が結ばれていただろう。国王は、オーストリアが我が国に領土を割譲することを断固として要求している。オーストリアの方は、そうしたことは戦争による損害に対する賠償の一部としてしか考えるつもりがないと言う。まるでこれが国家の名誉にかかわる重大問題で、決定的な障害となっているかのようだ[266]。

ビスマルクは一八七七年に、オーストリアとの和平協定に繋がった幾つかの出来事について語っており、そこでは、将軍たちの反応とは全く異なったものとして描かれている。彼はこれをルーチウス・フォン・バルハウゼンに語り、ルーチウスが自らの日記に記したが、ビスマルクはこの説明を一八九〇年代の回顧録の中でも繰り返している。

私は三〇〇人程の人びとの中で、他人の意見を仰ぐことができないままに全面的に自分自身の判断のみを頼りとしなければならない唯一の人間であった。戦時会議では、国王を先頭として全ての人びとが、戦争の継続を求めた。私は、暑さの中でハンガリーで戦うこと、それも干魃（かんばつ）やコレラが広がりつつある下で戦うのは極めて危険であり、戦う目的はどこにもないと主張した。将軍たち全員が私に反対票を投じた後、私は「一将軍としては票数で負けたが、大臣としては自分の判断が通らないのであれば辞表を提出しなければならない」と宣言した。私が病を患っていたため、討議は私の部屋で行われた。意見表明の後、私は部屋を去り、ドアを閉めて鍵をかけ、寝室に入ってベッドに身を投じ、すすり泣き、我を失った。他の連中はしばらくの間ささやき声で討議し、その後そっと退出した。

翌日、私は国王と険悪な会い方をした。……彼は私の和平条件を「恥ずべき」ものと呼んだ。彼はボヘミアとオーストリア領シュレージエン、アンスバハ＝バイロイト、東フリースラント、ザクセンの一部等々を要求した。私は、今後共に生きることを望み、また当然のこととして共に生きていかなければならないであろう者に致命的な傷を与えることはできないことを、彼に理解させようとした。彼はこの考えを退け、泣きながらソファに身を投げた。「余の第一の大臣が敵前逃亡兵になり、このような恥ずべき和平を余に押しつけようとするとは」。

彼のもとを辞し、決心を固め、自室のドアを音を立てて閉め、自分のサーベルを置いた時、王太子が入ってきて彼の父君のところに行こうと申し出てくれた。彼は講和を望んでおり、私の真意を理解し、見解の一致を得ることができた。私は戦争を起こしたが、今やそれを終結へと導かねばならなかった。二、三時間後、彼は父親からの手紙を持ってきたが、私はその手紙をずっと捨てないで取ってある。「恥ずべき」という表現がその中に二回登場する。私が国王を見捨てたため、軍隊の輝かしい勝利にもかかわらず、国王は恥ずべき条件に従うことに同意する、という風に。この恥ずべき条件がプラハ講和条約になったのである。(267)

エンゲルベルクは、ビスマルクのこの回顧録は甚だしい誤解を与えるものであると書いている。

ビスマルクが回顧録を読む世代に、かれの和平の努力を妨げた反政府派将軍たちの存在を示唆した理由は、この回顧録が口述された時代から説明がつく。一八九〇年のビスマルクの失脚を画策した勢力の中に有力な軍人が混じっていたことを、かれは知っていた。つまり一八六六年のかれと将軍たちとの関係にかんする偽りの叙述は、九〇年代のプロイセン・ドイツの参謀幕僚にたいする政治的復讐だったのである。[268]

（エンゲルベルク、前掲書、五七八頁）

しかしこれでは、ビスマルクがルーチウスに一八七七年に話をした時には彼が権力から滑り落ちるような状態にはなく、ルーチウスの方にもこうした疑念を抱く理由はなかったという事実に説明がつかない。一八六六年における彼と軍隊との関係は、彼が「半神」と呼んだ参謀本部の将校たちと戦略や政策をめぐって激しく争った独仏戦争の間に変化したのであり、彼は二つの戦争の経験を一緒くたにしてしまったのかもしれない。戦勝に対する国王の感情的な反応と、国王と首相双方のヒステリックな言動が、一八六六年には既に彼らの関係の一部をなすに至っていたということを確認できる、さらに別の史料がある。とは言えそれは、ディナーの場で繰り返した物語を通してさえ過去を脚色するという、ビスマルクの終生変わらぬ特徴を典型的に示している。ただ、我々が語る人生の物語は、ビスマルクの場合のように学問的な検討の対象となることは決してないだけなのである。

一八六六年七月二十六日、プロイセンとオーストリアはニコルスブルクにおいて仮講和条約を締結した。そこで結ばれた合意は以下の通りである。

一．オーストリアはドイツ諸邦の連合から完全に身を引くこと。
二．オーストリアは、プロイセンの主導による北ドイツ諸邦の連邦化を承認すること。

三．南ドイツ諸邦間の関係及びこれらと北ドイツ連邦の関係は自由な合意に基づく取り決めによって決定されるべきこと。

四．オーストリアは北ドイツにおいて実行される領土変更を承認すること。

五．オーストリアは戦争による損害に対して四〇〇〇万ターラーの賠償金を支払うこと。[269]

プフランツィの弁では、この「領土変更」こそ「一八六六年におけるビスマルクの最も革命的な行動」を示すものであった。[270] この一文をもって、由緒あるハノーファー王国は独立を喪失し、ヴィクトリア女王の従兄であった国王ジョージは王冠を失った。ナッサウ公国と、ヘッセン＝カッセルのマイン川以北地域〔実際には、同国の全て。「マイン川以北」という表現は、著者が同地域が北ドイツ連邦に編入されたヘッセン大公国と混同しているためと思われる〕とフランクフルトはあっさりと併呑された。ビスマルクのニコルスブルクでの自制が彼の最良の面を示しているとすれば、自由都市フランクフルトに対する処遇は彼の最悪の側面を表わしていた。縮小された規模ではあるものの、そこでは勝利に陶酔したプロイセン軍の残忍な行為が露わになった。一八六六年七月十六日、フォーゲル・フォン・ファルケンシュタイン将軍はフランクフルト・アム・マインを占領し、市の指揮権を掌握した。三日後、プロイセン軍は一五五ポンド〔一五万五〇〇〇ポンドの誤り〕の銀を接収しベルリンに移送した。フォーゲル・フォン・ファルケンシュタインに代わって同市の指揮官となったマントイフェルは、市当局が既に供出金を支払ったことを説明したことで一九〇〇万グルデンに減額されたものの、二五〇〇万グルデンを二十四時間以内に供出することを要求した。この命令は直接ビスマルクから発せられたものであった。[271] 市長のフェルナーは市議会に相談する時間を求め、討議の結果、市議会は支払いを拒否した。プロイセン側は処罰のために、供出金に反対した者のリストを要求した。フェルナーは彼らの名前を明かすことを断った。七月二十三日、フェルナー市長は自殺した。マントイフェルに代わって市の軍政統治者に任命された将軍、マクシミリアン・フォン・レーダー伯爵（一八一六―九八）が、フェルナーを午前五時に埋葬するよう命じ、占領された市から逃亡した二人の参事会員がプロイセンの「非道」を新聞に語った。フェルナー参事会員の義理の兄弟であった上訴裁判所裁判官 Appelationsgerichtsrat のクーグラー博士は、フォン・レーダー将軍に首をくくるのに使われたロープを送った。「将軍は彼にこれ以上ないほどぶっきらぼうな声で『とにかく供出金は支払われなければならない』と語り、葉巻を吸い続けた」[272]。自分が快適な九年間を過ごした都市の敵対勢力に刺激されて、ニコルスブルクで仮講和条約が調印される前日の一八六六年七月二十五日、ビスマルクは、それまでフランクフルトは「最大要求リスト」に記載されていなかったのにもかかわらず、この都市を併合される邦のリストに加えた[273]。フランクフルトの市民たちは、ビスマルクはいかなる反対派をも容赦しないということを学んだのであり、さらに多くの人びとが同じことを学ぶ結果となった。この小規模とはいえいわれなき残虐行為は、一九三九年から四五年までの間に、勝ち誇ったプロイセンの軍隊がフォン・レーダーやフォン・マントイフェルの孫や、曾孫たちの下でさらに大規模な暴虐を働き悪名を轟かせたことを連想させる。

ビスマルクが収めた勝利は、いくら大きく見積もっても誇張にはならないほどに大きなものであった。ただ彼だけが、ヨーロッパの国際秩序に完全な変化を引き起こした。彼は、自らに問いかけてくる人びとに対して、自分がいかなる意図を有し、どのようにそれを実行しようとしているのかを語り、そしてその通り実行した。彼は、軍隊を指揮することもなく、最下級の一般兵士に指示を与える権限も持たず、大政党を操ることもなく、大衆の支持もなく、それどころかほとんど遍く敵意の対象となりつつ、自分を支持してくれる議会多数派もなく、内閣を操作することも官僚制の内部に忠実な追従者を持つこともなしに、信じられないような偉業を達成した。彼はもはや、かつて自分を権力の座に就かせてくれた強力な保守派の利益グループの支持を有していなかった。ローベルト・フォン・デア・ゴルツやアルブレヒト・ベルンシュトルフのような最高位の外交官たちは公然たる敵であり、彼もそのことを理解していた。王妃と王族は彼を毛嫌いしており、感情的で頼りにならない国王はもう少しで七十歳の誕生日を迎える年齢であった。ローンやモーリッツ・フォン・ブランケンブルクの他に、彼が自分の政策を腹蔵なく語れるだけの信頼に足る友人を挙げることは無理であった。実際、ローンの控え目な弁護と正真正銘の忠誠心なしに、彼は政治的にも肉体的にも生き延びることはできなかったであろう。一八六六年八月、彼は拳で机を叩きながら、「私は全員を打ちのめした！ 全員を！」と叫んだが、それはまことにもっともなことだったのである。(274)

原注

（1）ペルテスからローン宛ての一八六四年四月二十八日の書簡、Roon, ii. 238. （2）Ibid. 260-1. （3）クルト・フォン・シュレーツァーから兄宛ての一八六二年十月三日の書簡、Pflanze, i. 179. （4）Ibid. 169. （5）Ibid. 182. （6）アードルフ・フォン・クライスト伯爵（一七九三―一八六六）からハンス・フォン・クライスト宛ての一八六二年〔独語版では一八六三年〕十一月九日の書簡、Petersdorff, 342〔独語版では343〕. （7）マントイフェルからローン宛ての一八六二年十二月五日の書簡、Craig, 'Portrait of a Political General', 26. （8）Clark, *Iron Kingdom*, 522. （9）ビスマルクからロイス侯ハインリヒ七世宛ての一八六二年十一月二十三日の書簡、*GW* xiv. 629. （10）Engelberg, i. 532. （11）Brunck, 36. （12）Huber, vol. ii, section II. 1. （13）Brunck, 64 n. 1. （14）ビスマルクからヨハンナ宛ての一八六二年十月七日の書簡、*Bismarck Briefe*, No. 292, p. 363. （15）Pflanze, ii. 35. （16）Holstein, *Memoirs*, 6. （17）Pflanze, ii. 45-6. （18）Ibid. 48, n. 45. （19）プレードリッツ（ボヘミア）のシュトシュからフォン・ノルマン宛ての一八六六年七月十七日の書簡、Stosch, 102.　（20）*Bismarck, Man & Statesman*, ii. 331.　（21）Stern, 30.　（22）*Bismarck, Man & Statesman*, ii. 329, 330, 333, 334.　（23）Ibid. 370.　（24）Roon, ii. 127; Brunck, 101.　（25）Pflanze, i. 193.　（26）*Bismarck, Man & Statesman*, ii. 342-3.　（27）Ibid. 346.　（28）Pflanze, i. 195.　（29）Lucius, 2.　（30）一八六三年三月三十一日のビスマルクの演説、*GW* x. 179.　（31）ルートヴィヒ・フォン・ゲルラッハからハンス・フォン・クライスト宛ての一八六三年四月二十三日の書簡、Petersdorff, 347.　（32）ベルリンのビスマルクからモトリー宛ての一八六三年四月十七日〔本文中では四月一日〕の書簡、*Bismarck Briefe*, No. 297, pp. 366-7.　（33）Motley, *Family*, 174-8.　（34）Pflanze, i. 210.　（35）*Bismarck, Man & Statesman*, ii. 350.　（36）ヴィクトリア王太子妃からヴィクトリア女王宛ての一八六三年六月八日の書簡、*Letters of the Empress Frederick*, 41-2.　（37）カールスバートのビスマルクからローン宛ての一八六三年七月六日の書簡、*Bismarck Briefe*, No. 299, pp. 369-70.　（38）ニュルンベルクのビスマルクからヨハンナ宛ての一八六三年七月十九日の書簡、ibid., No. 303, p. 372.　（39）Pflanze, i. 197.　（40）*Bismarck, Man & Statesman*, ii. 375-6.　（41）バーデンのビスマルクからヨハンナ宛ての一八六三年八月二十九日〔独語版では二十八日〕の書簡、*Bismarck Briefe*, No. 312, p. 377.　（42）Huber, 32-3.　（43）Oncken, 59.　（44）Footman, 175.　（45）ラサールからダマー宛ての一八六三年五月十二日の書簡、Oncken, 360.　（46）George Meredith, *The Tragic Comedians*（Westminster: Archibald Constable & Co. 1902）.　（47）Roberts, 174.　（48）Meredith, 57.　（49）Hans Wolfram von Hentig, 'Sophie Gräfin von Hatzfeldt', *Neue deutsche Biographie*, vol. viii（Berlin, 1969）, 67.　（50）Georg Brandes, *Ferdinand Lassalle*（1881）English edn.（London: William Heineman, New York: The Macmillan Company, 1911）, 22-3.　（51）Ibid. 24.　（52）Ibid. 30-1（53）Oncken, 254-5.　（54）Ferdinand Lassalle, 2 Feb. 1839, *Tagebuch*, 85-6.　（55）Iring Fetscher, 'Lassalle', *Neue deutsche Biographie*, vol. xiii（Berlin, 1982）, 662.　（56）Ibid.　（57）Brandes, *Lassalle*, 24.　（58）Oncken, 228-9.（59）Ibid. 230; Studt, 236-7.　（60）Oncken, 243-4.　（61）Ibid. 236-7.　（62）Ibid. 256.　（63）Footman, 156.　（64）

Ibid. 153-4. (65)ラサールからハッツフェルト伯爵夫人宛ての一八六二年三月三日〔独語版では一八六三年三月六日〕の書簡、Footman, 162-3. (66)Haenisch, 119. (67)Ibid. 119. (68)Oncken, 379. (69)Ibid. 467. (70)マルクスからエンゲルス宛ての書簡、ibid. 473. (71)Karl Marx, *Das Kapital: Kritik der politischen Ökonomie* (Stuttgart: Albert Kroner Verlag, 1969), 5. ドイツ語版の初版の序文、ロンドン、一八六七年七月二十五日（著者による訳）。(72)Oncken, 373-4. (73)Ibid. 374. (74)Studt, 245-8. (75)Ibid. 251-2. (76)Willy Andreas, 'Arthur von Brauer', *Neue deutsche Biographie*, vol. ii (Berlin, 1955), 543-4. (77)Studt, 251. (78)Ibid. 251-2. (79)Holstein, *Memoirs*, 52 f. (80)*Bismarck, Man & Statesman*, ii. 357. (81)Roon, ii. 167. (82)*PC* 1/15, 7 Oct. 1863. <http://amtspresse.staatsbibliothek-berlin.de/vollanzeige.php?file=9838247/1863/1863-10-07.xml&s=1>. (83)Ibid. (84)'Sitzverteilung in der Zweiten Kammer des Landtags 1848-1870', *Wahlen in Deutschland bis 1918: Landtage Königreich Preußen*. <http://www.wahlen-indeutschland.de/klPreussen.htm>. (85)ハンス・フォン・クライストからビスマルク宛ての一八六三年十一月六日の書簡、Petersdorff, 356. (86)Roon, ii. 170. (87)*PC* 1/22, 25 Nov. 1863, p. 2. <http://amtspresse.staatsbibliothek-berlin.de/verzeichnis.php>. (88)Ibid. 1. (89)ベルリンのビスマルクから受取人不明の書簡、*Bismarck Briefe*, No. 295, p. 365. (90)Pflanze, i. 236. (91)Clark, *Iron Kingdom*, 524. (92)Pflanze, i. 237. (93)Grenville, 253. (94)*Bismarck, Man & Statesman*, ii. 10. (95)Ibid. 12 and 13. (96)Ibid. i. 359. (97)Schoeps, 55. (98)Ibid. 56. (99)Pflanze, i. 242. (100)Roon, ii. 189. (101)Stern, 39. (102)ローンからペルテス宛ての一八六四年一月十七日の書簡、Roon, ii. 180. (103)John Prest, 'Russell, John [formerly Lord John Russell], first Earl Russell (1792-1878)', *Oxford Dictionary of National Biography* (Oxford: Oxford University Press, Sept. 2004). Online edn., Jan. 2008: <http://www.oxforddnb.com/view/article/24325>, 二〇〇九年一月二日にアクセス。 (104)Ibid. (105)Pflanze, i. 248. (106)Embree, 29. (107)Ibid. 29-30. (108)ビスマルクからローン宛ての一八六四年一月二十一日の書簡、Roon, ii. 171-2. (109)*Bismarck, Man & Statesman*, ii.

379-80. (110) Holstein, *Memoirs*, 25. (111) ビスマルクからローン宛ての一八六四年三月末の書簡、Roon, ii. 226. (112) Embree, 45. (113) ローンから国王宛ての一八六四年三月十六日の書簡、Roon, ii. 214 and 215. (114) Pflanze, i. 249. (115) Craig, *Fontane*, 84. (116) ビスマルクからアルニム＝ボイツェンブルク伯爵宛ての一八六四年五月十六日の書簡、*Bismarck Briefe*, No. 331, p. 388. (117) ベルリンのビスマルクからモトリー宛ての一八六四年五月二十三日の書簡、*Bismarck Briefe*, No. 332, p. 389. (118) ヴィーンのモトリーからビスマルク宛ての一八六四年五月二十八日の書簡、Motley, *Family*, 201-2. (119) ベルリンのビスマルクからテオドーア・フォン・ビスマルク＝ボーレン宛ての一八六四年五月二十三日の書簡、*Bismarck Briefe*, No. 333, p. 391. (120) ローンからモーリッツ・フォン・ブランケンブルク宛ての一八六四年五月二十四日の書簡、Roon, ii. 243. (121) Pflanze, i. 252. (122) *Bismarck, Man & Statesman*, ii. 36. (123) Roon, ii. 245. (124) Ibid. 247. (125) Ibid. 248. (126) *Bismarck, Man & Statesman*, ii. 30-1. (127) Pflanze, ii. 253. (128) Ibid. 253. (129) Eyck, *Bismarck*, i. 624. (130) *Bismarck, Man & Statesman*, ii. 32. (131) Moneypenny and Buckle, ii. 80. (132) Brunck, 150. (133) ローンからモーリッツ・フォン・ブランケンブルク宛ての一八六六年三月二十六日の書簡、Roon, ii. 259. (134) Stern, 44-5. (135) Brunck, 143. (136) Pflanze, i. 249. (137) カールスバートのビスマルクから妹宛ての一八六四年六月二十七日の書簡、*Bismarck Briefe*, No. 336, p. 392. (138) Roon, ii. 254. (139) カールスバートのビスマルクからヨハンナ宛ての一八六四年七月二十日の書簡、*GW* xiv. 672. (140) ヴィーンのビスマルクから兄宛ての一八六四年七月二十二日の書簡、*Bismarck Briefe*, No. 340, p. 394. (141) メアリ・モトリーから娘宛ての一八六四年八月一日の書簡、Motley, *Family*, 209-14. (142) Moneypenny and Buckle, ii. 82. (143) Pflanze, i. 255. (144) Stern, 51. (145) ラインフェルトのビスマルクからローン宛ての一八六四年九月二十二日の書簡、Roon, ii. 284. (146) *PC* 2/45, Nov. 1864, p. 1. <http://amtspresse.staatsbibliothek-berlin.de/vollanzeige.php?file=9838247/1864/1864-11-02.xml&s=1>. (147) Franz Freiherr von Sommaruga, 'Mensdorff', Allgemeine deutsche

Biographie, vol. xxi (Leipzig, 1885), 366. (148) Pflanze, i. 259. (149) *Bismarck Briefe*, No. 362, p. 408, n. 4. (150) Pflanze, i. 260. (151) Ibid. (152) Stern, 8. (153) ヴィルヘルム一世からローン宛ての一八六五年四月二十五日の書簡, Roon, ii. 329. (154) マントイフェルから国王宛ての一八六五年五月二日の書簡, Craig, ‘Portrait of a Political General’, 25. (155) Röhl, ‘Kriegsgefahr’, 97. (156) Pflanze, i. 261. (157) マントイフェルからローン宛ての一八六五年六月四日の書簡, Roon, ii. 321. (158) Stern, 60. (159) Röhl, ‘Kriegsgefahr’, 97. (160) Brunck, 144. (161) Wolfgang Köllmann, ‘August von der Heydt’, *Neue deutsche Biographie*, vol. ix (Berlin, 1972), 75. (162) アウグスト・フォン・デア・ハイトからビスマルク宛ての一八六五年六月二十二日の書簡, Brunck, 146. (163) Radtke, 356. (164) Ibid. 17. (165) ビスマルクからローン宛ての一八六五年七月三日の書簡, *Bismarck Briefe*, No. 365, p. 410. (166) Röhl, ‘Kriegsgefahr’, 94 and n. 34. (167) Ibid. 97 と, ビスマルクからオイレンブルク宛ての七月四日の書簡, ibid. 98. (168) ビスマルクからオイレンブルク宛ての一八六五年七月十一日の書簡, ibid. 98-9. (169) Karl Wippermann, ‘Otto von Camphausen’, *Allgemeine deutsche Biographie*, vol. xlvii, Nachträge bis 1899 (Leipzig, 1903), 429. (170) Stern, 64. (171) ビスマルクからオイレンブルク宛ての一八六五年七月十一日の書簡, Röhl, ‘Kriegsgefahr’, 99. (172) ‘Oppenheim Familie’, *Allgemeine deutsche Biographie & Neue deutsche Biographie* (Digitale Register) vol. xix (Berlin, 1999), 559. (173) Brophy, *Capitalism, Politics, and Railroads in Prussia*, 156-7. (174) Nikolaus von Preradovich, ‘Blome’, *Neue deutsche Biographie*, vol. ii (Berlin, 1955), 315. (175) ビスマルクからオイレンブルク宛ての一八六五年七月三十日の書簡, Röhl, ‘Kriegsgefahr’, 101. (176) Tiedemann, 281. (177) ビスマルクからオイレンブルク宛ての一八七五年八月一日の書簡, Röhl, ‘Kriegsgefahr’, 99. (178) ローンからモーリッツ・フォン・ブランケンブルク宛ての一八六五年八月一日の書簡, Roon, ii. 354. (179) Stern, 64-5. (180) ホテクからメンスドルフ宛ての一八六五年八月十二日の書簡, Stern, 64. (181) Pflanze, i. 263. (182) ビスマルクからオイレンブルク宛ての一八六五年八月十八日の書簡, Röhl, ‘Kriegsgefahr’,

102.　(183) Lawrence D. Steefel, 'The Rothschilds and the Austrian Loan of 1865', *Journal of Modern History*, 8/1 (Mar. 1936), 36.　(184) *Budissiner Nachrichten*, 11 June 1865, in Green, 267.　(185) マクデブルクのシュトシュからフォン・ホルツェンドルフ宛ての一八六五年八月三十一日の書簡' Stosch, 63.　(186) Busch, i. 490.　(187) Wawro, *Austro-Prussian War*, 17.　(188) Walter, 580-1.　(189) マクデブルクのシュトシュからフォン・ホルツェンドルフ宛ての一八六五年十月二日の書簡' Stosch, 63.　(190) Eyck, *Bismarck and the German Empire*, 108; Pflanze, i. 265; Wawro, 42-3.　(191) 3 Jan. 1866, Ludwig von Gerlach, *Nachlass*, i. 474.　(192) A. W. Ward, 'Loftus, Lord Augustus William Frederick Spencer (1817-1904)', rev. H. C. G. Matthew, *Oxford Dictionary of National Biography* (Oxford: Oxford University Press, 2004). Online edn., Jan. 2008: <http://www.oxforddnb.com/view/article/34586>.　(193) Loftus, 38.　(194) *PC* 4/10, 7 Mar. 1866, p. 2. <http://amtspresse.staatsbibliothek-berlin.de/vollanzeige. php?file=9838247/1866/1866-03-07.xml&s=2>.　(195) Ibid. 1.　(196) Eyck, *Bismarck and the German Empire*, 111; Stern, 70.　(197) Bucholz, 114.　(198) クラレンドン卿からロフタス宛ての一八六六年三月七日の書簡' Loftus, 43.　(199) ハッツフェルト伯爵夫人からメンスドルフ宛ての一八六六年三月十七日の書簡' Schoeps, 177.　(200) ローンからモーリッツ・フォン・ブランケンブルク宛ての一八六六年三月二十六日の書簡' Roon, ii. 259.　(201) マクデブルクのシュトシュからフォン・ホルツェンドルフ宛ての一八六五年五月十四日の書簡' Stosch, 62.　(202) *Im Ring der Gegner Bismarcks: Denkschriften und politischer Briefwechsel Franz v. Roggenbachs mit Kaiserin Augusta und Albrecht v. Stosch*, 1865-1896, 2nd edn., ed. Julius Heyderhoff (Leipzig: Koehler & Amelang, 1943).　(203) Börner, *William I*, 269.　(204) Roon, ii. 260.　(205) Ibid. 260.　(206) モルトケからローン宛ての一八六六年四月五日の書簡' Roon, ii. 262.　(207) Bucholz, 116-17.　(208) 王太子からシュヴァイニッツ宛ての一八六六年四月一日の書簡' Schweinitz, 23.　(209) Engelberg, i. 574.　(210) Eyck, *Bismarck and the German Empire*, 115.　(211) Ibid., 11 Apr. 1866, p. 1. <http://amtspresse.staatsbibliothek-berlin.de/vollanzeige. php?fi

le=9838247/1866/1866-04-11.xml&s=1>.（212）Anderson, 97.（213）Engelberg, i. 575.（214）アードルフ・フォン・クライスト伯爵からゲルラッハ宛ての一八六六年四月十日の書簡、Gerlach, *Nachlass*, ii. 1265-6.（215）ベルリンのアルブレヒト・フォン・プロイセンからルートヴィヒ・フォン・ゲルラッハ宛ての一八六六年五月四日〔四月十四日の誤り〕の書簡、ibid. 1272-4.（216）キーコーのハンス・フォン・クライスト＝レツォーからルートヴィヒ・フォン・ゲルラッハ宛ての一八六六年四月十六日の書簡、ibid. 1268-9.（217）ベルリンの枢密顧問官Ｊ・ビンデヴァルトからルートヴィヒ・フォン・ゲルラッハ宛ての一八六六年五月二日の書簡、ibid. 1271.（218）ベルリンのアルブレヒト・フォン・プロイセンからルートヴィヒ・フォン・ゲルラッハ宛ての一八六六年五月四日の書簡、ibid. 1272-4.（219）ルートヴィヒ・フォン・ゲルラッハの、一八六六年五月五日付の『クロイツァイトゥング』第一〇五号に掲載された記事、8 May 1886, Gerlach, *Tagebuch*, 478.（220）Lucius, 28.（221）Pflanze, i. 303.（222）*PC* 4/19, 9 May 1866, p. 3. <http://amtspresse.staatsbibliothek-berlin.de/vollanzeige.php?file=9838247/1866/1866-05-09.xml&s=3>.（223）ベルリンのシュトシュから妻宛ての一八六六年五月二十六日の書簡、Stosch, 74.（224）ビスマルクからフォン・デア・ゴルツ宛ての一八六六年五月三十日の書簡、*GW* v. 429.（225）ベルリンのシュトシュから妻宛ての一八六六年五月三十日の書簡、Stosch, 76.（226）Walter, 221.（227）Bucholz, 120.（228）Roon, ii. 275.（229）*PC* 4/23, 6 June 1866, p. 1. <http://amtspresse.staatsbibliothek-berlin.de/vollanzeige.php?file=9838247/1866/1866-06-06.xml&s=1>.（230）ビスマルクからエルンスト・フォン・ザクセン＝コーブルク＝ゴータ公宛ての一八六六年六月九日の書簡、*Bismarck Briefe*, No. 382, p. 424.（231）ビスマルクから連邦諸侯への一八六六年六月十日の覚書、*GW* v. 534.（232）ビスマルクからハインリヒ・フォン・トライチュケ宛ての一八六六年六月十一日の書簡、*Bismarck Briefe*, No. 383, pp. 425-6.（233）Hermann von Petersdorff, 'Treitschke', *Allgemeine deutsche Biographie*, vol. lv, Nachträge bis 1899 (Leipzig, 1910), 282.（234）Stern, 85.（235）Eyck, *Bismarck and the German Empire*, 118.（236）Arsène Lagrelle, *A travers la Saxe, Souvenirs et études*（Paris, 1866）in Green, 28.（237）Zimmer, 74-5.（238）フリードリヒ・シラー『ヴァレンシュタインの死』、以下の訳による。Samuel Taylor Coleridge. Project Gutenberg. <http://www.gutenberg.org/dirs/6/7/8/6787/6787.txt>.（239）Eyck, *Bismarck and the German Empire*, 123-4.（240）Ibid. 127.（241）Sterne, 205.（242）Loftus, 60.（243）Wawro, *Austro-Prussian War*, 53.（244）Zimmer, 95-101.（245）Ibid. 62.（246）Craig, *Fontane*, 87.（247）Ibid. 63.（248）ビスマルクからローン宛ての一八六六年六月十七日の書簡、Roon, ii. 277.（249）Zimmer, 89.（250）Wawro, *Austro-Prussian War*, 55.（251）シュトシュからホルツェンドルフ宛ての一八六六年八月二十日の書簡、Stosch, 113.（252）Wawro, *Austro-Prussian War*, 55.（253）Ibid. 199-201.（254）Ibid. 227.（255）Zimmer, 120-1.（256）Walter, 64.（257）Ibid. 74.（258）Craig, *Battle of Königgrätz*, 26.（259）ナイセ（シュレージエン）のシュトシュから妻宛ての一八六六年六月二十日の書簡（Stosch, 84）、「昇進の知らせが届きました、将軍夫人！ 私の将軍としての飾りの最初の小さな一つは、私たちが縫った赤い布の『エレン』です」。（260）3 July 1866, Stosch, 94.（261）*PC* 4/27, 4 July 1866, p. 4. <http://amtspresse.staatsbibliothek-berlin.de/vollanzeige.php?file=9838247/1866/1866-07-04.xml&s=1}>.（262）ルードルフ・バンベルガーからルートヴィヒ・バンベルガー宛ての一八六六年七月六日の書簡、Koehler, 91.（263）ホーエンマウトのビスマルクからヨハンナ宛ての一八六六年七月九日月曜日の書簡、*Bismarck Briefe*, No. 387, p. 429.（264）プレードリッツ（ボヘミア）のシュトシュからフォン・ノルマン宛ての一八六六年七月十七日の書簡、Stosch, 102.（265）モルトケから妻宛ての一八六六年七月二十三日の書簡、Moltke, *Gesammelte Schriften*, vi. 496.（266）Engelberg, i. 613.（267）Lucius, 118-19.（268）Engelberg, i. 614.（269）*PC* 4/31, 1 Aug. 1866, p. 1. <http://amtspresse.staatsbibliothek-berlin.de/vollanzeige.php?file=9838247/1866/1866-08-01.xml&s=1>.（270）Pflanze, i. 315.（271）Sterne, 210.（272）Ibid. 212-13, n. 50.（273）Ibid. 213.（274）Pflanze, i. 316.

（下巻につづく）

訳者略歴
一九七五年生まれ
早稲田大学文学学術院教授、ドイツ近現代史
主要著書
『フォルクと帝国創設―19世紀ドイツにおけるトゥルネン運動の史的考察』（彩流社、二〇一一年）
主要訳書
スパーバー『マルクス―ある十九世紀人の生涯 上下』（白水社、二〇一五年）
クラーク『夢遊病者たち―第一次世界大戦はいかにして始まったか』（みすず書房、二〇一七年）
エヴァンズ『力の追求―ヨーロッパ史1815-1914 上下』（共訳、白水社、二〇一八年）

本書は二〇一三年に小社より刊行された。

ビスマルク 上《新装復刊》

二〇一九年 五 月 五 日 印刷
二〇一九年 五 月二五日 発行

著 者 ジョナサン・スタインバーグ
訳 者 © 小原（おばら） 淳（じゅん）
装幀者 日 下 充 典
発行者 及 川 直 志
印刷所 株式会社 理 想 社
発行所 株式会社 白 水 社

東京都千代田区神田小川町三の二四
電話 営業部〇三（三二九一）七八一一
編集部〇三（三二九一）七八二一
振替 〇〇一九〇-五-三三二二八
郵便番号 一〇一-〇〇五二
www.hakusuisha.co.jp
乱丁・落丁本は、送料小社負担にてお取り替えいたします。

株式会社 松岳社

ISBN978-4-560-09705-2
Printed in Japan